二十一世纪普通高等教育人才培养系列规划教材

ERSHIYI SHIJI PUTONG GAODENG JIAOYU RENCAI PEIYANG XILIE GUIHUA JIAOCAI

税法

SHUIFA

主　编 ○ 郑晓燕　王 恒　李永伟

副主编 ○ 蔡长伟　胡 婵　陈靓秋　肖其权

图书在版编目(CIP)数据

税法/郑晓燕主编．—成都:西南财经大学出版社,2015．1
ISBN 978-7-5504-1748-9

Ⅰ．①税… Ⅱ．①郑… Ⅲ．①税法—中国—高等职业教育—教材
Ⅳ．①D922．22

中国版本图书馆 CIP 数据核字(2014)第 300912 号

税法

主　编:郑晓燕　王　恒　李永伟

副主编:蔡长伟　胡　婵　陈靓秋　肖其权

责任编辑:李特军

助理编辑:李晓嵩

封面设计:何东琳设计工作室

责任印制:封俊川

出版发行	西南财经大学出版社(四川省成都市光华村街 55 号)
网　　址	http://www.bookcj.com
电子邮件	bookcj@foxmail.com
邮政编码	610074
电　　话	028-87353785　87352368
照　　排	四川胜翔数码印务设计有限公司
印　　刷	郫县犀浦印刷厂
成品尺寸	185mm×260mm
印　　张	18.5
字　　数	460 千字
版　　次	2015 年 1 月第 1 版
印　　次	2015 年 1 月第 1 次印刷
印　　数	1—3000 册
书　　号	ISBN 978-7-5504-1748-9
定　　价	35.00 元

前　言

税收既是历史范畴，又是经济范畴。税收随着国家的产生而产生，是国家赖以生存的基础，具有调节经济运行、筹集财政收入、调控收入分配的重要职能。目前，我国的税收收入已占财政收入的95%左右，是财政收入最重要的来源。税法是国家法律体系的重要组成部分，是调整税收关系的法律规范的总称。随着社会主义市场经济体制的建立和不断完善，税收在我国经济生活中的地位和作用越来越重要。许多高校除财政、税收、会计专业外，对一般经济管理类专业（如工商管理、国际贸易、电子商务、金融等）和法学类专业本科和专科学生开设了"税法"或"国家税收"、"中国税制"等相关课程。税法也是注册会计师考试的必考内容，中国注册会计师协会每年都会出版《税法》教材。

本书分为三个部分，共十二章。

第一部分，即第一章税法导论，具体包括税法基础知识、税收法律关系、税法要素、税收立法、税法体系等内容。

第二部分为税收实体法，具体包括第二章至第十一章。其中，第二章至第七章分别是增值税、消费税、营业税、关税、企业所得税、个人所得税，具体内容包括相关税种概述、我国的具体征收制度、应纳税额的计算、税收优惠、税收征管等；第八章至第十一章是其他各税，具体包括资源税和土地增值税，城市维护建设税和教育费附加，房产税、契税和印花税，车辆购置税和车船税等税种。

第三部分，即第十二章税收征收管理制度。主要介绍了税务登记管理，账簿、凭证管理，税务申报管理等内容。

本书在编写方式上，力争用最简明的语言，配以大量图表、案例和计算题，增加实用性、可读性和启发性。

本书由郑晓燕（湖北工业大学商贸学院 讲师）担任第一主编，负责拟定全书的写作大纲并对全书进行统稿。王恒（湖北工业大学商贸学院 讲师）担任第二主编，李永伟（武汉科技大学 副教授）担任第三主编。副主编分别为蔡长伟（湖北工业大学商贸学院）、胡婵（湖北工业大学商贸学院）、陈靓秋（湖北工业大学商贸学院 讲师）、肖其权（长江三峡勘测研究院有限公司（武汉）注册会计师、注册评估师）。具体编写分工如下：郑晓燕编写第一、二、三、八章，王恒编写第四、五章，李永伟编写第十、十一、十二章，蔡长伟编写第六章，胡婵编写第七章，陈靓秋编写第九章，胡婵参与了校对工作，蔡长伟协助主编做了大量的资料收集等工作。

本书在编写过程中，参考借鉴了2014年注册会计师考试《税法》教材（中国注册会计师协会 编，经济科学出版社出版）以及在学术期刊上发表的研究成果，特此说明，并向有关作者表示感谢。还要感谢长江三峡勘测研究院有限公司（武汉）财务结算中心的主任肖其权对本书的编写提供的大量帮助。

由于编者理论水平和实践经验有限，疏漏或错误再所难免，恳请广大读者批评指正。

编者

2015 年 1 月

目　录

第一章　税法导论 …… (1)

第一节　税法基础知识 …… (1)

第二节　税收法律关系 …… (4)

第三节　税法要素 …… (5)

第四节　税收立法 …… (11)

第五节　税法体系 …… (15)

第二章　增值税 …… (20)

第一节　增值税的概念、特点和类型 …… (20)

第二节　征税范围与纳税义务人 …… (23)

第三节　税率 …… (29)

第四节　增值税的主要税收优惠 …… (31)

第五节　一般纳税人应纳税额的计算 …… (32)

第六节　小规模纳税人应纳税额的计算 …… (41)

第七节　进口货物征税 …… (43)

第八节　出口货物退（免）税 …… (44)

第九节　纳税义务发生时间、纳税期限与纳税地点 …… (51)

第十节　增值税专用发票的使用及管理 …… (53)

第三章　消费税 …… (59)

第一节　纳税义务人与征税范围 …… (60)

第二节　税目与税率 …… (61)

第三节　计税依据 …… (66)

第四节　应纳税额的计算 …… (69)

第五节　征收管理 …… (77)

第四章　营业税 …… (81)

第一节　营业税基础知识 …… (81)

第二节　纳税义务人、税目和税率 …………………………………………………… (82)
第三节　应纳税额的计算 …………………………………………………………… (86)
第四节　税收优惠 …………………………………………………………………… (89)
第五节　征收管理 …………………………………………………………………… (91)

第五章　关税 ……………………………………………………………………… (97)
第一节　关税基础知识 ……………………………………………………………… (97)
第二节　纳税义务人、征税对象与税率………………………………………………… (100)
第三节　应纳税额的计算……………………………………………………………… (102)
第四节　征收管理……………………………………………………………………… (108)

第六章　企业所得税 ……………………………………………………………… (115)
第一节　企业所得税概述……………………………………………………………… (115)
第二节　应纳税所得额的计算………………………………………………………… (119)
第三节　税收优惠……………………………………………………………………… (135)
第四节　应纳税额的计算……………………………………………………………… (143)
第五节　特别纳税调整………………………………………………………………… (152)
第六节　征收管理……………………………………………………………………… (154)

第七章　个人所得税 ……………………………………………………………… (160)
第一节　个人所得税概述……………………………………………………………… (160)
第二节　纳税义务人和所得来源的确定……………………………………………… (163)
第三节　应税所得项目和税率………………………………………………………… (165)
第四节　应纳税额的计算……………………………………………………………… (172)
第五节　几种特殊情况的处理………………………………………………………… (181)
第六节　减免税优惠和税收征管……………………………………………………… (189)

第八章　资源税和土地增值税……………………………………………………… (194)
第一节　资源税的基础知识…………………………………………………………… (194)
第二节　纳税义务人、税目与税率…………………………………………………… (195)
第三节　税收优惠和征收管理………………………………………………………… (199)
第四节　城镇土地使用税……………………………………………………………… (200)
第五节　耕地占用税…………………………………………………………………… (207)
第六节　土地增值税纳税义务人与征税范围………………………………………… (210)
第七节　土地增值税税率、应税收入与扣除项目…………………………………… (214)
第八节　土地增值税应纳税额的计算………………………………………………… (218)
第九节　土地增值税税收优惠和征收管理…………………………………………… (222)

第九章　城市维护建设税和教育费附加 ……………………………… (227)
第一节　城市维护建设税…………………………………………………… (227)
第二节　教育费附加和地方教育附加……………………………………… (230)

第十章　房产税、契税和印花税 ………………………………………… (233)
第一节　房产税……………………………………………………………… (233)
第二节　契税………………………………………………………………… (240)
第三节　印花税……………………………………………………………… (246)

第十一章　车辆购置税和车船税 ………………………………………… (261)
第一节　车辆购置税………………………………………………………… (261)
第二节　车船税……………………………………………………………… (267)
第三节　船舶吨税…………………………………………………………… (273)

第十二章　税收征收管理制度…………………………………………… (277)
第一节　税务登记管理……………………………………………………… (277)
第二节　账簿和凭证管理…………………………………………………… (283)
第三节　税务申报管理……………………………………………………… (287)

参考文献 ………………………………………………………………… (290)

第一章 税法导论

第一节 税法基础知识

一、税法的概述

作为税收制度的法律表现形式，税法所确定的具体内容就是税收制度。因此，必须在深入理解税收的基础上把握税法的概念。

税收是政府为了满足社会公共需要，凭借政治权力，强制、无偿地取得财政收入的一种形式。理解税收的概念可以从以下几个方面把握：

（一）税收是国家取得财政收入的一种重要工具，其本质是一种分配关系，国家要行使职能必须有一定的财政收入作为保障

取得财政收入的手段有多种多样，如税收、发行货币、发行国债、收费、罚没，而税收收入是大部分国家取得财政收入的手段，税收收入占财政收入的比重基本维持在90%以上。在社会再生产过程中，分配是连接生产与消费的必要环节，在市场经济条件下，分配是对社会产品价值的分割。税收解决的是分配问题，处于社会再生产的分配环节，因而税收体现的是一种分配关系。

国家征税的依据是政治权力，国家通过征税，将一部分社会产品由纳税人所有转变为国家所有，因此征税的过程实际上是国家参与社会产品分配的过程。国家与纳税人之间形成的这种分配关系与社会再生产中的一般分配关系不同。分配问题涉及两个基本问题：一是分配的主体；二是分配的依据。税收分配是以国家为主体进行的分配，而一般分配则是以各生产要素的所有者为主体进行的分配；税收分配是国家凭借政治权力进行的分配，而一般分配则是基于生产要素进行的分配。

（二）征税的目的是满足社会公共需要

国家在履行其公共职能过程中必然要有一定的公共支出。公共产品的性质决定了公共支出一般情况下不能由公民个人、企业采取自愿出价的方式负担，只能采用由国家（政府）强制征税的方式，由经济组织、单位和个人来负担。国家征税的目的是满足国家提供公共产品的需要，其中包括政府弥补市场失灵、促进公平分配等的需要。同时，国家征税也要受到所提供公共产品的规模和质量的制约。

（三）税收具有强制性、无偿性和固定性的形式特征

税收的特征亦称税收的形式特征，是指税收分配形式区别于其他财政分配形式的质的规定性。税收的特征是由税收的本质决定的，是税收本质属性的外在表现，是区别税与非税的外在尺度和标志，也是古今中外税收的共性特征。税收的形式特征通常概括为税收的

"三性"，即强制性、无偿性和固定性。

1. 税收的强制性

税收的强制性，即税收是国家凭借政治权力，通过法律形式对社会产品进行的强制性分配，而非纳税人自愿缴纳，纳税人必须依法纳税，否则会受到法律制裁。强制性是国家的权力在税收上的法律体现，是国家取得税收收入的根本前提，也是与税收的无偿性特征相对应的一个特征。正因为税收具有无偿性，才需要通过税收法律的形式规范征纳双方的权利和义务，对纳税人而言依法纳税既是一种权利，又是一种义务。

2. 税收的无偿性

税收的无偿性，即国家征税以后对具体纳税人既不需要直接偿还，也不需要付出任何直接形式的报酬，纳税人从政府支出所获利益通常与其支付的税款不完全成一一对应的比例关系。无偿性是税收的关键特征，它使税收明显地区别于国债等财政收入形式，决定了税收是国家筹集财政收入的主要手段，并成为调节经济和矫正社会分配不公的有力工具。

3. 税收的固定性

税收的固定性，即税收是国家通过法律形式预先规定了对什么征税及其征收比例等税制要素，并保持相对的连续性和稳定性。即使税制要素的具体内容也会因经济发展水平、国家经济政策的变化而进行必要的改革和调整，但是这种改革和调整也总是要通过法律形式事先规定，而且改革调整后要保持一定时期的相对稳定。基于法律的税收固定性始终是税收的固有形式特征，税收固定性对国家和纳税人都具有十分重要的意义。对国家来说，可以保证财政收入的及时、稳定和可靠，可以防止国家不顾客观经济条件和纳税人的负担能力，滥用征税权力；对纳税人来说，可以保护其合法权益不受侵犯，增强其依法纳税的法律意识，同时也有利于纳税人通过税收筹划选择合理的经营规模、经营方式和经营结构等，降低经营成本。

税收的"三性"是一个完整的统一体，它们相辅相成、缺一不可。其中，强制性是保障，无偿性是核心，固定性对强制性和无偿性是一种规范和约束。

二、税法的概念

税收制度是在税收分配活动中税收征纳双方所应遵守的行为规范的总和。税收制度的内容主要包括各税种的法律法规以及为了保证这些税法得以实施的税收征管制度和税收管理体制。其中，税法是税收制度的核心内容。

税法是国家制定的用以调整国家与纳税人之间在征纳税方面的权利与义务关系的法律规范的总称。税法是国家与纳税人依法征税、依法纳税的行为准则，其目的是保障国家利益和纳税人的合法权益，维护正常的税收秩序，保证国家的财政收入。税法具有义务性法规和综合性法规的特点。

从法律性质上看，税法属于义务性法规，以规定纳税人的义务为主。税法属于义务性法规并不是指税法没有规定纳税人的权利，而是指纳税人的权利是建立在其纳税义务的基础之上，处于从属地位。税法属于义务性法规的这一特点是由税收的无偿性和强制性特点决定的。税法的另一个特点是具有综合性，税法是由一系列单行税收法律法规及行政规章制度组成的体系，其内容涉及课税的基本原则、征纳双方的权利和义务、税收管理规则、法律责任、解决税务争议的法律规范等。税法的综合性特点是由税收制度所调整的税收分配关系和税收法律关系的复杂性决定的。

三、税法的作用

税法调整的对象涉及社会经济活动的各个方面，与国家的整体利益及企业、单位、个人的直接利益有着密切的关系，并且在建立和发展我国社会主义市场经济体制中，国家将通过制定实施税法加强对国民经济的宏观调控，因此税法的地位越来越重要。正确认识税法在我国社会主义市场经济发展中的重要作用，对于我们在实际工作中准确地把握和认真执行税法的各项规定是很有必要的。

（一）税法是国家宏观调控经济的法律手段

我国建立和发展社会主义市场经济体制一个重要的改革目标就是国家从过去习惯于运用行政手段直接管理经济，向主要运用经济、法律手段宏观调控经济转变。税收作为国家宏观调控的重要手段，通过制定税法，以法律的形式确定国家与纳税人之间的利益分配关系，调节社会成员的收入水平，调整产业结构和社会资源的优化配置，使之符合国家的宏观经济政策；同时，以法律的平等原则，公平纳税人的税收负担，鼓励平等竞争，为市场经济的发展创造良好的条件。例如，1994 年开始实施的增值税和消费税暂行条例对于调整产业结构，促进商品的生产、流通，适应市场竞争机制的要求，都发挥了积极的作用。

（二）税法是国家组织财政收入的法律保障

为了维护国家机器的正常运转以及促进国民经济健康发展，必须筹集大量的资金，即组织国家财政收入。为了保证税收组织财政收入职能的发挥，必须通过制定税法，以法律的形式确定企业、单位和个人履行纳税义务的具体项目、数额和纳税程序，惩治偷逃税款的行为，防止税款流失，保证国家依法征税，及时足额地取得税收收入。针对我国税费并存（政府收费）的宏观分配格局，今后一段时间，我国实施税制改革一个重要的目的就是要逐步提高税收占国民生产总值的比重，以保障财政收入。

（三）税法能有效地保护纳税人的合法权益

国家征税直接涉及纳税人的切身利益，如果税务机关随意征税，就会侵犯纳税人的合法权益，影响纳税人的正常经营，这是法律所不允许的。因此，税法在确定税务机关征税权力和纳税人履行纳税义务的同时，相应规定了税务机关必须尽到的义务和纳税人应该享有的权利，如纳税人享有延期纳税权、申请减税免税权、多缴税款要求退还权、不服税务机关的处理决定申请复议或提起诉讼权等。税法还严格规定了对税务机关执法行为的监督制约制度，如进行税收征收管理必须按照法定的权限和程序行事，造成纳税人合法权益损失的要承担赔偿责任等。所以说，税法不仅是税务机关征税的法律依据，同时也是纳税人保护自身合法权益的重要法律依据。

（四）税法是维护国家权益，有力促进国际经济交往的可靠保证

在国际经济交往中，任何国家对在本国境内从事生产、经营的外国企业或个人都拥有税收管辖权，这是国家权益的具体体现。我国自实行对外改革开放以来，在平等互利的基础上，不断扩大和发展同各国、各地区的经济交流与合作，利用外资、引进技术的规模、渠道和形式都有了很大发展。我国在建立和完善涉外税法的同时，还同 80 多个国家签订

了避免双重征税的协定。这些税法规定既维护了国家的权益，又为鼓励外商投资、保护国外企业或个人在华合法经营、发展国家间平等互利的经济技术合作关系提供了可靠的法律保障。

第二节 税收法律关系

税收法律关系是税法所确认和调整的国家与纳税人之间、国家与国家之间以及各级政府之间在税收分配过程中形成的权利与义务的关系。国家征税与纳税人纳税在形式上表现为利益分配的关系，但经过法律明确其双方的权利与义务后，这种关系实质上已上升为一种特定的法律关系。了解税收法律关系，对于正确理解国家税法的本质，严格依法纳税、依法征税都具有重要的意义。

一、税收法律关系的构成

税收法律关系在总体上与其他法律关系一样，都是由权利主体、客体和法律关系内容三方面构成的，但具有特殊性内涵。

（一）权利主体

法律关系的主体即法律关系的参与者，税收法律关系的主体即税收法律关系中享有权利和承担义务的当事人。在我国税收法律关系中，权利主体一方是代表国家行使征税职责的国家行政机关，包括国家各级税务机关、海关和财政机关；另一方是履行纳税义务的人，包括法人、自然人和其他组织，如在华的外国企业、组织、外籍人、无国籍人以及在华虽然没有机构、场所但有来源于中国境内所得的外国企业或组织。这种对税收法律关系中权利主体另一方的确定，在我国采取的是属地兼属人的原则。

在税收法律关系中权利主体双方法律地位平等，只是因为主体双方是行政管理者与被管理者的关系，所以双方的权利与义务不对等，因此与一般民事法律关系中主体双方权利与义务平等是不一样的，这是税收法律关系中非常重要的特征。

（二）权利客体

权利客体即税收法律关系主体的权利、义务所共同指向的对象，也就是征税对象。例如，所得税法律关系客体就是生产经营所得和其他所得，财产税法律关系客体就是财产，流转税法律关系客体则是货物销售收入或劳务收入。税收法律关系客体也是国家利用税收杠杆调整和控制的目标，国家在一定时期根据客观经济形势发展的需要，通过扩大或缩小征税范围调整征税对象，以达到限制或鼓励国民经济中一些产业、行业发展的目的。

（三）税收法律关系的内容

税收法律关系的内容就是权利主体所享有的权利和应承担的义务，这是税收法律关系中最实质的东西，也是税法的灵魂。税收法律关系的内容规定权利主体哪些能做和哪些不能做，若违反了这些规定，需要承担相应的法律责任。

税务机关的权利主要表现在依法进行征税、税务检查以及对违章者进行处罚；其义务主要是向纳税人宣传、咨询、辅导解读税法，及时把征收的税款解缴国库，依法受理纳税人对税收争议的申诉等。

纳税义务人的权利主要有多缴税款申请退还权、延期纳税权、依法申请减免税权、申请复议和提起诉讼权等；其义务主要是按税法规定办理税务登记、进行纳税申报、接受税务检查、依法缴纳税款等。

二、税收法律关系的产生、变更与消灭

税法是引起税收法律关系的前提条件，但是税法本身并不能产生具体的税收法律关系。税收法律关系的产生、变更和消灭必须有能够引起税收法律关系产生、变更或消灭的客观情况，也就是由税收法律事实来决定。税收法律事实可以分为税收法律事件和税收法律行为。税收法律事件是指不以税收法律关系权利主体的意志为转移的客观事件，如自然灾害可以导致税收减免，从而改变税收法律关系内容的变化。税收法律行为是指税收法律关系主体在正常意志支配下做出的活动，如纳税人开业经营即产生税收法律关系，纳税人转业或停业就造成税收法律关系的变更或消灭。

三、税收法律关系的保护

税收法律关系是同国家利益及企业和个人的权益相联系的。保护税收法律关系，实质上就是保护国家正常的经济秩序，保障国家财政收入，维护纳税人的合法权益。税收法律关系的保护形式和方法是很多的，税法中关于限期纳税、征收滞纳金和罚款的规定，《中华人民共和国刑法》（以下简称《刑法》）对构成逃税、抗税罪给予刑罚的规定，以及税法中对纳税人不服税务机关征税处理决定，可以申请复议或提出诉讼的规定等都是对税收法律关系的直接保护。税收法律关系的保护对权利主体双方是平等的，不能只对一方保护，而对另一方不予保护。同时，对其享有权利的保护，就是对其承担义务的制约。

第三节 税法要素

税法的构成要素是指各种单行税法具有的共同的基本要素的总称。一方面，税法构成要素既包括实体性的，也包括程序性的；另一方面，税法构成要素是所有完善的单行税法都共同具备的，仅为某一税法所单独具有而非普遍性的内容，不构成税法要素。税法的构成要素一般包括总则、纳税义务人、征税对象、税目、税率、纳税环节、纳税期限、纳税地点、减税免税、罚则、附则等项目。

一、总则

总则主要包括立法依据、立法目的、适用原则等。

二、纳税义务人

纳税人又叫纳税主体，是税法规定的直接负有纳税义务的单位和个人。任何一个税种首先要解决的就是国家对谁征税的问题，如我国个人所得税法、增值税、消费税、营业税、资源税以及印花税等暂行条例的第一条规定的都是该税种的纳税义务人。

纳税人有两种基本形式，即自然人和法人。自然人和法人是两个相对称的法律概念。自然人是基于自然规律而出生的，有民事权利和义务的主体，包括本国公民、外国人和无国籍人。法人是自然人的对称，根据《中华人民共和国民法通则》（以下简称《民法通则》）第三十六条和第三十七条的规定，法人是基于法律规定享有权利能力和行为能力，具有独立的财产和经费，依法独立承担民事责任的社会组织。我国的法人主要有四种：机关法人、事业法人、企业法人和社团法人。

税法中规定的纳税人有自然人和法人两种最基本的形式，按照不同的目的和标准，还可以对自然人和法人进行多种详细的分类，这些分类对国家制定区别对待的税收政策，发挥税收的经济调节作用，具有重要的意义。例如，自然人可划分为居民纳税人和非居民纳税人，个体经营者和其他个人等；法人可划分为居民企业和非居民企业，还可按企业的不同所有制性质来进行分类。

与纳税人紧密联系的两个概念是代扣代缴义务人和代收代缴义务人。前者是指虽不承担纳税义务，但依照有关规定，在向纳税人支付收入、结算货款、收取费用时有义务代扣代缴其应纳税款的单位和个人。例如，出版社代扣作者稿酬所得的个人所得税等。如果代扣代缴义务人按规定履行了代扣代缴义务，税务机关将支付一定的手续费；反之，未按规定代扣代缴税款，造成应纳税款流失或将已扣缴的税款私自截留挪用、不按时缴入国库，一经税务机关发现，将要承担相应的法律责任。代收代缴义务人是指虽不承担纳税义务，但依照有关规定，在向纳税人收取商品或劳务收入时，有义务代收代缴其应纳税款的单位和个人。例如，根据《中华人民共和国消费税暂行条例》的规定，委托加工的应税消费品，由受托方在向委托方交货时代收代缴委托方应该缴纳的消费税。

三、征税对象

征税对象又叫课税对象、征税客体，是指税法规定对什么征税，是征纳税双方权利义务共同指向的客体或标的物，是区别一种税与另一种税的重要标志。例如，房产税的征税对象是房屋。征税对象是税法最基本的要素，因为它体现着征税的最基本界限，决定着某一种税的基本征税范围。同时，征税对象也决定了各个不同税种的名称。例如，消费税、土地增值税、个人所得税等，这些税种因征税对象不同、性质不同，税的名称也就不同。征税对象按其性质的不同，通常可划分为流转额、所得额、财产、资源、特定行为等五大类，通常也因此将税收分为相应的五大类，即流转税（或称商品税和劳务税）、所得税、财产税、资源税和特定行为税。

课税对象相关的两个基本概念是税目和税基。税目本身也是一个重要的税法要素，税基又叫计税依据，是据以计算征税对象应纳税款的直接数量依据，解决对征税对象课税的计算问题，是对课税对象的量的规定。例如，企业所得税应纳税额的基本计算方法是应纳税所得额乘以适用税率，其中应纳税所得额是据以计算所得税应纳税额的数量基础，为所得税的税基。计税依据按照计量单位的性质划分有两种基本形态，即价值形态和物理形态。价值形态包括应纳税所得额、销售收入、营业收入等，物理形态包括面积、体积、容积、重量等。以价值形态作为税基，又称为从价计征，即按征税对象的货币价值计算，如生产销售化妆品应纳消费税税额是由化妆品的销售收入乘以适用税率计算产生，其税基为销售收入，属于从价计征的方法。从量计征，即直接按征税对象的自然单位计算，如城镇土地使用税应纳税额是由占用土地面积乘以每单位面积应纳税额计算产生，其税基为占用土地的面积，属于从量计征的方法。

四、税目

税目是在税法中对征税对象分类规定的具体的征税项目，反映具体的征税范围，是对课税对象质的界定。设置税目的目的首先是明确具体的征税范围，凡列入税目的即为应税项目，未列入税目的，则不属于应税项目。划分税目也是贯彻国家税收调节政策的需要，国家可根据不同项目的利润水平以及以国家经济政策等为依据制定高低不同的税率，以体现不同的税收政策。并非所有税种都需规定税目，有些税种不分课税对象的具体项目，一律按照课税对象的应税数额采用同一税率计征税款，因此一般不用设置税目，如企业所得税。有些税种具体课税对象比较复杂，需要规定税目，如消费税、营业税等，一般都规定有不同的税目。

五、税率

税率是对征税对象的征收比例或征收额度。税率是计算税额的尺度，也是衡量税负轻重与否的重要标志。我国现行的税率主要有比例税率、超额累进税率、超率累进税率、定额税率四类。

（一）比例税率

比例税率是指对同一征税对象，不论其数额大小，统一规定相同的征收比例。我国的增值税、营业税、城市维护建设税、企业所得税等采用的是比例税率。比例税率在实际应用中又可分为以下三种具体形式：

1. 单一比例税率

单一比例税率，即对同一征税对象的所有纳税人都适用同一比例税率。

2. 差别比例税率

差别比例税率，即对同一征税对象的不同纳税人适用不同的比例征税。我国现行税法又分别按产品、行业和地区的不同将差别比例税率划分为以下三种类型：

（1）产品差别比例税率，即对不同产品分别适用不同的比例税率，同一产品采用同一比例税率，如消费税、关税等；

（2）行业差别比例税率，即对不同行业分别适用不同的比例税率，同一行业采用同一比例税率，如营业税等；

（3）地区差别比例税率，即区分不同的地区分别适用不同的比例税率，同一地区采用同一比例税率，如城市维护建设税等。

3. 幅度比例税率

幅度比例税率，即对同一征税对象，税法只规定最低税率和最高税率，各地区在该幅度内确定具体的适用税率。

比例税率有计算简单、税负透明度高、利于保证财政收入、利于纳税人公平竞争、不妨碍商品流转额或非商品营业额扩大等优点，符合税收效率原则。但是，比例税率不能针对不同的收入水平实施不同的税收负担，在调节纳税人的收入水平方面不易体现税收的公平原则。

（二）超额累进税率

超额累进税率是指根据征税对象课税数额的大小划分为若干等级，不同等级的课税数额分别适用不同的税率，课税数额越大，适用的税率越高。超额累进税率一般在所得税中使用，可以充分体现对纳税人收入多的多征、收入少的少征、无收入的不征的税收原则，从而有效地调节纳税人的收入，正确处理税收负担的纵向公平问题。

全额累进税率是把征税对象的数额划分为若干等级，对每个等级分别规定相应税率，当税基超过某个级距时，课税对象的全部数额都按提高后级距的相应税率征税。全额累进税率计算方法简便，但是税收负担不合理，特别是在划分级距的临界点附近，税负呈跳跃式递增，甚至会出现税额增加超过课税对象数额增加的不合理现象，不利于鼓励纳税人增加收入。

超额累进税率是指把征税对象按数额的大小分成若干等级，每一等级规定一个税率，税率依次提高，但是每一纳税人的征税对象则依所属等级同时适用几个税率分别计算，将计算结果相加后得出应纳税款。

与比例税率相比，全额累进税率与超额累进税率都相对要公平一些，但二者的不同体现在：第一，全额累进税率计算更简单；第二，全额累进税率的累进速度更快；第三，在所得额级距的临界点处，全额累进税率会出现税额增长超过所得额增长的不合理情况，这样会影响纳税人的行为判断。例如，在一定情况下选择休闲而不选择劳动，扭曲资源配置。超额累进税率就不存在这个问题，因此现行税制中很少采用全额累进税率。

【例 1-1】当某人的纳税所得额分别为 1500 元、1501 元、4500 元、4501 元时，在全额累进税率和超额累进税率下，根据表 1-1 来计算应纳税额。

表 1-1 课税级次、对象级距和税率

级次	课税对象级距	税率（%）
1	1500 元以下（含）	3
2	1500~4500 元（含）	10
3	4500~9000 元（含）	20

解析：(1) 当应纳税所得额为 1500 元时。

全额累进税率下应纳税额 = 1500×3% = 45（元）

超额累进税率下应纳税额 = 1500×3% = 45（元）

(2) 当应纳税所得额为 1501 元时。

全额累进税率下应纳税额=1501×10%=150.1（元）

超额累进税率下应纳税额=1500×3%+1×10%=45.1（元）

（3）当应纳税所得额为4500元时。

全额累进税率下应纳税额=4500×10%=450（元）

超额累进税率下应纳税额=1500×3%+（4500-1500）×10%=345（元）

（4）当应纳税所得额为4501元时。

全额累进税率下应纳税额=4501×20%=900.2（元）

超额累进税率下应纳税额=1500×3%+（4500-1500）×10%+（4501-4500）×20%

=345.2（元）

从上面的计算可以发现，超额累进税率下应纳税额比较公平，但是计算过程复杂，在税率档次较多时，按照逐次累加的方法计算应纳税额比较麻烦。为了扬长避短，在实际操作中引入速算扣除数。速算扣除数是指在级距和税率不变的条件下，按照全额累进税率计算的应纳税额与按照超额累进税率计算的应纳税额的差额。速算扣除数列入税率表，可以简化超额累进税率的计算。

在超额累进税率条件下，采用速算扣除数计算超额累进税率的所得税时的计税公式为：

应纳税额=应纳税额所得额×适用税率-速算扣除数

速算扣除数的计算公式为：

本级速算扣除数=上一级最高所得额×（本级税率-上一级税率）+上一级速算扣除数

用上述公式求得的速算扣除数，可用直接计算法求证其正确性。个人所得税工资、薪金所得适用的七级超额累进税率验证如下（根据例1-1计算结果）：

（1）用上述公式计算如下：

1500×（10%-3%）+0=105（元）

（2）用直接计算法计算如下：

速算扣除数=全额累进税率的应纳税额-超额累进税率的应纳税额=150.1-45.1=105（元）

（三）超率累进税率

超率累进税率是指以征税对象数额的相对率划分若干级距，分别规定相应的差别税率，相对率每超过一个级距的，对超过的部分就按高一级的税率计算征税。目前采用这种税率的是土地增值税。

（四）定额税率

定额税率是指按征税对象确定的计算单位，直接规定一个固定的税额。目前采用定额税率的有资源税、城镇土地使用税、车船税等。

六、纳税环节

纳税环节主要指税法规定的征税对象在从生产到消费的流转过程中应当缴纳税款的环节，如流转税在生产和流通环节纳税、所得税在分配环节纳税等。纳税环节有广义和狭义之分。广义的纳税环节指全部课税对象在再生产中的分布情况，如资源税分布在资源生产环节，商品税分布在生产或流通环节，所得税分布在分配环节等；狭义的纳税环节特指应税商品在流转过程中应纳税的环节。商品从生产到消费要经历诸多流转环节，各环节都存在销售额，都可能成为纳税环节。考虑到税收对经济的影响、财政收入的需要以及税收征管的能力等因素，国家常常对在商品流转过程中所征税种规定不同的纳税环节。按照某种税征税环节的多少，可以将税种划分为一次课征制或多次课征制。合理选择纳税环节，对加强税收征管、有效控制税源、保证国家财政收入的及时、稳定、可靠，方便纳税人生产经营活动和财务核算，灵活机动地发挥税收调节经济的作用，具有十分重要的理论和实践意义。

七、纳税期限

纳税期限是指税法规定的关于税款缴纳时间方面的限定。税法关于纳税期限的规定有以下三个概念：

（一）纳税义务发生时间

纳税义务发生时间是指应税行为发生的时间。例如，《中华人民共和国增值税暂行条例》规定采取预收货款方式销售货物的，其纳税义务发生时间为货物发出的当天。

（二）纳税期限

纳税人每次发生纳税义务后，不可能马上去缴纳税款。税法规定了每种税的纳税期限，即每隔固定时间汇总一次纳税义务的时间。例如，《中华人民共和国增值税暂行条例》规定，增值税的具体纳税期限分别为1日、3日、5日、10日、15日、1个月或者1个季度。纳税人的具体纳税期限由主管税务机关根据纳税人应纳税额的大小分别核定，不能按照固定期限纳税的，可以按次纳税。

（三）缴库期限

缴库期限，即税法规定的纳税期满后，纳税人将应纳税款缴入国库的期限。例如，《中华人民共和国增值税暂行条例》规定，纳税人以1个月或者1个季度为1个纳税期的，自期满之日起15日内申报纳税；以1日、3日、5日、10日或者15日为1个纳税期的，自期满之日起5日内预缴税款，于次月1日起15日内申报纳税并结清上月应纳税款。

八、纳税地点

纳税地点主要是指根据各个税种纳税对象的纳税环节和有利于对税款的源泉控制而规定的纳税人（包括代征、代扣、代缴义务人）的具体纳税地点。

九、减税免税

减税免税主要是对某些纳税人和征税对象采取减少征税或者免予征税的特殊规定。

十、罚则

罚则主要是指对纳税人违反税法的行为采取的处罚措施。

十一、附则

附则一般都规定与该法紧密相关的内容，比如该法的解释权、生效时间等。

第四节　税收立法

一、税收立法

（一）税收立法概述

税收立法是指有权的机关依据一定的程序，遵循一定的原则，运用一定的技术，制定、公布、修改、补充和废止有关税收法律、法规、规章的活动。税收立法是税法实施的前提，有法可依、有法必依、执法必严、违法必究是税收立法与税法实施过程中必须遵循的基本原则。

（二）我国税收立法原则

税收立法原则是指在税收立法活动中必须遵循的准则。我国的税收立法原则是根据我国的社会性质和具体国情确定的，是立法机关根据社会经济活动、经济关系，特别是税收征纳双方的特点确定的，并贯穿于税收立法工作始终的指导方针。税收立法主要应遵循以下几个原则：

1. 从实际出发的原则

从实际出发，这是唯物主义的思想路线在税收立法实践中的运用和体现。贯彻这个原则，首先要求税收立法必须根据经济、政治发展的客观需要，反映客观规律，也就是从中国国情出发，充分尊重社会经济发展规律和税收分配理论。其次，要客观反映一定时期国家、社会、政治、经济等各方面的实际情况，既不能被某些条条框框所束缚，也不能盲目抄袭别国的立法模式。在此基础上，充分运用科学知识和技术手段，不断丰富税收立法理论，完善税法体系，以适应社会主义市场经济发展的客观需要。

2. 公平原则

在税收立法中一定要体现公平原则。所谓公平，就是要体现合理负担原则。在市场经济体制下，参加市场竞争的各个主体需要有一个平等竞争的环境，而税收的公平是实现平等竞争的重要条件。公平主要体现在以下三个方面：

（1）从税收负担能力上看，负担能力大的应多纳税，负担能力小的应少纳税，没有负担能力的不纳税；

（2）从纳税人所处的生产和经营环境看，由于客观环境优越而取得超额收入或级差收益者应多纳税，反之则少纳税；

（3）从税负平衡看，不同地区、不同行业间及多种经济成分之间的实际税负必须尽可能公平。

3. 民主决策的原则

民主决策的原则主要是指税收立法过程中必须充分倾听群众的意见，严格按照法定程序进行，确保税收法律能体现广大群众的根本利益。坚持这个原则，要求税收立法的主体应以全国人民代表大会及其常务委员会为主，按照法定程序进行；对税收法案的审议，要进行充分的辩论，倾听各方面意见；税收立法过程要公开化，让广大公众及时了解税收立法的全过程以及立法过程中各个环节的争论和如何达成共识的情况。

4. 原则性与灵活性相结合的原则

在制定税法时，要求明确、具体、严谨、周密。但是，为了保证税法制定后在全国范围内、在各个地区都能贯彻执行，为避免出现不一致与现实脱节的情况，又要求在制定税法时不能规定得过细，这就要求必须坚持原则性与灵活性相结合的原则。具体讲，就是必须贯彻法制的统一性与因时、因地制宜相结合。法制的统一性，表现在税收立法上，就是税收立法权只能由国家最高权力机关来行使，各地区、各部门不能擅自制定违背国家宪法和法律的所谓“土政策”或“土规定”。但是，我国又是一个幅员辽阔、人口众多、多民族的国家，各地区的经济文化发展水平不平衡，因而对不同地区不能强求一样。因此，为了照顾不同地区，特别是照顾少数民族地区不同的情况和特点，为了充分发挥地方的积极性，在某些情况下，允许地方在遵守国家法律、法规的前提下，制定适合当地的实施办法等。因此，只有贯彻这个原则，才能制定出既符合全国统一性要求，又能适应各地区实际情况的税法。

5. 法律的稳定性、连续性与废、改、立相结合的原则

制定税法是与一定经济基础相适应的，税法一旦制定，在一定阶段内就要保持其稳定性，不能朝令夕改、变化不定。如果税法经常变动，不仅会破坏税法的权威性和严肃性，而且会给国民经济生活造成非常不利的影响。但是，税法的这种稳定性不是绝对的，因为社会政治、经济状况是不断变化的，税法也要进行相应的发展变化。这种发展变化具体表现在有的税法已经过时，需要废除；有的税法部分失去效力，需要修改、补充；根据新的情况，需要制定新的税法。此外，还必须注意保持税法的连续性，即税法不能中断，在新的税法未制定前，原有的税法不应随便中止失效；在修改、补充或制定新的税法时，应保持与原有税法的承续关系，应在原有税法的基础上，结合新的实践经验，修改、补充原有的税法和制定新的税法。只有遵循这个原则，才能制定出符合社会政治、经济发展规律的税法。

（三）我国税收立法以及税法调整

1. 税收立法机关

根据《中华人民共和国宪法》《中华人民共和国全国人民代表大会组织法》《中华人民共和国国务院组织法》以及《中华人民共和国地方各级人民代表大会和地方各级人民政府组织法》的规定，我国的立法体制是全国人民代表大会及其常务委员会行使立法权，制定法律；国务院及所属各部委有权根据宪法和法律制定行政法规和规章；地方人民代表大会及其常务委员会在不与宪法、法律、行政法规抵触的前提下，有权制定地方性法规，但要报全国人民代表大会常务委员会和国务院备案；民族自治地方的人民代表大会有权依照当地民族、政治、经济和文化的特点，制定自治条例和单行条例。

各有权机关根据国家立法体制规定，制定的一系列税收法律、法规、规章和规范性文

件，构成了我国的税收法律体系。需要说明的是，我们平时所说的税法，有广义和狭义之分。广义概念上的税法包括所有调整税收关系的法律、法规、规章和规范性文件，是税法体系的总称；狭义概念上的税法是特指由全国人民代表大会及其常务委员会制定和颁布的税收法律。由于制定税收法律、法规和规章的机关不同，其法律级次不同，因此其法律效力也不同。

（1）全国人民代表大会及其常务委员会制定的税收法律。《中华人民共和国宪法》（以下简称《宪法》）第五十八条规定："全国人民代表大会和全国人民代表大会常务委员会行使国家立法权。"这一规定确定了我国税收法律的立法权由全国人民代表大会及其常务委员会行使，其他任何机关都没有制定税收法律的权力。在国家税收中，凡是基本的、全局性的问题，如国家税收的性质、税收法律关系中征纳双方权利与义务的确定、税种的设置、税目和税率的确定等，都需要由全国人民代表大会及其常务委员会以税收法律的形式制定实施，并且在全国范围内，无论对国内纳税人，还是涉外纳税人都普遍适用。在现行税法中，如《中华人民共和国企业所得税法》《中华人民共和国个人所得税法》《中华人民共和国税收征收管理法》以及 1993 年 12 月全国人大常委会通过的《关于外商投资企业和外国企业适用增值税、消费税、营业税等税收暂行条例的决定》都是税收法律。除《宪法》外，在税收法律体系中，税收法律具有最高的法律效力，是其他机关制定税收法规、规章的法律依据，其他各级机关制定的税收法规、规章，都不得与《宪法》和税收法律相抵触。

（2）全国人大或全国人大常委会授权立法。授权立法是指全国人民代表大会及其常务委员会根据需要授权国务院制定某些具有法律效力的暂行规定或者条例。授权立法与制定行政法规不同。国务院经授权立法所制定的规定或条例等，具有国家法律的性质和地位，它的法律效力高于行政法规，在立法程序上还需报全国人大常委会备案。1984 年 9 月 1 日，全国人大常委会授权国务院改革工商税制和发布有关税收条例。1985 年，全国人大授权国务院在经济体制改革和对外开放方面可以制定暂行的规定或者条例。按照这两次授权立法，国务院从 1994 年 1 月 1 日起实施工商税制改革，制定实施了增值税、营业税、消费税、资源税、土地增值税、企业所得税 6 个暂行条例。授权立法在一定程度上解决了我国经济体制改革和对外开放工作急需法律保障的当务之急。税收暂行条例的制定和公布施行也为全国人大及其常委会立法工作提供了有益的经验和条件，将这些条例在条件成熟时上升为法律做好了准备。

（3）国务院制定的税收行政法规。国务院作为最高国家权力机关的执行机关，是最高的国家行政机关，拥有广泛的行政立法权。我国《宪法》规定，国务院可根据宪法和法律，规定行政措施，制定行政法规，发布决定和命令。行政法规作为一种法律形式，在中国法律形式中处于低于宪法、法律和高于地方法规、部门规章、地方规章的地位，也是在全国范围内普遍适用的。行政法规的立法目的在于保证宪法和法律的实施。行政法规不得与宪法、法律相抵触，否则无效。国务院发布的《中华人民共和国企业所得税法实施条例》《中华人民共和国税收征收管理法实施细则》等，都是税收行政法规。

（4）地方人民代表大会及其常委会制定的税收地方性法规。根据《中华人民共和国地方各级人民代表大会和地方各级人民政府组织法》的规定，省、自治区、直辖市的人民代表大会以及省、自治区的人民政府所在地的市和经国务院批准的较大的市的人民代表大会有制定地方性法规的权力。由于我国在税收立法上坚持“统一税法”的原则，因此地方权力机关制定税收地方法规不是无限制的，而是要严格按照税收法律的授权行事。目前，除了海南省、民族自治地区按照全国人大授权立法规定，在遵循宪法、法律和行政法规的原则基础上，可以制定有关税收的地方性法规外，其他省、市都无权自行制定税收地方性法规。

（5）国务院税务主管部门制定的税收部门规章。我国《宪法》第九十条规定：“各部、各委员会根据法律和国务院的行政法规、决定、命令，在本部门的权限内，发布命令、指示和规章。”有权制定税收部门规章的税务主管机关是财政部、国家税务总局及海关总署。其制定规章的范围包括对有关税收法律、法规的具体解释以及税收征收管理的具体规定、办法等，税收部门规章在全国范围内具有普遍适用效力，但是不得与税收法律、行政法规相抵触。例如，财政部颁发的《中华人民共和国增值税暂行条例实施细则》、国家税务总局颁发的《中华人民共和国税务代理试行办法》等都属于税收部门规章。

（6）地方政府制定的税收地方规章。根据《中华人民共和国地方各级人民代表大会和地方各级人民政府组织法》的规定，省、自治区、直辖市以及省、自治区的人民政府所在地的市和国务院批准的较大的市的人民政府，可以根据法律和国务院的行政法规，制定规章。按照“统一税法”的原则，上述地方政府制定税收规章，都必须在税收法律、法规明确授权的前提下进行，并且不得与税收法律、行政法规相抵触。没有税收法律、法规的授权，地方政府是无权自定税收规章的，凡越权自定的税收规章没有法律效力。例如，国务院发布实施的城市维护建设税、车船税、房产税等地方性税种暂行条例，都规定省、自治区、直辖市人民政府可根据条例制定实施细则。

2. 税收立法、修订和废止程序

税收立法程序是指有权的机关，在制定、认可、修改、补充、废止等税收立法活动中，必须遵循的法定步骤和方法。

目前我国税收立法程序主要包括以下几个阶段：

（1）提议阶段。无论是税法的制定，还是税法的修改、补充和废止，一般由国务院授权其税务主管部门（财政部或国家税务总局）负责立法的调查研究等准备工作，并提出立法方案或税法草案，上报国务院。

（2）审议阶段。税收法规由国务院负责审议。税收法律在经国务院审议通过后，以议案的形式提交全国人民代表大会常务委员会的有关工作部门，在广泛征求意见并做修改后，提交全国人民代表大会或全国人民代表大会常务委员会审议通过。

（3）通过和公布阶段。税收行政法规由国务院审议通过后，以国务院总理的名义发布实施。税收法律在全国人民代表大会或全国人民代表大会常务委员会开会期间，先听取国务院关于制定税法议案的说明，然后经过讨论，以简单多数的方式通过后，以国家主席的名义发布实施。

二、税法的实施

税法的实施即税法的执行，包括税收执法和守法两个方面。一方面，要求税务机关和税务人员正确运用税收法律，并对违法者实施制裁；另一方面，要求税务机关、税务人员、公民、法人、社会团体及其他组织严格遵守税收法律。

由于税法具有多层次的特点，因此在税收执法过程中，对其适用性或法律效力的判断，一般按以下原则掌握：一是层次高的法律优于层次低的法律；二是同一层次的法律中，特别法优于普通法；三是国际法优于国内法；四是实体法从旧，程序法从新。

遵守税法是指税务机关、税务人员都必须遵守税法的规定，严格依法办事。遵守税法是保证税法得以顺利实施的重要条件。

第五节 税法体系

一、税法体系概述

税法的内容十分丰富，涉及范围也极为广泛，各单行税收法律法规结合起来，形成了完整配套的税法体系，共同规范和制约税收分配的全过程，是实现依法治税的前提和保证。从法律角度来讲，一个国家在一定时期内、一定体制下以法定形式规定的各种税收法律、法规的总和，称之为税法体系。从税收工作的角度来讲，税法体系往往被称为税收制度，即一个国家的税收制度是指在既定的管理体制下设置的税种以及与这些税种的征收、管理有关的，具有法律效力的各级成文法律、行政法规、部门规章等的总和。换句话说，税法体系就是通常所说的税收制度（简称税制）。

税收制度可按照构成方法和形式分为简单型税制和复合型税制。结构简单的税制主要是指税种单一、结构简单的税收制度；结构复杂的税制主要是指由多个税种构成的税收制度。

在现代社会中，世界各国一般都采用多种税并存的复税制税收制度。一个国家为了有效取得财政收入或调节社会经济活动，必须设置一定数量的税种，并规定每种税的征收和缴纳办法，包括对什么征税、向谁征税、征多少税以及何时纳税、何地纳税、按什么手续纳税、不纳税如何处理等。

因此，税收制度的内容主要有三个层次：一是不同的要素构成税种。构成税种的要素主要包括纳税人、征税对象、税目、税率、纳税环节、纳税期限、减税免税等。二是不同的税种构成税收制度。构成税收制度的具体税种，国与国之间差异较大，但是一般都包括所得税（直接税），如企业（法人）所得税、个人所得税；流转税（间接税），如增值税、消费税、营业税；其他一些税种，如财产税（房地产税、车船税）、关税、社会保障税等。三是规范税款征收程序的法律法规，如税收征收管理法等。

税种的设置及每种税的征税办法，一般是以法律形式确定的，这些法律就是税法。一个国家的税法一般包括税法通则、各个税种的税法（条例）、实施细则、具体规定四个层次。其中，税法通则规定一个国家的税种设置和每个税种的立法精神，各个税种的税法（条例）分别规定每种税的征税办法，实施细则是对各个税种的税法（条例）的详细说明和解释，具体规定则是根据不同地区、不同时期的具体情况制定的补充性法规。目前，世界上只有少数国家单独制定税法通则，大多数国家都把税法通则的有关内容包含在各税税法（条例）之中，我国的税法就属于这种情况。

二、税法的分类

税法体系中各个税种的税法按基本内容和效力、职能作用、征收对象、主权国家行使税收管辖权的不同，可分为不同类型。

（一）按照税法的基本内容和效力的不同，可分为税收基本法和税收普通法

税收基本法也称税收通则，是税法体系的主体和核心，在税法体系中起着税收母法的作用。其基本内容包括税收制度的性质、税务管理机构、税收立法与管理权限、纳税人的基本权利与义务、征税机关的权利和义务、税种设置等。我国目前还没有制定统一的税收基本法，随着我国税收法制建设的发展和完善，将研究制定税收基本法。

税收普通法是根据税收基本法的原则，对税收基本法规定的事项分别立法实施的法律，如个人所得税法、税收征收管理法等。

（二）按照税法的职能作用的不同，可分为税收实体法和税收程序法

税收实体法主要是指确定税种立法，具体规定各税种的征收对象、征收范围、税目、税率、纳税地点等。例如，《中华人民共和国企业所得税法》《中华人民共和国个人所得税法》就属于税收实体法。

税收程序法是指税务管理方面的法律，主要包括税收管理法、纳税程序法、发票管理法、税务机关组织法、税务争议处理法等。《中华人民共和国税收征收管理法》（以下简称《税收征收管理法》）就属于税收程序法。

（三）按照税法征收对象的不同，可分为流转税税法，所得税税法，财产、行为税税法，资源税税法四种

流转税税法主要包括增值税、营业税、消费税、关税等税法。这类税法的特点是与商品生产、流通、消费有密切联系。对什么商品征税、税率多高，对商品经济活动都有直接的影响，易于发挥对经济的宏观调控作用。

所得税税法主要包括企业所得税、个人所得税等税法。其特点是可以直接调节纳税人收入，发挥其公平税负、调整分配关系的作用。

财产、行为税税法主要是对财产的价值或某种行为课税，包括房产税、印花税等税法。

资源税税法主要是为保护和合理使用国家自然资源而课征的税。我国现行的资源税、城镇土地使用税等税种均属于资源课税的范畴。

（四）按照主权国家行使税收管辖权的不同，可分为国内税法、国际税法、外国税法等

国内税法一般是按照属人或属地原则，规定一个国家的内部税收制度。

国际税法是指国家间形成的税收制度，主要包括双边或多边国家间的税收协定、条约和国际惯例等，一般而言，其效力高于国内税法。

外国税法是指外国各个国家制定的税收制度。

以上对于税种的分类不具有法定性，但是将各具体税种按一定方法分类，在税收理论研究和税制建设方面用途相当广泛，作用非常之大。例如，流转税也称间接税是由于这些税种都是按照商品和劳务收入计算征收的，而这些税种虽然是由纳税人负责缴纳，但最终

是由商品和劳务的购买者即消费者负担的，所以称为间接税。所得税的纳税人本身就是负税人，一般不存在税负转移或转嫁问题，所以称为直接税。

通常认为，在以间接税为主体的税制结构中，主要税种一般包括增值税、营业税和消费税；在以直接税为主体的税制结构中，主要税种一般包括个人所得税和企业（法人）所得税。以个人所得税为主体税种的，多见于经济发达国家，而把企业（法人）所得税作为主体税种的国家很少。以某种直接税和间接税税种为“双主体”的税制，是作为一种过渡性税制类型存在的。在20世纪70年代以前，理论界一直认为以所得税为主体的税制结构最为理想。发达国家和一些发展较快的发展中国家在进行以流转税为主体向以收益所得税为主体税种的税制改革过程中，曾经出现过一些采用“双主体”税制的国家。我国目前税制基本上是以间接税和直接税为双主体的税制结构，间接税（增值税、消费税、营业税）占全部税收收入的比例为60%左右，直接税（企业所得税、个人所得税）占全部税收收入的比例为25%左右，其他辅助税种数量较多，但收入比重不大。

三、我国现行税法体系

国家税收制度的确立，要根据本国具体的政治经济条件。各国的政治经济条件不同，税收制度也不尽相同，具体征税办法也千差万别。就一个国家而言，在不同的时期，由于政治经济条件和政治经济目标不同，税收制度也有着或大或小的差异。我国的现行税制就其实体法而言，是1949年新中国成立后经过几次较大的改革逐步演变而来的，按其性质和作用大致分为以下五类：

（一）流转税类

流转税类包括增值税、消费税、营业税和关税，主要在生产、流通或者服务业中发挥调节作用。

（二）资源税类

资源税类包括资源税、土地增值税和城镇土地使用税，主要是对因开发和利用自然资源差异而形成的级差收入发挥调节作用。

（三）所得税类

所得税类包括企业所得税、个人所得税，主要是在国民收入形成后，对生产经营者的利润和个人的纯收入发挥调节作用。

（四）特定目的税类

特定目的税类包括固定资产投资方向调节税（暂缓征收）、筵席税、城市维护建设税、车辆购置税、耕地占用税和烟叶税，主要是为了达到特定目的，对特定对象和特定行为发挥调节作用。

（五）财产和行为税类

财产和行为税类包括房产税、车船税、印花税、契税，主要是对某些财产和行为发挥调节作用。

上述税种中的关税由海关负责征收管理，其他税种由税务机关负责征收管理。耕地占用税和契税，1996年以前由财政机关的农税部门征收管理，1996年财政部农税管理机构划归国家税务总局领导，部分省市机构相应划转，这些税种就改由税务部门负责征收，部分省市仍由财政机关负责征收。

上述种税，除企业所得税、个人所得税是以国家法律的形式发布实施外，其他各税种都是经全国人民代表大会授权立法，由国务院以暂行条例的形式发布实施的。这19个税收法律、法规组成了我国的税收实体法体系。

除税收实体法外，我国对税收征收管理适用的法律制度是按照税收管理机关的不同而分别规定的。

第一，由税务机关负责征收的税种的征收管理，按照全国人大常委会发布实施的《税收征收管理法》执行。

第二，由海关机关负责征收的税种的征收管理，按照《中华人民共和国海关法》和《中华人民共和国进出口关税条例》等有关规定执行。

上述税收实体法和税收征收管理的程序法的法律制度构成了我国现行税法体系。

对于我国现行税制中的19个税种，其中有些税种在经济生活中已经不发生影响或影响很小，有的则是其征收领域与注册会计师业务相关性不大，比如固定资产投资方向调节税保留税种，暂缓征收；筵席税由地方政府自主决定开征与否；烟叶税以在中华人民共和国境内收购烟叶的单位为纳税人。

思考题

1. 什么是税收？
2. 纳税人与负税人有什么区别？
3. 什么是税收制度？按照不同的标准，可以将税收制度分为几种类型？
4. 超额累进税率与全额累进税率有什么不同？

【课后阅读1】

公元前271年，赵奢担任当时赵国的最高税务长官。赵奢在中国赋税思想史上的主要贡献，是他坚持以法治税。赵奢认为，以法治税是以法治国的一项重要内容，破坏税法会导致国家法制削弱，而国家的法制一旦遭到破坏，社会就会陷入混乱，国家就会衰弱，诸侯就会乘机进攻，政权就会灭亡。赵奢指出："不奉公则法削，法削则国弱，国弱则诸侯加兵，诸侯加兵是无赵也。"赵奢有法律面前人人平等的民主思想。他认为，税法不仅平民百姓必须遵守，贵族官僚也必须履行其纳税义务，这就是执行公平。做到了执行公平，国家就会强盛，政权就会巩固。赵奢掌管赵国赋税期间，"国赋大平，民富而府库实"，也为后世树立了一个极为难得的执法如山的税官形象。

唐太宗李世民是唐王朝的主要开创者，也是我国封建社会中少有的一代明君，在位23年，实现了为后世称道的"贞观之治"。细读史籍，就可看出他的文治武功。唐朝的治国方略、典章制度，多是在他执政时制定的。唐朝享国290年之久，与他所奠定的基础有着重要关系。他在治理赋税力役方面值得称道。

李世民看到隋炀帝在赋役法之外横征暴敛，以致国亡身死的悲剧，非常注意坚持依法征收赋役，不准额外征敛。按照当时的规定，男丁16岁以上至21岁为中男，不算成丁，不服兵役，成丁才服兵役。

明太祖朱元璋为了严肃茶叶专卖制度，增加赋税，执法如山，就是驸马犯法，也是严惩不贷。

洪武末年，驸马都尉欧阳伦（安庆公主的丈夫）奉使至川、陕，眼见川茶私运出境销售可赚大钱，便利令智昏，自恃皇亲国戚，不顾茶禁之严，派管家周保大做私茶生意。对欧阳伦这种明目张胆的犯法行径，边疆大吏不敢过问，陕西布政使（相当于省长），还趁机巴结，要下属为其“开放绿灯”，并提供运茶车辆等种种方便。某次周保贩私茶至兰县渡河，河桥司巡检依法前往稽查，反被辱打。这位河桥小吏气愤不过，便大着胆子向朱元璋告发了欧阳伦的不法行为。虽然欧阳伦是朱元璋的爱婿，但朱元璋懂得“有法必行，无信不立”的道理，知道不能私废公法，便将欧阳伦赐死，将周保等诛杀，茶货没收充分。

【课后阅读2】

王莽：所得税的创始人

一般认为所得税创立于18世纪末的英国，实际上具有所得税性质的税种，远在2000多年前的中国西汉末期就已出现，其创始人便是王莽。汉哀帝死后，汉平帝继位。因汉平帝年龄尚幼，完全受大司马王莽的控制。公元8年，王莽自己登上皇帝宝座，把国号改为“新”，次年改元为“始建国”。始建国元年（即公元9年），王莽开始推行他的经济改革措施，设立了对工商业者的纯经营利润额征收的税种“贡”。《汉书·食货志下》中记载：“诸取众物鸟兽鱼鳖百虫于山林水泽及畜牧者，嫔妇桑蚕织纺绩补缝，工匠医巫卜视及它方技商贩贾人，货肆列里区谒舍，皆多自占所为于其所在之其官，除其本、计其得，十一分之，而以其一为贡，敢不自占，自占不以实者，尽没入所采取，而作县官一岁。”其大意是凡是从事采集、狩猎、捕捞、畜牧、养蚕、纺织、缝纫、织补、医疗、卜卦算命之人及其他艺人，还有商贸经营者，都要从其经营收入扣除成本，算出纯利，按纯利额的十分之一纳税，自由申报，官吏核实，如有不报或不实者，没收全部收入，并拘捕违犯之人，罚服劳役苦工一年。从税收制度的构成要素来说，王莽的“贡”已具备所得税的特征，其征税对象为纯盈利额，以从事多种经营活动取得纯收入的人为纳税人，税率为10%，纳税人自行申报由官吏核实，对违法者有处罚措施。但是由于王莽的“贡”征收范围广、征收方法复杂，不仅技术操作上不可行，而且引起了人民的群起反抗，到公元22年王莽不得不下旨免税，但为时已晚。两年后，王莽便国破身死。但是王莽首创的“无所得税之名，而有所得税之实”的“贡”，确实比英国1799年开征所得税早1700多年。

第二章 增值税

第一节 增值税的概念、特点和类型

一、增值税的概念

增值税是对商品生产和流通中各环节的新增价值或商品附加值所课征的一种税。

增值税作为流转税中的一种，其征税对象是增值额，即部分流转额。关于增值额，我们可从以下四个角度来理解：

首先，从理论角度看，增值额是企业在生产经营过程中新创造的那部分价值，即货物或劳务价值中的 V+M 部分。

其次，从生产经营单位角度看，增值额是该单位销售商品和提供劳务所取得的销售收入大于购进商品和劳务所支付金额的差额。

再次，从某项货物角度看，其最终销售额就是该货物所经历的生产、流通各环节的增值额之和。

最后，从各国实践角度看，作为计税依据的增值额是具有法定性的，其具体内容由各国的法律和法规规定，因各国国情、政策的不同而有所差异。

以表 2-1 所列的某货物为例，其材料加工环节、成品制造环节、批发环节、零售环节的销售额各为 600 元、1000 元、1200 元、1500 元，列表计算可看出销售额与增值额的关系。

表 2-1　某货物销售额与增值额的关系（假定税率为 10%）　单位：元

项目＼环节	材料加工环节	成品制造环节	批发环节	零售环节	合计
销售额	600	1000	1200	1500	—
增值额	600	400	200	300	1500
按照销售额计税	60	100	120	150	430
按照增值额计税	60	40	20	30	150

从表 2-1 可看出两点：一是该货物的最终销售额就是该货物所经历的生产、流通各环节的增值额之和；二是按照销售额计税的总税额大大高于按照增值额计税的总税额，这反映出按照销售额全额征税存在着重复征税的弊端。按照销售全额课税，会对销售额中以前环节纳过税的销售额重复征税。同一种产品，经过的流转环节越多，重复课税的次数就越

多，整体税负就越重。国际上把这种道道按全值征收的流转税称为多环节阶梯式的流转税。这种征税模式带来的随流转环节增加而产生重复课税的现象，破坏了税收的中性原则，阻碍了现代化大生产专业化协作的推进。

在19世纪，几个主要资本主义国家相继完成了产业革命，建立起资本主义机器大工业，生产向专业化协作的社会化大生产发展。改进多环节阶梯式流转税以适应生产力的发展，就成为各国需要解决的课题。为了解决重复征税的弊端，许多人在不断探索。最初美国耶鲁大学教授亚当斯和德国商人西门子博士于第一次世界大战结束后提出了按照增值额计税的构想，但是他们的建议没有得到认可和实施。1936年，法国为了消除按照销售额全额课税带来的重复征税的弊端，曾尝试将产制多环节全额征税改为单环节全额征税，实行过一次征收制的“生产税”，生产税只就最后成品环节一次征税，对产品的零配件、部件一律不征税。这次改革免除了重复征税，但是带来了许多新问题，如成品范围的确认、税收均衡性等，造成了不同产制环节的纳税人税负不公平和征税机关的征管困难。生产税终于以失败而告终。法国于1948年开始进行从交易额中扣除外购原材料等中间品已纳税额的改革探索，直到1954年，法国成功地推行了增值税。1968年，法国增值税的范围从工业、商业批发扩大到了商业零售和大部分服务行业，还包括了农民自产自销的初级产品。法国成功推行增值税，对欧洲和世界各国都产生了重大影响。目前，增值税成为世界各国广泛应用的税种，世界上已有100多个国家和地区实行了间接计算法的增值税。

增值税间接计算法是与增值税直接计算法相对应的一个概念。直接计算法是通过加法或者减法先算出增值额，之后再算增值税的计税方法，这种方法不便于税基控制。间接计算法是通过依发票抵扣已纳税额来免除重复征税的方法，尽管不计算增值额，但是也体现了增值税的原理。通过发票把买卖双方连接成有机的纳税、扣税链条，从而形成一种利益制约关系——一个环节少交税，会导致下一个环节少抵税而多交税，这样既可防止偷、漏税，又方便税务机关稽查。

我国于1979年下半年引进增值税，并在极少数地区试点，征税范围仅选择了机器机械和农业机具这两个行业以及自行车、缝纫机、电风扇三种产品，计税方法很不规范。之后，我国增值税的征税范围不断扩大，计税方法不断改进。1984年，我国建立了只限于生产环节征税的增值税制度，范围仅限于12项工业产品，直接计算法与间接计算法并用。1994年的税制改革，全国人民代表大会授权国务院颁布《中华人民共和国增值税暂行条例》（以下简称《增值税暂行条例》），我国增值税进一步规范化，全面采用间接计算法，对流转额形成了增值税与营业税并列调节的格局（也称平行征收模式）。2003年，我国开始启动新一轮税制改革。2009年起，在我国所有地区、所有行业推行增值税转型改革，由生产型增值税转为国际上通用的消费型增值税，在维持现行税率不变的前提下，这是一项重大的减税政策。国务院曾明确提出力争“十二五”期间全面完成营业税改征增值税改革。2012年1月1日在上海市开展交通运输业和部分现代服务业营业税改征增值税试点，2013年8月1日起推广到全国范围。由此可见，我国的增值税正一步一步不断走向完善。生活性服务业、建筑业、房地产业原计划最快于2015年3月1日正式启用营业税改征增值税，但是因为具体操作原因往后推迟。

二、增值税的特点

（一）消除重叠征税，体现税收中性

增值税改变了原有按照销售全额计税的办法，只对增值额征税，从而避免了按照销售全额计税带来的重叠征税的弊端。对一个企业而言，税负不会因产品构成协作件所占比重增加而加重。这样就改变了原来按全值征税，税负因产品构成变化所导致的协作件越多税负越重的现象，给企业扩大协作生产创造了公平的税负条件。依照此原则，商品的整体税收负担不会受流转环节变化的影响，生产经营环节多了，不加重企业税负，生产经营环节少了，也不减少企业税负。

由此可见，增值税是一个中性税种，不会因生产组合方式不同而导致税负不合理，使生产经营者可以按照最佳效益的原则进行生产要素的优化组合，调整生产经营结构。同时，从商品流通来看，增值税税负不受商品流转环节变化的影响，只要售价相同，税负就相等。

（二）多环节道道征税，稳定财政收入

从横向关系看，凡是从事生产经营的单位和个人，只要其经营中产生增值额，都应缴纳相应税金，征税范围具有广泛性；从纵向关系看，一个商品不论在生产经营中经历多少个环节，每一道环节都应按其增值额大小分别纳税。增值税与按全值征税相比，既解决了重复征税的问题，又保持了普遍课征的优点。这种多环节道道征税的特点，使增值税既具有普遍性，又具有及时性。增值税的及时性，体现在它虽然以增值额为征税对象，但是伴随着销售额实现的同时可足额征收，只要经营收入实现，应征税收即可入库，保持了流转税及时征收的优点。

增值税的征税对象是增值额，大体相当于企业所创造的国民收入。这种直接与企业创造国民收入相联系的课税法，其税率一经确定，就把国家从国民收入中收取的比例基本稳定下来了，而且税收随着国民收入的增长而增长，能够保证国家取得财政收入的稳定性和真实性。

（三）强化税收制约，防范偷税漏洞

实行增值税可以加强税收的征收管理，从而有利于堵塞税收漏洞。因为各国普遍推行的是增值税间接计算法，按照销货发票上注明的税款进行扣税，一个纳税人扣除的税额，即是上一环节纳税人向他供应商品或劳务时已经缴纳的税额，这就使具有购销关系的两个纳税人之间形成一种相互牵制的关系。供应商品或劳务的纳税人如果未缴税仍然要在销货发票上注明税款，税务机关很容易通过发票管理发现逃避缴纳税款行为。如果不在销货发票上注明税款或少注明税款，购入其商品或劳务的纳税人则没有税款可以扣除，本应由供应商品或劳务的纳税人所承担的税款就会全部或部分地落在另一个纳税人的身上，后者就会转而从另外的供应商那里购买已经扣税的商品或劳务，从而迫使每一个纳税人之间在税收上形成一种互相牵制、互相监督的关系，而且使税务机关有可能通过对具有购销关系的两个纳税人进行交叉审计来发现和堵塞税收漏洞。

（四）税负具有转嫁性

增值税属于间接税，无论采用价内税还是价外税形式，纳税人和负税人都会发生分离。在价内税情况下，税收作为价格的组成部分，易转由购买者负担；在价外税情况下，

税收作为价格的附加，也转由购买者负担。我国现行增值税采用价外税形式，税负由最终消费者负担。

三、增值税的类型

增值税的计税依据是商品和劳务价款中的增值额，但是各国的增值税制度对购进固定资产价款的处理有所不同。据此增值税可分为以下三种类型：

（一）生产型增值税

生产型增值税不准许抵扣任何购进固定资产价款。这样课税的依据既包括消费资料，又包括生产资料，计税依据相当于国民生产总值，故称为生产型增值税。这种类型的增值税仍在一定程度上带有阶梯式流转税的各种弊端，并没有彻底解决重复征税问题，所设计的法定增值额大于理论增值额。

（二）收入型增值税

收入型增值税只允许抵扣当期计入产品价值的固定资产折旧部分的价款。就国民经济总体而言，计税依据相当于国民收入，故称为收入型增值税。这种类型的增值税能够彻底解决重复征税问题，所设计的法定增值额与理论增值额一致，但是抵扣固定资产税额需要分期计算，操作具有复杂性。

（三）消费型增值税

消费型增值税准许一次全部抵扣当期购进的固定资产价款。就国民经济总体而言，计税依据只包括全部消费品价值，故称为消费型增值税。这种类型的增值税方便操作和管理，有利于设备更新和技术进步，是世界各国普遍采用的方法。

由于计税依据有差别，因而不同类型增值税的收入效应和刺激效应是不同的。从财政收入着眼，生产型增值税的效应最大；而从激励投资着眼，消费型增值税的效应最大。

1994 年税制改革时，我国选择生产型增值税主要基于当时的经济发展环境。随着经济发展环境的变化，我国从 2009 年 1 月 1 日起实行消费型增值税，至少产生了三方面的积极效应：第一，从经济的角度看，实行消费型增值税有利于鼓励投资，特别是民间投资，有利于促进产业结构调整和技术升级；第二，从财政角度看，实行消费型增值税虽然在短期内将导致税基的减少，但是有利于消除重复征税，有利于使内外资企业和国内外产品的税收负担趋于公平，有利于税制优化；第三，从管理角度看，实行消费型增值税将非抵扣项目大为减少，征收和缴纳将变得相对简便易行，从而有助于减少逃避缴纳税款行为的发生，有利于降低税收管理成本，提高征收管理效率。

第二节 征税范围与纳税义务人

一、征税范围

各国增值税实施范围有所不同，主要差别在于增值税的实施范围是否向前延伸到服务业或向后延伸到农业。我国增值税尚不属于全面型增值税，未覆盖到全部服务业。我国目前税种中，增值税和营业税并列构成对流转额平行征税的格局——增值税与营业税并存，增值税的征税范围以货物为主，加工修理修配劳务为辅；营业税征税范围则以劳务为主，转让无形资产、销售不动产为辅。

我国增值税征税范围正随着改革的不断深入而进一步扩大，营业税改征增值税（以下简称“营改增”）的试点工作正有序推广。2012 年 1 月 1 日，上海成为首个实行“营改增”试点的城市，试点行业包括交通运输业和部分现代服务业（主要是部分生产性服务业）。截至 2012 年年底，“营改增”试点范围由上海分批扩大至北京、天津、江苏、浙江、安徽、福建、湖北、广东和厦门、深圳 10 个省、直辖市、计划单列市。经国务院批准，自 2013 年 8 月 1 日起，在全国范围内开展交通运输业和部分现代服务业“营改增”试点工作。

（一）征税范围的基本规定

1. 销售或进口的货物

货物是指有形动产，包括电力、热力和气体，不包括土地、房屋和其他建筑物等不动产，也不包括无形资产。

2. 提供加工、修理修配劳务

加工是指接受来料承做货物，加工后的货物所有权仍归属委托者的业务。修理修配是指受托对损伤和丧失功能的货物进行修复，使其恢复原状和功能的业务。

（二）对视同销售货物行为的征税规定

单位或个体经营者的下列行为，视同销售：

（1）将货物交付其他单位或者个人代销；

（2）销售代销货物；

（3）设有两个以上机构并实行统一核算的纳税人将货物从一个机构移送其他机构用于销售，但是相关机构设在同一县（市）的除外；

（4）将自产或委托加工的货物用于非增值税应税项目；

（5）将自产、委托加工的货物用于集体福利或者个人消费；

（6）将自产、委托加工或者购进的货物作为投资，提供给其他单位或者个体工商户；

（7）将自产、委托加工或者购进的货物分配给股东或者投资者；

（8）将自产、委托加工或者购进的货物无偿赠送其他单位或者个人。

对上述行为视同销售计算销售额并征收增值税，一是为了防止通过这些行为逃避纳税，造成税款流失；二是为了避免税款抵扣链条的中断，导致各环节间税负的不均衡。

（三）对兼营和混合销售行为的征税规定

1. 混合销售行为的征税规定

一项销售行为如果同时涉及货物和非增值税应税劳务，则为混合销售行为。除《中华人民共和国增值税暂行条例实施细则》第六条的规定外，从事货物的生产、批发或零售的企业、企业性单位及个体工商户的混合销售行为，视为销售货物，应当缴纳增值税；其他单位和个人的混合销售行为，视为销售非增值税应税劳务，不缴纳增值税而缴纳营业税。例如，若家具厂卖家具并用自己的车送货上门，收取家具款，也收取送货运费，则销售家具与送货上门的运输劳务有内在联系，是一种销售行为涉及的两个方面，这是混合销售。

由于家具厂属于以销售货物缴纳增值税为主的企业，收取家具款也收取送货运费的混合销售行为应一并缴纳增值税。

上述从事货物的生产、批发或零售的企业、企业性单位及个体经营者，包括以从事货物的生产、批发或零售为主，并兼营非应税劳务的企业、企业性单位及个体经营者在内。具体指纳税人的年货物销售额与非增值税应税劳务营业额的合计数中，年货物销售额超过50%，非增值税应税劳务营业额不到50%。

2. 兼营行为的征税规定

（1）兼营不同税率货物或应税劳务。纳税人兼营增值税范围内不同税率货物或应税劳务，应分别核算货物或应税劳务的销售额，对货物和应税劳务按各自适用税率征收增值税，未分别核算销售额的，从高适用税率。

（2）兼营非应税劳务。纳税人的销售行为如果既涉及货物或应税劳务，又涉及非应税劳务，为兼营非应税劳务。纳税人兼营非增值税应税劳务的，应分别核算货物或应税劳务和非增值税应税劳务的销售额，对货物和应税劳务的销售额按各自适用税率征收增值税，对非应税劳务的销售额按适用税率征收营业税。不分别核算或者不能准确核算的，由主管税务机关核定其应纳的增值税和营业税。例如，家具厂有卖家具和运输多种经营项目，某月既卖家具，又把其车辆租给某单位春游。有卖家具收入，也有租车收入，两个收入之间没有内在联系，这是兼营。应分清收入分别纳税，若不能分清收入，由主管税务机关核定其应纳的增值税和营业税。

兼营和混合销售行为的税务处理原则如表2-2所示：

表2-2　　兼营和混合销售行为的税务处理原则一览表

经营行为	分类和特点	税务处理原则
兼营	纳税人兼营不同税率应税项目。	要划清收入，按各收入对应的税率计算纳税；对划分不清的，一律从高从重计税。
	纳税人兼营增值税应税项目与非应税项目。	要划清收入，按各收入对应的税种、税率计算纳税；对划分不清的，由主管税务机关核定货物或者应税劳务的销售额。
	纳税人兼营免税、减税项目。	应当分别核算免税、减税项目的销售额；未分别核算销售额的，不得免税、减税
混合销售	一项销售行为既涉及增值税应税货物，又涉及非应税劳务。 销售货物与提供营业税劳务之间存在因果关系和内在联系。	基本规定：按企业主营项目的性质划分应纳税种。一般情况下，缴纳增值税为主的企业的混合销售缴纳增值税，缴纳营业税为主的企业的混合销售缴纳营业税。 特殊规定：纳税人的下列混合销售行为，应当分别核算货物的销售额和非增值税应税劳务的营业额，并根据其销售货物的销售额计算缴纳增值税，非增值税应税劳务的营业额不缴纳增值税；未分别核算的，由主管税务机关核定其货物的销售额： （1）销售自产货物并同时提供建筑业劳务的行为； （2）财务部、国家税务总局规定的其他情形。

（四）其他增值税征税范围行为的征税规定

（1）货物期货（包括商品期货和贵金属期货），在期货的实物交割环节缴纳增值税。

（2）银行销售金银的业务缴纳增值。

（3）典当业的死当物品销售业务和寄售商店代委托人销售寄售物品的业务缴纳增

值税。

(4) 集邮商品（如邮票、首日封、邮折等）的生产以及邮政部门以外的其他单位和个人销售的，均征收增值税。

(5) 邮政部门发行报刊，征收营业税；其他单位和个人发行报刊，征收增值税。

(6) 电力公司向发电企业收取的过网费，应当征收增值税。

(五) 不属于增值税征税范围的内容

(1) 转让企业全部产权涉及的应税货物的转让，既不缴纳增值税，也不缴纳营业税。

(2) 对从事热力、电力、燃气、自来水等公用事业的增值税纳税人收取的一次性费用，凡与货物的销售数量有直接关系的，征收增值税；凡与货物的销售数量无直接关系的，不征收增值税。

(3) 纳税人代有关行政管理部门收取的费用，凡同时符合以下条件的，不属于价外费用，不征收增值税：

①经国务院、国务院有关部门或省级政府批准；

②开具经财政部门批准使用的行政事业收费专用票据；

③所收款项全额上缴财政或虽不上缴财政但由政府部门监管，专款专用。

(4) 对软件产品交付使用后，按期或按次收取的维护费、技术服务费、培训费等不征收增值税。

(5) 纳税人受托开发软件产品，著作权属于受托方的征收增值税，著作权属于委托方或属于双方共同拥有的不征收增值税。

(6) 对增值税纳税人收取的会员费收入不征收增值税。

(7) 各燃油电厂从政府财政专户取得的发电补贴不属于增值税规定的价外费用，不计入应税销售额，不征收增值税。

(8) 纳税人销售货物的同时代办保险而向购买方收取的保险费，以及从事汽车销售的纳税人向购买方收取的代购买方缴纳的车辆购置税、牌照费，不作为价外费用征收增值税。

【专栏 2-1】“营改增”的征税范围

扩大增值税征收范围，相应调减营业税等税收，这不仅是我国“十二五”规划中的重要改革举措，也是我国结构性减税的重要举措。2013 年 8 月 1 日起在全国范围内开展的“营改增”试点的征税范围拓展到应税服务，包括陆路运输服务、水路运输服务、航空运输服务、管道运输服务、研发和技术服务、信息技术服务、文化创意服务、物流辅助服务、有形动产租赁服务、鉴证咨询服务、广播影视服务。自 2014 年 1 月 1 日起在全国范围内开展铁路运输和邮政业“营改增”试点。

【例 2-1】按照《增值税暂行条例》的规定，下列销售项目中应当征收增值税的有（　　）。

A. 大型机器设备　　B. 电力

C. 服装　　D. 房屋

【答案】ABC

解析：大型机器设备、电力、服装三项属于有形动产范围，应计算缴纳增值税。房屋属于不动产，不在增值税范围之内。

二、纳税义务人

（一）增值税纳税人的基本规定

1. 增值税的纳税人

2014 年 1 月 1 日起，我国增值税的纳税人包括两个方面：一方面是在我国境内销售货物或提供加工、修理修配劳务及进口货物的单位和个人；另一方面是在我国境内提供交通运输业、邮政业和部分现代服务业应税服务（以下称应税服务）的单位和个人。纳税人提供应税服务，应当缴纳增值税，不再缴纳营业税。

单位以承包、承租、挂靠方式经营的，承包人、承租人、挂靠人（以下统称承包人）以发包人、出租人、被挂靠人（以下统称发包人）名义对外经营并由发包人承担相关法律责任的，以该发包人为纳税人；否则，以承包人为纳税人。两个或者两个以上的纳税人，经财政部和国家税务总局批准可以视为一个纳税人合并纳税。

单位指企业、行政单位、事业单位、军事单位、社会团体及其他单位。个人指个体工商户和其他个人。应税服务指陆路运输服务、水路运输服务、航空运输服务、管道运输服务、邮政普遍服务、邮政特殊服务、其他邮政服务、研发和技术服务、信息技术服务、文化创意服务、物流辅助服务、有形动产租赁服务、鉴证咨询服务、广播影视服务。

2. 增值税的扣缴义务人

境外的单位或者个人在境内销售应税劳务、提供应税服务，在境内未设有经营机构的，以其代理人为增值税扣缴义务人；在境内没有代理人的，以应税劳务购买者、应税服务接受方为增值税扣缴义务人。

（二）增值税纳税人分类

增值税纳税人规模的大小会影响其销售对象的范围。规模小的纳税人对增值税发票的需求相对小，因为其销售货物或提供劳务的对象往往是最终消费者。增值税凭发票抵扣税款的制度又要求纳税人的会计核算健全。为了严格增值税的征收管理，按照纳税人生产经营规模的大小及其会计核算是否健全，《增值税暂行条例》将增值税纳税人分为一般纳税人和小规模纳税人。这两类纳税人在税款计算方法、适用税率以及管理办法上都有所不同。对一般纳税人实行凭发票扣税的计税方法，对小规模纳税人规定简易的计税方法和征收管理办法。小规模纳税人以外的纳税人应当向主管税务机关申请资格认定。一般纳税人资格认定权限，在县（市、区）国家税务局或者同级别的税务分局。

（1）增值税一般纳税人和小规模纳税人划分的具体标准。

①基本划分标准如表 2-3 所示：

表 2-3 增值税一般纳税人和小规模纳税人的基本划分标准

基本划分标准	具体规定
年应税销售额	年应税销售额的规模： 从事货物生产或提供应税劳务的纳税人以及以从事货物生产或提供应税劳务为主的纳税人，年应征增值税销售额（以下简称应税销售额）在50万元以下（含）的，为小规模纳税人。 为了稳步推进增值税改革试点，财政部、国家税务总局将应税服务小规模纳税人标准暂定为年销售额500万元（含）以下。纳税人提供应税服务销售额超过小规模纳税人标准的，应申请认定为一般纳税人。
	年应税销售额的范围： 年应税销售额包括纳税申报销售额、稽查查补销售额、纳税评估调整销售额、税务代开发票销售额和免税销售额。 经营期是指在纳税人存续期内的连续经营期间，含未取得销售收入的月份。
资格条件	有固定的生产经营场所。 能够按照国家统一的会计制度规定设置账簿，根据合法、有效凭证核算，能够提供准确税务资料。 未超过规定标准的纳税人会计核算健全，能够提供准确税务资源的，可以向主管税务机关申请一般纳税人资格认定，成为一般纳税人。

②特殊划分标准。

年应税销售额超过小规模纳税人标准的其他个人按小规模纳税人纳税。

非企业性单位、不经常发生应税行为的企业可选择按小规模纳税人纳税。

从2002年1月1日起，对从事成品油销售的加油站，无论其年应税销售额是否超过规定标准，一律按增值税一般纳税人征税。

③除国家税务总局另有规定外，一经认定为一般纳税人后，不得转为小规模纳税人。

一般纳税人提供财政部和国家税务总局规定的特定应税服务，可以选择适用简易计税方法计税，但一经选择，36个月内不得变更。

（2）下列纳税人不办理一般纳税人资格认定：

①个体工商户以外的其他个人（指自然人）。

②选择按照小规模纳税人纳税的非企业性单位（指行政单位、事业单位、军事单位、社会团体和其他单位）。

③选择按照小规模纳税人纳税的不经常发生应税行为的企业（指偶然发生增值税应税行为的非增值税纳税人）。

（3）一般纳税人的申请时限。

①新开业的纳税人，可在办理税务登记的同时申请一般纳税人资格认定。税务机关对有固定经营场所、有合法有效凭证账簿并能提供准确纳税资料的纳税人认定为一般纳税人。

②已开业小规模纳税人在销售额达到一般纳税人标准的申报期（月份或季度）结束后40日（工作日）内，向主管税务机关报送《增值税一般纳税人申请认定表》。认定机关应当在主管税务机关受理申请之日起20日内完成一般纳税人资格认定，并由主管税务机关制作、送达《税务事项通知书》以告知纳税人。

纳税人未在规定期限内申请一般纳税人资格认定的，主管税务机关应在期限结束后20日内制作并送达《税务事项通知书》，并告知纳税人。年应税销售额已超过小规模纳税人标准，应当在收到《税务事项通知书》后10日内向主管税务机关报送《增值税一般纳税人申请认定表》。

（4）主管税务机关应当在一般纳税人《税务登记证》副本“资格认定”栏内加盖“增值税一般纳税人”戳记。

纳税人自认定机关认定为一般纳税人的次月起（新开业纳税人自主管税务机关受理申请的当月起），按照《增值税暂行条例》第四条的规定计算应纳税额，并按照规定领购、使用增值税专用发票。

除国家税务总局另有规定外，纳税人一经认定为一般纳税人后，不得转为小规模纳税人。

（5）主管税务机关可在一定期限内对下列新认定一般纳税人的企业实行辅导期管理：

①小型商贸批发企业的辅导期管理期限为3个月；

②国家税务总局规定的其他企业（有违规行为的企业）的辅导期管理期限为6个月。

（6）对符合一般纳税人条件但不申请办理一般纳税人认定手续的纳税人，应按销售额依照增值税税率计算应纳税额，不得抵扣进项税额，也不得使用增值税专用发票。

（7）2015年1月1日起新认定的增值税一般纳税人和小规模纳税人，应在互联网连接状态下在线使用增值税发票系统开具发票。

第三节　税率

一、增值税税率的基本类型

增值税税率档次过多，会带来计算复杂或低征高扣、高征低扣的征收弊端。因此，为了保证增值税的中性原则和税额抵扣的顺畅，实行增值税的国家一般都使用2~3档税率，有的国家甚至只用一档税率。

增值税的税率一般有以下四种类型：

基本税率，也称标准税率，是各国根据本国生产力发展水平、财政政策需要、消费者的承受能力和历史传统确定的，适用于绝大多数货物和劳务。

低税率。设置低税率的目的是为了鼓励某些货物或劳务的消费，或者说是为了照顾消费者对一些项目的消费。采用低税率的货物或劳务不宜过多。

高税率。为了实施宏观调控或限制某些货物、劳务的消费，可对一些奢侈品、非生活必需品或劳务设置高税率。采用高税率的货物或劳务也不宜过多。

零税率。零税率实质上是一种彻底的免税，表示对纳税人不但免征本环节的税款，还可以对其外购的货物所含的税金都给予扣除或退还。零税率应限制在最小范围内使用，各国往往把出口货物、劳务的税率规定为零。

二、我国增值税税率的规定

我国增值税采用17%的基本税率，13%的低税率，出口货物为零税率。我国没有设置高税率，而通过设置另一个税种——消费税，来专门体现宏观调控和对某些消费的限制。另外，对于小规模纳税人还规定了3%的征收率。具体规定如表2-4所示。

表2-4　　　　增值税税率的一般规定和特殊规定

税率和征收率		具体规定
税率	基本税率17%	纳税人销售或者进口货物，除适用低税率和零税率的外，税率为17%； 纳税人提供加工、修理修配劳务（以下称应税劳务），税率为17%。
	低税率13%	粮食、食用植物油（含橄榄油，不含肉桂油、桉油、香茅油）、鲜奶（含按国标生产的巴氏杀菌乳、灭菌乳）； 自来水、暖气、冷气、热水、煤气、石油液化气、天然气、沼气、居民用煤炭制品； 图书、报纸、杂志； 饲料、化肥、农药、农机、农膜； 国务院规定的其他货物。
	零税率	我国对出口的货物采用零税率。一是报关出境货物；二是输往海关管理的保税工厂、保税仓库和保税区的货物；三是财政部和国家税务总局规定的应税服务。国务院另有规定要征税的少数出口货物不适用零税率。
征收率		小规模纳税人增值税征收率为3%。

有以下几点需要说明：

增值税基本税率为17%，应税劳务及绝大部分货物销售适用此档税率。13%的税率为低税率，不涉及应税劳务，仅涉及货物。

交通运输业和部分现代服务业营业税改征增值税试点实施办法中的税率规定在现行增值税17%标准税率和13%低税率基础上，新增11%和6%两档低税率。具体规定如下：

第一，提供有形动产租赁服务，税率为11%；

第二，提供交通运输业服务，税率为11%；

第三，提供现代服务业服务（有形动产租赁服务除外），税率为6%；

第四，财政部和国家税务总局规定的应税服务，税率为零。

现行实际工作中，增值税的征收率有3%、4%、6%、减按2%共四种情况。小规模纳税人一般涉及两种情况，即3%和减按2%；增值税一般纳税人在某些特殊情况下也使用征收率，涉及四种情况，即3%、4%、6%、4%再减半。

小规模纳税人销售自己使用过的固定资产和旧货，减按2%的征收率征收增值税。一般纳税人在某些特殊情况下也可能适用3%、6%与4%的税率。例如，增值税一般纳税人的药品经营企业销售生物制品，可选择简易办法按照生物制品销售额和3%的征收率计算缴纳增值税。又如，一般纳税人用微生物制作生物制品，纳税人生产建筑用砂、土、石料等，可选择6%的征收率。再如，销售寄售品等，采用4%的征收率。

一般纳税人提供财政部和国家税务总局规定的特定应税服务，可以选择适用简易计税方法计税，但一经选择，36 个月内不得变更。

第四节 增值税的主要税收优惠

一、起征点

纳税人（仅限于个人）的营业额或销售额未达到起征点的，免征增值税。具体起征点各省、自治区、直辖市可在规定起征点的规定幅度内确定。起征点幅度规定如下：

（1）销售货物的起征点为月销售额 5000~20 000 元；

（2）销售应税劳务的起征点为月销售额 5000~20 000 元；

（3）按次纳税的起征点为每次（日）销售额 300~500 元。

二、主要减免税规定

纳税人销售或者进口下列货物的，免征增值税：

（1）农业生产者销售的自产农业产品；

（2）避孕药品和用具；

（3）古旧图书；

（4）直接用于科学研究、科学实验和教学的进口仪器、设备；

（5）外国政府、国际组织无偿援助的进口物资和设备；

（6）符合国家产业政策要求的国内投资项目，在投资总额内进口的自用设备；

（7）由残疾人组织直接进口供残疾人专用的物品；

（8）个人销售的自己使用过的物品；

（9）供残疾人专用的假肢、轮椅、矫形器；

（10）国家定点企业生产和经销的专供少数民族饮用的边销茶。

（11）纳税人生产、销售和批发、零售有机肥产品。

（12）广播电影电视行政主管部门（包括中央、省、地市及县级）按照各自职能权限批准从事电影制片、发行、放映的电影集团公司（含成员企业）、电影制片厂及其他电影企业取得的销售电影拷贝收入、转让电影版权收入、电影发行收入以及在农村取得的电影放映收入。

（13）对符合规定条件的国内企业为生产国家支持发展的大型环保和资源综合利用设备、应急柴油发电机组、机场行李自动分拣系统、重型模锻液压机而确有必要进口部分关键零部件、原材料，进口环节免征增值税。

第五节 一般纳税人应纳税额的计算

由于增值税一般纳税人的应纳税额等于当期销项税额与当期进项税额之差。也就是说，增值税一般纳税人当期应纳税额的多少，取决于当期销项税额和当期进项税额这两个因素。

一、销项税额的计算

销项税额是指纳税人销售货物或者提供应税劳务，按照销售额或应税劳务收入和规定的税率计算并向购买方收取的增值税税额。销项税额的计算公式如下：

销项税额=销售额×适用税率

销项税额是纳税人按规定自行计算出来的，计算依据的是不含增值税的销售额。在具体运算时，销售额可分为三类，即一般销售方式下的销售额、特殊销售方式下的销售额、视同销售的销售额。

（一）一般销售方式下的销售额

一般销售方式下，销售额是指纳税人销售货物或者提供应税劳务向购买方（承受应税劳务也视为购买方）收取的全部价款和价外费用，但是不包括收取的销项税额。

这里的价外费用实属价外收入，是指价外向购买方收取的手续费、补贴、基金、集资费、返还利润、奖励费、违约金（延期付款利息）、包装费、包装物租金、储备费、优质费、运输装卸费、代收款项、代垫款项及其他性质的价外收费。

凡随同销售货物或提供应税劳务向购买方收取的价外费用，无论其会计核算是否列入了销售额，均应将价外收入并入销售额计算应纳税额。但下列项目不包括在销售额内：

（1）向购买方收取的销项税额。

（2）受托加工应征消费税的消费品所代收代缴的消费税。

（3）同时符合以下条件的代垫运费：

①承运者的运费发票开具给购货方的；

②纳税人将该项发票转交给购货方的。

（4）在一定条件下代为收取的政府性基金或者行政事业性收费。

（5）销售货物的同时代办保险等而向购买方收取的保险费以及向购买方收取的代购买方缴纳的车辆购置税、车辆牌照费。

税法规定各种性质的价外收费都要并入销售额计算征税，目的是防止纳税人刻意分解销售额、以各种名目的收费减少销售额逃避纳税的现象。同时应当注意，根据国家税务总局规定，对增值税一般纳税人（包括纳税人自己或代其他部门）向购买方收取的价外费用和逾期包装物押金，应视为含税收入。在征税时，换算成不含税收入再并入销售额。

增值税的销售额不包括收取的增值税销项税额，因为增值税是价外税，增值税税金不是销售额的组成部分，如果纳税人取得的是价税合计金额，还需换算成不含增值税的销售额。具体公式如下：

销售额=含增值税销售额÷（1+税率）

【例 2-2】某企业销售煤炭 2000 吨，每吨不含税销售额为 150 元，取得银行支票，另在价外以现金形式收取此项销售的优质服务费 20 000 元。由于计算增值税的销售额，是不含增值税的销售额，企业收取的价外费用，应视为含税收入进行价税分离的计算。因此，该企业当期销售额计算如下：

150×2000+20 000÷（1+17%）= 317 094. 02（元）

（二）特殊销售方式下的销售额

在货物销售领域，纳税人出于商业或竞争的需要，往往会采取一些灵活的特殊方式销售货物，导致在现实生活中的销售额有一些特殊的表现。这些特殊销售方式及销售额的确定方法有以下几种：

1. 采取折扣方式销售

折扣销售是指销售方在销售货物或应税劳务时，因购买方需求量大等原因，而给予的价格方面的优惠。折扣销售只限于货物价格的折扣，在会计上一般称为商业折扣。按照现行税法的规定，折扣销售的销售额和折扣额在同一张发票上分别注明的，可按折扣后的余额计算销项税；将折扣额另开发票的，不得从销售额中减除折扣额。但是，纳税人向购买方开具专用发票后，由于累计购买到一定量或市场价格下降等原因，销货方给予购货方的价格优惠或补偿等折扣、折让行为，可按规定开具红字增值税发票，冲减开具红票当期的销售额。

这里需要特别注意，要把折扣销售与另外两个概念区分开来。一是折扣销售与销售折扣不属于相同概念，销售折扣（会计上称为现金折扣）是为鼓励购货方及时偿还货款而协议许诺给购货方的一种折扣优待，如 10 天内付款给予 2%的折扣等优惠。销售折扣（现金折扣）属于一种融资理财性的费用，折扣额不得从销售额中扣除。二是折扣销售也不同于销售折让，销售折让指的是收款方因品种、规格或质量等问题而放弃部分应收款项，交易后的销售折让可通过申请开具红字发票以抵扣销售方的销售额。

2. 采取以旧换新方式销售

以旧换新是指纳税人在销售自己的货物时，有偿收回旧货物的行为。采取以旧换新方式销售货物的，应按新货物的同期销售价格确定销售额，不得扣减旧货物的收购价格。这样规定的道理在于销售货物与收购货物是两个不同的业务活动，销售额与收购额不能相互混淆抵减。但是考虑到金银首饰以旧换新业务的特殊情况，对金银首饰以旧换新业务，可以按销售方实际收取的不含增值税的全部价款征收增值税。

【例 2-3】某百货公司家电部销售冰箱，零售价每台 3000 元，当月销售 20 台，其中 12 台采用了以旧换新销售方式，收回的 12 台旧冰箱每台作价支付 100 元。该百货公司黄金门市部以旧换新销售金项链 30 条，新项链对外销售价格每条 9000 元，旧项链每条作价 1000 元，从消费者收取新旧差价款每条 8000 元。由于百货公司零售价为含税销售额，在计算该公司当期增值税应税销售额时需要做价税分离计算。

电冰箱应税销售额中不得扣减旧货物的收购价格，因此该百货公司当期电冰箱应税销售额=3000×20÷（1+17%）= 51 282. 05（元）

黄金首饰按照销售方实际收到的不含增值税的全部价款征税，因此该百货公司黄金首饰应税销售额=8000×30÷（1+17%）= 205 128. 21（元）

3. 采取还本销售方式销售

还本销售是指纳税人在销售货物后，到一定期限由销售方一次或分次退还给购货方全部或部分价款。这种销售方式实际上是以货物换取资金的使用价值，到期还本不付息的方法，属于一种筹资行为。税法规定，采取还本销售方式销售货物，其销售额就是货物的销售价格，不得从销售额中减除还本支出。

4. 采取以物易物方式销售

以物易物是一种较为特殊的购销活动，是指购销双方不是以货币结算，而是以同等价款的货物相互结算，实现货物购销的一种方式。按照税法规定，以物易物双方都应进行购销处理，以各自发出的货物核算销售额并计算销项税额，以各自收到的货物按规定核算购货额并计算进项税额。应注意的是，在以物易物活动中，应分别开具合法的票据，收到的货物不能取得相应的增值税专用发票或其他合法票据的，不能抵扣进项税额。

【例 2-4】某机床厂以一台自产机床向燃气公司换取生产用天然气，双方按照公允的含税批发价 20 万元互开了增值税专用发票，发票经过了认证。

该机床厂当期增值税销项税额＝20÷（1+17%）×17%＝2.91（万元）

由于天然气适用低税率，该机床厂当期增值税进项税额＝20÷（1+13%）×13%

＝2.30（万元）

5. 包装物出租、出借方式下的销售额

包装物是指纳税人包装本单位货物的各种物品。纳税人销售货物时另收取包装物押金，目的是促使购货方及早退回包装物以便周转使用。根据税法的规定，纳税人为销售货物而出租、出借包装物收取的押金，单独记账核算的，时间在 1 年以内，又未过期的，不并入销售额征税；但是对因逾期未收回包装物不再退还的押金，应按所包装货物的适用税率计算销项税额。此项规则中“逾期”是指按合同约定实际逾期或以 1 年为期限，对收取 1 年以上的押金，无论是否退还均并入销售额征税。在将包装物押金并入销售额征税时，需要先将该押金换算为不含税价，再并入销售额征税。对于个别包装物周转使用期限较长的，报经税务机关确定后，可适当放宽逾期期限。

另外，包装物押金不应混同于包装物租金，包装物租金在销货时作为价外费用并入销售额计算销项税额。

酒类货物包装物押金的处理比较特殊，从 1995 年 6 月 1 日起，对销售除啤酒、黄酒外的其他酒类产品而收取的包装物押金，无论是否返还以及会计上如何核算，不考虑 1 年内、过期等情况，按规定要在收到押金时并入当期销售额征税。对销售啤酒、黄酒所收取的押金，按上述一般押金的规定处理（考虑 1 年内、过期等情况）。

6. 销售旧货、旧固定资产

（1）一般纳税人销售自己使用过的不得抵扣且未抵扣进项税额的固定资产，按简易办法依 4%征收率减半征收增值税。销售自己使用过的在本地区扩大增值税抵扣范围试点以后购进或者自制的固定资产，按照适用税率征收增值税。一般纳税人销售自己使用过的除固定资产外的物品，应当按照适用税率征收增值税。

（2）小规模纳税人（除其他个人外，下同）销售自己使用过的固定资产，减按 2%征收率征收增值税。

小规模纳税人销售自己使用过的除固定资产以外的物品，应按 3%的征收率征收增值税。

（3）纳税人销售旧货（除自己使用的以外），按照简易办法依照 4%征收率减半征收增值税。

【例 2-5】某公司销售自己 2013 年 1 月购入的作为固定资产使用的机器设备，原购买取得增值税专用发票注明价款为 300 000 元，2013 年 5 月出售并开具普通发票，票面金额为220 640元，则该企业此笔业务应纳增值税计算如下：

应纳增值税＝220 640÷（1+4%）×4%×50%＝4243. 08（元）

（三）视同销售的销售额

第二节征税范围与纳税义务人“征税范围”中已列明了单位和个体经营者 8 种视同销售货物行为，如将货物交付他人代销；销售代销货物；将自产、委托加工的货物用于非应税项目；将自产、委托加工或购买的货物用于投资、分红或无偿赠送他人；等等。这 8 种视同销售行为中某些行为由于不以资金的形式反映出来，会出现无货币化的销售额的现象。因此，税法规定，对视同销售征税而无销售额的按下列顺序确定其销售额：

（1）按纳税人最近时期同类货物的平均销售价格确定；

（2）按其他纳税人最近时期同类货物的平均销售价格确定；

（3）按组成计税价格确定。

组成计税价格＝成本×（1+成本利润率）

上述公式适用于征收增值税但不征收消费税的货物的组成价格。公式中的成本，销售自产货物的为实际生产成本，销售外购货物的为实际采购成本。公式中的成本利润率目前国家税务总局规定为 10%。

对于征收增值税的同时又征收消费税的货物，其组成计税价格中应加计消费税税额，其组成计税价格公式如下：

组成计税价格＝成本×（1+成本利润率）+消费税税额

属于应征消费税的货物，其组成计税价格中应加计消费税税额，这里的消费税税额包括从价计算、从量计算、复合计算的全部消费税税额。公式中的成本利润率不一定是10%，而要按照国家税务总局规定的成本利润率确定。

二、进项税额的计算

进项税额是纳税人购进货物或者接受应税劳务所支付或者负担的增值税额。进项税额是与销项税额相对应的另一个概念。由于我国增值税实行凭发票抵扣税款的间接计算法，在开具增值税专用发票的情况下，进项税额与销项税额之间的对应关系是销售方收取的销项税额就是购买方支付的进项税额。只有在极特殊的情况下，纳税人可以按照规定计算进项税额。

由于增值税计算的核心就是用纳税人收取的销项税额抵扣其支付的进项税额，其余额为纳税人实际应缴纳的增值税税额。这样进项税额作为可抵扣的部分，对于纳税人实际纳税多少就产生了举足轻重的作用。同时需要注意的是，并不是纳税人支付的所有进项税额都可以从销项税额中抵扣。当纳税人购进的货物或接受的应税劳务不是用于增值税应税项目，而是用于非应税项目、免税项目或用于集体福利、个人消费等情况时，其支付的进项税额就不能从销项税额中抵扣。税法对不能抵扣进项税额的项目做了明确的规定，纳税人如果违反税法规定，随意抵扣进项税额造成不缴、少缴税款的，会依照《税收征收管理法》和相关法律法规受到处罚。进项税额抵扣规则如图 2-1 所示：

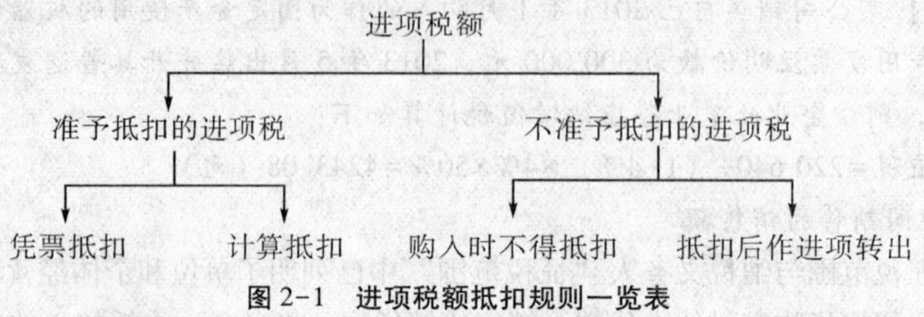

图 2-1 进项税额抵扣规则一览表

（一）准予从销项税额中抵扣的进项税额

根据规定，准予从销项税额中抵扣的进项税额，限于下列增值税扣税凭证上注明的增值税税额和按规定的扣除率计算的进项税额。

（1）凭票抵扣进项税的两种情况如下：

①从销售方取得的增值税专用发票上注明的增值税额；

②从海关取得的专用缴款书上注明的增值税额。

（2）计算抵扣进项税的两种情况如下：

①购进农产品。除取得增值税专用发票或者海关进口增值税专用缴款书外，按照农产品收购发票或者销售发票上注明的农产品买价和13%的扣除率计算进项税额。其进项税额的计算公式如下：

准予抵扣的进项税额=买价×扣除率

烟叶收购单位收购烟叶时按照国家有关规定以现金形式直接补贴烟农的生产投入补贴（以下简称价外补贴），属于农产品买价，为“价款”的一部分。烟叶收购单位应将价外补贴与烟叶收购价格在同一张农产品收购发票或者销售发票上分别注明，否则价外补贴不得计算增值税进项税额进行抵扣。

【例 2-6】某企业收购一批农民自产的农产品用于生产，在税务机关批准使用的专用收购凭证上注明价款 200 000 元。

抵扣增值税进项税额=200 000×13%=26 000（元）

记账采购成本=100 000-26 000=74 000（元）

②铁路运输费用。接受铁路运输服务，按照铁路运输费用结算单据上注明的运输费用金额和 7%的扣除率计算进项税额。其进项税额的计算公式如下：

进项税额=运输费用金额×扣除率

运输费用金额是指铁路运输费用结算单据上注明的运输费用（包括铁路临管线及铁路专线运输费用）、建设基金，不包括装卸费、保险费等其他杂费。

接受境外单位或个人提供的应税服务，从税务机关或境内代理人取得的解缴税款的“中华人民共和国税收缴款凭证”（以下称税收缴款凭证）上注明的增值税税额。

【例 2-7】某企业 2013 年 9 月采购原材料支付两笔运费，一笔是公路运输的运输费 35 530元（含增值税），取得增值税专用发票；另一笔是铁路运杂费，共计 1000 元，取得的铁路运输发票上注明的运输费 800 元、建设基金 80 元、保险费 20 元、装卸费 100 元。

计算其可抵扣进项税如下：

该企业公路运费可抵扣的进项税＝35 530÷（1+11%）×11%＝3520.99（元）

该企业铁路运费可抵扣的进项税＝（800+80）×7%＝61.60（元）

该企业运输费可抵扣的进项税合计金额＝3520.99+61.6＝3582.59（元）

（二）不得从销项税中抵扣的进项税额

按照《增值税暂行条例》以及财政部、国家税务总局《关于在全国开展交通运输业和部分现代服务业营业税改征增值税试点税收政策的通知》的规定，下列项目的进项税额不得从销项税额中抵扣：

（1）用于适用简易计税方法计税项目、非增值税应税项目、免征增值税项目、集体福利或个人消费的购进货物、接受加工修理修配劳务或应税服务。

非增值税应税项目是指非增值税应税劳务、转让无形资产（专利技术、非专利技术、商誉、商标、著作权除外）、销售不动产及不动产在建工程。非增值税应税劳务是指《应税服务范围注释》所列项目以外的营业税应税劳务。不动产是指不能移动或者移动后会引起性质、形状改变的财产，包括建筑物、构筑物和其他土地附着物。纳税人新建、改建、扩建、修缮、装饰不动产，均属于不动产在建工程。个人消费包括纳税人的交际应酬消费。

（2）非正常损失的购进货物及相关的加工修理修配劳务和交通运输业服务。

（3）非正常损失的在产品、产成品所耗用的购进货物（不包括固定资产）、加工修理修配劳务或交通运输业服务。

非正常损失是指因管理不善造成被盗、丢失、霉烂变质的损失以及被执法部门依法没收或强令自行销毁的货物。

（4）接受的旅客运输服务。

（5）适用一般计税方法的纳税人，兼营简易计税方法计税项目、非增值税应税劳务、免征增值税项目而无法划分不得抵扣的进项税额，按照下列公式计算不得抵扣的进项税额：

不得抵扣的进项税额＝当期无法划分的全部进项税额×（当期简易计税方法计税项目销售额+非增值税应税劳务营业额+免征增值税项目销售额）÷（当期全部销售额+当期全部营业额）

主管税务机关可以按照上述公式依据年度数据对不得抵扣的进项税额进行清算。

另外，纳税人购进货物或应税劳务，取得的增值税扣税凭证不符合法律、行政法规或国务院税务主管部门有关规定的，其进项税额不得从销项税额中抵扣。

对增值税不可抵扣进项税的规则的理解要注意两点。一是购进货物后，增值税链条中断的，不得抵扣进项税。如用于免税项目的购进货物或应税劳务、非正常损失的购进货物或者应税劳务、用于个人消费等，增值税链条中断，不可能再有销售环节的销项税出现。二是扣税凭证不符合规定的，不能抵扣进项税。这是增值税“以票管税”的要求的体现。上述不可抵扣进项税的主要法理就是基于这两点。

不得抵扣进项税在现实中主要有两类表现：一类是当期不可抵扣；另一类是已抵扣过进项税的货物因改变用途、发生损失等情况不再符合抵扣条件，需要进行进项税转出。另外，还有极特殊的一类，即冲减进项税额（见表2-5）。

表 2-5 不得抵扣增值税的进项税的三类处理

不得抵扣增值税的进项税的三类处理	
第一类，购入时不予抵扣：直接计入购货的成本。	【例 2-8】某企业购入一批材料用于不动产在建工程，增值税发票注明价款 100 000 元，增值税 17 000 元，则该企业不得抵扣增值税进项税。该批货物采购成本为 117 000 元。
第二类，已抵扣后改变用途、发生损失、出口不得免抵退税额：做进项税转出处理。	进项税额转出有常见的三种转出方法，即直接计算转出法、还原计算转出法和比例计算转出法。 （1）直接计算进项税转出的方法——适用于一般材料的非正常损失。 【例 2-9】某企业将数月前外购的一批生产用材料改变用途，用于职工福利，账面成本为 20 000 元，则需要做进项税转出 20 000×17% = 3400（元）。 （2）还原计算进项税转出的方法——适用于存货中的免税农产品、运费金额的非正常损失。 【例 2-10】某企业将一批以往购入的材料毁损，账面成本为 12 465 元（含运费 465 元），其不能抵扣的进项税为（12 465-465）×17%+465÷（1-7%）×7% = 2040+35 = 2075（元）。 由于运输费 465 元是按 7% 扣除率计算过进项税后的余额，所以要还原成计算进项税的基数来计算进项税转出。 （3）比例计算进项税转出的方法——适用于半成品、产成品的非正常损失。 【例 2-11】某服装厂外购比例为 60%，某月因管理不善毁损一批账面成本为 10 000 元的成衣，其需要转出进项税为 10 000×60%×17% = 1020（元）。
第三类，平销返利的返还收入：追加冲减进项税处理。	凡与商品销售量、销售额挂钩（如以一定比例、金额、数量计算）的各种返还收入，均应按照平销返利行为的有关规定冲减当期增值税进项税额，不征收营业税。 当期应冲减进项税额 = 当期取得的返还资金÷（1+所购货物适用增值税税率）×所购货物适用增值税税率 【例 2-12】某商场受托代销某服装厂服装，当月销售代销服装取得零售额 200 000元，平价与服装厂结算，并按合同收取服装厂代销额 20% 的返还收入 40 000元；当月该商场允许某电压力锅厂进店销售电压力锅新产品，一次收取进店费 30 000 元。 当期冲减进项税 = 40 000÷（1+17%）×17% = 5822. 97（元）

关于不得从销项税中抵扣的进项税，注意对以下三方面的理解：

第一，要注意增值税不得抵扣进项税与视同销售的区别和联系。表 2-6 按照货物来源和货物去向对不得抵扣进项税与视同销售的涉税规则进行了区分。

表 2-6 不得抵扣进项税额与视同销售的涉税规则

货物来源	货物去向	
	职工福利、个人消费、非应税项目	投资、分红、赠送
购入	不计进项	视同销售计销项（可抵进项）
自产或委托加工	视同销售计销项（可抵进项）	视同销售计销项（可抵进项）

第二，注意区分采购当期不得计入进项税与进项税转出的差异。购入时即知是不予抵扣的情况，直接将进项税计入购货的成本；但是若是已抵扣进项税后的货物改变用途、发生损失、出口不得免、抵、退税额，则做进项税转出处理。

第三，在计算不得抵扣进项税的时候，纳税人兼营免税项目或非应税项目（不包括固定资产在建工程）无法准确划分不得抵扣的进项税额部分，按下列公式计算不得抵扣的进项税额：

不得抵扣的进项税额=不能准确划分的进项税×（免税项目或非应税项目的营业额÷当月全部销售额、营业额合计）+当月可准确划分的不可抵扣的进项税额

【例2-13】某厂外购一批材料用于应税货物的生产，取得增值税发票，价款为1000元，增值税为1700元；外购一批材料用于应税和免税货物的生产，价款为20 000元，增值税为3400元；当月应税货物销售额为50 000元，免税货物销售额为70 000元。

当月不可抵扣的进项税额=3400×70 000÷（50 000+70 000）=1983.33（元）

纳税人凭税收缴款凭证抵扣进项税额的，应当具备书面合同、付款证明和境外单位的对账单或者发票。资料不全的，其进项税额不得从销项税额中扣抵。

（三）商业企业向供货方取得返还收入的税务处理

2004年7月1日起，对商业企业向供货方收取的各种返还收入，应区别不同情况进行处理。这里实际上又涉及了增值税与营业税的划分问题。

（1）凡与商品销售量、销售额无必然联系，且商业企业向供货方提供一定劳务的收入，如进场费、广告促销费、上架费、展示费、管理费等，不属于平销返利，不冲减当期增值税进项税额，应按营业税的适用税目与税率征收营业税。

（2）凡与商品销售量、销售额挂钩（如以一定比例、金额、数量计算）的各种返还收入，均应按照平销返利行为的有关规定冲减当期增值税进项税额，不征收营业税。

（3）取得的返还收入采取冲减进项税的方法，计算公式如下：

当期应冲减进项税额=当期取得的送还资金÷（1+所购货物适用增值税税率）×所购货物适用增值税税率

（4）商业企业向供货方收取的各种收入，即便缴纳增值税，也一律不得开具增值税专用发票。

三、应纳税额的计算

纳税人销售货物或提供应税劳务，其应纳税额为当期销项税额抵扣当期进项税额后的余额。基本计算公式如下：

应纳税额=当期销项税额-当期进项税额

考虑到留底税额和进项税转出等因素，可把基本公式拓展为：

应纳税额=当期销项税额-当期进项税额+进项税转出-留抵税额

（一）应纳税额的计算结果

当期应纳税额计算结果若为正数，则当期应纳增值税；计算结果若为负数，则形成留抵税额，待下期与下期进项税额一并从下期销项税额中抵扣。

（二）关于当期销项税的“当期”

当期销项税的“当期”，与纳税义务发生时间和增值税发票开具时限相呼应。如采取直接收款方式销售货物，不论货物是否发出，均为收到销售额或取得索取销售额的凭据，并将提货单交给买方的当天；采取托收承付和委托银行收款方式销售货物，为发出货物并办妥托收手续的当天。

（三）当期进项税的“当期”

当期进项税额的“当期”是重要的时间概念，税法规定了必备的条件。

（1）增值税一般纳税人取得2010年1月1日以后开具的增值税专用发票、公路内河货物运输业统一发票和机动车销售统一发票，应在开具之日起180日内到税务机关办理认证，并在认证通过的次月申报期内，向主管税务机关申报抵扣进项税额。

（2）实行海关进口增值税专用缴款书（以下简称海关缴款书）"先比对后抵扣"管理办法的增值税一般纳税人取得2010年1月1日以后开具的海关缴款书，应在开具之日起180日内向主管税务机关报送"海关完税凭证抵扣清单"（包括纸质资料和电子数据）申请稽核比对。

未实行海关缴款书"先比对后抵扣"管理办法的增值税一般纳税人取得2010年1月1日以后开具的海关缴款书，应在开具之日起180日后的第一个纳税申报期结束以前，向主管税务机关申报抵扣进项税额。

（3）逾期扣税凭证抵扣问题。

对一般纳税人发生真实交易但由于客观原因造成扣税凭证逾期的，经主管税务机关审核，逐级由国家税务总局认证、稽核比对后，对比对相符的扣税凭证，允许纳税人继续抵扣其进项税额。所称扣税凭证，包括专用发票、海关专用缴款书和公路货物运输业统一发票。

【例2-14】某电冰箱生产企业2013年8月发生下列业务：

①购入一批生产用材料，取得增值税专用发票，注明税款1000元；

②以物易物，将自产电冰箱10台换取职工工作服一批，双方均未开发票；

③销售冰箱1000台，发票注明每台不含税价格1000元；

④支付电费，取得增值税发票，价款15 000元，税款2550元；

⑤支付水费，取得增值税发票，价款2000元，税款120元；

⑥销售自用过的旧机器一台，该机器2007年购入，原价40 000元，售价11 000元；

⑦销售生产下脚料一批，收取现金2000元。

要求计算（假定购进货物的发票都已经认证）：

①当期进项税额；

②当期销售货物销项税额；

③当期销售旧机器应纳增值税；

④当期应纳增值税。

解析：

①当期进项税额 = 1000+2550+120 = 3670（元）

购入废旧物资计算抵扣进项税。

②当期销售货物销项税额 = 1000×10×17%+1000×1000×17%+2000÷（1+17%）×17%

= 171 990. 60（元）

销售下脚料的2000元也应计算销项税；以物易物的10台冰箱按同类价格计算销项税。

③当期销售旧机器应纳增值税 = 11 000÷（1+4%）×4%÷2 = 211. 54（元）

④当期应纳增值税 = 171 990. 6-3670+211. 54 = 168 532. 14（元）

【例2-15】某食品加工厂为一般纳税人。2月末留抵税额4000元，3月份发生经济业务如下：

①外购食用香精，取得认证税控增值税专用发票，货价金额为 20 000 元，税额为 3400 元，货已入库。

②从农业生产者手中收购一批大麦，收购凭证列明金额为 100 000 元，委托铁路运输公司将大麦运回企业入库，支付运输公司运输费 1000 元，取得铁路运费发票。

③从小规模纳税人企业购进修理用配件，取得税务机关代开的增值税专用发票，列明价款 2000 元，增值税 60 元。

④销售营养麦片等食品 6 箱，开具增值税发票，每箱不含税单价为 120 000 元。

⑤销售给小规模纳税人小米锅巴一批，开具普通发票金额 11 000 元。

⑥工会组织演出领取食用香精，出库食用香精账面成本 200 元。

⑦保管不善造成食用香精漏洒，账面成本为 8000 元；保管不善造成库存的作为原材料的小米霉烂，账面成本为 1305 元。

假设相关发票都通过了认证，要求计算该企业当期应纳增值税。

解析：

工会领用食用香精不能抵扣进项税，转出进项税 200×17%＝34（元）；从农业生产者手中收购大麦，可按收购凭证金额计算抵扣进项税，扣除率为 13%；从小规模纳税人处购进修理用配件，取得的增值税专用发票上按征收率计算的进项税额可以抵扣；因保管不善而损失食用香精和霉烂小米的进项税额应做进项税额转出，从当期进项税中扣除。

销项税额＝120 000×6×17%+11 000÷（1+17%）×17%＝123 998. 29（元）

进项税额＝3400+100 000×13%+1000×7%+60＝16 530（元）

进项税转出＝200×17%+8000×17%+1305÷（1−13%）×13%＝1589（元）

应纳增值税额＝123 998. 29−16 530+1589−4000＝105 057. 29（元）

第六节 小规模纳税人应纳税额的计算

小规模纳税人由于规模和核算水平等原因，其销售货物或应税劳务只能按照征收率计算应纳增值税，不能抵扣进项税。

一、应纳税额的计算公式

（一）小规模纳税人计税基本公式

应纳税额＝销售额×征收率

（二）含税销售额的换算

由于小规模纳税人在销售货物或应税劳务时，只能开具普通发票，取得的销售收入均为含税销售额。为了符合增值税作为价外税的要求，小规模纳税人在计算应纳税额时，必须将含税销售额换算为不含税的销售额后才能计算应纳税额。小规模纳税人不含税销售额的换算公式为：

不含税销售额＝含税销售额÷（1+征收率）

这里需要说明的是：第一，小规模纳税人取得的销售额与一般纳税人的销售额所包含的内容是一致的，都是销售货物或提供应税劳务向购买方收取的全部价款和价外费用，但是不包括按3%的征收率收取的增值税税额。第二，小规模纳税人不得抵扣进项税额，这是因为小规模纳税人会计核算不健全，不能准确核算销项税额和进项税额，不实行按销项税额抵扣进项税额求得应纳税额的税款抵扣制度，而实行简易计税办法，对其规定的3%的征收率。这是结合增值税17%和13%两档税率的货物或应税劳务的税收负担水平而设计的，其税收负担与一般纳税人基本一致，因此不能再抵扣进项税额。

【例2-16】某生产小电器的企业是增值税小规模纳税人，2009年3月发生下列业务：

①外购材料一批用于生产，取得增值税发票，注明价款10 000元，增值税1700元；外购一台生产设备，取得增值税发票，注明价款30 000元，增值税5100元。

②销售50件自产A型小电器，价税合并取得收入12 360元。

③将2件A型小电器赠送客户试用。

④将使用过的一批旧包装物出售，价税合计取得收入2472元。

⑤将使用过的一台旧设备出售，原价40 000元，售价15 450元。

计算：

①该企业出售旧包装物应纳的增值税；

②该企业出售旧设备应纳的增值税；

③该企业当月应纳的增值税合计数。

解析：

①该企业出售旧包装物应纳的增值税=2472÷（1+3%）×3%=72（元）

小规模纳税人销售自己使用过的除固定资产以外的物品，应按3%的征收率征收增值税。

②该企业出售旧设备应纳的增值税=15 450÷（1+3%）×2%=300（元）

小规模纳税人（除其他个人）销售自己使用过的固定资产，减按2%征收率征收增值税。

③该企业当月应纳的增值税合计数=12 360÷（1+3%）÷50×（50+2）×3%+72+300=374.4+72+300=746.4（元）

二、销售特定货物应纳税额的计算

根据《增值税暂行条例》的规定，对一些特定货物销售行为，即便其从事者是一般纳税人，一律按简易办法，即按小规模纳税人应纳税额计算办法计算应纳税额。目前，下列特定货物销售行为的征收率均为4%：

（1）寄售商店代销寄售物品（包括居民个人寄售的物品在内）；

（2）典当业销售死当物品；

（3）经国务院或国务院授权机关批准的免税商店零售的免税品。

根据上述规定，增值税一般纳税人在计算应纳税额时，也有可能用到征收率以及小规模纳税人不含税销售额的换算公式。

第七节　进口货物征税

按照国际贸易中商品课税的消费地原则，对进口货物征税成为国际上大多数国家的通常做法。

一、进口货物征税的范围及纳税人

（一）进口货物征税的范围

增值税征税范围内的货物，一旦进口，不分产地、用途、购买还是捐赠，特殊情况除外，均应按规定缴纳进口环节增值税。进口货物减免税的特殊情况，由国务院统一规定。例如，来料加工、进料加工贸易方式进口国外料件的免税、减税规定等。

（二）进口货物的纳税人

进口货物的纳税人是进口货物的收货人或办理报关手续的单位和个人。

对于企业、单位和个人委托代理进口应征增值税的货物，鉴于代理进口货物的海关完税凭证，有的开具给委托方，有的开具给受托方的特殊性，对代理进口货物以海关开具的完税凭证上的纳税人为增值税纳税人。在实际工作中一般由进口代理者代缴进口环节增值税。纳税后，由代理者将已纳税款和进口货物价款费用等与委托方结算，由委托者承担已纳税款。

二、进口货物应纳增值税的计算

（一）进口货物的适用税率

进口货物的税率为17%和13%，具体适用范围与第三节税率中基本税率、低税率的内容相同。即便是小规模纳税人，进口货物计税时也使用17%和13%的税率，不使用征收率。

（二）进口货物应纳税额的计算

进口货物计税一律使用组成计税价格计算应纳增值税，在进口环节不能抵扣任何境外税款。进口货物应纳税额的计算公式为：

组成计税价格=关税完税价格+关税+消费税应纳税额

应纳税额=组成计税价格×税率

【例2-17】某商场4月进口货物一批。该批货物在国外的买价为100万元，该批货物运抵我国海关前发生的包装费、运输费、保险费等共计20万元。货物报关后，商场按规定缴纳了进口环节的增值税并取得了海关开具的专用缴款书。假定该批进口货物在国内全部销售，取得不含税销售额150万元。

计算该批货物进口环节、国内销售环节分别应缴纳的增值税税额（该货物进口关税税率为8%，增值税税率为17%）。

解析：

关税的组成计税价格=100+20=120（万元）

应缴纳进口关税＝120×8%＝9.6（万元）

进口环节应纳增值税的组成计税价格＝120+9.6＝129.6（万元）

进口环节应缴纳增值税的税额＝129.6×17%＝22.03（万元）

国内销售环节的销项税额＝150×17%＝25.5（万元）

国内销售环节应缴纳增值税税额＝25.5−22.03＝3.47（万元）

（三）进口货物的税收管理

进口货物增值税纳税义务发生时间为报关进口的当天，纳税地点应当由进口人或代理人向报关地海关申报纳税，纳税期限应当自海关填发税款缴款书之日起15日内缴纳税款，进口货物的增值税由海关代征。

进口货物增值税的征收管理依据《中华人民共和国海关法》《中华人民共和国进出口关税条例》和《中华人民共和国进出口税则》的有关规定执行，不执行《税收征收管理法》。

第八节 出口货物退（免）税

出口货物退（免）税是指政府对出口货物免征或退还其出口环节之前已缴纳过的间接税税款的措施。

追溯出口退税的理论渊源，威廉·配第在其《赋税论》中提出了间接税适宜消费地管辖权，因此出口商品不需要缴纳国内消费税的观点，认为这样可以避免重复征税。亚当·斯密也认为："在各种奖励中，所谓退税，似乎是最合理的了。"

在当今社会，关贸总协定和世界贸易组织制定的规则中，也都把出口退税排除在造成不公平贸易的补贴与倾销行为之外，使出口退税成为与出口补贴无关的一项国际惯例。

我国的出口货物退（免）税是指在国际贸易业务中，对我国报关出口的货物退还或免征其在国内各生产和流转环节按税法规定缴纳的增值税和消费税。我国增值税对出口货物实行零税率。零税率从税法上理解有两层含义：一是对本道环节生产或销售货物的增值部分免征增值税；二是对出口货物前道环节所含的进项税额进行退付。

由于各种货物出口前涉及征免税情况有所不同，且国家对少数货物有限制出口政策，因此对货物出口的不同情况，国家在遵循"征多少、退多少"、"未征不退和彻底退税"基本原则的基础上，制定了不同的税务处理办法。

一、出口货物退（免）税基本政策

我国根据本国的实际，采取出口退税与免税相结合的政策。目前，我国的出口货物税收政策分为免税并退税、免税、征税三类。一般情况下，出口免税并退税政策适用于出口货物以往环节纳过税而需要退税的情况；出口免税不退税政策适用于出口货物以往环节未纳过税而无需退税的情况；出口不免税也不退税政策适用于国家限制、禁止某些货物出口而视同内销征税的情况。出口企业增值税政策的不同情况如表2-7所示：

表 2-7 出口企业增值税政策的不同处理情况

增值税处理		适用情况
免税并退税	免退税	不具有生产能力的外贸企业或其他企业
	免抵退税	生产企业
免税		规定免税货物的出口；增值税小规模纳税人出口自产货物；来料加工复出口；非出口企业委托出口货物；旅游购物贸易 适用增值税免税政策的出口货物或劳务，其进项税额不得抵扣和退税，应当转入成本
征税		国家明确取消出口退税（限制出口）的货物劳务；停止出口退税权的违规企业；未从事实质性出口经营活动

二、增值税出口退税率与退（免）税计税依据

（一）增值税出口退税率

增值税出口货物退税在具体计算时根据不同情况采用规定的退税率、适用税率、征收率。

除财政部和国家税务总局根据国务院规定而明确的增值税出口退税率外，出口货物的退税率为其适用税率。退税率有调整的，除另有规定外，其执行时间以货物（包括被加工修理修配的货物）出口货物报关单（出口退税专用）上注明的出口日期为准。

外贸企业购进按简易办法征税的出口货物以及从小规模纳税人购进的出口货物，其退税率分别为按照简易办法实际执行的征收率、小规模纳税人征收率确定。

上述出口货物取得增值税专用发票的，退税率按照增值税专用发票上的税率和出口货物退税率孰低的原则确定。

适用不同退税率的货物或劳务，应分开报关、核算并申报退（免）税，未分开报关、核算或划分不清的，从低适用退税率。

（二）增值税退（免）税的计税依据

出口货物或劳务的增值税退（免）税的计税依据按出口货物或劳务的出口发票（外销发票）、其他普通发票或购进出口货物或劳务的增值税专用发票、海关进口增值税专用缴款书确定，具体如表 2-8 所示：

表 2-8 增值税出口退（免）税计税依据一览表

出口行为	出口企业	退（免）税计税依据
出口货物或劳务（进料加工复出口货物除外）	生产企业	出口货物或劳务的实际离岸价（FOB） 实际离岸价应以出口发票上的离岸价为准，但如果出口发票不能反映实际离岸价，主管税务机关有权予以核定
进料加工复出口货物	生产企业	按出口货物的离岸价（FOB）扣除出口货物所含的海关保税进口料件的金额后确定
国内购进无进项税额且不计提进项税额的免税原材料加工后出口的货物	生产企业	按出口货物的离岸价（FOB）扣除出口货物所含的国内购进免税原材料的金额后确定
出口货物（委托加工修理修配货物除外）	外贸企业	为购进出口货物的增值税专用发票注明的金额或海关进口增值税专用缴款书注明的完税价格

表2-8(续)

出口行为	出口企业	退（免）税计税依据
出口委托加工修理修配货物	外贸企业	为加工修理修配费用增值税专用发票注明的金额 外贸企业应将加工修理修配使用的原材料（进料加工海关保税进口料件除外）作价销售给受托加工修理修配的生产企业，受托加工修理修配的生产企业应将原材料成本并入加工修理修配费用开具发票
出口进项税额未计算抵扣的已使用过的设备	出口企业	退（免）税计税依据=增值税专用发票上的金额或海关进口增值税专用缴款书注明的完税价格×已使用过的设备固定资产净值÷已使用过的设备原值已使用过的设备固定资产净值=已使用过的设备原值-已使用过的设备已提累计折旧
销售的货物	免税品经营企业	为购进货物的增值税专用发票注明的金额或海关进口增值税专用缴款书注明的完税价格
中标机电产品	生产企业	为销售机电产品的普通发票注明的金额
	外贸企业	为购进货物的增值税专用发票注明的金额或海关进口增值税专用缴款书注明的完税价格
向海上石油天然气开采企业销售的自产海洋工程结构物	生产企业	销售海洋工程结构物的普通发票注明的金额
输入特殊区域的水电气	出口企业	作为购买方的特殊区域内生产企业购进水（包括蒸汽）、电力、燃气的增值税专用发票注明的金额

增值税退（免）税的计税依据，对于生产企业而言，一般是扣减所含保税和免税金额之后的离岸价；对于外贸企业而言，一般是购进货物增值税专用发票注明的金额或海关进口增值税专用缴款书注明的完税价格。

三、增值税免抵退税和免退税的计算

出口货物只有在适用既免税又退税的政策时，才会涉及如何计算退税的问题。我国对于适用增值税退（免）税政策的出口货物或劳务，按照规定实行增值税免抵退税或免退税办法。其中的免抵退税办法主要适用于自营和委托出口自产货物的生产企业；免退税办法则主要用于收购货物出口的外（工）贸企业。这两种办法都对外销收入不计算销项税，而出口退税只体现在对因外销而发生的进项税采用不同的处理方式。增值税退（免）税基本政策规定如表2-9所示：

表2-9　　增值税退（免）税基本政策规定

退（免）税办法	适用企业和情况		基本政策规定
	企业	具体情况	
免抵退税	生产企业	出口自产货物和视同自产货物及对外提供加工修理修配劳务 列名生产企业出口非自产货物	免征增值税，相应的进项税额抵减应纳增值税额（不包括适用增值税即征即退、先征后退政策的应纳增值税额），未抵减完的部分予以退还

表2-9（续）

退（免）税办法	适用企业和情况		基本政策规定
	企业	具体情况	
免退税	外贸企业或其他单位	不具有生产能力的出口企业（外贸企业）或其他单位出口货物劳务	免征增值税，相应的进项税额予以退还

四、出口货物退税的计算

出口货物只有在适用既免税又退税的政策时，才会涉及如何计算退税的问题。我国对于适用增值税退（免）税政策的出口货物劳务，按照规定实行增值税免抵退税或免退税办法。其中的免抵退办法主要适用于自营和委托出口自产货物的生产企业；免退税办法则主要用于收购货物出口的外（工）贸企业。这两种办法都对外销收入不计算销项税，而出口退税只体现对因外销而发生的进项税进行不同的处理方式。

（一）免抵退税的计算方法

生产企业出口自产货物和视同自产货物及对外提供加工修理修配劳务以及列名生产企业出口非自产货物，免征增值税，相应的进项税额抵减应纳增值税额（不包括适用增值税即征即退、先征后退政策的应纳增值税额），未抵减完的部分予以退还。

实行免抵退税办法的“免”税是指对生产企业出口的自产货物免征本企业生产销售环节增值税；“抵”税是指生产企业出口自产货物所耗用的原材料、零部件、燃料、动力等所含应予退还的进项税额抵顶内销货物的应纳税额；“退”税是指生产企业出口的自产货物在当月内应抵顶的进项税额大于应纳税额时，对未抵顶完的部分予以退税。

在计算免抵退税时，考虑退税率低于征税率，需要计算不予免抵退税的金额，从进项税中剔除出去，转入出口产品的销售成本中，因此免抵退税计算实际上涉及免、剔、抵、退四个步骤。具体政策可归纳为：出口免抵退税中退的是外销的进项税中的一部分，企业为外销的进项税在出口退税计算中被“三分天下”，一部分作为不可抵扣进项税作进项税转出，转入外销成本，影响企业所得税；另一部分作为免抵税额抵减了内销的应纳税，需要缴纳城建税；还有一部分成为应退增值税（应收出口退税），如图2-2所示：

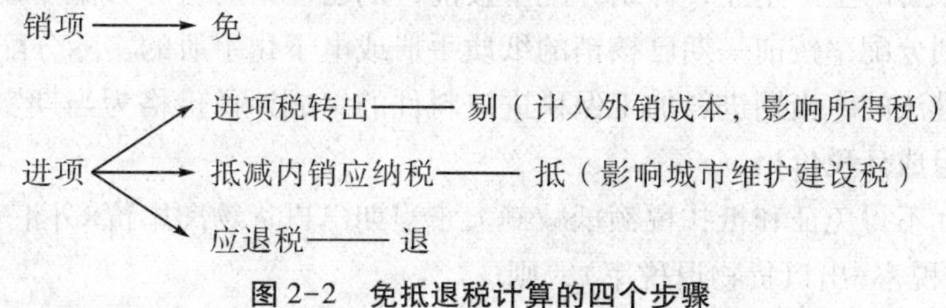

图2-2　免抵退税计算的四个步骤

具体计算方法与计算公式如下：

1. 当期应纳税额的计算

当期应纳税额的计算公式包含外销收入免税而不计销项税，考虑退税率低于征税率而不能退还全部进项税并对进项税进行剔除和调整，将出口应退的税款抵减内销的应纳税等因素。计算结果如为正数，则是应纳税额，不涉及退税，但涉及免抵；如为负数，则与免抵退税限度对比大小并计算应退税额。

当期应纳税额=当期内销货物的销项税额-（当期进项税额-当期免抵退税不得免征和抵扣税额）-上期留抵税额

当期免抵退税不得免征和抵扣税额=出口货物离岸价×外汇人民币牌价×（出口货物征税率-出口货物退税率）-免抵退税不得免征和抵扣税额抵减额

出口货物离岸价（FOB）以出口发票计算的离岸价为准。出口发票不能如实反映实际离岸价的，企业必须按照实际离岸价向主管国税机关申报，同时主管税务机关有权依照《税收征收管理法》《增值税暂行条例》等有关规定予以核定。

计算出的当期免抵退税不得免征和抵扣税额计入企业出口货物的成本。

免抵退税不得免征和抵扣税额抵减额=免税购进原材料价格×（出口货物征税率-出口货物退税率）

免税购进原材料包括从国内购进免税原材料和进料加工免税进口料件，其中进料加工免税进口料件的价格为组成计税价格。

进料加工免税进口料件的组成计税价格=货物到岸价+海关实征关税和消费税

如果当期没有免税购进原材料价格，前述公式中的免抵退税不得免征和抵扣税额抵减额，后面公式中的免抵退税额抵减额就不用计算。

注意：公式中“剔”和“退”的步骤中都出现了免税购进原材料价格的因素。当期免税购进原材料价格包括当期国内购进的无进项税额且不计提进项税额的免税原材料的价格和当期进料加工保税进口料件的价格，其中当期进料加工保税进口料件的价格为组成计税价格。

①采用实耗法的，当期进料加工保税进口料件的组成计税价格为当期进料加工出口货物耗用的进口料件组成计税价格。其计算公式为：

当期进料加工保税进口料件的组成计税价格=当期进料加工出口货物离岸价×外汇人民币折合率×计划分配率

计划分配率=计划进口总值÷计划出口总值×100%

实行纸质手册和电子化手册的生产企业，应根据海关签发的加工贸易手册或加工贸易电子化纸质单证所列的计划进出口总值计算计划分配率。

实行电子账册的生产企业，计划分配率按前一期已核销的实际分配率确定；新启用电子账册的，计划分配率按前一期已核销的纸质手册或电子化手册的实际分配率确定。

②采用购进法的，当期进料加工保税进口料件的组成计税价格为当期实际购进的进料加工进口料件组成计税价格。

若当期实际不得免征和抵扣税额抵减额大于当期出口货物离岸价×外汇人民币折合率×（出口货物适用税率-出口货物退税率），则

当期不得免征和抵扣税额抵减额=当期出口货物离岸价×外汇人民币折合率×（出口货物适用税率-出口货物退税率）

需要特别说明的是：为进一步规范生产企业进料加工贸易免抵退税管理，自 2012 年 7 月 1 日起，生产企业进料加工免抵退税计算实行实耗法。

2. 免抵退税额的计算

这一步的计算是为了确认纳税人当期可以享受的免抵退税的总限度。公式如下：

免抵退税额=当期出口货物离岸价格×外汇人民币牌价×出口货物退税率-免抵退税额抵减额

免抵退税额抵减额=免税购进原材料价格×出口货物退税率

3. 当期应退税额和免抵税额的计算

用当期应纳税额计算出的留抵税额与当期可免抵退税额的绝对值比大小，择其小者确认出口退税。

①若当期期末留抵税额≤当期免抵退税额，则

当期退税额=末抵期末留抵税额

当期免抵税额=当期免抵退税额-当期应退税额

②若当期期末留抵税额>当期免抵退税额，则

当期应退税额=当期免抵退税额

当期免抵税额=0

【例 2-18】5 月，A 生产企业进口货物，海关审定的关税完税价格为 500 万元，关税税率为 10%，海关代征了进口环节增值税。该企业从国内市场购进原材料支付的价款为 800 万元，取得增值税专用发票上注明的税金为 136 万元。外销货物的离岸价为 1000 万元。内销货物的销售额为 1200 万元（不含税）。该企业适用“免、抵、退”的税收政策，上期留抵税额 50 万元。

要求：计算当期应缴或应退的增值税额（假定上述货物内销时均适用 17%的增值税率，出口退税税率为 11%）。

解析：

（1）计算当期进项税额。

进口环节海关代征增值税=500×（1+10%）×17%=93. 5（万元）

国内采购进项税=136（万元）

出口货物当期不得免征和抵扣税额=1000×（17%-11%）=60（万元）

上期留抵税额=50（万元）

当期允许抵扣的进项税额=93. 5+136-60+50=219. 5（万元）

（2）计算当期销项税额。

出口货物销售免税。

内销货物销项税额=1200×17%=204（万元）

（3）当期应纳税额=204-219. 5=-15. 5（万元）

（4）出口货物免抵退税的限额=1000×11%=110（万元）

由于期末留抵税额 15. 5（万元）<当期免抵退税额限额 110（万元）

故当期应退税额=15. 5（万元）

当期免抵税额=110-15. 5=94. 5（万元）

【例 2-19】6 月，A 生产企业为进料加工业务进口材料一批，海关暂免征税，予以放行，组成计税价格为 600 万元，从国内市场购进原材料支付的价款为 1400 万元，取得增值税专用发票上注明的税金为 238 万元。外销进料加工货物的离岸价为 1000 万元。内销

货物的销售额为1200万元（不含税）。该企业适用“免、抵、退”的税收政策，上期留抵税额50万元。

要求：分别按照购进法和实耗法计算当期应缴或应退的增值税额（假定上述货物内销时均适用17%的增值税率，出口退税税率为15%，计划分配率为45%）。

解析：

(1) 按照购进法计算应退税额的计算过程。

①计算当期进项税额。

国内采购进项税为238万元。

由于是免税进口料件，没有缴纳过增值税，因此计算不得免征和抵扣税额时不能与纳过税的情况一样对待，需要计算免抵退税不得免征和抵扣税额抵减额。

不得免征和抵扣税额抵减额=600×（17%-15%）=12（万元）

出口货物当期不得免征和抵扣税额=1000×（17%-15%）-12=8（万元）

上期留抵税额为50万元。

当期允许抵扣的进项税额=238-8+50=280（万元）

②计算当期销项税额。

出口货物销售免税。

内销货物销项税额=1200×17%=204（万元）

③当期应纳税额=204-280=-76（万元）

④由于进口料件享受了免税的优惠，计算出口货物免抵退税的限额时要扣减已享受过的优惠额=1000×15%-600×15%=60（万元）

由于期末留抵税额76（万元）>当期免抵退税额60（万元）

故当期应退税额=60（万元）

当期免抵税额=0（元）

当期留抵税额=76-60=16（万元）

(2) 按照实耗法计算应退税额的计算过程。

①计算当期进项税额。

国内采购进项税为238万元。

实耗法计算免抵退税不得免征和抵扣税额抵减额=1000×45%×（17%-15%）=9（万元）

出口货物当期不得免征和抵扣税额=1000×（17%-15%）-9=11（万元）

上期留抵税额为50万元。

当期允许抵扣的进项税额=238-11+50=277（万元）

②计算当期销项税额。

出口货物销售免税。

内销货物销项税额=1200×17%=204（万元）

③当期应纳税额=204-277=-73（万元）

④由于进口料件享受了免税的优惠，计算出口货物免抵退税的限额时要扣减已享受过的优惠额=1000-15%-1000×45%×15%=82.5（万元）。

由于期末留抵税额73（万元）<当期免抵退税额82.5（万元）

故当期应退税额=73（万元）

当期免抵税额=82.5−73=9.5（万元）

（二）免退税的计算办法

外贸企业以及实行外贸企业财务制度的工贸企业收购货物出口，其出口销售环节的增值税免征；其收购货物的成本部分因外贸企业在支付收购货款的同时也支付了生产经营该类商品的企业已纳的增值税款，在货物出口后按收购成本与退税税率计算退税退还给外贸企业，征、退税之差计入企业成本。

免退税政策归纳：外销免税不计销项；进项被一分为二，一部分转入外销成本，另一部分形成出口退税。

外贸企业出口货物增值税退免税的计税依据是购进出口货物的增值税专用发票注明的金额或海关进口增值税专用缴款书注明的完税价格。

应退税额=增值税退免税计税依据×退税率

【例 2-20】某进出口公司 7 月从 A 厂收购 1000 件小工具出口英国，进货增值税专用发票注明不含税价格每件 300 元人民币，退税率为 13%，则应退税额计算如下：

应退税额=300×1000×13%=39 000（元）

第九节 纳税义务发生时间、纳税期限与纳税地点

一、纳税义务发生时间

纳税义务发生时间是纳税人发生应税行为应当承担纳税义务的起始时间。税法明确规定纳税义务发生时间的作用在于：第一，正式确认纳税人已经发生属于税法规定的应税行为。第二，有利于税务机关实施税务管理，合理规定申报期限和纳税期限，监督纳税人切实履行纳税义务。

增值税的纳税义务发生时间明确了企业在计算应纳税额时对“当期销项税额”中“当期”时间的限定，是增值税计税和征收管理中重要的规定。销售货物或者应税劳务的纳税义务发生时间，按销售结算方式的不同，具体确定为以下几种情况：

（1）采取直接收款方式销售货物，不论货物是否发出，均为收到销售额或取得索取销售额的凭据，并将提货单交给买方的当天。

（2）采取托收承付和委托银行收款方式销售货物，为发出货物并办妥托收手续的当天。

（3）采取赊销和分期收款方式销售货物，为按合同约定的收款日期的当天；没有合同约定的，为发出货物的当天。

（4）采取预收货款方式销售货物，为货物发出的当天。

（5）委托其他纳税人代销货物，为收到代销单位销售的代销清单的当天；在收到代销清单前已收到全部或部分货款的，其纳税义务发生时间为收到全部或部分货款的当天；对于发出代销商品超过 180 天仍未收到代销清单及货款的，视同销售实现，一律征收增值税，其纳税义务发生时间为发出代销商品满 180 天的当天。

（6）销售应税劳务，为提供劳务同时收讫销售额或取得索取销售额的凭据的当天。

（7）纳税人发生本章第二节“一、征税范围”中视同销售货物行为第③~⑧项的，为货物移送的当天。

（8）进口货物，为报关进口的当天。

销售货物或应税劳务的纳税人，应按照上述规定的纳税义务发生时间，将实现的销售收入及时入账并计算纳税，及时、准确地记录销售额和计算当期销项税额。

二、纳税期限

（一）纳税期限及申报纳税时间

在明确了增值税纳税义务发生时间后，还需要掌握具体纳税期限，以保证按期缴纳税款。根据《增值税暂行条例》的规定，增值税的纳税期限分别为1日、3日、5日、10日、15日、1个月或者1个季度，由税务机关根据实际情况具体核定。不能按固定期限计算纳税的，可以按次计算纳税。

纳税人的增值税纳税申报时间与主管国家税务机关核定的纳税期限是相联系的。纳税人以1个月、1个季度为一期纳税的，自期满之日起15日内申报纳税；以1日、3日、5日、10日或者15日为一期纳税的，自期满之日起5日内预缴税款，于次月1日起15日内申报纳税并结清上月税款。

纳税人进口货物，应当自海关填发税款缴纳书之日起15日内缴纳税款。

纳税人出口适用税率为零的货物，可以按月向税务机关申报办理该项出口货物的退税。

（二）纳税申报方式

目前主要采用上门申报的直接申报方式和网上申报的电子申报方式。上门申报即纳税人或代理人直接到主管国家税务机关申报征收岗位办理纳税申报。网上申报是纳税人或代理人用网络传输的方式将电子数据文档发送到税务机关指定的网页或电子信箱，并将有关款项按时存入税款预储户，同时在纳税申报期前将与电子数据相同的纳税申报纸质资料送达申报征收窗口的一种电子申报方式。

按照《增值税一般纳税人纳税申报办法》的规定，增值税一般纳税人进行纳税申报，必须实行电子信息采集。使用防伪税控系统开具增值税专用发票的纳税人必须在抄报税成功后，方可进行纳税申报。

三、纳税地点

为了保证纳税人按期申报纳税，根据企业跨地区经营和搞活商品流通的特点及不同情况，税法还具体规定了增值税的纳税地点。

（1）固定业户应当向其机构所在地主管税务机关申报纳税。总机构和分支机构不在同一县（市）的，应当分别向各自所在地主管税务机关申报纳税；经国家税务总局或其授权的税务机关批准，也可由总机构汇总向总机构所在地主管税务机关申报纳税。

（2）固定业户到外县（市）销售货物的，应当向其机构所在地主管税务机关申请开具外出经营活动税收管理证明，向其机构所在地主管税务机关申报纳税。未持有其机构所在地主管税务机关核发的外出经营活动税收管理证明，到外县（市）销售货物或者应税劳务的，应当向销售地主管税务机关申报纳税；未向销售地主管税务机关申报纳税的，由其机构所在地主管税务机关补征税款。

（3）非固定业户销售货物或者应税劳务，应当向销售地主管税务机关申报纳税。

（4）进口货物应当由进口人或其代理人向报关地海关申报纳税。

（5）非固定业户到外县（市）销售货物或者应税劳务，未向销售地主管税务机关申报纳税的，由其机构所在地或者居住地主管税务机关补征税款。

【例 2-20】某企业为增值税一般纳税人，机构所在地为 A 地，根据市场需要，4 月将部分库存的商品运往 B 地销售。由于时间急迫，该企业未向机构所在地税务机关申请外出经营活动的税收管理证明。该企业在 B 地向消费者销售商品取得含税销售收入 25 万元。

该企业在 B 地销售商品应在 B 地纳税。

应纳增值税＝25÷（1+3%）×3%＝0.73（万元）

第十节 增值税专用发票的使用及管理

与实施增值税的绝大多数国家一样，我国增值税采用间接计算法，实行凭增值税专用发票注明的税款进行抵扣的制度。专用发票不仅是纳税人经济活动中的重要商业凭证，而且是兼计销货方销项税额和购货方进项税额进行税款抵扣的凭证，对增值税的计算和管理起着极为重要的作用。

1993 年 12 月 30 日，国家税务总局制定了《增值税专用发票使用规定》，自 1994 年 1 月 1 日起执行。针对增值税专用发票使用过程中出现的诸多问题，如不按规定开具专用发票，代开、虚开专用发票，盗窃、丢失、伪造、买卖专用发票等严重违法现象，国家加强了对增值税专用发票的管理。1995 年 10 月 30 日，全国人大常委会还专门发布了《关于惩治虚开、伪造和非法出售增值税专用发票犯罪的决定》，对在增值税专用发票上出现的各种违法行为给予严厉惩处。

一、专用发票领购使用范围

增值税专用发票（以下简称专用发票）只限于增值税的一般纳税人领购使用，增值税小规模纳税人和非增值税纳税人不得领购使用。

一般纳税人有下列情形之一者，不得领购使用专用发票：

（1）会计核算不健全，即不能按会计制度和税务机关的要求准确核算增值税的销项税额、进项税额和应纳税额者。

（2）不能向税务机关准确提供增值税销项税额、进项税额、应纳税额数据及其他有关增值税税务资料者。

（3）有以下行为，经税务机关责令限期改正而仍未改正者：

①私自印制专用发票；

②向个人或税务机关以外的单位买取专用发票；

③借用他人专用发票；

④向他人提供专用发票；

⑤未按规定开具专用发票；

⑥未按规定保管专用发票；

⑦未按规定申报专用发票的购、用、存情况；

⑧未按规定接受税务机关检查。

（4）销售的货物全部属于免税项目者。

有上述情形的一般纳税人如已领购使用专用发票，税务机关应收缴其结存的专用发票。

另外，国家税务总局还规定，纳税人当月购买专用发票而未申报纳税的，税务机关不得向其发售专用发票。

【专栏2-2】纳税人提供应税服务，应当向索取增值税专用发票的接受方开具增值税专用发票，并在增值税专用发票上分别注明销售额和销项税额。

二、专用发票开具范围

一般纳税人销售货物（包括视同销售货物在内）、提供应税劳务，以及根据《中华人民共和国增值税暂行条例实施细则》的规定应当征收增值税的非应税劳务（以下简称销售应税项目），必须向购买方开具专用发票。下列情形不得开具专用发票：

（1）商业企业一般纳税人零售的烟、酒、食品、服装、鞋帽（不包括劳保专用部分）、化妆品等消费品。

（2）销售免税货物（国家另有规定者除外）。

（3）销售以下不得抵扣且未抵扣进项税的固定资产：

①销售用于非应税、免税、福利、个人消费（含交际应酬）的购进固定资产；

②非正常损失的购进固定资产；

③销售自用的应征消费税的汽车、摩托车、游艇；

④销售国务院财税主管部门规定的其他自用消费品。

（4）销售纳税人在增值税转型前购入的或自制的固定资产。

（5）销售旧货。

三、专用发票开具要求

专用发票必须按下列要求开具：

（1）字迹清楚。

（2）不得涂改。如填写有误，应另行开具专用发票，并在误填的专用发票上注明“误填作废”4个字。如专用发票开具后因购货方不索取而成为废票，也应按填写有误办理。

（3）项目填写齐全。

（4）票、物相符，票面金额与实际收取的金额相符。

（5）各项目内容正确无误。

（6）全部联次一次填开，上、下联的内容和金额一致。

（7）发票联和抵扣联加盖财务专用章或发票专用章。

（8）按照规定的时限开具专用发票。

（9）不得开具伪造的专用发票。

（10）不得拆本使用专用发票。

（11）不得开具票样与国家税务总局统一制定的票样不相符合的专用发票。

开具的专用发票有不符合上述要求者，不得作为扣税凭证，购买方有权拒收。

四、开具专用发票后发生退货或销售折让的处理

（1）专用发票抵扣联、发票联均无法认证的，由购买方填报“开具红字增值税专用发票申请单”（以下简称申请单），填写具体原因以及相对应蓝字专用发票的信息，主管税务机关审核后出具“开具红色增值税专用发票通知单”（以下简称通知单）。购买方不作进项税额转出处理。

（2）购买方所购货物不属于增值税扣税项目范围，取得的专用发票未经认证的，由购买方填报申请单，并填写具体原因以及相对应蓝色专用发票的信息，主管税务机关审核后出具通知单。购买方不作进项税额转出处理。

（3）因开票有误购买方拒收专用发票的，销售方须在专用发票认证期限内向主管税务机关填报申请单，填写具体原因以及相对应蓝字专用发票的信息，同时提供由购买方出具的写明拒收理由、具体错误项目及正确内容的书面材料，主管税务机关审核确认后出具通知单。销售方凭通知单开具红字专用发票。

（4）因开票有误等原因尚未将专用发票交付购买方的，销售方须在开具有误专用发票的次月内向主管税务机关填报申请单，并填写具体原因以及相对应蓝字专用发票的信息，同时提供有销售方出具的写明具体理由、具体错误项目以及正确内容的书面材料，主管税务机关审核确认后出具通知单。销售方凭通知单开具红字专用发票。

（5）发生销货退回或销售折让的，除按照规定进行处理外，销售方还应在开具红字专用发票后将该笔业务的相应记账凭证复印件报送主管税务机关备案。

（6）纳税人销售货物并向购买方开具增值税专用发票后，由于购货方在一定时期内累计购买货物达到一定数量。或者由于市场价格下降等原因，销货方给予购货方相应的价格优惠或补偿等折扣、折让行为，销货方可按现行《增值税专用发票使用规定》的有关规定开具红字增值税专用发票。

五、加强增值税专用发票的管理

发票管理是增值税管理的重中之重。税法除了对纳税人领购、开具专用发票提出了上述各项具体规定外，为了严格专用发票管理，又出台了多项规定，主要内容如下：

（一）关于被盗、丢失增值税专用发票的处理

（1）纳税人必须严格按照《增值税专用发票使用规定》保管使用专用发票，对违反规定发生被盗、丢失专用发票的纳税人，按《税收征收管理法》和《中华人民共和国发票管理办法》的规定，处以1万元以下的罚款，并可视具体情况，对丢失专用发票的纳税人，在一定期限内（最长不超过半年）停止领购专用发票；对纳税人申报遗失的专用发票，如发现非法代开、虚开问题的，该纳税人应承担偷税、骗税的连带责任。

（2）纳税人丢失专用发票后，必须按规定程序向当地主管税务机关、公安机关报失。各地税务机关对丢失专用发票的纳税人按规定进行处罚的同时，代收取“挂失登报费”，并将丢失专用发票的纳税人名称、发票份数、字轨号码、盖章与否等情况，统一传（寄）中国税务报社，刊登“遗失声明”。传（寄）中国税务报社的“遗失声明”，必须经县（市）国家税务机关审核盖章、签署意见。

（二）关于代开、虚开增值税专用发票的几个问题

代开发票是指为与自己没有发生直接购销关系的他人开具发票的行为。虚开发票是指在没有任何购销事实的前提下，为他人、为自己、让他人为自己或介绍他人开具发票的行为。

（1）税务机关可为小规模纳税人代开增值税专用发票。在我国，小规模纳税人不能自行开具增值税专用发票，在购货方因抵扣税款而提出专用发票需求时，作为销售方的小规模纳税人只能找主管税务机关代开增值税专用发票。

自2004年6月1日起，代开发票的税务机关（以下简称代开机关）应将当月所代开发票逐票填写“代开发票开具清单”（以下简称开具清单），同时利用代开票汇总采集软件形成开具清单电子文档。

增值税一般纳税人（以下简称纳税人）使用代开发票抵扣进项税额的，应逐票填写代开发票抵扣清单（以下简称抵扣清单），在进行增值税纳税申报时随同纳税申报表一并报送。除报送抵扣清单纸质资料外，还需同时报送载有抵扣清单电子数据的软盘（或其他存储介质）。未单独报送或未按照规定要求填写抵扣清单纸质资料及电子数据的，不得抵扣进项税额。

（2）企业、单位代开、虚开增值税专用发票是严重违法行为。对代开、虚开专用发票的，一律按票面所列货物的适用税率全额征补税款，并按《税收征收管理法》的规定按偷税给予处罚。对纳税人取得代开、虚开的增值税专用发票，不得作为增值税合法抵扣凭证抵扣进项税额。代开、虚开发票构成犯罪的，按全国人大常委会发布的《关于惩治虚开、伪造和非法出售增值税专用发票犯罪的决定》处罚。

（三）防伪税控系统增值税专用发票的管理

增值税防伪税控系统是国家为加强增值税的征收管理，提高纳税人依法纳税的自觉性，及时发现和查处增值税逃避缴纳税款行为而实施的国家金税工程的主要组成部分。税务部门和企业利用该系统能独立实现发票的防伪认证，不需联网即可随时随地稽查假发票和大头小尾的“阴阳票”。同时，从该系统的报税子系统取得的存根联数据和从认证子系统取得的抵扣联数据将直接进入增值税计算机稽核系统，通过增值税计算机稽核系统，对增值税专用发票信息和纳税申报信息进行全面的交叉比对，及时掌握税源情况，发现增值税税收管理过程中的各种问题，能够遏制利用增值税专用发票的违法犯罪行为。

防伪税控系统包括税务发行子系统、企业发行子系统、防伪开票子系统和认证报税子系统（认证和报税为两套软件，但是必须装在同一台计算机中）。防伪税控开票子系统必须通过其主管防伪税控税务机关对其所持有的“税控 IC 卡和金税卡”进行发行后才能使用。

（1）税务机关专用发票管理部门在运用防伪税控发售系统进行发票入库管理或向纳税人发售专用发票时，要认真录入发票代码、号码，并与纸质专用发票进行仔细核对，确保发票代码、号码电子信息与纸质发票的代码、号码完全一致。

（2）纳税人在运用防伪税控系统开具专用发票时，应认真检查系统中的电子发票代码、号码与纸质发票是否一致。如发现税务机关错填电子发票代码、号码的，应持纸质专用发票和税控 IC 卡到税务机关办理退回手续。

（3）在未收回专用发票抵扣联及发票联，或虽已收回专用发票抵扣联及发票联但购货方已将专用发票抵扣联报送税务机关认证的情况下，销货方一律不得作废已开具的专用发票。

【课后阅读】

三大行业营改增：房地产营改增最早 2015 年启动

新一轮营业税改增值税，即营改增即将来袭。生活性服务业的营改增方案计划在 2014 年年底出台，而建筑业、房地产业的营改增目标是最早于 2015 年 1 月 1 日起施行，但是因没准备好而延迟。

在备受关注的税率方面，包括餐饮业、旅游业、酒店业、娱乐业等在内的生活性服务业的增值税一般纳税人税率或定在 6%，而小规模纳税人的征收率则为 3%。建筑业和房地产业的增值税税率或定在 11%。

这意味着，以前营业税税率为 20%的娱乐业营改增后，税率明显降低。建筑业（营业税税率为 3%）和房地产业（营业税税率 5%）的税率明显提高。

安永税务部合伙人李雁说，税率高低变化仅仅是营改增中企业关注的问题之一，更多问题在于营改增后诸多细节操作问题。这些细节甚至会带来企业营业模式的改变。增值税属于流转税，税负最后还是由消费者承担。

营改增将密集启动

继 2014 年交通运输业、部分现代服务业和铁路运输、邮政服务业、电信业纳入营改增后，仅剩生活性服务业、建筑业、房地产业和金融业未纳入营改增范围。

国务院曾明确提出力争“十二五”期间全面完成营改增改革。因此，四大领域营改增推进时间仅剩下一年多。

不久前，《国务院办公厅关于促进内贸流通健康发展的若干意见》明确了生活性服务业在 2014 年年底前启动营改增。

多位专家表示，包括餐饮业、旅游业、酒店业、娱乐业等在内的生活性服务业会依据此前出台的《营业税改增值税试点方案》，原则上适用增值税简易计税方法，即（小规模纳税人采用）3%的征收率。而一般增值税纳税人可能采用 6%的税率。

北京营改增小组成员、高顿税务峰会（GTS）税务专家陈志坚透露虽然房地产业增值税率未定，但为11%和17%两档税率之一，而业内人士更倾向11%的税率。税负高低不能仅仅盯着进项抵扣，还与公司的管理以及对下游的税负传递等有关。比如，没有进项抵扣，但可以把税负传递给下游，那税负也不会提高。

挑战重重

作为营改增最难啃的几块骨头，三大行业营改增推进依然困难重重。

在生活性服务业，娱乐业税率突然大降让一些人疑惑。而其中酒店业税率如何确定也是一大难题。酒店业比较特殊。比如，苏州凯宾斯基酒店开的发票并不是凯宾斯基公司，它只是酒店管理者，而真正的老板是房地产开发企业，这个模式在中国比较普遍。假设房地产企业的税率与酒店业税率不同，到底按哪个征收？中国的服务型公寓是算酒店还是房屋租赁呢？按哪个税率征收？一家房地产企业人士表示，服务型公寓商家肯定会按照税率低（酒店）的标准，如果依据营业执照来判断，一些商家由此可能改变自己的营业模式。

餐饮业和酒店业纳入营改增范围后，是否也可以向其他商家开具增值税发票呢？

不仅生活性服务业营改增挑战重重，房地产业更是复杂。比如，一个房地产项目完工了，但销售还没结束，若突然实行营改增，税率从5%增加到11%。企业基本完工了，基本上也没有进项税抵扣了，而且它的销售合同都出来了，价格也不能改，那这对企业影响太大了。

另外，房地产商在发包项目时，发包商能否提供增值税发票来抵扣也是难点之一。而建筑行业将增加的税负转嫁给房地产业也是很多房地产商头疼的问题。同时，这些行业营改增会涉及很多细节问题，甚至还涉及一些相关法规的修改。

资料来源：陈益刊. 三大行业营改增：房地产营改增最早2015年启动［J/OL］. http://www.kuaiji.com/news/1996012

第三章 消费税

消费税是指对消费品和特定的消费行为按消费流转额征收的一种商品税。从广义上来看，消费税一般对所有消费品包括生活必需品和日用品普遍课税。从一般概念上来看，消费税主要指对特定消费品或特定消费行为课税。消费税主要以消费品为课税对象，在此情况下，税收随价格转嫁给消费者承担，消费者是实际的负税人。消费税的征收具有较强的选择性，是国家贯彻消费政策、引导消费结构从而引导产业结构的重要手段，因而在保证国家财政收入，体现国家经济政策等方面具有十分重要的意义。

消费税法是指国家制定的用以调整消费税征收与缴纳之间权利及义务关系的法律规范。现行消费税法的基本规范是2008年11月5日经国务院第34次常务会议修订通过并颁布，自2009年1月1日起施行的《中华人民共和国消费税暂行条例》（以下简称《消费税暂行条例》）以及2008年12月15日财政部、国家税务总局第51号令颁布的《中华人民共和国消费税暂行条例实施细则》（以下简称《消费税暂行条例实施细则》）。

消费税具有悠久的历史。早在公元前81年，汉昭帝为避免酒的专卖"与商人争市利"，改酒专卖为普遍征税，允许各地的地主、商人自行酿酒、卖酒，每升酒缴税款四文，纳税环节在酒销售之后，而不是在出坊（酒坊）时缴纳税款，这可以说是我国较早的消费税。

新中国成立后，1950年统一国家税制，建立新税制，曾开征了特种消费行为税，这一税种包含娱乐、筵席、冷食、旅馆四个税目，在发生特种消费行为时征收。为适应建立社会主义市场经济体制的需要，配合新一轮税制改革主要是新增值税的推行，1993年年底国务院正式颁布了《消费税暂行条例》，并于1994年1月1日起实施。2006年3月20日，财务部、国家税务总局发文，对消费税税目、税率及相关政策又进行调整。新增高尔夫球及球具、高档手表、游艇、木制一次性筷子、实木地板5个税目；取消汽油、柴油税目，增列成品油税目；取消护肤护发品税目，将原属于护肤护发品征税范围的高档护肤类化妆品列入化妆品税目。

从国际上来看，消费税和具有消费税性质的税种是世界各国普遍采用的一种税收征收方式。据不完全统计，全世界有100多个国家和地区开征了消费税。

我国现行消费税的特点如下：

第一，征收范围具有选择性。我国消费税在征收范围上根据产业政策与消费政策仅选择部分消费品征税，而不是对所有消费品都征收消费税。

第二，征税环节具有单一性，主要在生产和进口环节征收。

第三，平均税率水平比较高且税负差异大。消费税的平均税率水平一般定得比较高，并且不同征税项目的税负差异较大，对需要限制或控制消费的消费品，通常税负较重。

第四，征税方法具有灵活性。既采用对消费品指定单位税额，以消费品的数量实行从量定额的征收方法，也采用对消费品制定比例税率，以消费品的价格实行从价定率的征收方法。

第一节 纳税义务人与征税范围

一、纳税义务人

在中华人民共和国境内生产、委托加工和进口《消费税暂行条例》规定的消费品的单位和个人以及国务院确定的销售《消费税暂行条例》规定的消费品的其他单位和个人，为消费税的纳税人，应当依照《消费税暂行条例》缴纳消费税。

单位是指企业、行政单位、事业单位、军事单位、社会团体及其他单位。

个人是指个体工商户及其他个人。

在中华人民共和国境内是指生产、委托加工和进口属于应当缴纳消费税的消费品的起运地或者所在地在境内。

二、征税范围

目前，消费税的征税范围分布于以下四个环节：

（一）生产应税消费品

生产应税消费品销售是消费税征收的主要环节。因为消费税具有单一环节征税的特点，在生产销售环节征收以后，货物在流通环节无论再转销多少次，不用再缴纳消费税。生产应税消费品除了直接对外销售应征收消费税外，纳税人将生产的应税消费品换取生产资料、消费资料、投资入股、偿还债务以及用于继续生产应税消费品以外的其他方面都应缴纳消费税。

另外，工业企业以外的单位和个人的下列行为视为应税消费品的生产行为，按规定征收消费税：

（1）将外购的消费税非应税产品以消费税应税产品对外销售的；

（2）将外购的消费税低税率应税产品以高税产品对外销售的。

（二）委托加工应税消费品

委托加工应税消费品是指委托方提供原料和主要材料，受托方只收取加工费和代垫部分辅助材料加工的应税消费品。由受托方提供原材料或其他情形的一律不能视同加工应税消费品。委托加工的应税消费品收回后，再继续用于生产应税消费品销售且符合现行政策规定的，其加工环节缴纳的消费税款可以扣除。

（三）进口应税消费品

单位和个人进口货物属于消费税征税范围的，在进口环节也要缴纳消费税。为了减少征税成本，进口环节缴纳的消费税由海关代征。

（四）零售应税消费品

经国务院批准，自1995年1月1日起，金银首饰消费税由生产销售环节征收改为零售环节征收。改在零售环节征收消费税的金银首饰仅限于金基、银基合金首饰以及金、银和金基、银基合金的镶嵌首饰。零售环节适用税率为5%，在纳税人销售金银首饰、钻石及钻石饰品时征收。其计税依据是不含增值税的销售额。

对既销售金银首饰，又销售非金银首饰的生产、经营单位，应将两类商品划分清楚，分别核算销售额。凡划分不清楚或不能分别核算的，在生产环节销售的，一律从高适用税率征收消费税；在零售环节销售的，一律按金银首饰征收消费税。金银首饰与其他产品组成成套消费品销售的，应按销售额全额征收消费税。

金银首饰连同包装物销售的，无论包装是否单独计价，也无论会计上是如何核算，均应并入金银首饰的销售额，计征消费税。

带料加工的金银首饰，应按受托方销售同类金银首饰的消费价格确定计税依据征收消费税。没有同类同类金银首饰销售价格的，按照组成计税价格计算纳税。

纳税人采用以旧换新（含翻新改制）方式销售的金银首饰，应按实际收取的不含增值税的全部价款确定计税依据征收消费税。

【专栏3-1】2014年12月9日，财政部、国家税务总局发布《关于以贵金属和宝石为主要原材料的货物出口退税政策的通知》（财税〔2014〕98号），自2015年1月1日起，出口企业和其他单位出口的货物，如果其原材料成本80%以上为通知中所列原材料，应按照成本占比最高的原材料的增值税、消费税政策执行。

第二节 税目与税率

一、税目

按照《消费税暂行条例》的规定，2006年3月调整后，确定征收消费税的只有烟、酒、化妆品等14个税目，有目的税目还进一步划分为若干项目。消费税属于价内税，一般在应税消费品的生产、委托加工和进口环节缴纳。

（一）烟

凡是以烟叶为原料加工生产的产品，不论使用何种辅料，均属于本税目的征收范围，包括卷烟（进口卷烟、白包卷烟和未经国务院批准纳入计划的企业及个人生产的卷烟）、雪茄烟和烟丝。

在“烟”税目下分“卷烟”等子目，“卷烟”又分“甲类卷烟”和“乙类卷烟”。其中，甲类卷烟是指每标准条（200支，下同）调拨价格在70元（含70元，不含增值税）以上的卷烟；乙类卷烟是指每标准条调拨价格在70元（不含增值税）以下的卷烟。

自2009年5月1日起，在卷烟批发环节加征一道从价税，在中华人民共和国内从事卷烟批发业务的单位和个人，批发销售的所有牌号规格的卷烟，按其销售额（不含增值税）征收5%的消费税。纳税人应将卷烟销售额与其他商品销售额分开核算，未分开核算的，一并征收消费税。纳税人销售给纳税人以外的单位和个人的卷烟于销售时纳税。纳税人之间销售的卷烟不缴纳消费税。卷烟消费税在生产和批发两个环节征收后，批发企业在计算纳税时不得扣除已含的生产环节的消费税税款。

（二）酒及酒精

酒是酒精度在1度以上各种酒类饮料，包括粮食白酒、薯类白酒、黄酒、啤酒和其他酒。酒精包括各种工业酒精、医用酒精和食用酒精。

啤酒每吨出厂价（含包装物及包装物押运）在3000元（含3000元，不含增值税）以上的是甲类啤酒，每吨出厂价（含包装物及包装物押金）在3000元（不含增值税）以下的是乙类啤酒。对饮食业、商业、娱乐业举办的啤酒屋（啤酒坊）利用啤酒生产设备生产的啤酒，应征收消费税。配置酒（露酒）是指以发酵酒、蒸馏酒或食用酒精为酒基，加入可食用或药用的辅料或食品添加剂，进行调配、混合或再加工制成的并改变了其原酒基风格的饮料酒。具体规定如下：

（1）以蒸馏酒或食用酒精为酒基，具有国家相关部门批准的国食健字或卫食健字文号并且酒精度低于38度（含）的品质酒，按消费税税目税表其他酒适用税率征收消费税。

（2）以发酵酒为基酒，酒精度低于20度（含）的配制酒，按消费税税目税表其他酒适用税率征收消费税。

（3）其他配制酒，按消费税税目税表白酒适用税率征收消费税。

（三）化妆品

化妆品税目征收范围包括各类美容、修饰类化妆品、高档护肤类化妆品和成套化妆品。

美容、修饰类化妆品是指香水、香水精、香粉、口红、指甲油、胭脂、眉笔、唇笔、蓝眼油、假睫毛以及成套化妆品。

舞台、戏剧、影视演员化妆用的上装油、卸妆油、油彩，不属于化妆品税目的征收范围。

高档类护肤化妆品征收范围另行制定。

（四）贵重首饰及珠宝玉石

贵重首饰及珠宝玉石包括以金、银、白金、宝石、珍珠、钻石、翡翠、珊瑚、玛瑙等高贵稀有物质以及其他金属、人造宝石等制作的各种纯金银首饰及镶嵌首饰和经采掘、打磨、加工的各种珠宝玉石。

（五）鞭炮、焰火

鞭炮、焰火包括各种鞭炮、焰火。体育上用的发令纸、鞭炮药引，不按鞭炮、焰火税目征收消费税。

（六）成品油

成品油税目包括汽油、柴油、石脑油、溶剂油、航空煤油、润滑油、燃料油7个子目。

1. 汽油

汽油是指原油或其他原料加工生产的辛烷值不小于66的可用作汽油发动机燃料的各种轻质油。含铅汽油是指铅含量每升超过0.013克的汽油和航空汽油。汽油分为车用汽油和航空汽油。

2. 柴油

柴油是指用原油或其他原料加工生产的凝点在-50号至30号的可用作柴油发动机燃料的各种轻质油和以柴油组分为主、经调和精制可用作柴油发动机燃料的非标准油。

以柴油、柴油组分和生产的生物柴油也属于成品油税目征收范围。

3. 石脑油

石脑油又叫化工轻油，是以原油或其他原料加工生产的用于化工原料的轻质油。

石脑油的征收范围包括除汽油、柴油、航空煤油、溶剂油以外的各种轻质油。非标准汽油、重整生成油、拔头油、戊烷原料油、轻裂解料、重裂解料、加氢裂化尾油、芳烃抽余油均属轻质油，属于石脑油征收范围。

4. 溶剂油

溶剂油是用原油或其他原料加工生产的用于涂料、油漆、食用油、印刷油墨、皮革、农药、橡胶、化妆品生产和机械清洗、胶粘行业的轻质油。橡胶填充油、溶剂油原料，属于溶剂油征收范围。

5. 航空煤油

航空煤油也叫喷气燃料，是用原油或其他原料加工生产的用作喷气发动机和喷气推进系统燃料的各种轻质油。

6. 润滑油

润滑油是用原油或其他原料加工生产的用于内燃机、机械加工过程的润滑产品。润滑油分为矿物性润滑油、植物性润滑油、动物性润滑油和化工原料合成润滑油。

润滑油的征收范围包括矿物性润滑油、矿物性润滑油基础油、植物性润滑油、动物性润滑油和化工原料合成润滑油。以植物性、动物性和矿物性基础油（或矿物性润滑油）混合掺配而成的“混合性”润滑油，不论矿物性基础油（或矿物性润滑油）所占比例高低，均属润滑油的征收范围。

另外，用原油或其他原料加工生产的用于内燃机、机械加工过程的润滑产品均属于润滑油征收范围。润滑脂是润滑产品，生产、加工润滑脂应当征收消费税。

7. 燃料油

燃料油也称重油、渣油，是用原油或其他原料加工生产，主要用于电厂发电、锅炉用燃料、加热炉燃料、冶金和其他工业炉燃料。腊油、船用重油、常压重油、减压重油、180CTS 燃料油、7 号燃料油、糠醛油、工业燃料、4~6 号燃料油等油品的主要用途是作为燃料燃烧，属于燃料油征收范围。

（七）汽车轮胎

汽车轮胎税目包括的汽车轮胎是指用于各种汽车、挂车、专用车和其他机动车上的内、外轮胎。不包括农用拖拉机、收割机、手扶拖拉机的专用轮胎。

自 2001 年 1 月 1 日起，子午线轮胎免征消费税，翻新轮胎停止征收消费税。

自 2010 年 12 月 1 日起，农用拖拉机、收割机和手扶拖拉机专用轮胎不属于《消费税暂行条例》规定的应征消费税的“汽车轮胎”范围，不征收消费税。

（八）小汽车

小汽车是指由动力驱动，具有 4 个或 4 个以上车轮的非轨道承载的车辆。

小汽车税目征收范围包括含驾驶员座位在内最多不超过 9 个座位（含）的，在设计和技术特征上用于载运人和货物的各类乘用车和含驾驶员座位在内的座位数在 10~23 座（含 23 座）的设计和技术特性上用于载运乘客和货物的各类中轻型商用客车。

用排气量小于 1.5 升（含）的乘用车底盘（车架）改装、改制的车辆属于乘用车征收范围。用排气量大于 1.5 升（含）的乘用车底盘（车架）或用中轻型商用客车底盘（车架）改装、改制的车辆属于中轻型商用客车征收范围。

含驾驶员人数（额定载客）为区间值的（如 8~10 人、17~26 人）小汽车，按其区间值下限人数确定征收范围。

电动汽车不属于小汽车税目征收范围。车身长度大于 7 米（含），并且座位在 10~23 座（含）以下的商用客车，不属于中型商业客车征收范围，不征收消费税。沙滩车、雪地车、卡丁车、高尔夫球车不属于消费税征收范围，不征收消费税。

（九）摩托车

摩托车包括轻便摩托车和摩托车两种。对最大设计车速不超过每小时 50 千米，发动机汽缸总工作容量不超过 50 毫升的三轮摩托车不征收消费税。

（十）高尔夫球及球具

高尔夫球及球具是指从事高尔夫球运动所需的各种专用装备，包括高尔夫球、高尔夫球杆及高尔夫球包（袋）等。

高尔夫球是指重量不超过 45.93 克、直径不超过 42.67 毫米的高尔夫球运动比赛、练习用球；高尔夫球杆是指被设计用来打高尔夫球的工具，由杆头、杆身和握把三部分组成；高尔夫球包（袋）是指用于盛装高尔夫球及球杆的包（袋）

（十一）高档手表

高档手表是指销售价格（不含增值税）每只在 10 000 元（含）以上的各类手表。

高档手表税目征收范围包括符合以上标准的各类手表。

（十二）游艇

游艇是指长度大于 8 米小于 90 米，船体由玻璃钢、钢、铝合金、塑料等多种材料制作，可以在水上移动的水上浮载体。按照动力划分，游艇分为无动力艇、帆艇和机动艇。

游艇税目征收范围包括艇身长度大于 8 米（含）小于 90 米（含），内置发动机，可以在水上移动，一般为私人或团体购置，主要用于水上运动和休闲娱乐等非牟利活动的各类机动艇。

（十三）木制一次性筷子

木制一次性筷子又称卫生筷子，是指以木头为原料经过锯段、浸泡、旋切、刨切、烘干、筛选、打磨、倒角、包装等环节加工而成的各类供一次性使用的筷子。

木制一次性筷子税目征收范围包括各种规格的木质一次性筷子，未经打磨、倒角的木制一次性筷子属于本税目征收范围。

（十四）实木地板

实木地板是指以木材为原料，经过锯割、干燥、抛光、截断、开榫 、涂漆等工序加工而成的块状或条状的地面装饰材料。实木地板按照生产工艺不同，可分为独板（块）实木地板、实木指接地板、实木复合地板三类；按表面处理状态不同，可分为未涂饰地板（白坯板、素板）和漆饰地板两类。

实木地板税目征收范围包括各类规格的实木地板、实木指接地板、实木复合地板以及用于装饰墙面、天棚的侧面为榫 、槽的实木装饰板。未经涂饰的素板也属于实木地板税目征税范围。

二、税率

消费税采用比例税率和定额税率两种形式，以适应不同应税消费品的实际情况。

消费税根据不同的税目或子目确定相应的税率和单位税额。根据 2014 年 11 月 25 日发布的《财政部 国家税务总局关于调查消费税政策的通知》的规定，最新查理汇总的消费税税目、税率表如表 3-1 所示：

表 3-1 消费税税目、税率表

税目	税率
一、烟	
1. 卷烟	
（1）甲类卷烟（生产或进口环节）	56%加 0.003 元/支
（2）乙类卷烟（生产或进口环节）	36%加 0.003 元/支
（3）批发环节	5%
2. 雪茄烟	36%
3. 烟丝	30%
二、酒及酒精	
1. 白酒	20%加 0.5 元/500 克（或者 500 毫升）
2. 黄酒	240 元/吨
3. 啤酒	
（1）甲类啤酒	250 元/吨
（2）乙类啤酒	220 元/吨
4. 其他酒	10%
三、化妆品	30%
四、贵重首饰及珠宝玉石	
1. 金银首饰、铂金首饰和钻石及钻石饰品	5%
2. 其他贵重首饰和珠宝玉石	10%
五、鞭炮、焰火	15%
六、成品油	
1. 无铅汽油	1.00 元/升
2. 柴油	0.80 元/升
3. 航空煤油	0.80 元/升
4. 石脑油	1.00 元/升
5. 溶剂油	1.00 元/升
6. 润滑油	1.00 元/升
7. 燃料油	0.80 元/升
七、摩托车	
1. 气缸容量（排气量，下同）在 250 毫升（含 250 毫升）以下的	3%
2. 气缸容量在 250 毫升以上的	10%
八、小汽车	
1. 乘用车	
（1）汽车容量（排气量，下同）在 1.0 升（含 1.0 升）以下的	1%
（2）汽车容量在 1.0 升以上至 1.5 升（含 1.5 升）的	3%
（3）汽车容量在 1.5 升以上至 2.0 升（含 2.0 升）的	5%
（4）汽车容量在 2.0 升以上至 2.5 升（含 2.5 升）的	9%
（5）汽车容量在 2.5 升以上至 3.0 升（含 3.0 升）的	12%
（6）汽车容量在 3.0 升以上至 4.0 升（含 4.0 升）的	25%
（7）汽车容量在 4.0 升以上的	40%
2. 中轻型商务客车	5%

表3-1(续)

税目	税率
九、高尔夫球及球具	10%
十、高档手表	20%
十一、游艇	10%
十二、木制一次性筷子	5%
十三、实木地板	5%

第三节 计税依据

按照现行《消费税暂行条例》的基本规定，消费税应纳税额的计算主要分为从价计征、从量计征和从价从量复合计征三种方法。

一、从价计征

在从价定率计算方法下，应纳税额等于应税消费品的销售额乘以适用税率，应纳税额的多少取决于应税消费品的销售额和适用税率两个因素。

（一）销售额的确定

销售额为纳税人销售应税消费品向购买方收取的全部价款和价外费用。销售是指有偿转让应税消费品的所有权；有偿是指从购买方取得货币、货物或者其他经济利益；价外费用是指价外向购买方收取的手续费、补贴、基金、集资费、返还利润、奖励费、违约金、滞纳金延期付款利息、赔偿金、代收款项、代垫款顶、包装费、包装物租金、储备费、优质费、运输装卸费以及其他各种性质的价外收费。但是下列项目不包括在内。

1. 同时符合以下条件的代垫运输费用：

（1）承运部门的运输费用发票开具给购买方的；

（2）纳税人将该项发票转变给购买方的。

2. 同时符合以下条件代为收取的政府性基金或者行政事业性收费：

（1）由国务院或者财政部批准设立的政府性基金，由国务院或者省级人民政府及其财政、价格主管部门批准设立的行政事业性收费；

（2）收取时开具省级以上财政部门印制的财政票据；

（3）所收款项全额上缴财政。

其他价外费用无论是否属于纳税人的收入，均应并入销售额计算征税。

实行从价定率办法计算应纳税额的应税消费品连同包装销售的，无论包装是否单独计价，也不论在会计上如何核算，均应并入应税消费品的销售额中征收消费税。如果包装物不作价随同产品销售，而是收取押金，此项押金则不应并入应税消费品的销售额中征税。但是对因逾期未收回的包装物不再退还的或者已收取的时间超过 12 个月的押金，应并入应税消费品的销售额，按照应税消费品的适用税率缴纳消费税。

对既作价随同应税消费品销售，又另外收取押金的包装物的押金，凡纳税人在规定的期限内没有退还的，均应并入应税消费品的销售额，按照应税消费品的适用税率缴纳消费税。

纳税人销售的应税消费品，以外汇结算销售额的，其销售额的人民币折合率可以选择结算的当天或者当月 1 日的国家外汇牌价（原则上为中间价）。纳税人应在事先确定采取何种折合率，确定后 1 年内不得变更。

（二）含增值税销售额的换算

应税消费品在缴纳消费税的同时与一般货物一样还应缴纳增值税。按照《中华人民共和国消费税暂行条例实施细则》的规定，应税消费品的销售额不包括应向购货方收取的增值税税款。

如果纳税人应税消费品的销售额中未扣除增值税税款或者因不得开具增值税专用发票而发生价款和增值税税款合并收取的，在计算消费税时，应将含增值税的销售额换算为不含增值税税款的销售额。其换算公式为：

应税消费品的销售额=含增值税的销售额÷（1+增值税税率或征收率）

在使用换算公式时，应根据纳税人的具体情况分别使用增值税税率或征收率。如果消费税的纳税人同时又是增值税一般纳税人的，应适用 17%的增值税税率；如果消费税的纳税人是增值税小规模纳税人的，应适用 3%的征收率。

二、从量计征

在从量定额计算方法下，应纳税额等于应税消费品的销售数量乘以单位税额，应纳税额的多少取决于应税消费品的销售数量和单位税额两个因素。

（一）销售数量的确定

销售数量是指纳税人生产、加工和进口应税消费品的数量，具体规定如下：

（1）销售应税消费品的，为应税消费品的销售数量；

（2）自产自用应税消费品的，为应税消费品的移送使用数量；

（3）委托加工应税消费品的，为纳税人收回的应税消费品数量；

（4）进口的应税消费品，为海关核定的应税消费品进口征税数量。

（二）计量单位的换算标准

根据《消费税暂行条例》规定，黄酒、啤酒以吨为税额单位；汽油、柴油以升为税额单位。但是，考虑到在实际销售过程中，一些纳税人会把吨或升这两个计量单位混用，故规范了不同产品的计量单位，以准确计算应纳税额。吨与升两个计量单位的换算标准如表 3-2 所示：

表 3-2 吨、升换算表

序号	名称	计量单位的换算标准
1	黄酒	1 吨=962 升
2	啤酒	1 吨=988 升
3	汽油	1 吨=1388 升
4	柴油	1 吨=1176 升

表3-2(续)

序号	名称	计量单位的换算标准
5	航空煤油	1 吨=1246 升
6	石脑油	1 吨=1385 升
7	溶剂油	1 吨=1282 升
8	润滑油	1 吨=1126 升
9	燃料油	1 吨=1015 升

三、从价从量复合计征

现行消费税的征税范围中，只有卷烟、白酒采用复合计征方法。应纳税额等于应税销售数量乘以定额税率再加上应税销售额乘以比例税率。

生产销售卷烟、白酒从量定额计税依据为实际销售数量。进口、委托加工、自产自用卷烟、白酒从量定额计税依据分别为海关核定的进口征税数量、委托方收回数量移送使用数量。

四、计税依据的特殊规定

第一，纳税人通过自设非独立核算门市部销售的自产应税消费品，应当按照门市部对外销售额或者销售数量征收消费税。

第二，纳税人用于换取生产资料和消费资料，投资入股和抵偿债务等方面的应税消费品，应当以纳税人同类应税消费品的最高销售价格作为计税依据计算消费税。

第三，酒类关联企业间关联交易消费税问题处理如下：

根据《中华人民共和国税收征收管理法实施细则》第五十五条的规定，纳税人与关联企业之间的购销业务，不按照独立企业之间的业务往来作价的，税务机关可以按照下列方法调整其计税收入额或者所得额，核定其应纳税额：

(1) 按照独立企业之间进行相同或者类似业务活动的价格；

(2) 按照再销售给无关联关系的第三者的价格所取得的收入和利润水平；

(3) 按照成本加合理的费用和利润；

(4) 按照其他合理的方法。

对已检查出的酒类生产企业在本次检查年度内发生的利用关联企业关联交易行为规避消费税问题，各省、自治区、直辖市、计划单列市国家税务局可以根据本地区被查酒类生产企业与其关联企业间不同的核算方式，选择以上处理方法调整其酒类产品消费税计税收入额，核定应纳税额，补缴消费税。

白酒生产企业向商业销售单位收取的“品牌使用费”是随着应税白酒的销售而向购货方收取的，属于应税白酒销售价款的组成部分。因此，不论企业采取何种方式或以何种名义收取价款，均应并入白酒的销售额中缴纳消费税。

五、兼营不同税率应税消费品的税务处理

纳税人生产销售应税消费品，如果不是单一经营某一税率的产品，而是经营多种不同税率的产品，这就是兼营行为。由于《消费税暂行条例》税目税率表列举的各种应税消费品的税率高低不同，因此纳税人在兼营不同税率应税消费品时，税法就要对其不同的核算方式分别规定税务处理办法，以加强税收管理，避免因核算方式不同而出现税款流失的现象。

纳税人兼营不同税率的应税消费品，应当分别核算不同税率应税消费品的销售额、销售数量。未分别核算销售额、销售数量，或者将不同税率的应税消费品组成成套消费品销售的，从高适用税率。

需要解释的是，纳税人兼营不同税率的应税消费品，是指纳税人生产销售两种税率以上的应税消费品。所谓从高适用税率，就是对兼营高低不同税率的应税消费品，当不能分别核算销售额、销售数量，或者将不同税率的应税消费品组成成套消费品销售的，就以应税消费品中适用的高税率与混合在一起的销售额、销售数量相乘，得出应纳消费税额。

例如，某酒厂既生产税率为20%的粮食白酒，又生产税率为10%的其他酒，如药酒等。对于这种情况税法规定，该厂应分别核算白酒与其他酒的销售额，然后按各自适用的税率计税；如不分别核算各自的销售额，其他酒也按白酒的税率计算纳税。如果该酒厂还生产白酒与其他酒小瓶装礼品套酒，就是税法所指的成套消费品，应按全部销售额就白酒的税率20%计算应纳消费税额，而不能以其他酒10%的税率计算其中任何一部分的应纳税额。对未分别核算的销售额按高税率计税，意在督促企业对不同税率应税消费品的销售额分别核算，准确计算纳税。

第四节 应纳税额的计算

一、生产销售环节应纳消费税的计算

纳税人在生产销售环节缴纳的消费税，包括直接对外销售应税消费品应缴纳的消费税和自产自用应税消费品应缴纳的消费税。

（一）直接对外销售应纳消费税的计算

直接对外销售应税消费品涉及从价定率计算、从量定额计算、从价定率和从量定额复合计算三种计算方法。

1. 从价定率计算

在从价定率计算方法下，应纳消费税额等于销售额乘以适用税率。基本计算公式为：

应纳税额=应税消费品的销售额×比例税率

【例3-1】某化妆品生产企业为增值税一般纳税人，2014年3月15日该企业向某大型商场销售一批化妆品，开具增值税专用发票，取得不含增值税销售额50万元，增值税税

额 8.5 万元；3 月 20 日该企业向某单位销售一批化妆品，开具增值税普通发票，取得含增值税销售额 4.68 万元。要求：计算该化妆品生产企业上述业务应缴纳的消费税额。

（1）化妆品适用消费税税率为 30%。

（2）化妆品的应税销售额 = 50+4.68÷(1+17%) = 54(万元)

（3）应缴纳的消费税额 = 54×30% = 16.2（万元）

2. 从量定额计算

在从量定额计算方法下，应纳税额等于应税消费品的销售数量乘以单位税额。基本计算公式为：

应纳税额 = 应税消费品的销售数量×定额税率

【例 3-2】某啤酒厂 2014 年 4 月销售甲类啤酒 1000 吨，取得不含增值税销售额 295 万元，增值税税款为 50.15 万元，另收取包装物押金 23.4 万元。

要求：计算 4 月该啤酒厂应纳消费税税额。

（1）销售甲类啤酒，适用定额税率为每吨 250 元。

（2）应纳税额 = 销售数量×定额税率 = 1000×250 = 250 000（元）

3. 从价定率和从量定额复合计算

现行消费税的征税范围中，只有卷烟、白酒采用复合计算方法。基本计算公式为：

应纳税额 = 应税消费品的销售数量×定额税率+应税销售额×比例税率

【例 3-3】某白酒生产企业为增值税一般纳税人，2014 年 4 月销售白酒 50 吨，取得不含增值税的销售额 200 万元。

要求：计算白酒企业 4 月应缴纳的消费税税额。

（1）白酒适用比例税率为 20%，定额税率每 500 克 0.5 元。

（2）应纳税额 = （50×10^6）÷500×0.5 = 45（万元）

（二）自产自用应纳消费税的计算

所谓自产自用，就是纳税人生产应税消费品后，不是用于直接对外销售，而是用于自己连续生产应税消费品或用于其他方面。这种自产自用应税消费品形式在实际经济活动中是很常见的，但是也是在是否纳税或如何纳税上最容易出现问题的。例如，有的企业把自己生产的应税消费品，以福利或奖励等形式发给本厂职工，以为不是对外销售，不必计入销售额，无需纳税。这样就出现了漏缴税款的现象。因此，很有必要认真理解税法对自产自用应税消费品的有关规定。

1. 用于连续生产应税消费品

纳税人自产自用的应税消费品，用于连续生产应税消费品的，不纳税。所谓“纳税人自产自用的应税消费品，用于连续生产应税消费品的”，是指作为生产最终应税消费品的直接材料并构成最终产品实体的应税消费品。例如，卷烟厂生产出烟丝，烟丝已是应税消费品，卷烟厂再用生产出的烟丝连续生产卷烟，这样用于连续生产卷烟的烟丝就不缴纳消费税，只对生产的卷烟征收消费税。当然，生产出的烟丝如果是直接销售的，则烟丝还是要缴纳消费税的。税法规定对自产自用的应税消费品，用于连续生产应税消费品的不征税，体现了不重复课税的原则。

2. 用于其他方面的应税消费品

纳税人自产自用的应税消费品，除用于连续生产应税消费品外，凡用于其他方面的，于移送使用时纳税。所谓“用于其他方面的”，是指纳税人用于生产非应税消费品、在建工程、管理部门、非生产机构，提供劳务以及用于馈赠、赞助、集资、广告、样品、职工福利、奖励等方面。所谓“用于生产非应税消费品”，是指把自产的应税消费品用于生产《消费税暂行条例》税目税率表所列产品以外的产品。例如，原油工厂用生产出的应税消费品汽油调和制成溶剂汽油，该溶剂汽油就属于非应税消费品。所谓“用于在建工程”，是指把自产的应税消费品用于本单位的各项建设工程。例如，石化工厂把自己生产的柴油用于本厂基建工程的车辆、设备使用。所谓“用于管理部门、非生产机构”，是指把自己生产的应税消费品用于与本单位有隶属关系的管理部门或非生产机构。例如，汽车制造厂把生产出的小汽车提供给上级主管部门使用。所谓“用于馈赠、赞助、集资、广告、样品、职工福利、奖励”，是指把自己生产的应税消费品无偿赠送给他人或以资金的形式投资于外单位某些事业或作为商品广告、经销样品或以福利奖励的形式发给职工。例如，摩托车厂把自己生产的摩托车赠送或赞助给摩托车拉力赛选手使用，兼作商品广告；酒厂把生产的滋补药酒以福利的形式发给职工等。总之，企业自产的应税消费品虽然没有用于销售或连续生产应税消费品，但是只要是用于税法所规定的范围的都要视同销售，依法缴纳消费税。

3. 组成计税价格及税额的计算

纳税人自产自用的应税消费品，凡用于其他方面，应当纳税的，按照纳税人生产的同类消费品的销售价格计算纳税。同类消费品的销售价格是指纳税人当月销售的同类消费品的销售价格，如果当月同类消费品各期销售价格高低不同，应按销售数量加权平均计算。但是销售的应税消费品有下列情况之一的，不得列入加权平均计算：

（1）销售价格明显偏低又无正当理由的；

（2）无销售价格的。

如果当月无销售或者当月未完结，应按照同类消费品上月或者最近月份的销售价格计算纳税。

没有同类消费品销售价格的，按照组成计税价格计算纳税。

实行从价定率办法计算纳税的组成计税价格计算公式为：

组成计税价格=(成本+利润)÷(1-比例税率)

应纳税额=组成计税价格×比例税率

实行复合计税办法计算纳税的组成计税价格计算公式为：

组成计税价格=(成本+利润+自产自用数量×定额税率)÷(1-比例税率)

应纳税额=组成计税价格×比例税率+自产自用数量×定额税率

上述公式中的成本是指应税消费品的产品生产成本。

上述公式中的利润是指根据应税消费品的全国平均成本利润率计算的利润。

应税消费品全国平均成本利润率由国家税务总局确定。

4. 应税消费品全国平均成本利润率

1993年12月28日与2006年3月，国家税务总局发布的《消费税若干具体问题的规定》确定了应税消费品全国平均成本利润率表（见表3-3）。

表 3-3　　平均成本利润率表

商品名称	利润率（%）	商品名称	利润率（%）
1. 甲类卷烟	10	11. 贵重首饰及珠宝玉石	6
2. 乙类卷烟	5	12. 汽车轮胎	5
3. 雪茄烟	5	13. 摩托车	6
4. 烟丝	5	14. 高尔夫球及球具	10
5. 粮食白酒	10	15. 高档手表	20
6. 薯类白酒	5	16. 游艇	10
7. 其他酒	5	17. 木制一次性筷子	5
8. 酒精	5	18. 实木地板	5
9. 化妆品	5	19. 乘用车	8
10. 鞭炮、焰火	5	20. 中轻型商用客车	5

【例 3-4】某化妆品公司将一批自产的化妆品用作职工福利，化妆品的成本为 80 000 元，该化妆品无同类产品市场销售价格，但是已知其成本利润率为 5%，消费税税率为 30%。

要求：计算该批化妆品应缴纳的消费税税额。

组成计税价格＝成本×（1+成本利润率）÷（1−消费税税率）

＝80 000×（1+5%）÷（1−30%）

＝84 000÷0.7＝120 000（元）

应纳税额＝120 000×30%＝36 000（元）

二、委托加工环节应税消费品应纳消费税的计算

企业、单位或个人由于设备、技术、人力等方面的局限或其他方面的原因，常常要委托其他单位代为加工应税消费品，然后将加工好的应税消费品收回，直接销售或自己使用。这是生产应税消费品的另一种形式，也是需要向纳税人征收消费税的范围。例如，某企业将购来的小客车底盘和零部件提供给某汽车厂改装，加工组装成小客车供自己使用，则加工、组装成的小客车就需要缴纳消费税。按照规定，委托加工的应税消费品，由受托方在向委托方交货时代收代缴税款。

（一）委托加工应税消费品的确定

委托加工的应税消费品是指由委托方提供原料和主要材料，受托方只收取加工费和代垫部分辅助材料加工的应税消费品。对于由受托方提供原材料生产的应税消费品，或者受托方先将原材料卖给委托方，然后再接受加工的应税消费品以及由受托方以委托方名义购进原材料生产的应税消费品，不论纳税人在财务上是否作销售处理，都不得作为委托加工应税消费品，而应当按照销售自制应税消费品，需缴纳消费税。

（二）代收代缴税款的规定

对于确实属于委托方提供原料和主要材料，受托方只收取加工费和代垫部分辅助材料

加工的应税消费品，由受托方在向委托方交货时代收代缴消费税。这样受托方就是法定的代收代缴义务人。如果受托方对委托加工的应税消费品没有代收代缴或少代收代缴消费税，应按照《税收征收管理法》的规定，承担代收代缴的法律责任。因此，受托方必须严格履行代收代缴义务，正确计算和按时代收代缴税款。为了加强对受托方代收代缴税款的管理，委托个人（含个体工商户）加工的应税消费品，由委托方收回后缴纳消费税。

委托加工的应税消费品，受托方在交货时已代收代缴消费税，委托方将收回的应税消品以不高于受托方的计税价格出售的，为直接出售，不再缴纳消费税；委托方以高于受托方的计税价格出售的，不属于直接出售，需缴纳消费税，在计税时准予扣除受托方已代收代缴的消费税。

对于受托方没有按规定代收代缴税款的，不能因此免除委托方补缴税款的责任。在对委托方进行税务检查中，如果发现受其委托加工应税消费品的受托方没有代收代缴税款，则应按照《税收征收管理法》的规定，对受托方处以应代收代缴税款50%以上3倍以下的罚款，委托方要补缴税款。对委托方补征税款的计税依据是如果在检查时，收回的应税消费品已经直接销售的，按销售额计税；收回的应税消费品尚未销售或不能直接销售的（如收回后用于连续生产等），按组成计税价格计税。组成计税价格的计算公式与下述组成计税价格公式相同。

（三）组成计税价格及应纳税额的计算

委托加工的应税消费品，按照受托方的同类消费品的销售价格计算纳税，同类消费品的销售价格是指受托方（即代收代缴义务人）当月销售的同类消费品的销售价格。如果当月同类消费品各期销售价格高低不同，应按销售数量加权平均计算。但是销售的应收消费品有下列情况之一的，不得列入加权平均计算：

(1) 销售价格明显偏低又无正当理由的；

(2) 无销售价格的。

如果当月无销售或者当月末完结，应按照同类消费品上月或最近月份的销售价格计算纳税。没有同类消费品销售价格的，按照组成计税价格计算纳税。

实行从价定率办法计算纳税的组成计税价格计算公式为：

组成计税价格=(材料成本+加工费)÷(1-比例税率)

实行复合计税办法计算纳税的组成计税价格计算公式为：

组成计税价格=(材料成本+加工费+委托加工数量×定额税率)÷(1-比例税率)

上述组成计税价格公式中有两个重要的专用名词需要解释。

1. 材料成本

按照《中华人民共和国消费税暂行条例实施细则》的解释，材料成本是指委托方所提供加工材料的实际成本。委托加工应税消费品的纳税人，必须在委托加工合同上如实注明（或以其他方式提供）材料成本，凡未提供材料成本的，受托方所在地主管税务机关有权核定其材料成本。从这一条规定可以看出，税法对委托方提供原料和主要材料要以明确的方式如实提供材料成本的要求是很严格的，其目的就是为了防止假冒委托加工应税消费品或少报材料成本，逃避纳税的现象发生。

2. 加工费

按照《中华人民共和国消费税暂行条例实施细则》的规定，加工费是指受托方加工应税消费品向委托方所收取的全部费用（包括代垫辅助材料的实际成本，不包括增值税税金），这是税法对受托方的要求。受托方必须如实提供向委托方收取的全部费用，这样才能既保证组成计税价格及代收代缴消费税准确计算出来，也使受托方收到加工费得以正确计算其应纳的增值税。

【例 3-5】某鞭炮企业 2014 年 4 月受托为某单位加工一批鞭炮，委托单位提供的原材料金额为 60 万元，收取委托单位不含增值税的加工费 8 万元，鞭炮企业无同类产品市场价格。

要求：计算鞭炮企业应代收代缴的消费税。

鞭炮的适用税率为 15%。

组成计税价格=(60+8)÷(1-15%)=80(万元)

应代收代缴消费税=80×15%=12(万元)

三、进口环节应纳消费税的计算

进口的应税消费品于报关进口时缴纳消费税，进口的应税消费品的消费税由海关代征。进口的应税消费品，由进口人或者其代理人向报关地海关申报纳税。纳税人进口应税消费品，按照关税征收管理的相关规定，应当自海关填发海关进口消费税专用缴款书之日起 15 日内缴纳税款。

1993 年 12 月，国家税务总局、海关总署联合颁发的《关于对进口货物征收增值税、消费税有关问题的通知》规定，进口应税消费品的收货人或办理报关手续的单位和个人，为进口应税消费品消费税的纳税义务人进口应税消费品消费税的税目、税率（税额），依照《消费税暂行条例》所附的消费税税目税率表执行。

纳税人进口应税消费品，按照组成计税价格和规定的税率计算应纳税额。

（一）从价定率计征应纳税额的计算

计算公式如下：

组成计税价格=(关税完税价格+关税)÷(1-消费税比例税率)

应纳税额=组成计税价格×消费税比例税率

【例 3-6】某商贸公司 2014 年 5 月从国外进口一批应税消费品，已知该批应税消费品的关税完税价格为 90 万元，按规定应缴纳关税 18 万元，假定进口的应税消费品的消费税税率为 10%。

请计算该批消费品进口环节应缴纳的消费税税额。

组成计税价格= (90 +18)÷(1-10%) = 120(万元)

应缴纳消费税税额=120×10%=12(万元)

（二）实行从量定额计征应纳税额的计算

计算公式如下：

应纳税额=应税消费品数量×消费税定额税率

（三）实行从价定率和从量定额复合计税办法计征应纳税额的计算

计算公式如下：

组成计税价格=(关税完税价格+关税+进口数量×消费税定额税率)÷(1-消费税比例税率)

应纳税额=组成计税价格×消费税税率+应税消费品进口数量×消费税定额税率

进口环节消费税除国务院另确规定者外，一律不得给予减税、免税。

四、已纳消费税扣除的计算

为了避免重复征税，现行《消费税暂行条例》规定，将外购应税消费品和委托加工收回的应税消费品继续生产应税消费品销售的，可以将外购应税消费品和委托加工收回应税消费品已缴纳的消费税给予扣除。

（一）外购应税消费品已纳税款的扣除

1. 外购应税消费品连续生产应税消费品

由于某些应税消费品是用外购已缴纳消费税的应税消费品连续生产出来的，在对这些连续生产出来的应税消费品计算征税时，税法规定应按当期生产领用数量计算准予扣除外购的应税消费品已纳的消费税税款。

扣除范围如下：

（1）外购已税烟丝生产的卷烟；

（2）外购已税化妆品生产的化妆品；

（3）外购已税珠宝玉石生产的贵重首饰及珠宝玉石；

（4）外购已税鞭炮焰火生产的鞭炮焰火；

（5）外购已税杆头、杆身和握把为原料生产的高尔夫球杆；

（6）外购已税木制一次性筷子为原料生产的木制一次性筷子；

（7）外购已税实木地板为原料生产的实木地板；

（8）对外购的汽油、柴油用于连续生产甲醇汽油、生物柴油；

（9）外购已税润滑油为原料生产的润滑油；

（10）外购已税汽车轮胎（内胎或外胎）连续生产汽车轮胎；

（11）外购已税摩托车连续生产摩托车（如用外购两轮摩托车改装三轮摩托车）；

（12）外购已税石脑油、燃料油为原料生产的应税消费品。

上述当期准予扣除外购应税消费品已纳消费税税款的计算公式如下：

当期准予扣除的外购应税消费品已纳税款=当期准予扣除的外购应税消费品买价×外购应税消费品适用税率

当期准予扣除的外购应税消费品买价=期初库存的外购应税消费品的买价+当期购进的应税消费品的买价-期末库存的未购应税消费品的买价

外购已税消费品的买价是指购货发票上注明的销售额（不包括增值税税款）。

【例 3-7】某卷烟生产企业某月初库存外购应税烟丝金额为 50 万元，当月又外购应税烟丝金额 500 万元（不含增值税），月末库存烟丝金额为 30 万元，其余被当月生产卷烟领用。

请计算卷烟厂当月准许扣除的外购烟丝已缴纳的消费税税额。

烟丝适用的消费税税率为 30%。

当期准许扣除的外购烟丝买价=50+500-30=520（万元）

当月准许扣除的外购烟丝已缴纳的消费税税额=520×30%=156（万元）

需要说明的是，纳税人用外购的已税珠宝玉石生产的改在零售环节征收消费税的金银首饰（镶嵌首饰），在计税时一律不得扣除外购珠宝玉石的已纳税款。

2. 外购应税消费品后销售

对自己不生产应税消费品，而只是购进后再销售应税消费品工业企业，其销售的化妆品、护肤护发品、鞭炮焰火和珠宝玉石，凡不能构成最终消费品直接进入消费品市场，而需进一步生产加工的（如需进一步深加工、包装、贴标、组合的珠宝玉石、化妆品、酒、鞭炮焰火等），应当征收消费税，同时允许扣除上述外购应税消费品的已纳税款。

（二）委托加工收回的应税消费品已纳税款的扣除

委托加工的应税消费品因为已由受托方代收代缴消费税，因此委托方收回货物后用于继续生产应税消费品的，其已纳税款准许按照规定从连续生产的应税消费品应纳消费税税额中抵扣。按照国家税务总局的规定，下列连续生产的应税消费品准许从应纳消费税税额中按当期生产领用数量计算扣除委托加工收取的应税消费品已纳消费税税款：

（1）以委托加工回收的已税烟丝为原料生产的卷烟；

（2）以委托加工收回的已税化妆品为原料生产的化妆品；

（3）以委托加工收回的已税珠宝玉石为原料生产的贵重首饰及珠宝玉石；

（4）以委托加工收回的已税鞭炮焰火为原料生产的鞭炮焰火；

（5）以委托加工收回的已税杆头、杆身和握把为原料生产的高尔夫球杆；

（6）以委托加工收回的已税木制一次性筷子为原料生产的木制一次性筷子；

（7）以委托加工收回的已税实木地板为原料生产的实木地板；

（8）对委托加工收回的汽油、柴油用于连续生产甲醇汽油、生物柴油；

（9）以委托加工收回的已税润滑油为原料生产的润滑油；

（10）外购已税汽车轮胎（内胎或外胎）连续生产汽车轮胎；

（11）外购已税摩托车连续生产摩托车（如用外购两轮摩托车改装三轮摩托车）。

（12）外购已税石脑油、燃料油为原料生产的应税消费品。

上述当期准予扣除委托加工收回的应税消费品已纳消费税税款的计算公式如下：

当期准予扣除的委托加工应税消费品已纳税款=期初库存的委托加工应税消费品已纳税款+当期收回的委托加工应税消费品已纳税款-期末库存的委托加工应税消费品已纳税款

需要说明的是，纳税人用委托加工收回的已税珠宝玉石生产的改在零售环节征收消费税的金银首饰，在计税时一律不得扣除委托加工收回的珠宝玉石的已纳消费税税款。

五、消费税出口退税的计算

纳税人出口应税消费品免征消费税，国务院另有规定的除外。

（一）出口免税并退税

有出口经营权的外贸企业购进应税消费品直接出口以及外贸企业受其他外贸企业委托代理出口应税消费品，外贸企业只有受其他外贸企业委托，代理出口应税消费品才可办理退税。外贸企业受其他企业（主要是非生产性的商贸企业）委托，代理出口应税消费品是不予退（免）税的。

属于从价定率计征消费税的，为已征且未在内销应税消费品应纳税额中抵扣的购进出口货物金额；属于从量定额计征消费税的，为已征且未在内销应税消费品应纳税额中抵扣的购进出口货物数量；属于复合计征消费税的，按从价定率和从量定额的计税依据分别确定。

消费税应退税额=从价定率计征消费税的退税计税依据×比例税率+从量定额计征消费税的退税计税依据×定额税率

（二）出口免税但不退税

有出口经营权的生产性企业自营出口或生产企业委托外贸企业代理出口自产的应税消费品，依据其实际出口数量免征消费税，不予办理退还消费税。免征消费税是指对生产性企业按其实际出口数量免征生产环节的消费税。不予办理退还消费税，是因为已免征生产环节的消费税，该应税消费品出口时已不含有消费税，所以无需再办理退还消费税。

（三）出口不免税也不退税

除生产企业、外贸企业外的其他企业具体是指一般商贸企业，这类企业委托外贸企业代理出口应税消费品一律不予退（免）税。出口货物的消费税应退税额的计税依据按购进出口货物的消费税专用缴款书和海关进口消费税专用缴款书确定。

第五节　征收管理

一、纳税义务发生时间

消费税的征收管理是指纳税人适用税法缴纳消费税时，在纳税义务发生时间、纳税期限和纳税地点等方面的具体规定。纳税人生产的应税消费品应当于销售时纳税，进口消费品应当于应税消费品报关进口环节纳税。但是金银首饰、钻石及钻石饰品在零售环节纳税。消费税纳税义务发生的时间以贷款结算方式或行为发生时间分别确定。

第一，纳税人销售的应税消费品，其纳税义务的发生时间为：

（1）纳税人采取赊销和分期收款结算方式的，其纳税义务的发生时间为销售合同规定的收款日期的当天。

（2）纳税人采取预收货款结算方式的，其纳税义务的发生时间为发出应税消费品的当天。

（3）纳税人采取托收承付和委托银行收款方式销售的应税消费品，其纳税义务的发生时间为发出应税消费品并办妥托收手续的当天。

（4）纳税人采取其他结算方式的，其纳税义务的发生时间为收讫销售款或者取得索取销售款的凭据的当天。

第二，纳税人自产自用的应税消费品，其纳税义务的发生时间为移送使用的当天。

第三，纳税人委托加工的应税消费品，其纳税义务的发生时间为纳税人提货的当天。

第四，纳税人进口的应税消费品，其纳税义务的发生时间为报关进口的当天。

除委托加工纳税义务发生时间是消费税的特有规定之外，消费税的纳税义务发生时间与增值税一致，纳税期限的规定也与增值税一样。应注意委托加工的应税消费品的纳税义务发生时间为纳税人提货的当天。

二、纳税义务发生地点

消费税是对产品在普遍开征增值税的基础上，对少数产品又加征了一道消费税。因此，消费税纳税义务的发生时间和纳税期限与增值税一样。但是由于消费税是中央税，即该税种的征管由中央直接管理，税款由国家税务局及其分局征收，税款收入直接缴纳入中央国库，属中央政府的固定收入，与地方无关。因此，纳税人应缴的消费税税款一般由其机构所在地缴纳，即使纳税人的生产经营场地和其机构所在地不在同一县（市）的，其税款也在机构所在地缴纳，缴入所在地区国税局，属中央政府收入。

【例 3-8】A 市某化妆品厂 2014 年 10 月在本市销售了价值 100 万元的口红、眼影等化妆品；在 B 市场销售了价值 10 万元的化妆品。月度终了，该厂申报计算的消费税为：

应纳税额 = 100×30% = 30（万元）

请问：此计算是否正确？请判断。

解析：税务机关应认定其计算错误。本例中的纳税人申报应纳税额的错误在于该纳税人对纳税地点的适用尚不明确。

依据《消费税暂行条例》的规定，纳税人到外县（市）销售自产应税消费品的，应于应税消费品销售后，回纳税人核算地纳税。因此，该纳税人在 B 市销售的 10 万元化妆品，应回核算地 A 市缴纳消费税，补应缴税款 3 万元（10×30%）。

【课后习题】

1. 某市烟草集团公司属增值税一般纳税人，持有烟草批发许可证，2014 年 3 月购进已税烟丝 800 万元（不含增值税），委托 M 企业加工甲类卷烟 500 箱（250 条/箱，200 支/条），M 企业以每箱 0.1 万元收取加工费（不含税），当月 M 企业按正常进度投料加工生产卷烟 200 箱交由该集团公司收回，集团公司将其中 20 箱销售给烟草批发商 N 企业，取得含税销售收入 86.58 万元；80 箱销售给烟草零售商 Y 专卖店，取得不含税销售收入 320 万元；100 箱作为股本与 F 企业合资成立一家烟草零售经销商 Z 公司。

（说明：烟丝消费税税率为 30%，甲类卷烟生产环节消费税为 56%加 0.003 元/支。）

要求：根据以上资料，按以下顺序回答问题，每问需计算出合计数。

(1) 计算 M 企业当月应当代收代缴的消费税。

(2) 计算集团公司向 N 企业销售卷烟应缴纳的消费税。

(3) 计算集团公司向 Y 专卖店销售卷烟应缴纳的消费税。

(4) 计算集团公司向 Z 公司投资应缴纳的消费税。

2. 甲酒厂 2014 年 4 月从农业生产者手中收购粮食，共计支付收购价款 60 000 元。甲酒厂将收购的粮食从收购地直接运往异地的乙酒厂生产加工白酒，白酒加工完毕，企业收回白酒 8 吨，取得乙酒厂开具防伪税控的增值税专用发票，注明加工费 25 000 元，代垫辅料价值 15 000 元，加工的白酒当地无同类产品市场价格。

要求：计算乙酒厂应代收代缴的消费税及应纳增值税税额。

3. 位于某市一化妆品公司为增值税一般纳税人，5 月发生以下各项业务：

（1）用生产成本为70 000元的350盒A系列化妆品换取原材料，约定按A化妆品当月销售平均不含税价格250元/盒进行结算，双方互开专用发票；

（2）将A化妆品6000盒与外购的丝绸中国结组成成套化妆品6000套，销售给某商场，每套不含税价格360元，丝绸中国结的成本为35元/个；

（3）从国外进口一批化妆品香粉，关税完税价格为60 000元，取得海关进口增值税专用缴款书当月已向税务机关申报抵扣，当月将其中的80%用于连续生产化妆品；

（4）本月附带为一个影视制作公司生产上妆油5000盒，并全部销售，不含税售价为60元/盒；

（5）本期购进酒精一吨，取得专用发票，注明不含税售价为70 000元；

（6）本期从某药材基地购进一批中药材根茎，收购凭证注明价款150 000元，支付运杂费18 000元，取得收据；

（7）本期取得电费和水费专用发票，注明税额分别为25 800元和19 800元，本期职工食堂和浴室耗用水、电各自占本期购进比例15%。

（说明：化妆品的利润率为5%，关税税率为6%，本期专用发票均通过认证，A化妆品当期最高不含税价格为295元/盒）

要求：根据上述资料计算下列问题：

（1）当期进口化妆品的应缴纳关税；

（2）当期进口化妆品的进口环节应缴纳的增值税；

（3）当期进口化妆品的进口环节应缴纳的消费税；

（4）本期应纳增值税税额；

（5）本期实际应向税务机关缴纳的消费税。

【课后阅读】

消费税改革或有大戏 报告建议税目扩容并归地方

小排量摩托车、汽车轮胎、含铅汽油和酒精四类商品的消费税正式被取消，2014年消费税调整迈出了第一步，而更多的改革举措还在酝酿中。

官方研究报告建议，未来消费税要继续扩大征税范围，并建议将目前作为中央税种的消费税划给地方。

高耗、高污、高档消费品有望纳入征税范围

2013年年底，财政部部长楼继伟组织的六项财税改革重大问题的课题结题，其中河北财政厅完成的《构建地方税体系，形成有利于结构优化、社会公平的税收制度问题研究》明确提出消费税扩围。该报告建议，未来消费税中将增加一次性不可降解物、贵金属电池产品等严重破坏环境的产品，高档时装、高档皮草、私人飞机等新兴奢侈品，高档会所、高级美容、高档娱乐等服务。

2014年，江苏省地方税收科学研究所主写的一份《完善地方税体系下的消费税改革探讨》已经交给国家税务总局。这份消费税改革探讨也提出应进一步将奢侈品、高消费行为以及娱乐行业纳入征税范围，并将水泥、印染、电镀材料、化工产品、造纸、皮革制品等高污染和高耗能产品纳入消费税的征税范围。

生活必需品可能被调出征税范围

消费税税目有增也应有减，比如像此次取消轮胎、酒精等消费税一样，一些属于生活必需品和基础生产资料的消费品，调整出征税范围。进一步剔除生活必需品和基础生产资料，也同中国消费升级的趋势息息相关。

消费税分货物税和特别消费税，目前中国的消费税基本属于特别消费税。其中，烟、酒、成品油、小汽车、化妆品、贵重首饰及珠宝玉石、鞭炮焰火、高尔夫球及球具等13类产品需要征收消费税。烟、酒、油和车四类产品税收总额大致占消费税税收比例超过95%。

但随着新消费升级，目前有研究认为，当前有些产品的消费税税率设定已显得不太合理。比如已成为大多女性的生活必需品——化妆品，仍要适用30%的税率。此前，传闻一般化妆品30%的消费税有望在2014年下半年被取消。不过此次消费税调整并未涉及。

消费税被建议改成零售税后归地方充实财力

2012年起，国家开始推行营业税改增值税，按照部署，2015年年底前营改增工作将完成，届时占地方税收1/3左右的营业税将不再存在，而作为共享税的增值税也将上划中央，成为中央税，地方希望地方税系能继续得到支撑。

据官方估算，2015年营改增和增值税转型收尾将导致向社会减税让利9000亿元。但是客观上，这要求地方开辟新的税源来弥补财力缺口。2013年中国消费税税收为8231亿元，金额排在国内增值税、企业所得税、营业税之后，是中国第四大税种。上述两份报告测算发现，将中央税种消费税划归地方可以弥补营改增地方失去的财力。

资料来源：消费税改革或有大戏 报告建议税目扩容并归地方［J/OL］. http://money.163. com /14/1201/19/ACDF9C5M00252G50.html

第四章 营业税

第一节 营业税基础知识

一、营业税的概念

营业税是对我国境内提供应税劳务、转让无形资产或销售不动产的单位和个人所取得的营业额征收的一种税。我国于1993年年底公布《中华人民共和国营业税暂行条例》，并于1994年1月1日起施行。2008年11月5日国务院第34次常务会议修订通过修订后的《中华人民共和国营业税暂行条例》（以下简称《营业税暂行条例》），自2009年1月1日起施行。

二、营业税的开征与发展

对营业收入征税，在我国由来已久。新中国成立以后，统一全国税政时也开征了营业税，但是当时的营业税是合并在工商税中，并不是独立的税种。在1958年和1973年的税制改革中，营业税作为工商统一税和工商税的组成部分的地位仍然没有改变。直到1984年实行第二步“利改税”，营业税才成为一个独立的税种。

随着经济的发展，作为流转税组成部分的营业税在征收范围、税目设计以及税负水平等方面已不能完全适应市场经济发展的要求，而且内外税制也不统一。因此，在1994年的全面税制改革中，本着统一税法、简化税制和公平税负的原则我国开征了新的营业税，并公布了《中华人民共和国营业税暂行条例》，该条例又于2008年11月5日修订，新的《营业税暂行条例》自2009年1月1日起施行。

新的营业税是在原营业税的基础上，对纳税人、征税范围、税目、税率等税制基本要素进行调整和修改后确定的。营业税作为我国流转税制的三大主要税种之一，在促进第三产业公平竞争、组织财政收入方面发挥着重要作用。

三、营业税的作用与特点

（一）营业税的征收范围广，便于组织财政收入

营业税的征税范围包括在我国境内提供应税劳务、转让无形资产、销售不动产的经营行为，涉及国民经济中第三产业这一广泛的领域，直接关系人民群众的日常生活，因而具有广泛性和普遍性，有利于保障财政收入的稳定增长。

(二) 按行业设置税目、税率，税负低且均衡，体现了税收中性的原则

营业税的税目、税率基本上根据行业确定，而且大多数税率在3%~5%。这就使得各行业税负比较低，而且差距不大，体现了营业税的税收中性原则的特征，有利于各行业在公平的税负条件中公平竞争，有利于促进各行业服务项目社会化、专业化水平的提高，进而促进第三产业的发展和经济水平的提高。

(三) 营业税的设计便于计算和征收，节约了征收成本

由于营业税的税目、税率比较整齐，课税对象容易掌握和控制，各税目之间界限也比较清晰，税额计算较为简单，因此营业税便于计算和征收管理，符合税收的效率原则。

第二节 纳税义务人、税目和税率

一、纳税义务人

(一) 一般规定

凡是在中华人民共和国境内提供应税劳务、转让无形资产或者销售不动产的单位和个人都是营业税的纳税义务人。具体包括国有企业、集体企业、私营企业、股份制企业、外商投资企业、外国企业、其他企业以及行政事业单位、军事单位、社会团体和其他单位，个体经营者及其他取得经营收入的中国公民和外国公民。

在中华人民共和国境内是指税收行政管辖权的区域，具体包括：所提供的劳务发生在境内；在境内载运旅客或货物出境；在境内组织旅客出境旅游；转让无形资产在境内使用；所销售的不动产在境内；在境内提供保险劳务。

应税劳务是指交通运输业、建筑业、金融保险业、邮电通信业、文化体育业、娱乐业、服务业税目征收范围的劳务。加工、修理修配劳务属于增值税征收范围，不属于营业税应税劳务。单位和个体经营者聘用的员工为本单位或雇主提供劳务，也不属于营业税的应税劳务。

提供应税劳务、转让无形资产或者销售不动产是指有偿提供应税劳务、有偿转让无形资产或者有偿销售不动产的活动。

(二) 特殊规定

中央铁路运输的纳税人为国家铁路局，合资铁路运营业务单位纳税人为合资铁路公司，地方铁路运输的纳税人是地方铁路管理机构，铁路专用线运营业务的纳税人为企业或指定的管理机构，基建临管铁路运营业务的纳税人为基建临管线管理机构。

从事水路运输、航空运输、管道运输或其他公路运输业务并负有营业纳税义务的单位为从事运输业务的纳税人。

企业租赁或者承包给他人经营的，以承租人或承包人为纳税人。

建筑安装业务实行分包或转包的，分包或转包者为纳税人。

(三) 扣缴义务人

营业税的扣缴义务人具体包括：

(1) 委托金融机构发放贷款，其应纳税款以受托发放贷款的金融机构为扣缴义务人。

(2) 境外单位或个人在境内发生应税行为而在境内未设有经营机构的，其应缴税款以

代理者为扣缴义务人；没有代理者的，以受让者或购买者为扣缴义务人。

（3）建筑安装业实行分包或转包的，其应纳税款以总承包人为扣缴义务人。

（4）单位或个人进行演出由他人售票，其应纳税款以售票者为扣缴义务人。

（5）分保险业，其应纳税款以初保人为扣缴义务人。

（6）个人转让专利权、非专利技术、商标权、著作权、商誉等无形资产的，其应纳税款以受让者为扣缴义务人。

（7）财政部规定的其他扣缴义务。

二、税目

营业税的税目按照行业、类别的不同分别设置，现行营业税共设置了 9 个税目。

（一）交通运输业

交通运输业是指使用运输工具或人力、畜力将旅客或货物运达目的地，使其在空间位置上得到转移的业务活动。交通运输业具体包括：公路运输、水路运输、航空运输、管道运输和装卸搬运五大类。此外，凡是与运营业务有关的各项劳务活动，均属于交通运输业的税目征收范围。

（二）建筑业

建筑业是指建筑安装作业等，包括建筑、安装、修缮、装饰和其他工程作业等内容。企事业单位所属的建筑队对外承包建筑、安装、修缮、装饰盒其他工程作也属于建筑业的税目征收范围。

（三）金融保险业

金融保险业是指经营金融、保险的业务。其中，金融是指经营货币资金融通活动的业务，包括贷款、融资租赁、金融商品转让、金融经纪业和其他金融业务。保险是指将通过契约形式集中起来的资金，用以补偿被保险人的经济利益活动。

（四）邮电通信业

邮电通信业是指专门办理信息传递的业务，包括邮政和电信。其中，邮政是指传递实物信息的业务，包括传递函件和包件（含快递业务）、报刊发行、邮务物品销售、邮政储蓄及其他邮政业务；电信是指用各种电传设备传输电信号而传递信息的业务，包括电报、电话、电话机安装、电信物品销售及其电信业务。

（五）文化体育业

文化体育业是指经营文化、体育活动的业务，包括文化业和体育业。文化业是指经营文化的业务，包括表演、播映、经营游览场所和各种展览、培训活动，举办文学、艺术、科技讲座、讲演、报告会，图书馆的图书和资料的借阅业务等。体育业是指举办各种体育比赛和为体育比赛或体育活动提供场所的业务。

（六）娱乐业

娱乐业是指为娱乐活动提供场所和服务的业务，包括经营歌厅、舞厅、卡拉 OK 歌舞厅、音乐茶座、台球、高尔夫球、保龄球场、网吧、游艺场等娱乐场所，以及娱乐场所为顾客进行娱乐活动提供服务的业务。娱乐场所为顾客提供的饮食服务及其他各种服务按照娱乐业征税。

（七）服务业

服务业是指利用设备、工具、场所、信息或技能为社会提供服务的业务，包括代理业、旅店业、饮食业、旅游业、仓储业、租赁业、广告业和其他服务业。

（八）转让无形资产

转让无形资产是指转让无形资产的所有权或使用权的行为，包括转让土地使用权、转让商标权、转让专利权、转让非专利技术、转让著作权和转让商誉。

自2003年1月1日起，以无形资产投资入股，参与接受投资方的利润分配、共同承担风险的行为，不征收营业税。在投资后转让其股权的也不征收营业税。

（九）销售不动产

销售不动产是指有偿转让不动产的所有权的行为，包括销售建筑物或构建物和销售其他土地附着物。在销售不动产时连同不动产所占的土地的使用权也一并转让的行为，比照销售不动产征收营业税。

自2003年1月1日起，以不动产投资入股，参与接受投资方的利润分配、共同承担风险的行为，不征收营业税。在投资后转让其股权的也不征收营业税。

对单位将不动产无偿赠与他人的行为，视同销售不动产征收营业税；对个人无偿赠送不动产的行为，不征收营业税。

【专栏4-1】《财政部 国家税务总局关于个人金融商品买卖等营业税若干免税政策的通知》第二条规定：个人无偿赠予不动产、土地使用权，属于下列情形之一的，暂免征收营业税：

（1）离婚财产分割；

（2）无偿赠与配偶、父母、子女、祖父母、外祖父母、孙子女、外孙子女、兄弟姐妹；

（3）无偿赠予对其承担直接抚养或赡养义务的抚养人或赡养人；

（4）房屋产权所有人死亡，依法取得房屋产权的法定继承人、遗嘱继承人或受遗赠人。

自2010年1月1日起，个人将购买不足5年的住房对外销售，全额征收营业税；个人将购买超过5年（含5年）的非普通住房对外销售的，按照其销售收入减去购买房屋的价款后的差额征收营业税；个人将购买超过5年（含5年）的普通住房对外销售，给予免征营业税。

【专栏4-2】从2011年起，我国营业税改增值税开始试点实行。改革之后，原来缴纳营业税的改交增值税，增值税增加两档低税率6%（现代服务业）和11%（交通运输业）。

营业税改增值税主要涉及范围包括交通运输业和部分现代服务业。交通运输业包括公路运输、水路运输、航空运输、管道运输。现代服务业包括研发和技术服务、信息技术服务、文化创意服务、物流辅助服务、有形动产租赁服务、鉴证咨询服务。

三、税率

现行营业税按不同行业和经营业务实行比例税率，共设计了三档税率，即3%、5%、5%~20%。具体规定如下：

（1）交通运输业、建筑业、邮电通信业和文化体育业，税率为3%。

（2）服务业、金融保险业、转让无形资产和销售不动产，税率为5%。

（3）娱乐业执行5%～20%的幅度税率，具体适用的税率由各省、自治区、直辖市人民政府根据当地的实际情况在税法规定的幅度内决定。

自2001年5月1日起，对夜总会、歌厅、舞厅、射击、狩猎、跑马、游艺、高尔夫球、电子游艺厅等娱乐行为一律按20%的税率征收营业税。

自2001年10月1日起，对农村信用社减按5%的税率计征营业税。

自2004年7月1日起，保龄球、台球按5%的税率征收营业税，税目仍属于娱乐业。

营业税税目、税率表如表4-1所示：

表4-1　　营业税税目、税率

税目	征税范围	税率（%）
一、交通运输业	公路运输、水路运输、航空运输、管道运输、装卸搬运	3
二、建筑业	建筑、安装、修缮、装饰及其他工程作业	3
三、金融保险业	金融、保险	5
四、邮电通信业	邮政、电信	3
五、文化体育业	文化业、体育业	3
六、娱乐业	经营歌舞、舞厅、卡拉OK、歌舞厅、音乐茶座、台球、高尔夫球、保龄球场、游艺场等娱乐场所为顾客进行娱乐活动提供服务的业务	5～20
七、服务业	代理业、旅店业、饮食业、旅游业、仓储业、租赁业、广告业、其他服务业	5
八、转让无形资产	转让土地使用权、专利权、非专利技术、商标权、著作权、商誉	5
九、销售不动产	销售建筑物或构筑物、销售其他土地附着物	5

上述代理业、广告业、有形动产租赁、其他服务业中的计算、测量、试验、化验、录像、复印、晒图、设计、制图、测绘等服务已纳入“营改增”现代服务业的改革项目中。

【专栏4-3】在中华人民共和国境内依照《营业税暂行条例》的规定缴纳娱乐业、广告业营业税的单位（包括外商投资企业和外国企业）和个人，为文化事业建设费的缴纳义务人（简称缴费人）。文化事业建设费的费率为3%，文化事业建设费按缴费人应当缴纳娱乐业、广告业营业税的营业额和规定的费率计算应缴费额。计算公式如下：

应缴费额=应纳娱乐业、广告业营业税的营业额×3%

第三节 应纳税额的计算

一、计税依据

（一）一般规定

营业税的计税依据是营业额。营业额是指纳税人提供应税劳务、转让无形资产或者销售不动产而向对方收取的全部价款和价外费用。价外费用包括向对方收取的手续费、基金、集资费、代收款项、代垫款项以及其他各种性质的价外费用。

（二）具体规定

1. 交通运输业

（1）运输业务的营业额一般包括客运收入、货运收入、装卸搬运收入、其他运输业务收入和运输票价中包含的保险费收入以及随同票价、运价向客户收取的各种建设基金等。

（2）运输企业自中华人民共和国境内载运旅客或货物出境，在境外其载运的旅客或货物改由运输企业承运的，以全程运费减去付给转运企业的运费后的余额为营业额。

（3）联营运输业务以实际取得的营业收入，即以收到的收入扣除支付给以后的承运者的运费、装卸费、换装费等费用后的余额为营业额。联营运输，即联运，是指两个以上运输企业完成旅客或货物从发送地点至到达地点所进行的运输业务。

2. 建筑业

（1）建筑业的营业额为承包建筑、修缮、安装、装饰和其他工程作业取得的营业收入额，即建筑安装企业向建设单位收取的工程价款及工程价款之外收取的各种费用。

（2）纳税人从事建筑、修缮、装饰工程作业，无论与对方如何结算，其营业额均应包括工程所用原材料以及其他物资和动力的价款在内。

（3）纳税人从事安装工程作业，凡安装的设备的价值作为安装工程产值的，其营业额应包括设备的价款在内。

（4）建筑业的总承包人将工程分包或者转包给他人的，以工程的全部承包额减去付给分包人或者转包人的价款后的余额为营业额。

（5）包工包料、包工不包料工程的营业额，无论是包工包料工程还是包工不包料工程，一律按包工包料工程以辅助材料费、人工费、管理费全额征收营业税。

（6）自建行为的营业额根据同类工程的价格确定；没有同类工程价格的，按下列公式核定计税价格：

计税价格=工程成本×(1+成本利润率)÷(1-营业税税率)

公式中的成本利润率由省、自治区、直辖市人民政府所属税务机关确定。

需要注意的是，纳税人自建自用的房屋不纳税；如纳税人将自建的房屋对外销售（不包括个人自建自用住房销售），其自建行为应按建筑业缴纳营业税，再按销售不动产缴纳营业税。

3. 金融保险业

（1）一般贷款以利息收入全额为营业额。对金融机构当期实际收到的结算罚款、罚金加息等收入应并入营业额中征税。对金融机构的出纳长款收入不征收营业税。

（2）典当业的抵押贷款的营业额为经营者取得的利息和其他各种名目的费用为营业额。

（3）金融企业经营的外汇转贷业务以贷款利息减去借款利息后的余额为营业额。

（4）金融企业从事股票、债券等金融商品买卖业务的以买卖差价为营业额。

（5）金融经纪业和其他金融业务（中间业务）以金融服务手续费等收入为营业额。

（6）融资租赁业务以其向承租者收取的全部价款和价外费用（包括残值）减去出租方承担的出租货物的实际成本后的余额为营业额。其中，出租货物的及时成本包括由出租方承担的货物购入价、关税、增值税、消费税、运杂费、安装费、保险费等费用，也包括纳税人为购买出租货物而发生的境外外汇借款利息支出。

（7）保险业的营业额是纳税人提供属于保险业征税范围的劳务向受让方取得的全部收入。但是，对于分保险的，则以初保险业务的全部保费减去给分保人保费后的余额为营业额。

4. 邮电通信业

（1）电信部门以集中受理方式为集团客户提供跨省的出租电路业务，由受理地区的电信部门按取得的全部价款减去分割给参与提供跨省电信业务的电信部门的价款后的差额为营业额计征营业税；对参与提供跨省电信业务的电信部门，按各自取得的全部价款为营业额计征营业税。

（2）电信部门单位与其他单位合作，共同为用户提供邮政电信业务及其他服务并由邮政电信单位统一收取价款的，以全部收入减去支付给合作方价款后的余额为营业额。

5. 文化体育业

单位或个人进行演出以全部票价收入或包场收入（即全部收入）减去付给提供演出场所的单位、演出公司或者经纪人的费用后的余额为营业额。

6. 娱乐业

娱乐业的营业额为经营娱乐业向顾客收取的各项费用，包括门票收费、台位费、点歌费、烟酒和饮料费以及经营娱乐业向顾客收取的各项费用。

7. 服务业

（1）代理业的营业额为纳税人从事代理业务向委托方实际收取的报酬；广告代理业的营业额为代理者向委托方收取的全部价款和价外费用减去付给广告者的广告发布费后的余额。

（2）旅游业务中，在中国境内旅游的以全部收费减去替旅游者付给其他单位的餐费、住宿费、交通费、门票和其他代付费用后的余额为营业额。组织旅游团到中华人民共和国境外旅游，在境外改由其他旅游团接团，以全程的旅游费减去支付给该接团企业的旅游费后的余额为营业额。

（3）物业管理企业代有关部门收取水费、电费、燃（煤）气费、维修基金、房租的行为，取得的手续费收入应当征收营业税。

（4）对拍卖行向委托方收取的手续费应征收营业税。

8. 转让无形资产

转让无形资产的营业额是指受让方支付给转让方的全部货币、实物和其他经济利益。转让方收取实物时，由税务机关根据同类物品的市场价值核定实物的价值，转让方取得其他经济利益时，也由税务机关核定其货币价值。

9. 销售不动产

单位各个人销售或转让其购置的不动产或受让的土地使用权，以全部收入减去不动产或土地使用权的购置或受让原价后的余额为营业额。

单位和个人销售或转让抵债所得的不动产、土地使用权的，以全部收入减去抵债时该不动产或土地使用权作价后的余额为营业额。

对于纳税人提供应税劳务、转让无形资产或销售不动产价格明确偏低而无正当理由，税务机关按下列顺序核定其营业额：

(1) 按纳税人当月提供的同类应税劳务或者销售的同类不动产的平均价格核定；

(2) 按纳税人最近时期提供的同类应税劳务或销售的同类不动产的平均价格核定；

(3) 按下列公式核定计税价格：

计税价格=营业成本或工程成本×(1+成本利润率)÷(1-营业税税率)

成本利润率由省、自治区、直辖市人民政府所属地方税务机关确定。

【例 4-1】下列各项中，属于营业税应税劳务的是（　　）。

A. 修理机器　　B. 修缮房屋

C. 修复古董　　D. 裁剪服装

【答案】B

【例 4-2】张先生 2012 年 6 月份销售一套普通住房取得销售收入 120 万元。该住房系张先生于 2008 年 12 月份购买取得，取得的购房发票上注明的房屋价款为 90 万元。张先生销售住房应缴纳的营业税为（　　）万元。

A. 1.5　　B. 2.7

C. 4.5　　D. 6

【答案】D

【解析】个人将购买不足 5 年的住房对外销售的，全额征收营业税。

应缴纳的营业税=120×5%=6（万元）

二、应纳税额的计算

纳税人提供应税劳务、转让无形资产或者销售不动产，按照营业额和规定的税率计算应纳税额。其计算公式为：

应纳税额=营业额×税率

应纳税额以人民币为计算单位，如果纳税人以外汇结算营业额的，必须按外汇市场价格折合成人民币计算。人民币的折合率可以选择当天，也可以选择当月 1 日的国家外汇牌价。但是金融保险业以外汇结算营业额的，金融业按其收到外汇的当天或当季季末中国人民银行公布的基准汇价折合营业额，保险业按其收到外汇的当天或当月月末中国人民银行公布的基准汇价折合营业额，并计算营业税。纳税人选择何种折合率确定以后，1 年之内不得变动。

三、几种特殊经营行为的规定

（一）兼营不同税目的应税行为

纳税人兼营不同税目的应税行为，应当分别计算不同税目的营业额、转让额、销售额，然后按各自适用的税率计算应纳税额；未分别核算的，将从高适用税率计算应纳税额。

营业税的营业额是指从事交通运输业、建筑业、金融保险业、邮电通信业、文化体育业、娱乐业和服务业取得的营业收入；转让额是指转让无形资产取得的收入；销售额是指销售不动产取得的收入。

（二）混合销售行为

混合销售行为是指一项销售行为既涉及应税劳务又涉及货物的行为。从事货物的生产、批发或零售或者以货物的生产、批发或零售为主的企业、企业性单位及个体经营者的混合销售行为，视同为销售货物，应当征收营业额。由国家税务总局所属的征收机关判断确定纳税人的销售行为是否属于混合销售行为。

（三）兼营应税劳务与货物或非应税劳务

纳税人兼营应税劳务与货物或非应税劳务行为的，应分别核算应税劳务的营业额与货物或非应税劳务的销售额。不分别核算或者不能准确核算的，其应税劳务与货物或非应税劳务一并征收增值税，不征收营业税。

纳税人的应税劳务是否应当一并征收增值税，由国家税务总局所属征收机关确定。纳税人兼营营业税、减免税项目的，应当单独核算免税、减税项目的营业额；未单独核算营业额的，不得免税、减税。

第四节 税收优惠

一、起征点

按照全国的人均收入水平，现行《中华人民共和国营业税暂行条例实施细则》规定了一个营业税的起征点，营业额达到或超过起征点的即按照全额计算纳税，营业额低于起征点的则免予征收营业税。税法规定的起征点为：

（1）按期纳税的起征点（除另有规定外）为月营业额5000~20 000元。

（2）按次纳税的起征点（除另有规定外）为每次（日）营业额为300~500元。

各省、自治区、直辖市人民政府所属地方税务机关可以在规定的幅度内，根据当地的实际情况确定本地区的起征点，并报国家税务总局备案。

二、税收优惠规定

第一，根据《营业税暂行条例》的规定，下列项目免征营业税：

(1) 托儿所、幼儿园、养老院、残疾人福利机构所提供的育养服务，婚姻介绍，殡葬服务。

(2) 残疾人员个人提供的劳务。

(3) 医院、诊所和其他医疗机构提供的医疗服务。

(4) 学校及其他教育机构提供的教育劳务，学生勤工俭学提供的劳务。

(5) 农业机耕、排灌、病虫害防治、农牧保险以及相关技术培训，家禽、牲畜、水生动物的配种和疾病防治。

(6) 纪念馆、博物馆、文化馆、美术馆、展览馆、书画院、图书馆、文物保护单位举办文化活动的门票收入，宗教场所举办文化、宗教活动的门票收入。

(7) 境内保险机构为出口货物提供的保险产品。

第二，根据国家的其他相关规定，下列项目减征或免征营业税：

(1) 保险公司开展的1年期以上返还性人身保险业务的保费收入免征营业税。

(2) 对单位和个人（包括外商企业、外商投资设立的研究开发中心、外国企业和外籍个人）从事技术转让、技术开发业务和与之相关的技术咨询、技术服务业务取得的收入免征营业税。

(3) 凡经国务院及省级人民政府所属财政部门批准纳入预算管理或财政专户管理的行政事业性收费、基金，不征收营业税。

(4) 社会团体按财政部门或民政部门规定标准收取的会费，不征收营业税。

(5) 工会疗养院可视为“医疗机构”，免征营业税。

(6) 将土地使用权转让给农业生产者用于农业生产，免征营业税。

(7) 个人转让著作权所得的收入，免征营业税。

(8) 下岗职工从事社区居民服务业取得的营业收入，3年内免征营业税。

(9) 对个人购买并居住超过1年的普通住宅，销售时免征营业税；个人购买并居住不足1年的普通住宅，销售时营业税按销售价减去购入原价后的差额计征；个人自建自用住房，销售时取得的收入免征营业税；对企事业单位按房改成本价、标准价出售住房的收入，暂免征收营业税。

(10) 对纳入全国试点范围的非营利性中小企业信用担保、再担保机构取得的担保收入（不包括信用评级、咨询、培训），3年内免征营业税。

(11) 对按政府规定价格出租的公有住房和廉租住房所取得的收入暂免征营业税；对个人按照市场价格出租民用住房，暂按3%的税率征收营业税。

(12) 对从原高校后勤管理部门剥离出来而成立的进行独立核算并有法人资格的高校后勤经济实体，经营学生公寓和教师公寓及为高校教学提供后勤服务而获得的租金和服务性收入，免征营业税。但是利用其设施向社会人员提供服务而获得的租金和其他各种服务性收入，应按现行规定计征营业税。

(13) 对人民银行提供给地方商业银行，由地方商业银行转贷给地方政府用于清偿农村合作基金债务的专项贷款所取得的利息收入，免征营业税。

（14）对社保基金理事会、社保基金投资管理人运用社保基金买卖证券投资基金、股票、债券的差额收入，暂免征收营业税。

（15）对住房公积金管理中心用住房公积金在指定的委托银行发放个人住房贷款取得的收入，免征营业税。

（16）人民银行对金融机构的贷款业务，不征收营业税；人民政府对企业或委托金融机构贷款的业务应当征收营业税。

（17）保险公司取得的追偿款不征收营业税。

（18）金融机构往来业务所取得的收入暂不征收营业税。

（19）自2004年8月1日起，对军队空余房产租赁收入暂免征收营业税、房产税；此前已征收的税款不予退还，未征收税款不再补征。

第五节　征收管理

一、纳税义务发生时间

营业税的纳税义务发生时间为纳税人收讫营业收入款项或者取得索取营业收入款项凭据的当天。具具体规定如下：

（1）纳税人转让土地使用权或者销售不动产，采用预收货款方式，其纳税义务发生时间为收到预收款的当天。

（2）纳税人自建建筑物后销售的，纳税义务发生时间为其销售自建建筑物并收讫营业额或取得索取营业收入款项凭据的当天。

（3）扣缴税款的纳税义务发生时间为扣缴义务人代纳税人收讫营业收入款项或者取得营业收入款项凭据的当天。

（4）单位将不动产赠与他人，其纳税义务发生时间为不动产所有权转移的当天。

（5）贷款业务，其纳税义务发生时间为取得利息收入的当天。

（6）融资租赁业务，其纳税义务发生时间为取得租金收入或索取租金收入价款凭证的当天。

（7）保险业务，其纳税义务发生时间为取得保费收入或取得索取保费收入的价款凭证的当天。

（8）建筑安装业务的纳税时间比较复杂，具体分为以下四种情况：

①实行合同完成后一次性结算价款办法的工程项目，其纳税义务发生时间为施工单位与发包单位进行工程合同价款结算的当天。

②实行旬末或月中预支、月末结算、竣工后清算方法的工程项目，其纳税义务时间为月份终了与发包单位进行已完工程价款结算的当天。

③实行按工程完工进度划分不同阶段结算价款的工程项目，其纳税义务发生时间为各月份终了与发包单位进行已完工程价款结算的当天。

④实行其他结算方式的工程项目，其纳税义务发生时间为与发包单位结算工程价款的

当天。

(9) 单位和个人提供应税劳务、转让专利权、非专利技术、商标权、著作权和商誉时，向对方收取的预收性质的价款（包括预收款、预付款、预存费用等），其纳税义务发生时间以按照财务会计制度的规定该项预收性质的价款被确认为收入的时间为准。

二、纳税期限

营业税纳税期限分别为5日、10日、15日或1个月，纳税人具体纳税期限由主管税务机关依纳税人应纳税额大小分别核定；不能按期纳税的，可以按次纳税。

纳税人以5日、10日或者15日为一期纳税的，自期满之日起5日内预交税款，于次月1日内申报纳税并结清上月的应纳税款；纳税人以1个月为一期纳税的，自期满之日起10内申报纳税。

营业税扣缴义务人缴纳税款的期限，比照上述规定执行。

金融业（不包括典当业）的纳税期限为一个季度，自期满之日起10日内申报纳税。

保险业的纳税期限为1个月。

【专栏4-4】根据《税收征收管理法》第五十二条的规定，因税务机关的责任，致使纳税人、扣缴义务人未缴或者少缴税款的，税务机关在三年内可以要求纳税人、扣缴义务人补缴税款，但是不得加收滞纳金。

因纳税人、扣缴义务人计算错误等失误，未缴或者少缴税款的，税务机关在三年内可以追征税款、滞纳金；有特殊情况的，追征期可以延长到五年。

对偷税、抗税、骗税的，税务机关追征其未缴或者少缴的税款、滞纳金或者所骗取的税款，不受前款规定期限的限制。

三、纳税地点

纳税人应按《营业税暂行条例》有关规定及时办理纳税申报，并如实填写由税务机关统一制定的营业税纳税申报表。

营业税的纳税地点原则上采取属地征收的方法，即纳税人在经营行为发生地缴纳应纳税款。具体有以下几种情况：

(1) 纳税人提供应税劳务应当向应税劳务发生地的主管税务机关申报纳税。纳税人从事运输业务的应当向其机构所在地主管税务机关申请纳税。

(2) 纳税人转让土地使用权应当向土地所在地主管税务机关申报纳税。纳税人转让其他无形资产应当向其机构所在地的主管税务机关申报纳税。

(3) 纳税人销售不动产应当向不动产所在地主管税务机关申报纳税。

(4) 纳税人提供的应税劳务发生在外县（市），应向应税劳务发生地的主管税务机关申请纳税而未申报纳税的，由其机构所在地或者居住地主管税务机关补征税款。

(5) 纳税人承包的工程跨省、自治区、直辖市的，向其机构所在地主管税务机关申报纳税。

(6) 各航空公司所属分公司，无论是否单独计算盈亏，均应作为纳税人向分公司所在地主管税务机关缴纳营业税。

（7）纳税人在本省、自治区、直辖市范围内发生应税行为，其纳税地点需要调整的，由省、自治区、直辖市人民政府所属税务机关确定。

（8）扣缴义务人应当向其机构所在地的主管税务机关申报缴纳其扣缴的营业税税款。但是建筑安装工程业务的总承包人，扣缴分包或者转包的非跨省（自治区、直辖市）工程的营业税税款，应当向分包或转包工程的劳务发生地主管税务机关解缴。

营业税纳税地点汇总如表 4-2 所示：

表 4-2　营业税纳税地点汇总表

应税劳务	纳税地点
运输业务	其机构所在地主管税务机关
销售不动产	不动产所在地
转让土地使用权	土地所在地
转让其他无形资产	机构所在地
出租土地使用权、不动产	土地、不动产所在地
出租物品、设备等动产	出租单位机构所在地或个人居住地
外县（市）劳务	应向应税劳务发生地主管税务机关申报纳税，如果未申报纳税的，由其机构所在地或居住地主管税务机关补征税款
电信、设计、监理等以及网络服务	单位机构所在地

建筑业的营业税纳税地点适用以下规定：

（1）纳税人提供建筑业应税劳务，其营业税纳税地点为建筑业应税劳务的发生地。

（2）纳税人从事跨省工程的，应向其机构所在地主管地方税务机关申报纳税。

（3）纳税人在本省、自治区、直辖市和计划单列市范围内提供建筑业应税劳务的，其营业税纳税地点需要调整的，由省、自治区、直辖市和计划单列市税务机关确定。

（4）纳税人提供建筑业劳务，应按月就其本地和异地提供建筑业应税劳务取得的全部收入向其机构所在地主管税务机关进行纳税申报，就其本地提供建筑业应税劳务取得的收入缴纳营业税。同时，自应申报之月（含当月）起 6 个月内向机构所在地主管税务机关提供其异地建筑业应税劳务收入的完税凭证，否则应就其异地提供建筑业应税劳务取得的收入向其机构所在地主管税务机关缴纳营业税。

（5）扣缴义务人代扣代缴的建筑业营业税税款的解缴地点为该工程建筑业应税劳务发生地。

（6）扣缴义务人代扣代缴跨省工程的，其建筑业营业税税款的解缴地点为被扣缴纳税人的机构所在地。

【例 4-3】下列各项中，关于营业税纳税地点表述正确的是（　　）。

A. 单位出租设备的应向设备使用地主管税务机关申报纳税

B. 航空公司所属分公司应向其总公司所在地主管税务机关申报纳税

C. 电信单位提供电信劳务应向其机构所在地主管税务机关申报纳税

D. 纳税人承包跨省工程的应向其劳务发生地主管税务机关申报纳税

【答案】C

【解析】营业税纳税地点一般规定为应税劳务发生地。出租物品、设备等动产的营业税纳税地点为出租单位机构所在地或个人居住地，A 选项不正确；航空公司所属分公司，营业税纳税地点为分公司所在地主管税务机关，B 选项不正确；纳税人承包跨省工程，营业税纳税地点为机构所在地主管税务机关，D 选项不正确。

【专栏 4-5】营业税纳税地点的审核规定如下：

第一，纳税人提供应税劳务应当向其机构所在地或者居住地的主管税务机关申报纳税。但是纳税人提供的建筑业劳务以及国务院财政、税务主管部门规定的其他应税劳务应当向应税劳务发生地的主管税务机关申报纳税。

第二，纳税人转让无形资产（土地使用权除外）应当向其机构所在地或者居住地的主管税务机关申报纳税。但是纳税人转让、出租土地使用权，应当向土地所在地的主管税务机关申报纳税。

第三，纳税人销售、出租不动产应当向不动产所在地的主管税务机关申报纳税。

【例 4-4】下列各项中，应当征收营业税的有（　　）。

A. 境外保险公司为境内的机器设备提供保险

B. 境内石油公司销售位于中国境外的不动产

C. 境内高科技公司将某项专利权转让给境外公司

D. 境外房地产公司转让境内某宗土地的土地使用权

【答案】AD

【解析】营业税纳税义务人指在中国境内提供应税劳务、转让无形资产或者销售不动产的单位和个人。选项 B 销售的不动产在境外；选项 C 转让的无形资产其接受单位在境外。因此，选项 BC 错误。

【课后习题】

1. 某企业开发部 4 月份自建统一规格和标准的楼房 4 栋，建筑安装总成本 8000 万元（当地政府确定的成本利润率为 20%）。该公司将其中一栋留作自用；一栋对外销售，取得销售收入 3000 万元；一栋投资入股某公司，10 月 25 日又将取得股权的 70% 出售，取得收入 3500 万元；一栋抵押给某银行取得贷款，抵减银行利息 150 万元。该公司物业部收取物业费 250 万元，其中代业主支付水费、电费等费用为 100 万元。该公司下设的非独立核算的运输队取得营运收入 300 万元，联运收入 200 万元，支付给联运单位运费为 80 万元。销售货物并负责运输所售货物取得收入共计 120 万元，给对方开具不同发票。

要求：计算该公司应纳的流转税额（计算结果保留小数点后两位）。

2. 某市服务公司 2009 年 1 月 1 日开业，经营范围包括娱乐、餐饮及其他服务，当年收入情况如下：

（1）歌舞厅收入 1500 万元，游戏厅收入 400 万元；

（2）保龄球馆取得收入 460 万元；

（3）酒吧收入 70 万元；

（4）提供中医按摩取得收入 150 万元；

（5）餐厅的餐饮收入1800万元；

（6）与某公司签订租赁协议书，将部分空闲的歌舞厅出租，分别取得租金87万元、赔偿金3万元；

（7）经批准从事代销福利彩票业务取得手续费收入20万元。

税务机关确定保龄球馆按5%征收营业税，酒吧收入按其他娱乐业征税；除税法统一规定的特殊项目外，该公司所在地省政府规定娱乐业税率为20%，其他娱乐业项目的营业税税率为5%。

要求：根据上述资料，按下列顺序计算回答问题，每问需计算出合计数。

（1）计算该服务公司当年应纳娱乐业营业税；

（2）计算该服务公司当年应纳服务业营业税；

（3）计算该服务公司当年应缴纳的营业税。

3. 某金融机构2009年第3季度业务收支情况如下：

（1）贷款利息收入210万元，其中含向其他银行贷款利息收入20万元，逾期贷款利息收入10万元；

（2）开展股票买卖业务，买进价85万元，卖出价105万元；

（3）出纳长款收入0.5万元，结算手续费收入14万元，结算罚款收入3万元；

（4）本季度购进黄金170万元，销售黄金收入350万元。

要求：根据上述资料，回答下列问题：

（1）计算贷款利息收入应纳营业税；

（2）计算股票买卖业务应纳营业税；

（3）计算其他收入应纳营业税；

（4）计算销售黄金收入应纳营业税；

（5）计算本季度应纳营业税额合计数。

4. 2009年10月，某旅行社组织了甲、乙两个假日旅游团，情况如下：

（1）甲团是由36人组成的境内旅游团。旅行社向每人收取费用为人民币4500元。旅行期间，旅行社为每人支付交通费1600元，住宿费400元，餐费300元，景点门票等费用600元。

（2）乙团是由30人组成的境外旅游团。旅行社向每人收取费用人民币6800元，在境外该团改由当地W旅游公司接团，负责在境外安排旅游，旅行社按协议支付给境外W旅游公司旅游费折合人民币144 000元。

营业税税率为5%。

要求：

（1）计算旅行社甲团应纳的营业税的营业额，并列出计算过程；

（2）计算旅行社乙团应纳的营业税的营业额，并列出计算过程；

（3）计算旅行社10月份的应纳营业税。

【课后阅读】

国家税务总局关于小微企业免征增值税和营业税有关问题的公告

根据《中华人民共和国增值税暂行条例》及实施细则、《中华人民共和国营业税暂行条例》及实施细则、《财政部国家税务总局关于暂免征收部分小微企业增值税和营业税的通知》(财税〔2013〕52号)、《财政部国家税务总局关于进一步支持小微企业增值税和营业税政策的通知》(财税〔2014〕71号),现将小微企业免征增值税和营业税有关问题公告如下:

一、增值税小规模纳税人和营业税纳税人,月销售额或营业额不超过3万元(含3万元,下同)的,按照上述文件规定免征增值税或营业税。其中,以1个季度为纳税期限的增值税小规模纳税人和营业税纳税人,季度销售额或营业额不超过9万元的,按照上述文件规定免征增值税或营业税。

二、增值税小规模纳税人兼营营业税应税项目的,应当分别核算增值税应税项目的销售额和营业税应税项目的营业额,月销售额不超过3万元(按季纳税9万元)的,免征增值税;月营业额不超过3万元(按季纳税9万元)的,免征营业税。

三、增值税小规模纳税人月销售额不超过3万元(按季纳税9万元)的,当期因代开增值税专用发票(含货物运输业增值税专用发票)已经缴纳的税款,在专用发票全部联次追回或者按规定开具红字专用发票后,可以向主管税务机关申请退还。

四、本公告自2014年10月1日起施行。《国家税务总局关于暂免征收部分小微企业增值税和营业税政策有关问题的公告》(国家税务总局公告2013年第49号)、《国家税务总局关于增值税起征点调整后有关问题的批复》(国税函〔2003〕1396号)同时废止。

资料来源:国家税务总局关于小微企业免征增值税和营业税有关问题的公告[EB/OL]. www.chinatax.gov.cn/n810341/n810755/c1151131/content.html

第五章 关税

第一节 关税基础知识

一、关税概述

关税是指国家海关机构依法对进出境货物、物品征收的一种税。

所谓“境”，是指关境，是《中华人民共和国海关法》（以下简称《海关法》）全面实施的领域。在通常情况下，关境的领域同国境的范围是一致的，货物进出国境也就是进出关境，要征收关税。但是关境和国境两者的大小也有不一致的情况。有些国家在国境内设有自由贸易港、自由贸易区或出口加工区，关境则小于国境，如我国；当几个国家组成关税同盟时，成员国之间相互取消关税，对外实行共同的关税税则，对其成员国来说则关境大于国境，如欧洲联盟。

二、关税的特点

（一）以进出境的货物和物品为征税对象

关税的征税对象是进出境的货物和物品。属于贸易性进出口的商品称为货物；属于入境旅客携带的、个人邮递的、运输工具服务人员携带的以及用其他方式进口个人自用的非贸易性商品称为物品。关税不同于因商品交换或提供劳务取得收入而课征的流转税，也不同于因取得或拥有财产而课征的所得税或财产税，而是对特定货物和物品途经海关通道进出口征税。

（二）实行复式税则

关税的税则是关税课税范围及其税率的法则。复式税则又称多栏税则，是指一个税目设有两个或两个以上的税率，根据进口货物原产国的不同，分别适用高低不用的税率。复式税则是一个国家对外贸易政策的体现。目前，在国际上除极个别国家外，各国关税普遍实行复式税则。

（三）关税具有涉外统一性，执行统一的对外经济政策

关税是一个国家的重要税种。国家征收关税不单是为了满足政府财政上的需要，更重要的是利用关税来贯彻执行统一的对外经济政策，实现国家的政治经济目的。

（四）关税由海关机构代表国家征收

关税由海关总署及所属机构具体管理和征收，征收关税是海关工作的一个重要组成部分。《海关法》第二条规定：“中华人民共和国海关是国家的进出关境（以下简称进出境）

监督管理机关。海关依照本法和其他有关法律、行政法规，监管进出境的运输工具、货物、行李物品、邮递物品和其他物品（以下简称进出境运输工具、货物、物品），征收关税和其他税、费，查缉走私，并编制海关统计和其他海关业务。”监督管理、征收关税和查缉走私是当前我国海关的三项基本任务。

三、关税的作用

（一）维护国家主权和经济利益

对进出口货物征收关税，表面上看只是一个与对外贸易相联系的税收问题，其实一国采取什么样的关税政策直接关系到国与国之间的主权和经济利益。如今关税已成为各国政府维护本国政治、经济权益，乃至进行国际经济斗争的一个重要武器。我国根据平等互利和对等原则，通过关税复式税则的运用等方式，争取国际间的关税互惠并反对他国对我国进行关税歧视，促进对外经济技术交往，扩大对外经济合作。

（二）保护和促进本国工农业生产的发展

一个国家采取什么样的关税政策，是实行自由贸易，还是采用保护关税政策，是由该国的经济发展水平、产业结构状况、国际贸易收支状况以及参与国际经济竞争的能力等多种因素决定的。国际上许多经济学家认为，自由贸易政策不适合发展中国家的情况。相反，这些国家为了顺利地发展民族经济、实现工业化，必须实行保护关税政策。我国作为发展中国家，一直十分重视利用关税保护本国的“幼稚工业”，促进进口替代工业发展，关税在保护和促进本国工农业生产的发展方面发挥了重要作用。

（三）调节国民经济和对外贸易

关税是国家的重要经济杠杆，通过税率的高低和关税的减免，可以影响进出口规模，调节国民经济活动。如调节出口产品和出口产品生产企业的利润水平，有意识地引导各类产品的生产，调节进出口商品数量和结构，促进国内市场商品的供需平衡，保护国内市场的物价稳定等。

（四）筹集国家财政收入

从世界大多数国家尤其是发达国家的税制结构分析，关税收入在整个财政收入中的比重不大，并呈下降趋势。但是，一些发展中国家，其中主要是那些国内工业不发达、工商税源有限、国民经济主要依赖于某种或某几种初级资源产品出口以及国内许多消费品主要依赖于进口的国家，征收进出口关税仍然是他们取得财政收入的重要渠道之一。我国关税收入是财政收入的重要组成部分。

四、关税的分类

（一）按货物的流向的不同，关税可以分为进口关税、出口关税和过境关税

1. 进口关税

进口关税是对国外转入本国的货物所征收的一种关税。一般是在货物进入国境（关境）时征收，或在货物从海关保税仓库转出，投入国内市场时征收。进口关税是当前世界各国关税最主要的一种，在许多国家已不征出口关税与过境关税的情况下，进口关税是成

为唯一的关税。

2. 出口关税

出口关税是对本国出口货物在运出国境时征收的一种关税。由于征收出口关税会增加出口货物的成本，不利于本国货物在国际市场的竞争，目前西方发达国家都取消了出口关税。还在征收出口关税的主要是发展中国家，目的是取得财政收入与调节市场供求关系。我国目前对少数货物还征收出口关税。

3. 过境关税

过境关税是指对外国经过一国国境（关境）运往另一国的货物所征收的关税。由于过境货物对本国工农业生产和市场不产生影响，而且还可以从交通运输、港口使用、仓储保管等方面获得收入，因而目前绝大多数国家都不征收过境关税。仍在征收过境关税的只有伊朗、委内瑞拉等少数国家。

（二）按征税的目的不同，关税可以分为财政关税和保护关税

1. 财政关税

财政关税是指以增加财政收入为主要目的而征收的关税。一般来说，对本国不能生产而又不准备生产的商品征收的关税，或与国内同样征收同等负担的关税，都是财政关税。

2. 保护关税

保护关税是指为保护本国工农业生产而征收的关税。保护关税的课税对象一般是本国需要发展或国际竞争很强的商品。保护关税要根据本国的经济和生产等具体情况制定有关的保护关税政策加以实施。到目前为止，各国所使用的关税基本上是保护关税，财政关税已处于次要地位。

（三）按计税标准的不同，关税可分为从价关税、从量关税、复合关税和滑准关税

1. 从价关税

从价关税是指以货物的价格为计征标准而计算征收的关税。从价关税的优点是税负较为合理，关税收入随货物价格的升降而增减，其不足之处是完税价格必须严格审定，缴税手续比较复杂。从价关税是关税的主要征收形式。

2. 从量关税

从量关税是以货物的计量单位（重量、数量、体积）为计征标准而计算征收的一种关税。从量关税的优点是无需审定货物的价格、品质、规格，计税简便，对廉价进口商品有较强的抑制作用。从量关税的缺点是对同一税目商品，在规格、质量、价格相差较大的情况下，按同一定额税率计征，税额不够合理，且在物价变动的情况下，税收的收入不能随之增减。

3. 复合关税

复合关税是指对同一种进口货物采用从价、从量两种标准课征的一种关税。课征时，或以从价税为主，加征从量税；或以从量税为主，加征从价税。复合关税计征手续较为繁琐，但是在物价波动时，可以减少对财政收入的影响。

4. 滑准关税

滑准关税是一种关税税率随进口货物价格由高到低或由低到高设置计征的关税。进口货物价格越高，其进口关税税率越低；进口货物价格越低，其进口关税税率越高。滑准关税的主要特点是可保持滑准税货物的国内市场价格相对稳定，尽可能减少国际市场价格波

动的影响。

【专栏5-1】财政部2014年12月16日发布消息，经国务院关税税则委员会审议并报请国务院批准，自2015年1月1日起，我国将对进出口关税进行部分调整。据悉，多种先进制造业所需的设备和零部件、有利于节能减排的环保设备、部分药品和日用消费品将享受最惠国税率的进口暂定税率或进一步降低税率。在出口关税方面，将适当降低煤炭产品出口关税税率。

第二节 纳税义务人、征税对象与税率

一、纳税义务人

进口货物的收货人、出口货物的发货人、进出境物品的所有人，是关税的纳税义务人。

进出口货物的收、发货人是依法取得对外贸易经营权，并进口或者出口货物的法人或者其他社会团体。进出境物品的所有人包括该物品的所有人和推定为所有人的人。一般情况下，对于携带进境的物品，推定其携带人为所有人；对分离运输的行李，推定相应的进出境旅客为所有人；对以邮递方式进境的物品，推定其收件人为所有人；以邮递或其他运输方式出境的物品，推定其寄件人或托运人为所有人。

【例5-1】下列各项中，（　　）不属于关税的纳税义务人。

A. 进口货物的收货人　　B. 出口货物的发货人

C. 进境物品的所有人　　D. 进口货物的发货人

【答案】D

二、征税对象

关税的征收对象是国家准许进出境的货物和物品。货物是指贸易性商品；物品包括入境旅客随身携带的行李物品、个人邮递物品、各种运输工具上的服务人员携带进口的自用物品、馈赠物品以及其他方式进入国境的个人物品。

三、税率

（一）进口关税税率

进口关税规定了最惠国税率、协定税率、特惠税率、普通税率、关税配额税率五种税率形式。不同税率的运用是以进口货物的原产地为标准的。对进口货物在一定时期内可以实行暂定税率。

最惠国税率适用原产于我国共同适用最惠国待遇条款的世界贸易组织成员国或地区的进口货物，或原产于我国签订有相互给予最惠国待遇条款的双边贸易协定的国家或地区进

口的货物，以及原产于我国境内的进口货物。

协定税率适用原产于我国参加的含有关税优惠条款的区域性贸易协定有关缔约方的进口货物。

特惠税率适用原产于与我国签订有特殊优惠关税协定的国家或地区的进口货物。

普通税率适用原产于上述国家或地区以外的其他国家或地区的进口货物。

按照国家规定实行关税配额管理的进口货物，关税配额内的，适用关税配额税率；关税配额外用，其税率的适用按上述税率形式的规定执行。

【专栏5-2】海关总署关于提高成品油进口环节消费税的有关情况的公告

为促进环境治理和节能减排，经国务院批准，现将提高成品油进口环节消费税的有关情况公告如下：

一、将汽油、石脑油、溶剂油和润滑油的进口环节消费税单位税额由1.12元/升，提高到1.4元/升。

二、将柴油、航空煤油和燃料油的进口环节消费税单位税额由0.94元/升，提高到1.1元/升。

三、航空煤油进口环节消费税继续暂缓征收。

本公告自2014年12月13日起执行。

（二）出口关税税率

我国出口税则为一栏税率，即出口税率。国家仅对少数资源性产品及易于竞相杀价、盲目进口，需要规范出口秩序的半制成品征出口关税。现行税则对36种商品计征出口关税，但是有16种商品的税率为零。因此，我国真正征收出口关税的商品只有20种，税率也较低，一般在20%~40%，而且出口税率无普通、优惠之分。

（三）特别关税

特别关税包括报复性关税、反倾销税与反补贴税、保障性关税。

1. 报复性关税

任何国家或者地区对其进口的原产于我国的货物征收歧视性关税或者给予其他歧视性待遇的，我国对原产于该国家或者地区的进口货物征收报复性关税。

2. 反倾销税与反补贴税

进口产品经初裁确定倾销或者补贴成立，并由此对国内产业造成损害的，可以采取临时反倾销或反补贴措施，实施期限为自决定公告规定实施之日起，不超过4个月。采取临时反补贴措施在特殊情形下，可以延长至9个月。经终裁确定倾销或者补贴成立，并由此对国内产业造成损害的，可以征收反倾销税或反补贴税，有可能导致倾销或补贴以及损害的继续或再度发生的，征收期限可以适当延长。

3. 保障性关税

有明确证据表明进口数量增加，在不采取临时保障措施将对国内产业造成难以补救的损害的紧急情况下，可以作出初裁决定，并采取临时保障措施。临时保障措施采取提高关税的形式。终裁决定确定进口产品数量增加，并由此对国内产业造成损害的，可以采取保障措施。保障措施可以采取提高关税、数量限制等形式，针对正在进口的产品实施，不区分产品来源国或地区。

【专栏5-3】根据《关于2015年关税实施方案的通知》的规定，无烟煤、炼焦烟煤、其他煤等品种煤炭在2015年的暂定税率都是3%。

目前我国执行10%的煤炭出口关税税率，业内人士表示，降低关税税率意在缓解国内行业煤炭困境。2012年下半年以来，我国煤炭市场行业经济效益持续下降，价格大幅下跌。2014年仍无显著好转，全国有8个省区煤炭全行业亏损，煤炭企业亏损面仍在70%以上。截至2014年10月底，全社会煤炭库存已持续35个月在3亿吨以上。

四、原产地的规定

确定进境货物原产国的主要原因之一，是便于正确运用进口税则的各栏税率，对产自不同国家或地区的进口货物适用不同的关税税率。我国原产地的规定基本上采用了全部产地生产标准和实质性加工标准两种国际上通用的原产地标准。

全部产地生产标准是指进口货物完全在一个国家内生产或制造，生产或制造国即为该货物的原产国。实质性加工标准是适用于确定有两个或两个以上国家参与生产的产品的原产国的标准，其基本含义是经过几个国家加工、制造的进口货物，以最后一个对货物进行经济上可以视为实质性加工的国家作为有关货物的原产国。实质性加工是指产品加工后，在进出口税则中四位数税号一级的税则归类已经有了改变或者加工增值部分所占新产品总值的比例已超过30%及以上。

对机器、仪器、器材或车辆所用零件、部件、配件、备件及工具，如与主件同时进口且数量合理的，其原产地按主件的原产地确定，分别进口的则按各自的原产地确定。

【例5-2】当一个国家存在自由港、自由区时，该国国境（　　）关境。

A. 大于　　　　B. 等于

C. 小于　　　　D. 无法比较

【答案】A

第三节 应纳税额的计算

一、关税的完税价格

根据《海关法》的规定，进出口货物的价格由海关以该货物的成交价格为基础审查确定。成交价格不能确定时，完税价格由海关依法估定。

（一）进口货物的完税价格

1. 以成交价格为基础的完税价格

根据《海关法》的规定，进口货物的完税价格包括货物的货价、货物运抵我国境内输入地点起卸前的运输及其相关费用、保险费、货物的货价以成交价格为基础。进口货物的成交价格是指买方为购买该货物，并按《中华人民共和国海关审定进出口货物完税价格办法》有关规定调整后的实付或应付价格。

实付或应付价格指买方为购买进口货物直接或间接支付的总额，作为卖方销售进口货物的条件，由买方向卖方或为履行卖方义务向第三方已经支付或将要支付的全部款项。

（1）如下列费用或者价值未包括在进口货物的实付或者应付价格中，应当计入完税价格：

①由买方负担的除购货佣金以外的佣金和经纪费。

②由买方负担的与该货物视为一体的容器费用。

③由买方负担的包装材料和包装劳务费用。

④与该货物的生产和向我国境内销售有关的，由买方以免费或者以低于成本的方式提供并可以按适当比例分摊的料件、工具、模具、消耗材料及类似货物的价款，以及在境外开发、设计等相关服务的费用。

⑤与该货物有关并作为卖方向我国销售该货物的一项条件，应当由买方直接或间接支付的特许权使用费。

⑥卖方直接或间接从买方对该货物进口后转售、处置或使用所得中获得的收益。

上列所述的费用或价值，应当由进口货物的收货人向海关提供客观量化的数据资料。如果没有客观量化的数据资料，完税价格由海关按《中华人民共和国海关审定进出口货物完税价格办法》规定的方法进行估定。

（2）下列费用，如能与该货物实付或者应付价格区分，不得计入完税价格：

①产房、机械、设备等货物进口后的基建、安装、装配、维修和技术服务的费用。

②货物运抵境内输入地点之后的运输费用。

③进口关税及其他国内税。

2. 进口货物海关估价方法

进口货物的价格不符合成交价格条件或者成交价格不能确定，海关应当依次以相同货物成交价格方法、类似货物成交价格方法、倒扣价格方法、计算价格方法以及其他合理方法确定的价格为基础，估定完税价格。如果进口货物的收货人提出要求，并提供相关资料，经海关同意，可以选择倒扣价格方法和计算价格方法的适用次序。

（1）相同或类似货物成交价格方法。相同或类似货物成交价格方法，即以与被估的进口货物同时或大约同时（在海关接受申报进口之日的前后各45天以内）进口的相同或类似货物的成交价格为基础，估定完税价格。

以该方法估定完税价格时，应使用与该货物相同商业水平且进口数量基本一致的相同或类似货物的成交价格，但是对因运输距离和运输方式不同，在成本和其他费用方面产生的差异应当进行调整。在没有上述相同或类似货物的成交价格的情况下，可以使用不同商业水平或不同进口数量的相同或类似货物的成交价格，但是对因商业水平、进口数量、运输距离和运输方式不同，在价格、成本和其他费用方面产生的差异应当作出调整。

以该方法估定完税价格时，应当首先使用同一生产的相同或类似货物的成交价格，只有在没有这一成交价格的情况下，才可以使用同一生产国或地区生产的相同或类似货物的成交价格。如果有多个相同或类似货物的成交价格，应当以最低的成交价格为基础，估定进口货物的完税价格。

（2）倒扣价格方法。倒扣价格方法即以被估计的进口货物、相同或类似进口货物在境内销售的价格为基础估定完税价格。

按该价格销售的货物应当同时符合以下五个条件：

①在被估货物进口时或大约同时销售；

②按照进口时的状态销售；

③在境内第一环节销售；

④合计的货物销售总量最大；

⑤向境内无特殊关系方的销售。

（3）计价方法。计算价格方法按下列各项的总和计算出的价格估定完税价格：

①生产该货物所使用的原材料价值和进行装配或连其他加工的费用。

②与向境内销售同等级或同种类货物的利润，一般费用相符的利润和一般费用。

③货物运抵境内输入地点起卸前的运输及相关费用、保险费。

（4）其他合理方法。使用其他合理方法时，应当根据《中华人民共和国海关审定进出口完税价格办法》规定的估价原则，以在境内获得的数据资料为基础估定完税价格，但是不得使用以下价格：

①在境内生产的货物在境内的销售价格。

②可供选择的价格中较高的价格。

③货物在出口地市场的销售价格。

④以计算价格方法规定的有关各项之外的价值或费用计算的价格。

⑤出口到第三国或地区的货物的销售价格。

⑥最低限价或武断虚构的价格。

（二）出口货物的完税价格

1. 以成交价格为基础的完税价格

出口货物的完税价格由海关以该货物向境外销售的成交价格为基础审查确定，并应包括货物运至我国境内输出地点装载前的运输及其相关费用、保险费，但是其中包含的出口关税额应当扣除。出口货物的成交价格是指该货物出口销售到我国境外时买方向卖方实付或应付的价格，出口货物的成交价格中含有支付给境外的佣金的，如果单独列明，应当扣除。

2. 出口货物海关估价方法

出口货物的成交价格不能确定时，完税价格由海关依次使用下列方法估定：

（1）同时或大约同时向同一国家或地区出口的相同货物的成交价格。

（2）同时被大约同时向同一国家或地区出口的类似货物的成交价格。

（3）根据境内生产相同或类似货物的成本、利润和一般费用，境内发生的运输及其相关费用、保险费计算所得的价格。

（4）按照合理方法估定的价格。

二、应纳税额的计算

（一）从价税计算方法

从价税是最普遍的关税计征方法，是以进（出）口货物的完税价格作为计税依据。其应纳税额的计算公式为：

应纳税额=应税进（出）口货物数量×单位完税价格×适用税率

（二）从量税计算方法

从量税是以进出口货物的数量为计税依据的一种关税计征方法。其应纳税额的计算公式为：

应纳税额=应税进（出）口货物数量×单位货物税额

（三）复合税计算方法

我国目前实行的复合税都是先计征从量税，再计征从价税。其应纳税额的计算公式为：

应纳税额=应税进（出）口货物数量×单位货物税额+应税进（出）口货物数量×单位完税价格×适用税率

（四）滑准税计算方法

滑准税是指关税的税率随着进口货物价格的变动而反方向变动的一种税率形式，即价格越高，税率越低，税率为比例税率。因此，对实行滑准税率的进口货物应纳关税税额的计算方法与从价税的计算方法相同。

应纳税额=应纳进（出）口货物数量×单位完税价格×滑准税税率

三、关税的减免

我国一般把关税的减免分为法定减免税、特定减免税和临时减免税。根据《海关法》的规定，除法定减免税外，其他减免税都要由国务院决定。

（一）法定减免税

法定减免税是税法中明确列出的减税或免税，符合税法规定可以减免税的进出口货物，纳税义务人无需提出申请，海关可按规定直接予以减免税。主要包括如下内容：

（1）关税税额在人民币50元以下的一票货物可免征关税。

（2）无商业价值的广告和货样可免征关税。

（3）外国政府、国际组织无偿赠送的物资可免征关税。

（4）进出境运输工具装载的途中必需的燃料、物料和饮食用品可以免税。

（5）经海关批准暂时进境或者暂时出境的下列货物，在进境或者出境时纳税义务人向海关缴纳相当于应纳税款的保证金或者提供其他担保的，可以暂不缴纳关税，并应当自进境或者出境之日起6个月内复运出境或者复运进境。经纳税义务人申请，海关可以根据海关总署的规定延长复运出境或者复运出境的期限。

①在展览会、交易会、会议及类似活动中展示或者使用的货物。

②文化、体育交流活动中使用的表演、比赛用品。

③进行新闻报道或者摄制电影、电视节目使用的仪器、设备及用品。

④开展科研、教学、医疗活动使用的仪器、设备及用品。

⑤在本款①至④所列活动中使用的交通工具及特种车辆。

⑥货样。

⑦供安装、调试、检测设备时使用的仪器、工具。

⑧盛装货物的容器。

⑨其他用于非商业目的的货物。

（6）因残损、短少、商品不良或者规格不符的原因，由进出口货物的发货人、承运人或者保险公司免费补偿或者更换的相同货物，进出口时不征收关税，被免费更换的原进口货物不退运出境或者原出口货物不退运出境的，海关应当对原进口货物重新按照规定征收关税。

（7）进口货物如有以下情形，经海关查明属实，可酌情减免进口关税。

①在境外运输途中或者在起卸时，遭受损坏或者损失的。

②起卸后海关放行前，因不可抗力遭受损坏或者损失的。

③海关查验时已经破漏、坏损或者腐烂，经证明不是保管不慎造成的。

（8）有下列情形之一的，纳税人自带缴纳税款之日起 1 年内，可以申请退还关税，并应当以书面的形式向海关说明理由，提供原缴款凭证及相关资料。

①已征进口关税的货物，因品质或者规格原因，原状退货复运出境的。

②已征出口关税的货物，因品质或者规格原因，原状退货复运进境的，并已重新缴纳因出口而退还的国内环节有关税收的。

③已征出口关税的货物因故未装运出口，申报退关的。

海关应当自受理退税申请之日起 30 日内查实并通知纳税人办理退还手续。纳税人应当自收到通知之日起 3 个月内办理有关退税手续 。

（9）法律规定减征、免征的其他货物。

（二）特定减免税

特定减免税也称特定或政策性减免税，只在《海关法》和《中华人民共和国进出口关税条例》所确定的法定减免以外，由国务院或有国务院授权的机关发布法规、规章、特别规定的减免。如对进口科技教育用品和残疾人专用物品，外国驻华使领馆和有关国际机构及其人员所需物品减免关税等。特定减免税货物一般有地区、企业和用途的限制，海关需要进行后续管理，也需要进行减免税统计。

1. 科技教育用品

对科学研究机构和学校不以营利为目的，在合理数量范围内进口国内不能生产的科学研究和教学用品，直接用于科学研究或者教学的免征进口关税和进口环节增值税、消费税。

2. 残疾人专用品

对规定的残疾人个人专用品免征进口关税和进口环节增值、消费税。对康复、福利机构、假肢厂和荣誉军人康复医院进口国内不能生产的、《残疾人专用品免征进口税暂行规定》明确的残疾人专用品，免征进口关税和进口环节增值税。

3. 扶贫、慈善性捐赠物资

对境外自然人、法人或者其他组织的境外捐赠人，无偿向国务院主管部门依法批准成立的，以人道救助和发展扶贫、慈善事业为宗旨的社会团体以及国务院有关部门和各省、自治区、直辖市人民政府捐赠的，直接用于扶贫、慈善事业的物资，免征进口关税和进口环节增值税。扶贫、慈善事业是指非营利的扶贫济困、慈善救助等社会慈善和福利事业。

4. 加工贸易产品

（1）加工装配和补偿贸易。加工装配即来料加工、来样加工及来件装配，是指由境外客商提供全部或部分原辅料、零配件和包装物料，必要时提供设备，由我方按客商要求进行加工装配，成品交外商销售，我方收取工缴费。客商提供的作价设备价款，我方用工缴费偿还。补偿贸易是指由境外客商提供和国内单位利用国外出口信贷进口生产技术和设备，由我方生产，以返销产品方式分期偿还对方技术、设备价款或贷款本息的交易方式。因为有利于较快的提高出口产品生产技术，改善我国产品质量和品种，扩大出口，增加我国外汇收入，因此国家给予一定的关税优惠，即进境料件不予征税，准许在境内保税加工为成品后返销出口。进口外商的不作价设备和作价设备，分别比照外商投资项目和国内投资项目的免税规定执行，剩余料件或增产的产品经批准转内销时，价值在进口料件总值2%以内，且总价值在3000元以下的可以免税。

（2）进料加工。经批准有权经营进出口业务的企业使用进料加工专项外汇进口料件，并在一年内加工或装配成品外销出口的业务，称为进料加工业务。对其关税优惠是对专为加工出口商品而进口的料件，海关按实际加工复出口的数量，免征进口税；加工的成品出口免征出口税，但是内销料件及成品照章征税。对加工过程中产生的副产品、次品、边角料，海关根据其使用价值分析估价征说或者酌情减免税。剩余料件或增产的产品，经批准转内销时，价值在进口料件总值2%以内，且总价值在5000元以下的，可以免税。

5. 边境贸易进口物资

边民通过互市贸易进口的商品，每人每日价值在3000元以下的，免征进口关税和进口环节增值税。边境小额贸易企业通过指定边境口岸进口原产于毗邻国家的商品，除烟、酒、化妆品以及国家规定必须照章征税的其他商品外，进口关税和进口环节增值税减半征收。

6. 保税区进出口货物

保税区是指在一国境内设立，以与外界隔离的全封闭方式，在海关监控管理下进行存放和加工保税货物的特定区域。保税区的主要关税优惠政策有进口供保税区用的机器、设备、基建物资、生产用车辆，为加工出口产品的原材料、零部件、元器件、包装物料，供储存的转口货物以及在保税区内加工运输出境的产品免征进口关税和进口环节增值税。保税区内企业进口专为生产加工出口产品所需的原材料、零部件、包装物料以及转口货物予以保税。从保税区运往境外的货物，一般免征进口关税等。

7. 出口加工区进出口货物

出口加工区的主要关税优惠政策有从境外进入区内生产性的基础设施建设项目所需的机器、模具以及维修用零配件，区内企业和行政管理机构自用合理数量的办公用品，予以免征进口关税和进口环节增值税。区内企业为加工出口产品所需的原材料、零部件、元器件、包装物料以及消耗性材料，予以保税。对加工区运往区外的货物，海关按照对进口货物的有关规定办理报关手续，并按照制成品征税。对从区外进入加工区的货物视同出口，可按规定办理出口退税。

8. 进口设备

自1998年1月1日起，对国家鼓励发展的国内投资项目和外商投资项目进口设备，在规定范围内免征进口关税和进口环节增值税。具体规定是，对符合《外商投资产业指导目录》鼓励类和限制类，并转让技术的外商投资项目，在投资总额内进口的自用设备以及外国政府贷款和国际金融组织贷款项目进口的自用设备、加工贸易外商提供的不作价进口设备，除《外国商资项目不予免税的进口商品目录》所列商品外，免征进口关税和进口环节增值税。对符合《当前国家重点鼓励发展的产业、产品和技术目录》的国内投资项目，在投资总额内进口的自用设备，除《国内投资项目不予免税的进口商品目录》所列商品外，免征进口关税和进口环节增值税。对符合上述规定的项目，按照合同随设备进口的技术及配套件、备件，也免增进口关税和进口环节增值税。

9. 特定行业或用途的减免税政策

国家制定了部分特定行业或用途的减免税政策，以鼓励、支持或特定产品的发展。这类政策一般对可减免税的商品列有具体清单。

【例 5-3】下列（　　）进出口货物，免征关税。

A. 无商业价值的广告品和货样

B. 外国政府、国际组织无偿赠送的物资

C. 在海关放行前损失的货物

D. 进出境运输工具装载的途中必需的燃料、物料和饮食用品

【答案】ABCD

【专栏 5-4】临时减免税是指以上法定和特定减免税以外的其他减免税，即由国务院根据《海关法》对某个单位、某类商品、某个项目或某批进出口货物的特殊情况，给予特别照顾，一案一批，专文下达的减免税。一般有单位、品种、期限、金额或数量等限制，不能比照执行。

第四节 征收管理

一、关税缴纳

进口货物自运输工具申报进境之日起 14 日内，出口货物在货物运抵海关监管区后装货的 24 小时以前，应由进出口货物的纳税义务人向货物进出境地海关申报，海关根据税则归类和完税价格计算应缴纳的关税和进口环节代征税，并填发税款缴款书。纳税义务人应当自海关填发税款缴款书之日起 15 日内，向指定银行缴纳税款。如关税缴纳期限的最后一日是周末或法定节假日，则关税缴纳期限顺延至周末或法定节假日过后的第一个工作日。

关税纳税义务人因特殊情况不能按期缴纳税款的，经海关审核批准，将纳税义务人的全部或部分应纳税款的缴纳期限予以延长，但是最长不得超过 6 个月。

二、关税的强制执行

纳税义务人未在关税缴纳期限内缴纳税款，即构成关税滞纳。为保证海关征收关税决定的有效执行和国家财政收入的及时入库，《海关法》赋予海关对滞纳关税的纳税义务人强制执行的权力。强制措施主要有以下两类：

（一）征收关税滞纳金

滞纳金自关税缴纳期限届满滞纳之日起，至纳税义务人缴纳关税之日止，按滞纳税款

万分之五的比例按日征收，周末或法定节假日不予扣除。具体计算公式为：

关税滞纳金金额=滞纳关税金额×滞纳金征收比率×滞纳天数

（二）强制征收

如纳税义务人自海关填发缴款书之日起3个月仍未缴纳税款，经海关关长批准，海关可以采取强制扣缴、变价抵缴等强制措施。强制扣缴即海关从纳税义务人在开户银行或者其他金融机构的存款中直接扣缴税款。变价抵缴即海关将应税货物依法变卖，以变卖所得抵缴税款。

三、关税退还

关税退还是关税纳税义务人按海关核定的税额缴纳关税后因某种原因的出现，海关将实际征收多余应当征收的税额（溢征关税）退还给原纳税义务人的一种行政行为。根据《海关法》的规定，海关多征的税款，发现后应当立即退还。

有下列情形之一的，进出口货物的纳税义务人可以自缴纳税款之日起1年内，书面声明理由，连同原纳税收据向海关申请退税并加算银行同期活期存款利息，逾期不予受理：

（1）因海关误征，多纳税款的。

（2）海关核准免验进口的货物在完税后，发现有短缺情形，经海关审查认可的。

（3）已征出口关税的货物因故未将其运出口，申报退关，经海关查验属实的。

四、关税补征和追征

补征和追征是海关在关税纳税义务人按海关核定的税额缴纳关税后，发现实际征收税额少于应当征收的税额时，责令纳税义务人补缴所差税款的一种行政行为。《海关法》根据短征关税的原因，将海关征收原短征关税的行为分为补征和追征两种。由于纳税人违反海关规定造成短征关税的，称为追征；非因纳税人违反海关规定造成短征关税的称为补征。区分关税追征和补征的目的是为了区别不同情况适用不同的征收时效，超过时效规定的期限，海关就丧失了追补关税的权力。

根据《海关法》的规定，进出境货物和物品放行后，海关发现少征或者漏征税款，应当自缴纳税款或者货物、物品放行之日起1年内向纳税义务人补征。因纳税义务人违反规定而造成的少征或者漏征的税款，自纳税人应缴纳税款之日起3年内可以追征，并从缴纳税款之日起按日加收少征或者漏征税款万分之五的滞纳金。

海关发现海关监管货物因纳税义务人违反规定造成少征或者漏征税款的，应当自纳税义务人应缴纳税款之日起3年内追征税款，并从应缴纳税款之日起按日加收少征或者漏征税款万分之五的滞纳金。

五、关税纳税争议

为保护纳税人合法权益，我国《海关法》和《中华人民共和国进出口关税条例》都规定了纳税义务人对海关确定的进口货物的征税、减税、补税或者退税等有异议时有提出申诉的权利。在纳税义务人同海关发生纳税争议时，可以向海关申请复议，同时应该在规定的期限内按海关规定的税额缴纳关税，逾期构成滞纳，海关有权按规定采取强制执行措施。

纳税争议的内容一般为出境货物或物品的纳税义务人对海关在原产地认定、税则归类、税率和汇率适用、完税价格确定、关税减征、免征、追征、补征退还等征税行为是否合法或得当，是否侵害了纳税义务人的合法权益，而对海关征收关税的行为表示异议。

纳税争议的申诉程序是纳税义务人自海关填发税款缴款书之日起 30 日内向原征税海关的上一级海关书面申请复议。逾期申请复议的，海关不予受理。海关应当自收到复议申请之日起 60 日内作出复议的决定，并以复议决定书的形式正式答复纳税义务人。纳税义务人对海关复议决定仍然不服的，可以自收到复议决定书之日起 15 日内向人民法院提起诉讼。

六、相关法律责任

报关企业接受纳税人的委托以纳税人的名义办理报关纳税手续，因报关企业违反规定而造成海关少征、漏征税款的，报关企业对少征或者漏征的税款、滞纳金与纳税义务人承担纳税的连带责任。

报关企业接受纳税义务人的委托，以报关企业的名义办理报关纳税手续的，报关企业与纳税义务人承担纳税的连带责任。

除不可抗力外，在保管海关监管货物期间，海关监管货物损毁或者灭失的，对海关监管货物负有保管义务的人应当承担相应的纳税责任。

欠税的纳税义务人，有合并、分立情形的，在合并、分立前应当向海关报告，依法缴清税款。纳税人合并时未缴清税款的，由合并后的法人或者其他组织继续履行未履行的纳税义务；纳税义务人分立时未缴清税款的，分立后的法人或者其他组织对未履行的纳税义务承担连带责任。

七、其他规定

纳税人在减免税货物、保税货物监管期间，有合并、分立或者其他资产重组情形的应当向海关报告。按照规定需要缴税的应当依法缴清税款；按照规定可以继续享受减免税、保税待遇的应当到海关办理变更纳税义务人的手续。

纳税人欠税或者在减免税货物、保税货物监管期间，有撤销、解散、破产或者其他依法从事经营情形的应当在清算前向海关报告。海关应当依法对纳税人的应缴税款予以清缴。

【课后习题】

1. 某进出口公司进口一批货物，以采购地离岸价格成交，成交总价为 1500 万元人民币，运抵我国输入地点前的运费、保险费、手续费等共计 80 万元人民币。适用关税税率为 10%。经海关审定，其成交价格正常。

要求：请计算进口关税的完税价格和进口关税税额。

2. 某企业 2014 年 7 月进口原产于美国的放像机 20 台，该批放像机单价为每台 2500 美元（人民币外汇牌价 1∶6），运费及保险费共 6 万元。已知放像机关税税率为每台完税价格低于或等于 2000 美元，执行单一从价税，税率为 30%；每台完税价格高于 2000 美元，每台征收从量税，税额为 4482 元，加上 3%的从价税。

要求：试计算该企业应纳的关税。

3. 上海某进出口公司从美国进口货物一批，货物以离岸价格成交，成交价格折合人民币为 1410 万元，其中包括单独计价并已经海关审查属实的向境外采购代理人支付的买方佣金 10 万元，但不包括适用该货物而向境外支付的软件费 50 万元、向卖方支付的佣金 15 万元。另支付货物运抵我国上海港的运费、保险费等 35 万元。假设该货物适用的关税税率为 20%、增值税税率为 17%、消费税税率为 10%。

要求：分别计算该公司应纳关税、消费税和增值税。

【课后阅读 1】

2015 年关税实施方案发布

2014 年 12 月 18 日，财政部官网公布了由国务院关税税则委员会审议通过的《2015 年关税实施方案》，该方案从 2015 年 1 月 1 日起实施。

2015 年我国将对部分进口商品实施低于最惠国税率的进口暂定税率。

据财政部消息，首次实施进口暂定税率和进一步降低税率的产品包括通信用激光器、全自动铜丝焊接机等先进制造业所需的设备、零部件；电动汽车用电子控制制动器等有利于节能减排的环保设备；乙烯、镍铁等国内生产所需的能源资源性产品；降脂原料药、夏威夷果、相机镜头等药品和日用消费品。

部分进口产品的税率有所提高，如对制冷压缩机、汽车收音机、喷墨印刷机等商品不再实施进口暂定税率，适当提高天然橡胶等商品的暂定税率水平。

针对特定区域的关税也略有调整。具体包括：

1. 2015 年依据我国与有关国家或地区签署的自由贸易协定或关税优惠协定，继续对原产于东盟各国、智利、巴基斯坦、新西兰、秘鲁、哥斯达黎加、韩国、印度、斯里兰卡、孟加拉、瑞士、冰岛等国家的部分进口产品实施协定税率，部分税率水平进一步降低。

2. 在内地与香港、澳门更紧密经贸关系安排框架下，对原产于港澳地区且已制定优惠原产地标准的产品实施零关税。

3. 根据海峡两岸经济合作框架协议，对原产于台湾地区的部分产品实施零关税。

4. 对原产于埃塞俄比亚、也门、苏丹等 41 个国家的部分商品实施特惠税率，其中对埃塞俄比亚等 24 个国家的 97%税目商品实施零关税特惠税率。

其他多延续 2014 年政策，如 2015 年继续对小麦等 7 种农产品和尿素等 3 种化肥的进口实施关税配额管理，并对尿素等 3 种化肥实施 1%的暂定配额税率；对关税配额外进口一定数量的棉花继续实施滑准税，税率不变。

2015年我国继续以暂定税率的形式对煤炭、原油、化肥、铁合金等产品征收出口关税。根据国内化肥、煤炭供需情况的变化，适当调整化肥出口关税，对氮肥、磷肥实施全年统一的出口关税税率，适当降低煤炭产品出口关税税率。

具体实施方案简介如下：

一、进口关税税率

（一）最惠国税率：

1. 对燃料油等部分进口商品实施暂定税率。

2. 对感光材料等46种商品继续实施从量税或复合税。对激光照排片（税号：37024321）按10%税率从价征税。

3. 对小麦等8类47个税目的商品实施关税配额管理，税率不变。其中，对尿素、复合肥、磷酸氢二铵3种化肥的配额税率继续实施1%的暂定税率。对配额外进口的一定数量棉花实施滑准税。

4. 对10个非全税目信息技术产品继续实行海关核查管理。

5. 其他最惠国税率维持不变。

（二）协定税率：

根据我国与有关国家或地区签署的贸易或关税优惠协定，对有关国家或地区实施协定税率：

1. 对原产于韩国、印度、斯里兰卡、孟加拉和老挝的1891个税目商品实施亚太贸易协定税率；

2. 对原产于文莱、印度尼西亚、马来西亚、新加坡、泰国、菲律宾、越南、缅甸、老挝和柬埔寨的部分税目商品实施中国—东盟自由贸易协定税率；

3. 对原产于智利的7347个税目商品实施中国—智利自由贸易协定税率；

4. 对原产于巴基斯坦的6546个税目商品实施中国—巴基斯坦自由贸易协定税率；

5. 对原产于新西兰的7358个税目商品实施中国—新西兰自由贸易协定税率；

6. 对原产于新加坡的2794个税目商品实施中国—新加坡自由贸易协定税率；

7. 对原产于秘鲁的7124个税目商品实施中国—秘鲁自由贸易协定税率；

8. 对原产于哥斯达黎加的7320个税目商品实施中国—哥斯达黎加自由贸易协定税率；

9. 对原产于瑞士的7110个税目商品实施中国—瑞士自由贸易协定税率；

10. 对原产于冰岛的7248个税目商品实施中国—冰岛自由贸易协定税率；

11. 对原产于香港特别行政区且已制定优惠原产地标准的1812个税目商品实施零关税；

12. 对原产于澳门特别行政区且已制定优惠原产地标准的1315个税目商品实施零关税；

13. 对原产于台湾地区的622个税目商品实施海峡两岸经济合作框架协议货物贸易早期收获计划协定税率。

（三）特惠税率：

根据我国与有关国家或地区签署的贸易或关税优惠协定、双边换文情况以及国务院有关决定，对原产于孟加拉国和老挝的部分商品实施亚太贸易协定项下特惠税率；对原产于埃塞俄比亚、布隆迪、赤道几内亚、刚果（金）、吉布提、几内亚、几内亚比绍、莱索托、马达加斯加、马拉维、马里、莫桑比克、南苏丹、塞拉利昂、塞内加尔、苏丹、索马里、坦桑尼亚、乌干达、乍得、中非、阿富汗、也门和瓦努阿图共24个国家的部分商品实施97%税目零关税特惠税率；对原产于安哥拉、贝宁、多哥、厄立特里亚、科摩罗、利比里亚、卢旺达、尼日尔、赞比亚、东帝汶、柬埔寨、缅甸、尼泊尔和萨摩亚共14个国家的部分商品实施95%税目零关税特惠税率；对原产于毛里塔尼亚和孟加拉国的部分商品实施60%税目零关税特惠税率。

（四）普通税率维持不变。

二、出口关税税率

“出口税则”的出口税率不变，并对生铁等部分出口商品实施暂定税率。

三、税则税目

对部分税则税目进行调整。调整后，2015年税目数共计8285个。

以上方案，自2015年1月1日起实施。

资料来源：周潇枭. 2015年关税实施方案发布［J/OL］. finance. ifeng. com/a/20141218/13366723_0.shtml

【课后阅读2】

崇文门税关的兴衰历史

崇文门正式设立税关是在明朝成化年间。历史上的崇文门税关（1485—1930年），在明、清两代乃至民国前期全国的税关中，均占有重要的地位。崇文门税关早期设在崇文门外三条西口，1927年11月迁至南兵马司一号。明、清两代流经崇文门东面大通桥下的通惠河与大运河相接，漕运成为当时京城与南方各省客、货运输的主要渠道。因而崇文门也就成了南方各省客商进出北京城的重要关口。

明嘉靖三十二年（1553年），北京加筑了外城，崇文门变为内城，这时的崇文门关，已是京师十三门的税收大户。据《大明会典》卷三十五记载，万历六年（1578年），崇文门关的年收商税银共19 816两；铜钱18 877 000余文；条税银15 996两；船税银4515两。到天启五年（1625年）崇文门税关年收税银定额已达89 929两，列全国八关之首。明朝后期崇祯年间，苛税更重，各关征税不断加码。而崇文门关收税的惩罚手段更是让人胆战心惊，因而落下“鬼门关”的恶名。《北京市志稿·度支志》记载，崇祯十六年（1643年），尚书倪元璐上奏京城税关积弊时说：“凡一单所开货物，多至二三千件，数十商之所共也。以一货（失报）而重罚千件已报不漏之税，以一人犯令而遍罚数十家同单无罪之人，奸贪如此，百姓安得不穷，天下安得不乱!”尽管百姓怨声载道，上命严查重办，然而崇文门税关的种种弊端，仍是禁而不止。

清朝建立后，国家机关几乎全部承袭了明朝旧制。崇文门税关的管理机制和各项规章也沿袭下来。清代崇文门税关最高职位只用满人，不用汉人。按《北京百科全书·崇文卷》记载，关设正、副监督各1人，由皇帝指派王、公、贝勒、六部满员尚书、侍郎及各旗正、副都统中的2人充任。监督下设有奏派（由皇帝指准）正、副委员各1人，堂委（监督自派）、帮办委员（帮办由专管皇家事务的内务府司员充任）2人，组成“务上”

（税关总机关），决定一切大事。到光绪年间，正阳门设立了税务总局，但遇有税务上的重大问题，仍须向“务上”请示。由于崇关的地位特殊，其官员待遇也颇为丰厚。沈信夫《明清时期崇文门税关述略》记述，《道咸以来朝野杂记》的作者清人崇彝就曾当过崇关的堂派帮办委员。崇彝在书中记道：“余充崇文门税关帮办委员，岁约可得四五千金（四五千两银子）。据云奏派委所入视此不止倍蓰（数倍）。监督岁入亦不过数万金。彼时视此差遂为京官最优者。”正因如此，在这里“当差”的被看作是“京师十大优差”之一。

崇文门税关所收关税名义上解缴户部，实际上有相当数额税银是供皇帝“赏赐”及八旗官员分赃。自民国初年，崇文门税关就直接隶属财政部，虽然失去了清朝时的特宠，但地位仍优于其他地方税关。1912 年，崇文门关改称北京商税征收总局，1915 年又更名京师税务监督公署，不久又称监督京师税务公署。1919 年 2 月，时任监督京师税务公署监督的刘鹤庆，在考察崇文门关的历史与现状后，以“便商裕课，剔除积弊”为整顿宗旨，向财政部呈递了改革方案。改革的主要内容是：第一，明确崇文门税务公署专办行政事务，不直接征税；第二，京城地区所有货物完全责成正阳门及十三门分局征收；第三，改定权限，分别等级，按照历年收数分为一、二、三等局卡；第四，修订“各税局卡办事规则”等规章制度；第五，裁撤算税生等不必要的闲置人员。这一改革方案经财政部审批后，于 3 月 6 日以大总统令发布。经过改革，崇文门税关的政务、业务成绩虽超过明、清两朝，但在全国范围内，特别是与海关相比，地位已远不及明清时期。1927 年，国民政府在南京成立。1928 年下半年，各国同国民政府签订了新的关税条约，承认中国拥有关税自主权。

1928 年，崇文门税关又改名为北平税务监督公署。同年，财政部下属关务署要求北平税务监督公署归己管辖，但遭到抵制。1926 年 7 月，北平税务监督公署向财政部申明自己是特别税收机关，由财政部直接管辖，与海常关性质绝不相同，因此不能与海常关并为同等权限。1930 年 10 月，财政部电令：永远废止五外常关（指距口岸 50 里以外）。电令下达后，包括北平税务监督公署在内的全国内地税关一律同时撤销。从此，存在 445 年的崇文门税关就此结束。

资料来源：北京市地方志编纂委员会. 北京志·对外经贸卷·海关志［M］. 北京：北京出版社，2005.

第六章 企业所得税

第一节 企业所得税概述

一、企业所得税的纳税主体

（一）企业所得税纳税人的法律界定

根据《中华人民共和国企业所得税法》（以下简称《企业所得税法》）第一条的规定，在中华人民共和国境内，企业和其他取得收入的组织为企业所得税的纳税人，个人独资企业、合伙企业除外。

《企业所得税法》第二条进一步规定，企业分为居民企业和非居民企业。居民企业是指依法在中国境内成立，或者依照外国（地区）法律成立但实际管理机构在中国境内的企业。非居民企业是指依照外国（地区）法律成立且实际管理机构不在中国境内，但在中国境内设立机构、场所的，或者在中国境内未设立机构、场所，但有来源于中国境内所得的企业。同时，《中华人民共和国企业所得税法实施条例》（以下简称《实施条例》）第二条对企业所得税的纳税人作了进一步的补充说明，《企业所得税法》第一条所称个人独资企业、合伙企业，是指依照中国法律、行政法规成立的个人独资企业、合伙企业。根据该条规定，排除了依照国外法律法规在境外成立的合伙企业或个人独资企业。这些企业只要在我国境内取得收入，或者有在我国境内设立分支机构并取得收入，就会成为《企业所得税法》规定的非居民企业纳税人。

新《企业所得税法》及其《实施条例》的颁布，改变了过去将内资企业所得税以独立核算的三个条件来判定纳税人标准的做法，将以公司制和非公司制形式存在的企业和取得收入的组织确定为企业所得税纳税人，具体包括国有企业、集体企业、私营企业、联营企业、股份制企业、中外合资经营企业、中外合作经营企业、外国企业、外资企业、事业单位、社会团体、民办非企业单位和从事经营活动的其他组织，保持与国际上大多数国家的做法协调一致。基于个人独资企业、合伙企业在法律上属于自然人性质的企业，此两类企业在经营中不具有独立的法人资格，股东承担无限责任，因此《企业所得税法》及其《实施条例》在纳税人的规定上，将依照中国法律、行政法规成立的个人独资企业、合伙企业排除在企业所得税纳税人之外。

【例 6-1】以下项目中属于企业所得税纳税人的是（　　）。

A. 个人独资企业　　　　B. 合伙企业

C. 一人有限责任公司　　D. 居民个人

【答案】C。

【解析】个人独资企业、合伙企业、居民个人都属于个人所得税的纳税人。一人有限责任公司属于企业所得税的纳税人。

（二）企业所得税纳税人的分类

《企业所得税法》对纳税人所作的法律界定，改变了以往以投资资金的来源作为区分标准的做法，凡是在中华人民共和国境内的企业以及其他取得收入的组织都应当依法缴纳企业所得税。《企业所得税法》第二条将纳税人以居民企业和非居民企业加以区分，既规范了企业所得税的纳税主体，也体现了与国际惯例的衔接。

1. 居民企业

纳税人纳税义务的承担与一国实行的税收管辖权息息相关。税收管辖权是一个国家的国家主权的重要组成部分，在征税范围上也同样服从属地原则和属人原则。根据属地原则，一国有权对来源于本国境内的一切所得征税，而不管这笔所得的取得是来自本国企业还是外国企业；根据属人原则，一国有权对本国企业的一切所得征税，而不管这笔所得的取得是来源于本国境内还是境外。

根据我国的实际情况，并结合国际通行做法，《企业所得税法》采用了“登记注册地标准”和“实际管辖控制地标准”相结合的办法，规定居民企业是指依法在中国境内成立，或者依照外国（地区）法律成立但实际管理机构在中国境内的企业。由于我国的一些社会团体组织、事业单位等在完成国家事业计划的过程中，也会开展多种经营和有偿服务活动，具有了经营的特点，因而将其视同企业纳入征税范围。因此，此处所讲的依法在中国境内成立的企业，包括依照中国法律、行政法规在中国境内成立的企业、事业单位、社会团体以及其他取得收入的组织。依照外国（地区）法律成立的企业，包括依照外国（地区）法律成立的企业和其他取得收入的组织。实际管理机构是指对企业的生产经营、人员、财产、财务等实施实质性全面管理和控制的机构。

2. 非居民企业

《企业所得税法》第二条规定：“本法所称非居民企业，是指依照外国（地区）法律成立且实际管理机构不在中国境内，但在中国境内设立机构、场所的，或者在中国境内未设立机构、场所，但有来源于中国境内所得的企业。”

《企业所得税法》按照“登记注册地标准”和“实际管辖控制地标准”相结合的双重标准，对非居民企业进行了界定。具体来讲，实际管理机构不在中国境内的外国企业，只要具备了下面两个条件之一，即可认定为非居民企业：一是在中国境内设立机构、场所；二是没有设立机构、场所，但是有来源于中国境内的所得。

《实施条例》第五条对上述机构、场所进行了规定，企业所得税法第二条第三款所称机构、场所，是指在中国境内从事生产经营活动的机构、场所，包括：

（1）管理机构、营业机构、办事机构；

（2）工厂、农场、开采自然资源的场所；

（3）提供劳务的场所；

（4）从事建筑、安装、装配、修理、勘探等工程作业的场所；

（5）其他从事生产经营活动的机构、场所。

非居民企业委托营业代理人在中国境内从事生产经营活动的，包括委托单位或者个人经常代其签订合同，或者储存、交付货物等，该营业代理人视为非居民企业在中国境内设立的机构、场所。

《企业所得税法》明确规定，虽然外国企业未在我国设立机构、场所，但通过其在中国境内的代理人从事上述活动，可根据实际情况视同设立机构、场所处理。视同的条件主要包括以下三个方面，且必须同时具备：

（1）接受外国企业委托的主体，必须是中国境内的单位或个人。

（2）代理活动必须是经常的，而非偶然发生的。

（3）代理的具体行为，包括代理签订合同，或者储存、交付货物等。

企业所得税纳税人分类如表 6-1 所示：

表 6-1　　企业所得税纳税人分类①

纳税人	判定标准	举例
居民企业	依照中国法律、法规在中国境内成立的企业	国有企业、外商投资企业
	依照外国（地区）法律成立但实际管理机构在中国境内的企业	在英国、百慕大群岛等国家和地区注册的公司，但实际管理机构在我国境内
非居民企业	依照外国（地区）法律、法规成立且实际管理机构不在中国境内，但在中国境内设立机构、场所的企业	在我国设立有代表处及其他分支机构的外国企业
	在中国境内未设立机构、场所，但有来源于中国境内所得的企业	在我国没有设立机构场所的外国企业

【例 6-2】根据《企业所得税法》的规定，下列各项中属于非居民企业的是（　　）。

A. 依法在外国成立但实际管理机构在中国境内的企业

B. 在中国境内成立的外商独资企业

C. 在中国境内未设立机构、场所，但有来源于中国境内所得的企业

D. 依法在中国境外成立，在中国境内未设立机构、场所，也没有来源于中国境内所得的企业

【答案】C。

二、企业所得税的征税对象

（一）居民企业的征税对象

根据《企业所得税法》第三条的规定，居民企业应当就其来源于中国境内、境外的所得缴纳企业所得税。

所得包括销售货物所得、提供劳务所得、转让财产所得、股权红利等权益性投资所得、利息所得、租金所得、特许权使用费所得、接受捐赠所得和其他所得。

（二）非居民企业的征税对象

非居民企业在中国境内设立机构、场所的，应当就其所设机构、场所取得的来源于中国境内的所得以及发生在中国境外但与其所设机构、场所有实际联系的所得缴纳企业所得税；

① 中华会计网校. 税法应试指南［M］. 北京：人民出版社，2013.

非居民企业在中国境内未设立机构、场所的，或者虽设立机构、场所但取得的所得与其所设机构、场所没有实际联系的，应当就其来源于中国境内的所得缴纳企业所得税。

国际上一般根据“登记注册地标准”和“实际管辖控制地标准”相结合的双重标准针对非居民企业征税，即一般非居民企业只对境内所得向居住国政府缴税。但是一些国家为了避免非居民企业偷逃税收，规定非居民企业也要就其所取得的某种境外来源的所得向本国纳税。我国《企业所得税法》借鉴了国际做法，为避免非居民企业偷逃税收，也规定了对非居民企业发生在中国境外的，但与其在中国境内所设机构、场所有实际联系的所得，依法征收企业所得税。这里所称的实际联系是指非居民企业在中国境内设立的机构、场所拥有的据以取得所得的股权、债权以及拥有、管理、控制据以取得所得的财产。

【专栏 6-1】境内外所得来源的确定原则

《企业所得税法》第三条所称来源于中国境内、境外的所得，按照《实施条例》第七条的原则确定。

(1) 销售货物所得，按照交易活动发生地确定；

(2) 提供劳务所得，按照劳务发生地确定；

(3) 转让财产所得，不动产转让所得按照不动产所在地确定，动产转让所得按照转让动产的企业或者机构、场所所在地确定，权益性投资资产转让所得按照被投资企业所在地确定；

(4) 股息、红利等权益性投资所得，按照分配所得的企业所在地确定；

(5) 利息所得、租金所得、特许权使用费所得，按照负担、支付所得的企业或者机构、场所所在地确定，或者按照负担、支付所得的个人的住所地确定；

(6) 其他所得，由国务院财政、税务主管部门确定。

三、企业所得税的税率

企业所得税的税率作为处理国家与企业分配关系的重要因素，其设计原则应当兼顾国家、企业、职工个人三方的利益。

《企业所得税法》第四条规定了居民企业的基础税率，即一般企业的所得税税率为25%。对于小型微利企业，《企业所得税法》第二十八条特别规定符合条件的小型微利企业，减按20%的税率征收企业所得税。对于国家需要重点扶持的高新技术企业，减按15%的税率征收企业所得税。

非居民企业在中国境内设有机构、场所且所得与机构、场所有关联的，适用基础税率，即征收25%的企业所得税；非居民企业在中国境内未设立机构、场所的，或者虽设立机构、场所但取得的所得与其所设机构、场所没有实际联系的，对其来源于中国境内的所得适用低税率，即征收20%的企业所得税。实际征税时，综合税收优惠等因素，适用10%的税率。

企业所得税税率表如表 6-2 所示：

表 6-2 企业所得税税率表

企业类型		纳税义务	税率（%）
居民企业	一般企业	境内所得和境外所得	25
非居民企业	在我国境内设立机构、场所的	与机构、场所有实际联系的境内外所得	25
		与机构、场所没有实际联系的境内所得	10
	在我国境内没有设立机构、场所的	境内所得	10

第二节 应纳税所得额的计算

应纳税所得额是计算企业应纳税额的基础，是企业所得税的计税依据。《企业所得税法》第五条对应纳税所得额的计算作了相应的规定，即应纳税所得额为企业每一个纳税年度的收入总额，减除不征税收入、免税收入、各项扣除以及允许弥补的以前年度亏损后的余额。基本公式如下：

应纳税所得额=收入总额-不征税收入-免税收入-各项扣除-以前年度亏损

根据《实施条例》第九条的规定，企业应纳税所得额的计算，以权责发生制为原则，属于当期的收入和费用，不论款项是否收付，均作为当期的收入和费用；不属于当期的收入和费用，即使款项已经在当期收付，均不作为当期的收入和费用。应纳税所得额的计算与国家的财政收入和企业的税收负担息息相关，因此《企业所得税法》从收入总额、扣除范围和标准、资产的税务处理、亏损弥补等方面对应纳税所得额的计算作了明确的规定。

一、收入总额

企业的收入包括货币形式和非货币形式两种。货币形式包括现金、存款、应收账款、应收票据、准备持有至到期的债券投资以及债务的豁免等；非货币形式包括固定资产、生物资产、无形资产、股权投资、存货、不准备持有至到期的债券投资、劳务以及有关权益等。非货币资产收入额的确定按照公允价值进行，公允价值是指按照市场价格确定的价值。

企业收入总额的计算包括以货币形式和非货币形式从各种来源取得的收入，具体有销售货物收入，提供劳务收入，转让财产收入，股息、红利等权益性投资收益，利息收入，租金收入，特许权使用费收入，接受捐赠收入，其他收入。

（一）销售货物收入

1. 销售货物收入的概念

销售货物收入是指企业销售商品、产品、原材料、包装物、低值易耗品以及其他存货取得的收入。根据权责发生制的计算原则，对于以分期收款方式销售货物的，按照合同约定的收款日期确认收入的实现。

《企业会计准则第 14 号——收入》第四条规定，企业销售商品同时满足下列条件的，应确认收入的实现：

（1）商品销售合同已经签订，企业已将将商品所有权相关的主要风险和报酬转移给购货方；

（2）企业对已售出的商品既没有保留与所有权相联系的继续管理权，也没有实施有效控制；

（3）收入的金额能够可靠地计量；

（4）已发生或将发生的销售方的成本能够可靠的核算。

【专栏 6-2】销售货物收入时间的特殊确定

对于符合《企业会计准则第 14 号——收入》第四条规定的收入确认条件，而采取下列商品销售方式的，应按以下规定确认收入实现时间：

（1）销售商品采用托收承付方式的，在办妥托收手续时确认收入；

（2）销售商品采取预收款方式的，在发出商品时确认收入；

（3）销售商品需要安装和检验的，在购买方接受商品以及安装和检验完毕时确认收入，如果安装程序比较简单，可在发出商品时确认收入；

（4）销售商品采用支付手续费方式委托代销的，在收到代销清单时确认收入。

2. 视同销售的资产移送情形

以下将资产移送他人的情形，因资产的所有权随着移送行为而发生了转移，故不属于内部处置资产，应按规定视同销售确定收入。

（1）关于市场推广或销售的资产移送。

（2）关于股息分配的资产移送。

（3）关于职工福利以及奖励的资产移送。

（4）关于交际应酬的资产移送

（5）企业用于对外捐赠的资产移送。

（6）其他改变资产所有权属的用途。

对于以上资产移送的情形，属于企业自制的资产，应按企业同类资产同期对外销售价格确定销售收入；属于外购的资产，可按购入时的价格确定销售收入。

3. 不视同销售的资产处置情形

下列处置资产的情形，由于资产的所有权无论在形式上还是在实质上均不发生变化，可作为内部处置资产（将资产转移至境外的情形除外），不视同销售收入的确认，相关资产的计税基础延续计算。

（1）将资产用于生产、制造、加工另一产品。

（2）改变资产形状、结构或性能。

（3）改变资产用途（如自建商品房转为自用或经营）。

（4）将资产在总机构及其分支机构之间转移。

（5）上述两种或两种以上情形的混合。

（6）其他不改变资产所有权属的用途。

【专栏 6-3】销售收入确认的特别处理

根据《企业会计准则第 14 号——收入》第五条至第九条的规定，对于以下情形的收入确认应作特别处理：

（1）销售商品涉及现金折扣的，应当按照扣除现金折扣前的金额确定销售商品收入金额。现金折扣在实际发生时计入当期损益。现金折扣是指债权人为鼓励债务人在规定的期限内付款而向债务人提供的债务扣除。

（2）对于售后回购形式销售商品的，回购的商品作为购进商品处理，销售的商品按销售确认收入。企业如果以销售商品方式进行融资，收到的款项应计入为负债，回购价格大于原售价的，差额以利息费用的形式在回购期间进行确认。

（3）销售商品涉及商业折扣的，应当按照扣除商业折扣后的金额确定销售商品收入金额。

（4）企业已经确认销售商品收入的售出商品发生销售折让，应当在发生时冲减当期销售商品收入。

（5）企业已经确认销售商品收入的售出商品发生销售退回的，应当在发生时冲减当期销售商品收入。

（二）提供劳务收入

1. 提供劳务收入的概念

提供劳务收入是指企业从事建筑安装、修理修配、交通运输、仓储租赁、金融保险、邮电通信、咨询经纪、文化体育、科学研究、技术服务、教育培训、餐饮住宿、中介代理、卫生保健、社区服务、旅游、娱乐、加工以及其他劳务服务活动取得的收入。

2. 提供劳务收入确认的方法

（1）企业在各个纳税期末，提供劳务交易的结果能够可靠估计的，应采用完工进度（完工百分比）法确认提供劳务收入。企业提供劳务完工进度的确定，可选用下列方法：

①已完工作的测量；

②已提供劳务占劳务总量的比例。

（2）企业受托加工制造大型机械设备、船舶、飞机以及从事建筑、安装、配备工程业务或者提供其他劳务等，持续时间超过 12 个月的，按照纳税年度内完工进度或者完成的工作量确认收入的实现。同时，按照提供劳务估计总成本乘以完工进度扣除以前纳税期间累计已确认劳务成本后的金额，结转为当期劳务成本。

当期劳务收入=提供劳务收入总额×完工进度-以前会计期间累计已确认提供劳务收入

当期劳务成本=劳务总成本×完工进度-以前会计期间累计已确认提供劳务成本

（3）企业间签订的合同或协议包括了销售商品和提供劳务的，应当分别计算销售商品收入和提供劳务收入。对于销售商品部分和提供劳动收入部分不能区分，或能区分但不能单独计算的，将销售商品部分和提供劳务部分全部作为销售商品处理。

【专栏 6-4】下列提供劳务满足收入确认条件的，应按规定确认收入：

（1）安装费。应根据安装完工进度确认收入。安装工作是商品销售附带条件的，安装费在确认商品销售实现时确认收入。

（2）宣传媒介的收费。应在相关的广告或商业行为出现于公众面前时确认收入。广告的制作费，应根据制作广告的完工进度确认收入。

（3）软件费。为特定客户开发软件的收费，应根据开发的完工进度确认收入。

（4）服务费。包含在商品售价内可区分的服务费，在提供服务的期间分期确认收入。

(5) 艺术表演、招待宴会和其他特殊活动的收费。在相关活动发生时确认收入。收费涉及几项活动的，预收的款项应合理分配给每项活动，分别确认收入。

(6) 会员费。申请入会或加入会员，只允许取得会籍，所有其他服务或商品都要另行收费的，在取得该会员费时确认收入；申请入会或加入会员后，会员在会员期内不再付费就可得到各种服务或商品，或者以低于非会员的价格销售商品或提供服务的，该会员费应在整个受益期内分期确认收入。

(7) 特许权费。属于提供设备和其他有形资产的特许权费，在交付资产或转移资产所有权时确认收入；属于提供初始及后续服务的特许权费，在提供服务时确认收入。

(8) 劳务费。长期为客户提供重复的劳务收取的劳务费，在相关劳务活动发生时确认收入。

(三) 转让财产收入

根据《实施条例》第十六条的规定，转让财产收入包括企业转让固定资产、生物资产、无形资产、股权、债权等财产取得的收入。

对于企业转让股权获得的收入，应在转让协议生效且完成股权变更手续时予以确认。股权转让所得为转让股权收入减去为取得该股权所发生的成本。企业在计算股权转让所得时，不得扣除被投资企业未分配利润等股东留存收益中按该项股权所可能分配的金额。

企业以财产发生货币性资产交换以及将财产用于捐赠、偿债、赞助、集资、广告、样品、职工福利或者利润分配等用途的，应当视同转让财产，按照上述规定予以确认。但是国务院财政、税务主管部门另有规定的除外。

(四) 股息、红利等权益性投资收益

股息、红利等权益性投资收益是指企业因权益性投资从被投资方取得的收入。股息、红利等权益性投资收益，除国务院财政、税务主管部门另有规定外，按照被出资方做出利润分配决定的日期确认收入的实现。

对股息、红利等权益性投资收益收入的确认，应当从以下三个方面来把握：一是股息、红利收入应当是由于权益性投资取得的；二是股票、红利收入是从被投资企业的利润中获得；三是不论企业最终是否获得了收益款项，当被投资企业作出利润分配决定时便确认收入的实现。被投资企业将股权（票）溢价所形成的资本公积转为股本的，不作为投资方企业的股息、红利收入，投资方企业也不得增加该项长期投资的计税基础。

(五) 利息收入

利息收入是指企业将资金提供他人使用但不构成权益性投资，或者因他人占用本企业资金取得的收入，包括存款利息、贷款利息、债券利息、欠款利息等收入。

利息收入的实现按照合同约定的债务人应付利息的日期予以确认。利息主要包括两种类型：一是企业的资金被他人占用，因而从他人处取得的收入；二是他人使用企业提供的资金而向企业支付的利息。该情形下，企业向他人提供的该资金不包括权益性投资。

(六) 租金收入

租金收入是指企业提供固定资产、包装物或者其他有形资产的使用权取得的收入。

租金收入按照合同约定的承租人应付租金的日期确认收入的实现。租金收入的多少按照双方合同或协议约定的金额全额确定。对于交易合同或协议中规定租赁期限跨年度，而租金提前一次性支付的，根据《实施条例》第九条的规定，采用收入与费用配比的原则进行核算。出租人可以将上述已确认的收入，在租赁期内分期均匀计入相关年度收入。

（七）特许权使用费收入

特许权使用费收入是指企业提供专利权、非专利技术、商标权、著作权以及其他特许权的使用权取得的收入。

特许权使用费收入的实现按照合同约定的特许权使用人应付特许权使用费的日期予以确认。企业特许权使用费收入金额，按照合同约定的金额全额确定。

（八）接受捐赠收入

接受捐赠收入是指企业接受的来自其他企业、组织或者个人无偿给予的货币性资产、非货币性资产。接受捐赠收入的实现按照实际收到捐赠资产的日期予以确认。

企业接受捐赠收入的金额，按照捐赠资产的公允价值确定。《国家税务总局关于做好2007年度企业所得税汇算清缴工作的补充通知》（国税函〔2008〕264号文件）规定：企业在一个纳税年度发生的捐赠所得，占当年应纳税所得50%及以上的，可在不超过五年的期间均匀计入各年度的应纳税所得额。

（九）其他收入

其他收入是指企业取得的除以上收入外的其他收入，包括企业资产溢余收入、逾期未退包装物押金收入、确实无法偿付的应付款项、已作坏账损失处理后又收回的应收款项、债务重组收入、补贴收入、违约金收入、汇兑收益等。企业其他收入的金额按照实际收入额或相关资产的公允价值确定。

【例6-3】按照《企业所得税法》和《实施条例》的规定，下列关于收入确认时点正确的是（　　）。

A. 利息收入按照合同约定的债务人应付利息的日期确认收入的实现

B. 租金收入按照承租人实际支付租金的日期确认收入的实现

C. 接受捐赠收入按照签订捐赠合同的日期确认收入的实现

D. 权益性投资收益按照被投资方作利润分配账务处理的日期确认收入的实现

【答案】A。

【解析】租金收入按照合同约定的承租人应付租金的日期确认收入的实现；接受捐赠收入按照实际收到捐赠资产的日期确认收入的实现；股息、红利等权益性投资收益除国务院财政、税务主管部门另有规定外，按照被投资方作出利润分配决定的日期确认收入的实现。

二、不征税收入和免税收入

不征税收入是《企业所得税法》新创设的一个概念，国家对企业所得中不具备可税性的所得予以不征税或免税，以减轻企业的负担，促进经济的可持续发展。

（一）不征税收入

根据《企业所得税法》第七条的规定，下列收入为不征税收入：

1. 财政拨款

财政拨款是指各级人民政府对纳入预算管理的事业单位、社会团体等组织拨付的财政资金，但国务院和国务院财政、税务主管部门另有规定的除外。

2. 依法收取并纳入财政管理的行政事业性收费、政府性基金

行政事业性收费是指依照法律法规等有关规定，按照国务院规定程序批准，在实施社会公共管理以及在向公民、法人或者其他组织提供特定公共服务过程中，向特定对象收取并纳入财政管理的费用。政府性基金是指企业依照法律、行政法规等有关的规定，代政府收取的具有专项用途的财政资金。

企业在计算应纳税所得额时，可以依法将收取的行政事业性收费、政府性基金于上缴财政的，从当年收入总额中减除。但是要注意以下问题：

（1）企业缴纳的不符合有关行政部门审批管理权限设立的基金、收费，不得在计算应纳税所得额时扣除；

（2）企业收取的各种基金、收费，应计入企业当年收入总额；

（3）企业依法收取并上缴财政的政府性基金和行政事业性收费，准予作为不征税收入，未上缴财政的部分，不得从收入总额中减除。

3. 国务院规定的其他不征税收入

其他不征税收入是指企业取得的，由国务院财政、税务主管部门规定专项用途并经国务院批准的财政性资金。

【专栏6-5】专项用途财政性资金企业所得税处理

根据《实施条例》第二十八条的规定，企业将取得的专项用途财政性资金用于支出所形成的费用，不得在计算应纳税所得额时扣除；用于支出所形成的资产，其计算的折旧、摊销不得在计算应纳税所得额时扣除。

企业将符合条件的财政性资金作不征税收入处理后，在5年（60个月）内未发生支出且未缴回财政部门或其他拨付资金的政府部门的部分，应计入取得该资金第六年的应税收入总额；计入应税收入总额的财政性资金发生的支出，允许在计算应纳税所得额时扣除。

另外，企业取得的不征税收入，应按照《财政部、国家税务总局关于专项用途财政性资金企业所得税处理问题的通知》（财税〔2011〕70号，以下简称《通知》）的规定进行处理。凡未按照《通知》规定进行管理的，应作为企业应税收入计入应纳税所得额，依法缴纳企业所得税。

（二）免税收入

不征税收入与免税收入属于不同的概念，不征税收入从企业所得税原理上讲应永久不列为征税范围的收入范畴，不属于税收优惠，而免税收入属于税收优惠。根据《企业所得税法》第二十六条的规定，免税收入的类型有以下四种：

（1）国债利息收入。企业因购买国债所得的利息收入，免征企业所得税。国债利息收入的实现，以国债发行时约定应付利息的日期予以确认。企业转让国债的，在国债转让收入确认时确认利息收入的实现。

企业从发行者直接投资购买的国债持有至到期，其从发行者取得的国债利息收入，全额免征企业所得税。企业到期前转让国债或者从非发行者投资购买的国债，其持有期间尚未兑付的国债利息收入，按以下公式计算确定：

国债利息收入=国债金额×（适用年利率÷365）×持有天数

（2）符合条件的居民企业之间的股息、红利等权益性收益是指居民企业直接投资于其

他居民企业取得的投资收益。

（3）在中国境内设立机构、场所的非居民企业从居民企业取得与该机构、场所有实际联系的股息、红利等权益性投资收益。这里和（2）所称的股息、红利等权益性收益都不包括连续持有居民企业公开发行并上市流通的股票不足12个月取得的投资收益。

（4）符合条件的非营利组织的收入。非营利组织的下列收入为免税收入：

①接受其他单位或者个人捐赠的收入。

②除《企业所得税法》第七条规定的财政拨款以外的其他政府补助收入，但不包括因政府购买服务取得的收入。

③按照省级以上民政、财政部门规定收取的会费。

④不征税收入和免税收入孳生的银行存款利息收入。

⑤财政部、国家税务总局规定的其他收入。

【例6-4】根据《企业所得税法》的规定，下列选项中应计入应纳税所得额，缴纳企业所得税的有（　　）。

A. 国债利息收入

B. 违约金收入

C. 依法收取并纳入财政管理的行政事业性收费

D. 确实无法偿付的应付款项

E. 非营利性组织接受其他单位捐赠的收入

【答案】BD

三、扣除原则和范围

（一）税前扣除项目的原则

准予从计税收入中扣除的项目是指纳税人实际发生的与取得的收入有关的成本、费用、税金和损失。纳税人的会计处理与税收法规不一致的，应按税收法规的规定进行调整。除另有规定外，税前扣除一般应遵循以下原则：

1. 相关性原则

企业税前扣除的支出必须与取得的收入直接相关，即企业可扣除的费用从性质和根源上必须与取得应税收入直接相关。

2. 合理性原则

税前扣除的支出必须符合生产经营活动常规，应当计入当期损益或者有关资产成本的必要和正常的支出。合理的支出限于应当计入当期损益或有关资产成本的必要的和正常的支出。

3. 权责发生制原则

企业费用应在发生的所属期扣除，而不是在实际支付时确认扣除。

4. 确定性原则

企业可扣除的费用不论何时支付，其金额必须是确定的。

5. 配比原则

企业发生的费用应当与收入配比扣除。除特殊规定外，企业发生的费用不得提前或滞后申报扣除。

（二）扣除项目的范围

根据《企业所得税法》的规定，企业实际发生的与取得收入有关的、合理的支出，包括成本、费用、税金、损失和其他支出，准予在计算应纳税所得额时扣除。

在计算扣除项目时，应注意以下三点：

（1）区分收益性支出和资本性支出。收益性支出在发生当期直接扣除，而对于资本性支出应当分期扣除或者计入有关资产成本，不得在发生当期直接扣除。

（2）企业的不征税收入用于支出所形成的费用或者财产，不得扣除或者计算对应的折旧、摊销扣除。

（3）除《企业所得税法》和《实施条例》另有规定外，企业实际发生的成本、费用、税金、损失和其他支出，不得重复扣除。

表 6-3　　　　　　　　　　税前扣除项目的范围

<table>
<tr><td rowspan="11">税前扣除项目的范围</td><td>成本</td><td colspan="2">直接成本和间接成本</td></tr>
<tr><td rowspan="3">费用</td><td>管理费用</td><td>业务招待费用不能超过限额
企业之间支付的管理费不得扣除</td></tr>
<tr><td>销售费用</td><td>广告费和业务宣传费不能超过限额
手续费及佣金不能超过限额</td></tr>
<tr><td>财务费用</td><td>区别对待资本化的利息和费用化的利息支出
超过标准的利息费用不得扣除
掌握关联企业之间借款利息扣除的计算</td></tr>
<tr><td rowspan="4">税金</td><td>计入管理费用扣除的税金</td><td>印花税、房产税、车船税、城镇土地使用税等</td></tr>
<tr><td>计入营业税金及附加扣除的税金</td><td>营业税、消费税、城市建设维护税和教育费附加、出口关税、房地产企业缴纳的土地增值税、资源税等</td></tr>
<tr><td>计入相关资产的成本或通过折旧和摊销扣除的税金</td><td>契税、车辆购置税、进口关税、不得抵扣的增值税、耕地占用税等</td></tr>
<tr><td>通过损失扣除的税金</td><td>购进货物发生非正常损失的增值税进项税额转出等</td></tr>
<tr><td>损失</td><td colspan="2">生产经营活动中发生的盘亏、毁损、报废损失、转让财产损失、呆账损失、坏账损失、自然灾害等不可抗力因素造成的损失</td></tr>
</table>

根据表 6-3，应注意以下三点：

（1）财务费用是指企业筹集经营性资金而发生的费用，包括利息净支出、汇兑净损失、金融机构手续费以及其他非资本化支出；

（2）企业可以税前扣除的损失为净损失，即减除责任人赔偿和保险赔款后的余额；

（3）企业已经作为损失处理的资产，在以后纳税年度又全部收回或者部分收回时，应当计入当期收入。

（三）扣除项目及其标准

《企业所得税法》及相关法律法规对可以在税前扣除的成本、费用、税金和损失的某些特定项目，规定了扣除标准，这也是计算税前扣除项目时需要重点掌握的内容。

1. 工资、薪金支出

《企业所得税法》统一了内外资企业工资薪金扣除政策，企业发生的合理的工资、薪金支出均准予税前据实扣除。工资、薪金支出包括所有现金或非现金形式的劳动报酬，即基本工资、奖金、津贴、补贴、年终加薪、加班工资以及与任职或者是受雇有关的其他支出。

工资、薪金的发放对象应当是在本企业任职或受雇的员工，包括固定职工、合同工、临时工等。准许扣除的工资、薪金支出必须是实际支付给员工的，对于计提了而没有发放的，不允许税前扣除。对于国有性质的企业，其工资薪金的扣除，不得超过政府有关部门给予的限定数额；超过部分，不得计入企业工资薪金总额，也不得在计算企业应纳税所得额时扣除。

【专栏 6-6】上市公司实施股权激励计划有关企业所得税的处理

国家税务总局公告 2012 年第 18 号《关于我国居民企业实行股权激励计划有关企业所得税处理问题的公告》，对企业依照《上市公司股权激励管理办法》要求建立的职工股权激励计划，其企业所得税的处理自 2012 年 7 月 1 日起按以下规定执行：

（1）对股权激励计划实行后立即可以行权的，上市公司可以根据实际行权时该股票的公允价格与激励对象实际行权支付价格的差额和数量，确定作为当年上市公司工资薪金支出，并依照税法规定进行税前扣除。

（2）对股权激励计划实行后，需待一定服务年限或者达到规定业绩条件（以下简称等待期）方可行权的。上市公司等待期内会计上计算确认的相关成本费用，不得在对应年度计算缴纳企业所得税时扣除。在股权激励计划可行权后，上市公司方可根据该股票实际行权时的公允价格与当年激励对象实际行权支付价格的差额及数量，计算确定作为当年上市公司工资薪金支出，依照税法规定进行税前扣除。

（3）上述所指股票实际行权时的公允价格以实际行权日该股票的收盘价格确定。

2. 社会保险费

企业依照国务院有关主管部门或者省级人民政府规定的范围和标准为职工缴纳的五险一金，即基本养老保险费、基本医疗保险费、失业保险费、工伤保险费、生育保险费等基本社会保险费和住房公积金，准予扣除。

企业为投资者或者职工支付的补充养老保险费、补充医疗保险费，分别在不超过职工工资总额 5%的标准部分内，准予扣除。企业依照国家有关规定为特殊工种职工支付的人身安全保险费和符合国务院财政、税务主管部门规定可以扣除的商业保险费准予扣除。企业参加财产保险，按照规定缴纳的保险费，准予扣除。

企业为投资者或者职工支付的商业保险费，不得扣除。

【例 6-5】企业缴纳的下列保险金可以在税前直接扣除的有（　　）。

A. 为特殊工种的职工支付的人身安全保险费

B. 为没有工作的董事长夫人缴纳的社会保险费

C. 为投资者或职工支付的商业保险费

D. 按照国家规定的标准，为董事长缴纳的补充养老保险金

E. 企业参加财产保险按照规定缴纳的保险费

【答案】ADE

3. 职工福利费、工会经费、职工教育经费

企业发生的职工福利费、工会经费、职工教育经费按标准扣除，未超过标准的按实际

数扣除，超过标准的只能按标准扣除。计算职工福利费、工会经费、职工教育经费的工资薪金总额是指企业按照规定实际发放的工资薪金总和。

(1) 企业发生的职工福利费支出，不超过工资薪金总额14%的部分准予扣除。企业职工福利费，包括以下内容：

①尚未实行分离办社会职能的企业，其内设福利部门所发生的设备、设施和人员费用；

②为职工卫生保健、生活、住房、交通等所发放的各项补贴和非货币性福利；

③按照其他规定发生的其他职工福利费，包括丧葬补助费、抚恤费、安家费、探亲假路费等。

企业发生的职工福利费，应该单独设置账册，进行准确核算。没有单独设置账册准确核算的，税务机关应责令企业在规定的期限内进行改正。逾期仍未改正的，税务机关可对企业发生的职工福利费进行合理的核定。

(2) 企业拨缴的工会经费，不超过工资薪金总额2%的部分准予扣除。自2010年7月1日起，企业拨缴的职工工会经费，不超过工资薪金总额2%的部分，凭工会组织开具的《工会经费收入专用收据》在企业所得税税前扣除。自2010年1月1日起，在委托税务机关代收工会经费的地区，企业拨缴的工会经费，也可凭合法、有效的工会经费代收凭据依法在税前扣除。

(3) 企业发生的职工教育经费支出，不超过工资薪金总额2.5%的部分准予扣除，超过部分准予结转以后纳税年度扣除。软件企业发生的职工教育经费中的职工培训费可以全额在企业所得税前扣除。国务院财政、税务主管部门另有规定除外。

【专栏6-7】经过技术认定的技术先进型服务企业、动漫企业、中关村示范区科技创新企业发生的职工教育经费支出，不超过工资、薪金总额的8%的部分准予在计算应纳税所得额时扣除；超过部分，准予在以后纳税年度结转。

4. 利息费用

企业在生产、经营活动中发生的利息费用，按下列规定扣除：

(1) 非金融企业向金融企业借款的利息支出、金融企业的各项存款利息支出和同业拆借利息支出、企业经批准发行债券的利息支出可据实扣除。

(2) 非金融企业向非金融企业借款的利息支出（企业双方无关联），不超过按照金融企业同期同类贷款利率计算的数额的部分可据实扣除，超过部分不许扣除。

鉴于目前我国对金融企业利率要求的具体情况，企业在按照合同要求首次支付利息并进行税前扣除时，应提供金融企业的同期同类贷款利率情况说明，以证明其利息支出的合理性。

(3) 关联企业利息费用的扣除。企业从其关联方接受的债权性投资与权益性投资的比例超过规定标准而发生的利息支出，不得在计算应纳税所得额时扣除。具体操作如下：

① 在进行企业应纳税所得额计算时，企业实际支付给关联方的利息支出，不超过规定比例（金融企业5∶1；其他企业2∶1）和《企业所得税法》及其《实施条例》有关规定计算的部分，准予扣除，超过的部分不得在发生当期和以后年度扣除。

② 企业如果能够按照《企业所得税法》及其《实施条例》的有关规定提供相关资料，并证明相关交易活动符合独立交易原则的，或者该企业的实际税负不高于境内关联方的，

其实际支付给境内关联方的利息支出在计算应纳税所得额时准予扣除。

③ 企业应按照适当的方法分开计算金融业务和非金融业务实际支付给关联方的利息支出；没有按照合理方法分开计算的，一律按前述第①条有关其他企业的比例计算准予税前扣除的利息支出。

④ 企业自关联方取得的不符合规定的利息收入应按照有关规定缴纳企业所得税。

（4）企业向自然人借款的利息支出在企业所得税税前的扣除。

① 企业向股东或其他与企业有关联关系的自然人借款的利息支出，在处理原则上同上述第（3）条中的第①项和第②项，即遵循利率制约和本金制约。

② 企业向除股东或其他与企业有关联关系的自然人以外的内部职工或其他人员借款的利息支出，其借款情况同时符合以下条件：一是企业与个人之间的借贷是真实、合法、有效的，并且不具有非法集资目的或其他违反法律、法规的行为；二是企业与个人之间签订了借款合同。其利息支出在不超过按照金融企业同期同类贷款利率计算的数额的部分，准予扣除。

5. 借款费用

（1）企业在生产经营活动中发生的合理的不需要资本化的借款费用，准予扣除。

（2）企业为购置、建造固定资产、无形资产和经过 12 个月以上的建造才能达到预定可销售状态的存货发生借款的，在有关资产购置、建造期间发生的合理的借款费用，应当作为资本性支出计入有关资产的成本，按照《实施条例》规定扣除。

对上述规定主要从两个方面理解：一是需要资本化的借款费用，予以分期扣除或摊销；二是不需要资本化的借款费用，准予在费用发生当期扣除。

（3）企业通过发行债券、取得贷款、吸收保户储金等方式融资而发生的合理的费用支出，符合资本化条件的，应予资本化，计入相关资产成本；不符合资本化条件的，应作为财务费用，准予在企业所得税前据实扣除。

【例 6-6】某生产企业在 2012 年发生财务费用 300 万元，其中包括在建工程的支付银行贷款的利息 180 万元和企业扩大再生产向其他企业支付借款 1500 万元的本年利息 120 万元（同期银行贷款年利率为 6%）。企业当年税前准予扣除的财务费用为（　　）万元。

A. 300　　B. 180

C. 120　　D. 90

【答案】D。

【解析】在建工程应负担的贷款利息 180 万元，应予资本化，在计算应纳税所得额时不得扣除。扩大再生产的利息支出在不超过同期银行贷款利率的限额内扣除。准予扣除的财务费用 = 1500×6% = 90（万元）

6. 汇兑损失

企业在货币交易中以及纳税年度终了时将人民币以外的货币性资产、负债按照期末即期人民币汇率中间价折算为人民币时产生的汇兑损失，除已经计入有关资产成本以及与向所有者进行利润分配相关的部分外，准予扣除。

7. 业务招待费

企业发生的与生产经营活动有关的业务招待费支出，按照发生额的 60% 扣除，但最高不得超过当年销售（营业）收入的 5‰。需要注意的是，销售（营业）收入属于纳税人根据国家统一会计制度确认的主营业务收入、其他业务收入以及根据税收规定确认的视同销售收入，其作为企业业务招待费、广告费和业务宣传会支出扣除限额的计算基数。

对从事股权投资业务的企业（包括集团公司总部、创业投资企业等），其从被投资企业分配的股息、红利以及股权转让收入，可以按规定的比例计算业务招待费扣除限额。

企业在筹建期间，发生的与筹办活动有关的业务招待费支出，可按实际发生额的60%计入企业筹办费，并按有关规定在税前扣除。

【例 6-7】某生产企业（居民企业）为增值税一般纳税人，2014 年销售产品取得不含税销售额 5000 万元，债券利息收入 200 万元（其中国债利息收入 50 万元），发生的管理费用 800 万元（其中业务招待费 80 万元），发生销售费用 1400 万元。该企业 2014 年度所得税税前可以扣除的业务招待费用为多少万元?

【解析】业务招待费扣除限额=5000×5‰=25（万元）<80×60%=48（万元）

因此，可以税前扣除招待费用 25 万元。

8. 广告费和业务宣传费

企业发生的符合条件的广告费和业务宣传费支出，除国务院财政、税务主管部门另有规定外，不超过当年销售（营业）收入 15%的部分，准予扣除；超过部分，准予结转以后纳税年度扣除。该规定将广告费与业务宣传费合并计算，统一规定扣除基数和比例，便于企业合理掌握，统筹使用。

企业在筹建期同发生的广告费和业务宣传费，可按实际发生额计入企业筹办费用，可按上述规定在税前扣除。

【专栏 6-8】自 2011 年 1 月 1 日起至 2015 年 12 月 31 日，对化妆品制造与销售、医药制造和饮料制造（不含酒精类制造）企业发生的广告费和业务宣传费支出，不超过当年销售（营业）收入 30%的部分，准予扣除；超过部分，准予结转以后纳税年度扣除。烟草企业的烟草广告费和业务宣传费支出，一律不得在计算应纳税所得额时扣除。

【例 6-8】某医药制造有限公司 2014 年“主营业务收入”科目贷方发生额为 2000 万元，其中：销售货物 1500 万元、提供劳务 180 万元、让渡资产使用权 120 万元、建造合同 200 万元；“其他业务收入”科目贷方发生额为 700 万元，其中：材料销售收入 350 万元、代购代销手续费 220 万元、包装物出租收入 130 万元；非货币性交易视同销售收入为 300 万元；“营业外收入”科目中非货币性资产交易收益 100 万元、债务重组收益 50 万元；广告宣传费费支出 940 万元，赞助球赛支出 60 万元；会计利润 100 万元，企业所得税税率适用 25%，所得税会计处理采用资产负债表债务法（假设无其他纳税调整事项）。

要求：计算该企业应纳企业所得税。

【解析】

（1）2014 年广告宣传费计提基数=2000+700+300=3000（万元）

“营业外收入”科目中的非货币性资产交易收益 100 万元和债务重组收益 50 万元不属于销售（营业）收入额，因此不计入基数。

（2）广告宣传费税前允许列支数根据财税〔2009〕72 号文件规定，医药制造企业广告费扣除为收入的 30%，扣除限额=3000×30%=900（万元）

实际发生 940 万元，形成 40 万元可抵扣暂时性差异，登入备查账簿中；赞助支出 60 万元不得扣除。

(3) 递延所得税资产（发生额）按照税法规定，该类支出税前列支有一定的标准限制，当期可予税前扣除900万元，当期未予税前扣除的40万元可以向以后年度结转，其计税基础为40万元。该暂时性差异在未来期间可减少企业的应纳税所得额，为可抵扣暂时性差异，符合确认条件时，应确认相关的递延所得税资产为40×25%=10（万元）。

(4) 60万的赞助费支出应该调整为应纳税所得额，即应纳税所得额=100+60+40=200（万元）

应纳企业所得税=(100+60+40)×25%=50(万元)

9. 环境保护专项资金

企业依照法律、行政法规有关规定提取的用于环境保护、生态恢复等方面的专项资金，准予扣除。上述专项资金提取后改变用途的，不得扣除。

10. 保险费

企业参加财产保险，按照规定缴纳的保险费，是与企业取得应税收入有关的支出，符合税前扣除标准，准予扣除。

11. 租赁费

企业根据生产经营活动的需要租入固定资产支付的租赁费，按照以下方法扣除：

(1) 以经营租赁方式租入固定资产发生的租赁费支出，按照租赁期限均匀扣除。经营性租赁是指所有权不转移的租赁。

(2)《实施条例》第五十八条规定，融资租入的固定资产，以租赁合同约定的付款总额和承租人在签订租赁合同过程中发生的相关费用为计税基础，租赁合同未约定付款总额的，以该资产的公允价值和承租人在签订租赁合同过程中发生的相关费用为计税基础。以融资租赁方式租入固定资产发生的租赁费支出，按照规定构成融资租入固定资产价值的部分应当提取折旧费用，分期扣除。

12. 劳动保护费

企业发生的合理的劳动保护支出，准予扣除。必须是企业已经实际发生的、合理的、劳动保护方面的支出，才可以扣除。

【专栏6-9】自2011年7月1日起，企业根据其工作性质和特点，由企业统一制作并要求员工工作时统一着装所发生的工作服饰费用，根据《实施条例》第二十七条的规定，可以作为企业合理的支出给予税前扣除。

13. 公益性捐赠支出

企业发生的公益性捐赠支出，不超过年度利润总额12%的部分，准予扣除。年度利润总额是指企业依照国家统一会计制度的规定计算的年度会计利润。

【例6-9】某企业收入500万元，可以扣除的成本280万元，费用100万元，税金50万元。营业外支出中，公益性捐赠30万元，工商罚款10万元。该企业适用25%的纳税税率。

要求：计算该企业应纳企业所得税。

【解析】

公益捐赠的扣除限额=（500-280-100-50-40）×12%=3.6（万元）

应纳税所得额=500-280-100-50-3.6=66.4（万元）

应纳税额=66.4×25%=16.6（万元）

工商罚款不属于税前扣除项目，在计算应纳税所得额时应予以调增。本例中计算应纳税所得额时，只能按标准调减营业外支出部分中的捐赠支出。

【专栏 6-10】取消公益性捐赠税前扣除资格的情形

对存在以下情形之一的公益性群众团体，应取消其公益性捐赠税前扣除资格：

(1) 前 3 年接受捐赠的总收入中用于公益事业的支出比例低于 70%的；

(2) 在申请公益性捐款税前扣除资格时有弄虚作假行为的；

(3) 存在逃避缴纳税款行为或为他人逃避纳税款提供便利的；

(4) 存在违反该组织章程的活动，或者接受的捐赠款项用于组织章程规定用途之外的支出等情况的；

(5) 受到行政处罚的。

被取消公益性捐款税前扣除资格的公益性群众团体，3 年内不得重新申请公益性捐赠税前扣除资格。

14. 总机构分摊的费用

非居民企业在中国境内设立的机构、场所，就其中国境外总机构发生的与该机构、场所生产经营有关的费用，能够提供总机构出具的费用汇集范围、定额、分配依据和方法等证明文件，并合理分摊的，准予扣除。

15. 资产损失

企业当期发生的固定资产和流动资产盘亏、毁损净损失，由其提供清查盘存资料，经主管税务机关审核后，准予扣除。

企业因存货盘亏、毁损、报废等原因不得从销项税金中抵扣的进项税金，应视同企业财产损失，准予同存货损失一起在所得税前按规定扣除。

16. 手续费及佣金支出

(1) 企业发生的与生产经营有关的手续费及佣金支出，不超过规定计算限额以内的部分，准予扣除；超过部分，不得扣除。

①保险企业：财产保险企业按当年全部保费收入扣除退保金等后余额的 15%（含本数，下同）计算限额；人身保险企业按当年全部保费收入扣除退保金等后余额的 10%计算限额。

②其他企业：按与具有合法经营资格中介服务机构或个人（不含交易双方及其雇员、代理人和代表人等）所签订服务协议或合同确认的收入金额的 5%计算限额。

(2) 注意事项：

①除委托个人代理外，企业以现金等非转账方式支付的手续费及佣金不得在税前扣除；

②企业为发行权益性证券支付给有关证券承销机构的手续费及佣金不得在税前扣除；

③企业不得将手续费及佣金支出计入回扣、业务提成、返利、进场费等费用；

④企业已计入固定资产、无形资产等相关资产的手续费及佣金支出，应当通过折旧、摊销等方式分期扣除，不得在发生当期直接扣除；

⑤企业支付的手续费及佣金不得直接冲减服务协议或合同金额，并如实入账。

【专栏 6-11】电信企业在发展客户、拓展业务等过程中（如委托销售电话入网卡、电话充值卡等），需向经纪人、代办商支付手续费及佣金的，其实际发生的相关手续费及佣金支出，不超过企业当年收入总额5%的部分，准予在企业所得税前据实扣除。

从事代理服务、主营业务收入为手续费、佣金的企业（如证券、期货、保险代理等企业），其为取得该类收入而实际发生的营业成本（包括手续费及佣金支出），准予在企业所得税前据实扣除。

【例6-10】下列支出可在计算应纳税所得额时直接据实扣除的有（　　）。

A. 已计入固定资产的手续费和佣金支出

B. 企业依照法律法规规定提取的用于环境保护的专项资金

C. 企业发生的合理的劳动保护支出

D. 转让固定资产的费用

E. 企业按规定缴纳的财产保险费

【答案】BCDE

17. 保险公司缴纳的保险保障基金

根据财政部下发的《关于保险公司准备金支出企业所得税税前扣除有关政策问题的通知》的规定，关于保险公司缴纳的保险保障基金的税前扣除，注意以下几点：

（1）自2011年1月1日至2015年12月31日，保险公司按下列规定缴纳的保险保障基金，准予据实税前扣除：

①非投资型财产保险业务，不得超过保费收入的0.8%；投资型财产保险业务，有保证收益的，不得超过业务收入的0.08%，无保证收益的，不得超过业务收入的0.05%。

②有保证收益的人寿保险业务，不得超过业务收入的0.15%；无保证收益的人寿保险业务，不得超过业务收入的0.05%。

③短期健康保险业务，不得超过保费收入的0.8%；长期健康保险业务，不得超过保费收入的0.15%。

④非投资型意外伤害保险业务，不得超过保费收入的0.8%；投资型意外伤害保险业务，有保证收益的，不得超过业务收入的0.08%，无保证收益的，不得超过业务收入的0.05%。

（2）保险公司有下列情形之一的，其缴纳的保险保障基金不得在税前扣除：

①财产保险公司的保险保障基金余额达到公司总资产6%的。

②人身保险公司的保险保障基金余额达到公司总资产1%的。

（3）保险公司按国务院财政部门的相关规定提取的未到期责任准备金、寿险责任准备金、长期健康险责任准备金、已发生已报案未决赔款准备金和已发生未报案未决赔款准备金，准予在税前扣除。

（4）保险公司实际发生的各种保险赔款、给付，应首先冲抵按规定提取的准备金，不足冲抵部分，准予在当年税前扣除。

18. 投资企业撤回或减少投资

投资企业从被投资企业撤回或减少投资，其取得的资产中，相当于初始出资的部分，应确认为投资收回；相当于被投资企业累计未分配利润和累计盈余公积按减少实收资本比例计算的部分，应确认为股息所得；其余部分确认为投资资产转让所得。

被投资企业发生的经营亏损，由被投资企业按规定结转弥补；投资企业不得调整减低其投资成本，也不得将其确认为投资损失。

【例 6-11】2011 年年初甲居民企业以实物资产 400 万元直接投资于乙居民企业，取得乙企业 30%的股权。2012 年 11 月，甲企业全部撤回投资，取得资产总计 600 万元，投资撤回时乙企业累计未分配利润为 300 万元，累计盈余公积 50 万元。甲企业应确认的应纳税所得额为多少？

【解析】甲企业应确认的股息所得=(300+50)×30%=105(万元)

初始投资 400 万确认为投资收回。

甲企业应确认的投资资产转让所得=600-400-105=95（万元）

居民企业之间的符合条件的投资收益免税。因此，甲企业应确认的应纳税所得额为 95 万元。

四、不得扣除的项目

在计算应纳税所得额时，不得扣除的项目在纳税调整中需作调增应纳税所得额处理。具体来讲，下列支出不得扣除：

（1）向投资者支付的股息、红利等权益性投资收益款项。

（2）企业所得税税款。

（3）税收滞纳金是指纳税人违反税收法规，被税务机关处以的滞纳金。

（4）罚金、罚款和被没收财物的损失是指纳税人违反国家有关法律、法规规定，被有关部门处以的罚款以及被司法机关处以的罚金和被没收财物。

（5）超过规定标准的捐赠支出。

（6）赞助支出是指企业发生的与生产经营活动无关的各种非广告性质支出。

（7）未经核定的准备金支出是指不符合国务院财政、税务主管部门规定的各项资产减值准备、风险准备等准备金支出。

（8）企业之间支付的管理费、企业内营业机构之间支付的租金和特许权使用费以及非银行企业内营业机构之间支付的利息，不得扣除。

（9）与取得收入无关的其他支出。

【例 6-12】根据《企业所得税法》的规定，在计算企业所得税应纳税所得额时，下列项目不得在企业所得税税前扣除的有（　　）。

A. 计提的用于生态恢复方面的专项资金

B. 违反法律被司法部门处以的罚金

C. 非广告性质的赞助支出

D. 银行按规定加收的罚息

E. 外购货物管理不善发生的损失

【答案】BC。

【解析】纳税人因违反法律、行政法规而交付的罚款、罚金、滞纳金，不得扣除；纳税人逾期归还银行贷款，银行按规定加收的罚息，不属于行政性罚款，允许在税前扣除。

五、亏损弥补

根据《企业所得税法》第十八条的规定，企业纳税年度发生的亏损，准予向以后年度结转，用以后年度的所得弥补，但结转年限最长不得超过5年。企业在汇总计算缴纳企业所得税时，其境外营业机构的亏损不得抵减境内营业机构的盈利。

企业开始计算损益的年度为企业开始生产经营的年度，企业筹办期间不能作为亏损年度进行计算。企业从事生产经营之前进行筹办活动发生的筹办费用支出，不得计算为当期的亏损，企业可以在开始经营之日的当年一次性扣除，也可以按照《企业所得税法》有关长期待摊费用的处理规定处理，但一经选定，不得改变。

税务机关对企业以前年度纳税情况进行检查时调增的应纳税所得额，凡企业以前年度发生亏损且该亏损属于《企业所得税法》规定允许弥补的，应允许调增的应纳税所得额弥补该亏损。弥补该亏损后仍有余额的，按照《企业所得税法》的规定计算缴纳企业所得税。对检查调增的应纳税所得额应根据其情节，依照《税收征收管理法》有关规定进行处理或处罚。

对企业发现以前年度实际发生的、按照税收规定应在企业所得税前扣除而未扣除或者少扣除的支出，企业做出专项申报及说明后，准予追补至该项目发生年度计算扣除，但追补确认期限不得超过5年。企业由于上述原因多缴的企业所得税税款，可以在追补确认年度企业所得税应纳税款中抵扣，不足抵扣的，可以向以后年度递延抵扣或申请退税。

第三节　税收优惠

税收优惠是国家干预经济的重要手段之一。《企业所得税法》的颁布，改变了以往以投资来源和区域优惠为主的税收优惠政策导向，转而实行以产业优惠为主、区域优惠为辅的新导向。税收优惠的方式多种多样，包括免税、减计收入、实行低税率、加计扣除、抵扣应纳税所得额、加速折旧、减税、投资抵免应纳税所得额等。国家通过税收优惠政策可以扶持某些特殊地区、产业、企业和产品的发展，促进产业结构的调整和社会经济的协调发展。

一、免税收入

根据《企业所得税法》第二十六条的规定，企业的下列收入为免税收入：

（1）国债利息收入；

（2）符合条件的居民企业之间的股息、红利等权益性投资收益；

（3）在中国境内设立机构、场所的非居民企业从居民企业取得与该机构、场所有实际联系的股息、红利等权益性投资收益；

（4）符合条件的非营利组织的收入。

根据《实施条例》第八十二条至八十五条的相关规定以及最新相关财税政策的通知，

在企业享受免税收入的税收优惠政策问题上，需注意以下几点：

第一，国债利息收入是指企业持有国务院财政部门发行的国债取得的利息收入。企业在国债流通市场上取得的价差收入应作为转让财产获得的收入，应计入企业应纳税所得额。

第二，居民企业之间的股息、红利等权益性投资收益是指居民企业直接投资于其他居民企业取得的投资收益。居民企业之间非直接投资取得的权益性投资收益以及居民企业对非居民企业投资取得的权益性收益，应当缴纳企业所得税。

第三，《企业所得税法》第二十六条第（二）项和第（三）项所称股息、红利等权益性投资收益，不包括连续持有居民企业公开发行并上市流通的股票不足 12 个月取得的投资收益。

第四，依据《关于非营利组织免税资格认定管理有关问题的通知》（财税〔2014〕13 号）的规定，认定的符合条件的非营利组织，必须同时满足以下条件：

（1）依照国家有关法律法规设立或登记的事业单位、社会团体、基金会、民办非企业单位、宗教活动场所以及财政部、国家税务总局认定的其他组织；

（2）从事公益性或者非营利性活动；

（3）取得的收入除用于与该组织有关的、合理的支出外，全部用于登记核定或者章程规定的公益性或者非营利性事业；

（4）财产及其孳息不用于分配，但不包括合理的工资薪金支出；

（5）按照登记核定或者章程规定，该组织注销后的剩余财产用于公益性或者非营利性目的，或者由登记管理机关转赠给与该组织性质、宗旨相同的组织，并向社会公告；

（6）投入人对投入该组织的财产不保留或者享有任何财产权利，投入人是指除各级人民政府及其部门外的法人、自然人和其他组织；

（7）工作人员工资福利开支控制在规定的比例内，不变相分配该组织的财产，其中工作人员平均工资薪金水平不得超过上年度税务登记所在地人均工资水平的两倍，工作人员福利按照国家有关规定执行；

（8）除当年新设立或登记的事业单位、社会团体、基金会及民办非企业单位外，事业单位、社会团体、基金会及民办非企业单位申请前年度的检查结论为“合格”；

（9）对取得的应纳税收入及其有关的成本、费用、损失应与免税收入及其有关的成本、费用、损失分别核算。

非营利组织免税优惠资格的有效期为 5 年。非营利组织应在期满前 3 个月内提出复审申请，不提出复审申请或复审不合格的，其享受免税优惠的资格到期自动失效。非营利组织免税资格复审，按照初次申请免税优惠资格的规定办理。非营利组织的收入，不包括非营利组织从事营利性活动取得的收入，但国务院财政、税务主管部门另有规定的除外。

【例 6-13】企业取得的下列收入，属于企业所得税免税收入的有（　　）。

A. 国债利息收入

B. 金融债券的利息收入

C. 居民企业直接投资于其他居民企业取得的权益性投资收益

D. 居民企业从非居民企业取得的股息等权益性投资收益

【答案】AC。

【专栏6-12】非营利组织免税资格的取消

依据《关于非营利组织免税资格认定管理有关问题的通知》（财税〔2014〕13号）第六条的规定，已认定的享受免税优惠政策的非营利组织有下述情况之一的，应取消其资格：

（1）事业单位、社会团体、基金会及民办非企业单位逾期未参加年检或年度检查结论为“不合格”的；

（2）在申请认定过程中提供虚假信息的；

（3）有逃避缴纳税款或帮助他人逃避缴纳税款行为的；

（4）通过关联交易或非关联交易和服务活动，变相转移、隐匿、分配该组织财产的；

（5）因违反《税收征管法》及其实施细则而受到税务机关处罚的；

（6）受到登记管理机关处罚的。

因上述第（1）项规定的情形被取消免税优惠资格的非营利组织，财政、税务部门在一年内不再受理该组织的认定申请；因上述规定的除第（1）项以外的其他情形被取消免税优惠资格的非营利组织，财政、税务部门在5年内不再受理该组织的认定申请。

二、免征与减征优惠

根据《企业所得税法》第二十七条的规定，企业的下列所得，可以免征、减征企业所得税：

（一）从事农、林、牧、渔业项目的所得

《实施条例》第八十六条将企业从事农、林、牧、渔业项目的所得区分为免征和减征两部分：

企业从事下列项目的所得，免征企业所得税：

（1）蔬菜、谷物、薯类、油料、豆类、棉花、麻类、糖料、水果、坚果的种植；

（2）农作物新品种的选育；

（3）中药材的种植；

（4）林木的培育和种植；

（5）牲畜、家禽的饲养；

（6）林产品的采集；

（7）灌溉、农产品初加工、兽医、农技推广、农机作业和维修等农、林、牧、渔服务业项目；

（8）远洋捕捞。

企业从事下列项目的所得，减半征收企业所得税：

（1）花卉、茶以及其他饮料作物和香料作物的种植；

（2）海水养殖、内陆养殖。

企业从事国家限制和禁止发展的项目，不得享受本条规定的企业所得税优惠。

（二）从事国家重点扶持的公共基础设施项目投资经营的所得

《实施条例》第八十七条对公共基础设施项目的内容以及免征、减征事项作出了规定：国家重点扶持的公共基础设施项目是指《公共基础设施项目企业所得税优惠目录》规定的港口码头、机场、铁路、公路、城市公共交通、电力、水利等项目。

企业从事国家重点扶持的公共基础设施项目的投资经营的所得，自项目取得第一笔生产经营收入所属纳税年度起，第一年至第三年免征企业所得税，第四年至第六年减半征收企业所得税。

企业承包经营、承包建设和内部自建自用本条规定的项目，不得享受本条规定的企业所得税优惠。

（三）从事符合条件的环境保护、节能节水项目的所得

该条所称的环境保护、节能节水项目的具体条件和范围由国务院财政、税务主管部门及国务院其他相关部门制定，报国务院批准后公布施行。环境保护、节能节水项目的所得，自取得第一笔收入所属纳税年度起，第一年至第三年免征企业所得税，第四年至第六年减半征收企业所得税。

上述享受减免税优惠的项目在减免税期限内转让的，受让方自受让之日起在剩余期限内享受税收优惠；减免税期限届满后转让的，受让方不再就该项目享受减免税优惠。

（四）符合条件的技术转让所得

根据《实施条例》第九十条的规定，该项所称的符合条件的技术转让所得免征、减征企业所得税，是指一个纳税年度内，居民企业技术转让所得不超过500万元的部分，免征企业所得税；超过500万元的部分，减半征收企业所得税。

（五）《企业所得税法》第三条第三款规定的所得

非居民企业在中国境内未设立机构、场所的，或者虽设立机构、场所但取得的所得与其所设机构、场所没有实际联系的，减按10%的税率征收企业所得税。

下列所得可以免征企业所得税：

（1）外国政府向中国政府提供贷款取得的利息所得；

（2）国际金融组织向中国政府和居民企业提供优惠贷款取得的利息所得；

（3）经国务院批准的其他所得。

三、小型微利企业优惠

（一）对于小型微利企业，国家对其减按20%的税率征收企业所得税

根据《实施条例》第九十二条的规定，小型微利企业是指从事国家非限制和禁止行业，并符合下列条件的企业：

（1）工业企业，年度应纳税所得额不超过30万元，从业人数不超过100人，资产总额不超过3000万元；

（2）其他企业，年度应纳税所得额不超过30万元，从业人数不超过80人，资产总额不超过1000万元。

（二）符合条件的小型微利企业，减半征税

根据《关于小型微利企业所得税优惠政策有关问题的通知》（财税〔2014〕34号）的规定，符合《企业所得税法》及其《实施条例》以及相关税收政策规定的小型微利企业，自2014年1月1日至2016年12月31日对年应纳税所得额低于10万元（含10万元）的小型微利企业，其所得减按50%计入应纳税所得额，按20%的税率缴纳企业所得税。

（三）不得享受小型微利企业减免税优惠的三类企业

以下三种企业即使符合相关指标也不得享受小型微利企业减免税优惠：

（1）从事属于国家限制和禁止行业的企业不能享受小型微利减免税优惠；

（2）核定征收所得税企业不能享受小型微利减免税优惠；

（3）非居民企业不能享受小型微利减免税优惠。

四、高新技术企业优惠

国家需要重点扶持的高新技术企业，减按15%的税率征收企业所得税。

根据《实施条例》的规定，国家需要重点扶持的高新技术企业是指拥有核心自主知识产权，并同时符合下列条件的企业：

（1）产品（服务）属于《国家重点支持的高新技术领域》规定的范围；

（2）研究开发费用占销售收入的比例不低于规定比例；

（3）高新技术产品（服务）收入占企业总收入的比例不低于规定比例；

（4）科技人员占企业职工总数的比例不低于规定比例；

（5）《高新技术企业认定管理办法》规定的其他条件。

《国家重点支持的高新技术领域》和《高新技术企业认定管理办法》由国务院科技、财政、税务主管部门和国务院有关部门制定，报国务院批准后公布施行。

【专栏6-13】高新技术企业境外所得适用税率及税后抵免规定

高新技术企业是指经过有关认定机构按照《高新技术企业认定管理办法》和《高新技术企业认定管理工作指引》认定，取得高新技术企业证书并正在享受企业所得税15%税率优惠的企业。

根据《关于高新技术企业境外所得适用税率及税收抵免问题的通知》（财税〔2011〕47号，以下简称《通知》）的规定，自2010年1月1日起，高新技术企业来源于境外的所得可以享受税收优惠，即按15%的优惠税率缴纳企业所得税。在计算境外抵免限额时，高新技术企业可按照15%的优惠税率计算境内外应纳税总额。《通知》出台前，企业境外所得先在业务所在国缴纳企业所得税，如果当地税率不高于国内25%企业所得税税率，企业还需回到国内补足剩余部分企业所得税。该《通知》的出台打破了过去境外所得不享受境内税收优惠的旧框架限制。

五、民族自治地方的优惠

根据《企业所得税法》第二十九条的规定，民族自治地方的自治机关对本民族自治地方的企业应缴纳的企业所得税中属于地方分享的部分，可以决定减征或者免征。自治州、自治县决定减征或者免征的，须报省、自治区、直辖市人民政府批准。

根据《实施条例》的规定，民族自治地方是指依照《中华人民共和国民族区域自治法》的规定，实行民族区域自治的自治区、自治州、自治县。对民族自治地方内国家限制和禁止行业的企业，不得减征或者免征企业所得税。

六、加计扣除优惠

根据《企业所得税法》第三十条的规定，加计扣除优惠包括以下两项内容：

（一）开发新技术、新产品、新工艺发生的研究开发费用

依据《实施条例》第九十五条的规定，研究开发费用的加计扣除是指企业为开发新技术、新产品、新工艺发生的研究开发费用，未形成无形资产计入当期损益的，在按照规定据实扣除的基础上，按照研究开发费用的50%加计扣除；形成无形资产的，按照无形资产成本的150%摊销。

【专栏6-14】研究开发费用的加计扣除范围

根据《关于研究开发费用税前加计扣除有关政策问题的通知》（财税〔2013〕70号）规定，企业从事研发活动发生的下列费用支出，可纳入税前加计扣除的研究开发费用范围：

（1）企业依照国务院有关主管部门或者省级人民政府规定的范围和标准为在职直接从事研发活动人员缴纳的基本养老保险费、基本医疗保险费、失业保险费、工伤保险费、生育保险费和住房公积金。

（2）专门用于研发活动的仪器、设备的运行维护、调整、检验、维修等费用。

（3）不构成固定资产的样品、样机及一般测试手段购置费。

（4）新药研制的临床试验费。

（5）研发成果的鉴定费用。

企业享受研究开发费用税前扣除政策的其他相关问题，按照《国家税务总局关于印发〈企业研究开发费用税前扣除管理办法（试行）〉的通知》（国税发〔2008〕116号）的规定执行。

（二）安置残疾人员及国家鼓励安置的其他就业人员所支付的工资。

根据《实施条例》第九十六条的规定，企业安置残疾人员所支付的工资的加计扣除是指企业安置残疾人员的，在按照支付给残疾职工工资据实扣除的基础上，按照支付给残疾职工工资的100%加计扣除。残疾人员的范围适用《中华人民共和国残疾人保障法》的有关规定。《企业所得税法》第三十条第二项所称企业安置国家鼓励安置的其他就业人员所支付的工资的加计扣除办法由国务院另行规定。

七、创业投资企业优惠

创业投资企业从事国家需要重点扶持和鼓励的创业投资，可以按投资额的一定比例抵扣应纳税所得额。

《实施条例》第九十七条对抵扣应纳税所得额作出了规定，上述所称的应纳税所得额是指创业投资企业采取股权投资方式投资于未上市的中小高新技术企业2年以上的，可以按照其投资额的70%在股权持有满2年的当年抵扣该创业投资企业的应纳税所得额；当年不足抵扣的，可以在以后纳税年度结转抵扣。

【例6-14】甲企业在2012年1月1日向乙企业（未上市的中小高新技术企业）投资100万元，股权持有到2013年12月31日，则甲企业2013年度可抵扣的应纳税所得额为

70 万元。

八、加速折旧优惠

企业的固定资产由于技术进步等原因，确需加速折旧的，可以采取缩短折旧年限或者加速折旧的方法。可以采取缩短折旧年限或者加速折旧的方法的固定资产包括：

（1）由于技术进步，产品更新换代较快的固定资产；

（2）常年处于强震动、高腐蚀状态的固定资产。

采取缩短折旧年限方法的，最低折旧年限不得低于《实施条例》第六十条规定的折旧年限的60%；采取加速折旧方法的，可以采取双倍余额递减法或者年数总和法。

【例 6-15】根据企业所得税相关规定，企业的下列固定资产中可以加速折旧的有（　）。

A. 由于技术进步，产品更新换代较快的固定资产

B. 生产出的产品合格率常年不达标的固定资产

C. 常年处于使用状态的固定资产

D. 常年处于强震动、高腐蚀状态的固定资产

E. 房屋建筑物等不动产

【答案】AD

【专栏 6-15】《关于完善固定资产加速折旧企业所得税政策的通知》（财税〔2014〕75 号）

一、对生物药品制造业，专用设备制造业，铁路、船舶、航空航天和其他运输设备制造业，计算机、通信和其他电子设备制造业，仪器仪表制造业，信息传输、软件和信息技术服务业 6 个行业的企业 2014 年 1 月 1 日后新购进的固定资产，可缩短折旧年限或采取加速折旧的方法。

对上述 6 个行业的小型微利企业 2014 年 1 月 1 日后新购进的研发和生产经营共用的仪器、设备，单位价值不超过 100 万元的，允许一次性计入当期成本费用在计算应纳税所得额时扣除，不再分年度计算折旧；单位价值超过 100 万元的，可缩短折旧年限或采取加速折旧的方法。

二、对所有行业企业 2014 年 1 月 1 日后新购进的专门用于研发的仪器、设备，单位价值不超过 100 万元的，允许一次性计入当期成本费用在计算应纳税所得额时扣除，不再分年度计算折旧；单位价值超过 100 万元的，可缩短折旧年限或采取加速折旧的方法。

三、对所有行业企业持有的单位价值不超过 5000 元的固定资产，允许一次性计入当期成本费用在计算应纳税所得额时扣除，不再分年度计算折旧。

四、企业按本通知第一条、第二条规定缩短折旧年限的，最低折旧年限不得低于《实施条例》第六十条规定折旧年限的 60%；采取加速折旧方法的，可采取双倍余额递减法或者年数总和法。本通知第一条至第三条规定之外的企业固定资产加速折旧所得税处理问题，继续按照《企业所得税法》及其《实施条例》和现行税收政策规定执行。

九、减计收入优惠

企业以《资源综合利用企业所得税优惠目录》规定的资源作为主要原材料，生产国家非限制和禁止并符合国家和行业相关标准的产品取得的收入，减按90%计入收入总额。此处所称的原材料占生产产品材料的比例不得低于《资源综合利用企业所得税优惠目录》规定的标准。

十、税额抵免优惠

企业购置用于环境保护、节能节水、安全生产等专用设备的投资额，可以按一定比例实行税额抵免。

《实施条例》第一百条对税额抵免作出了规定，税额抵免是指企业购置并实际使用《环境保护专用设备企业所得税优惠目录》《节能节水专用设备企业所得税优惠目录》和《安全生产专用设备企业所得税优惠目录》规定的环境保护、节能节水、安全生产等专用设备的，该专用设备的投资额的10%可以从企业当年的应纳税额中抵免；当年不足抵免的，可以在以后5个纳税年度结转抵免。

享受前款规定的企业所得税优惠的企业，应当实际购置并自身实际投入使用前款规定的专用设备；企业购置上述专用设备在5年内转让、出租的，应当停止享受企业所得税优惠，并补缴已经抵免的企业所得税税款。转让的受让方可以按照该专用设备投资额的10%抵免当年企业所得税应纳税额，当年应纳税额不足抵免的，可以在以后5个纳税年度结转抵免。

十一、其他优惠

《企业所得税法》对新旧企业所得税法规的衔接提出了明确的过渡规定，即《企业所得税法》颁布前已经批准设立（已经完成工商登记注册）的企业，依照当时的税收法律、行政法规规定，享受低税率优惠的，按照国务院规定，可以在《企业所得税法》施行后5年内，逐步过渡到新《企业所得税法》规定的税率；享受定期减免税收优惠的，按照国务院的规定，可以在《企业所得税法》施行后继续享受到期满为止，但因未获利而尚未享受优惠的，优惠期限从《企业所得税法》施行年度起计算。

【例6-16】对于《企业所得税法》规定的税收优惠政策，下面说法正确的有（　　）。

A. 采取缩短折旧年限方法加速折旧的，最低折旧年限不得低于《实施条例》规定折旧年限的60%

B. 安置残疾人员的企业，支付残疾职工的工资在计算应纳税所得额时按100%加计扣除

C. 创业投资企业从事国家鼓励的创业投资，可按投资额的70%在股权持有满2年的当年抵免应纳税额

D. 符合条件的非营利组织从事营利性活动取得的收入，可作为免税收入，不计入

应纳税所得额征税

E. 符合条件的技术转让所得，所得额不超过500万元的免税，超过500万元的全额纳税

【答案】AB。

【解析】创业投资企业采取股权投资方式投资于未上市的中小高新技术企业2年以上的，可以按照其投资额的70%在股权持有满2年的当年抵扣该创业投资企业的应纳税所得额，而不是应纳税额；符合条件的非营利组织从事非营利性活动取得的收入，可作为免税收入，不并入应纳税所得额征税；符合条件的技术转让所得，所得额不超过500万元的免税，超过500万元的部分减半征收企业所得税。

【例6-17】下列关于企业所得税优惠政策表述错误的有（　　）。

A. 对设在西部地区的鼓励类产业减按20%的税率征收企业所得税

B. 对投资者从证券投资基金分配中取得的收入，暂不征收企业所得税

C. 对于符合条件的节能服务公司实施合同能源管理项目，自项目取得第一笔收入所属年度起“五免五减半”

D. 企业从事国家重点扶持的公共基础设施项目的投资经营的所得，免征企业所得税

E. 对西部地区外商投资鼓励类产业及优势产业的项目在投资总额内进口的自用设备，免征关税

【答案】ACD。

【解析】自2011年1月1日至2020年12月31日，对设在西部地区的鼓励类产业企业减按15%的税率征收企业所得税；对于符合条件的节能服务公司实施合同能源管理项目，自项目取得第一笔生产经营收入所得年度起“三免三减半”；企业从事国家重点扶持的公共基础设施项目的投资经营所得，自项目取得第一笔生产经营收入所属纳税年度起，第一年至第三年免征企业所得税，第四年至第六年减半征收企业所得税。

第四节 应纳税额的计算

根据《企业所得税法》第二十二条的规定，企业的应纳税所得额乘以适用税率，减除依照本法关于税收优惠的规定减免和抵免的税额后的余额，为应纳税额。

应纳税额的计算公式为：

应纳税额=应纳税所得额×适用税率-减免税额-抵免税额

本公式中减免税额和抵免税额依照《企业所得税法》《实施条例》和国务院有关税收优惠中规定的减征、免征和抵免的应纳税额进行确定。

一、居民企业应纳税额的计算

从《实施条例》第七十六条规定的上述计算公式中可以看出，影响应纳税额多少的变量主要有两个，即应纳税所得额和适用税率。在实际纳税过程中，应纳税所得额的计算一

般有两种方法。

（一）直接计算法

依据直接计算方法，企业应纳税所得额为企业每一年度的收入总额减除不征税收入、免税收入、各项扣除以及允许弥补的以前年度亏损后的余额。公式与前述应纳税所得额计算公式相同。

（二）间接计算法

依据间接计算方法，企业应纳税所得额的确定是在企业会计利润总额的基础上，再加减按照税法规定调整的项目金额。计算公式为：

应纳税所得额=会计利润总额±纳税调整项目金额

税收调整项目金额包括两方面的内容：一是企业财务会计的处理和税收不一致的应予以调整的金额；二是企业按税法规定准予扣除的税收金额。例如，会计利润计算中已扣除，但超过税法规定扣除标准部分；会计利润计算中已扣除，但税法规定不得扣除的项目金额；未记或少记的应税收益；弥补以前年度（5 年内）未弥补亏损额；减税或免税收益；境外企业或境内联营企业分回利润等。

【例 6-18】某企业为居民企业，2013 年发生经营业务如下：

（1）取得产品销售收入 5000 万元；

（2）发生产品销售成本 1500 万元；

（3）发生销售费用 1000 万元（其中广告费 800 万元），管理费用 320 万元（其中业务招待费 30 万元），财务费用 80 万元；

（4）销售税金 160 万元（含增值税 120 万元）；

（5）营业外收入 120 万元，营业外支出 70 万元（含通过公益性社会团体向贫困山区捐款 30 万元，支付税收滞纳金 6 万元）；

（6）计入成本、费用中的实发工资总额 200 万元，拨缴职工工会经费 5 万元，发生职工福利费 31 万元，发生职工教育经费 7 万元。

要求：计算该企业 2013 年度实际应纳的企业所得税。

【解析】（1）该企业 2013 年度会计利润总额=5000+120-1500-1000-320-80-40-70
=2110（万元）

（2）广告费调增所得额=800-5000×15%=800-750=50（万元）

（3）业务招待费调增所得额=30-30×60%=30-18=12（万元）
5000×5‰=25（万元）>30×60%=18（万元）

（4）工会经费应调增所得额=5-200×2%=1（万元）

（5）职工福利费应调增所得额=31-200×14%=3（万元）

（6）职工教育经费应调增所得额=7-200×2.5%=2（万元）

该企业最终的应纳税所得额=2110+50+12+6+1+3+2=2184（万元）

2013 年度应缴企业所得税=2184×25%=546（万元）

【例 6-19】某工业企业为居民企业，2014 年度发生的经营业务如下：

全年取得产品销售收入为 5600 万元，发生产品销售成本为 4000 万元；其他业务收入 800 万元，其他业务成本为 694 万元；取得购买国债的利息收入 40 万元；缴纳非增值税销售税金及附加 300 万元；发生的管理费用 760 万元，其中新技术的研究开发费用 60 万元、业务招待费用70万元；发生财务费用200万元；取得直接投资其他居民企业的权益性收益34万元（已在投资方所在地按15%的税率缴纳了所得税）；取得营业外收入100万元，发生营业外支出250万元（其中含公益捐赠38万元）。

要求：计算该企业2014年度应纳的企业所得税。

【解析】（1）利润总额=5600+800+40+34+100-4000-694-300-760-200-250
=370（万元）

（2）国债利息收入免征企业所得税，应调减所得额40万元。

（3）技术开发费调减所得额= 60×50%=30（万元）

（4）按实际发生业务招待费的60%计算=70×60%=42（万元）

按销售（营业）收入的5‰计算=（5600+800）×5‰=32（万元）

按照规定税前扣除限额应为32万元，实际应调增应纳税所得额=70-32=38（万元）

（5）取得直接投资其他居民企业的权益性收益属于免税收入，应调减应纳税所得额34万元。

（6）捐赠扣除标准=370×12%=44.4（万元）

实际捐赠额为38万元小于扣除标准44.4万元，可按实捐数扣除，不进行纳税调整。

（7）应纳税所得额=370-40-30+38-34=304（万元）

（8）该企业2014年度应缴纳企业所得税=304×25%=76（万元）

二、境外所得抵扣税额的计算

根据《企业所得税法》第二十三条的规定，企业取得的下列所得已在境外缴纳的所得税税额，可以从其当期应纳税额中抵免，抵免限额为该项所得依照《企业所得税法》规定计算的应纳税额；超过抵免限额的部分，可以在以后5个年度内，用每年度抵免限额抵免当年应抵免税额后的余额进行抵补：

（1）居民企业来源于中国境外的应税所得；

（2）非居民企业在中国境内设立机构、场所，取得发生在中国境外但与该机构、场所有实际联系的应税所得。

上述5个年度是指从企业取得的来源于中国境外的所得，已经在中国境外缴纳的企业所得税性质的税额超过抵免限额的当年的次年起连续5个纳税年度。境外所得涉及的税款，少交必补，多交当年不退，以后5年退。

根据《企业所得税法》第二十四条的规定，居民企业从其直接或者间接控制的外国企业分得的来源于中国境外的股息、红利等权益性投资收益，外国企业在境外实际缴纳的所得税税额中属于该项所得负担的部分，可以作为该居民企业的可抵免境外所得税税额，在《企业所得税法》第二十三条规定的抵免限额内抵免。

抵免限额是对企业取得的来源于我国境外的所得，依照《企业所得税法》和《实施条例》的规定计算的应纳税额。除国务院财政、税务主管部门另有规定外，抵免限额采用分国（地区）不分项的计算原则。

抵免限额的计算公式为：

抵免限额=中国境内、境外所得依照《企业所得税法》和《实施条例》的规定计算的应纳税总额×来源于某国（地区）的应纳税所得额÷中国境内、境外应纳税所得总额＝来源于某国（地区）的应纳税所得额×我国法定税率

“分国不分项”的计算原则是指在计算抵免限额的时候，境外所得按照不同的国家分别计算抵免限额。例如，A国算A国的，B国算B国的，这是分国；境外的所得不需要区分销售货物收入和财产转让收入等具体的项目，这是不分项。

【例6-20】某企业在2013年度境内应纳税所得额为500万元，适用25%的企业所得税税率。另外，该企业分别在甲、乙两国设有分支机构（我国与甲、乙两国已经缔结避免双重征税协定），在甲国分支机构的应纳税所得额为200万元，甲国的税率为20%；在乙国的分支机构的应纳税所得额为100万元，乙国的税率为30%。假设该企业在甲、乙两国所得按我国税法计算的应纳税所得额和按甲、乙两国税法计算的应纳税所得额一致，两个分支机构在甲、乙两国分别缴纳了40万元和30万元的企业所得税。

要求：计算该企业汇总时在我国应缴纳的企业所得税税额。

【解析】(1) 甲、乙两国的扣除限额计算如下：

甲国扣除限额＝[(500+200+100)×25%]×200÷(500+200+100)

＝200×25%＝50(万元)

同理，乙国扣除限额＝100×25%＝25（万元）

在甲国缴纳的所得税为40万元，低于扣除限额50万元，可全额扣除；

在乙国缴纳的所得税为30万元，高于扣除限额25万元，其超过扣除限额的部分5万元在当年不能扣除。

(2)汇总时在我国应缴纳的所得税＝(500+200+100)×25%−40−25＝135(万元)

【专栏6-16】高新技术企业境外所得优惠

以境内、境外全部生产经营活动有关的研究开发费用总额、总收入、销售收入总额、高新技术产品（服务）收入等指标申请并经认定的高新技术企业，其来源于境外的所得可以享受高新技术企业所得税优惠政策，即对其来源于境外所得可以按照15%的优惠税率缴纳企业所得税。在计算境外抵免限额时，可按照15%的优惠税率计算境内外应纳税总额。对高新技术企业的扶持，实现了从境内扶持到全球扶持，高新技术所得都按15%优惠税率。

三、居民企业核定征收应纳税额的计算

(一) 核定征收企业所得税的范围

根据《企业所得税法》及其实施条例、《税收征管法》及其实施细则的相关规定，居民企业纳税人具有下列情形之一的，核定征收企业所得税：

(1) 依照法律、行政法规的规定可以不设置账簿的；

(2) 依照法律、行政法规的规定应当设置但未设置账簿的；

(3) 擅自销毁账簿或者拒不提供纳税资料的；

(4) 虽设置账簿，但账目混乱或者成本资料、收入凭证、费用凭证残缺不全，难以查账的；

(5) 发生纳税义务，未按照规定的期限办理纳税申报，经税务机关责令限期申报，逾

期仍不申报的；

（6）申报的计税依据明显偏低，又无正当理由的。

特殊行业、特殊类型的纳税人和一定规模以上的纳税人不适用上述办法，具体办法由国家税务总局另行明确。

（二）核定征收的办法

根据具体情形具体对待的原则，税务机关依据纳税人的具体情况，对核定征收企业所得税的纳税人，核定应税所得率或应纳税额。

具有下列情形之一的，核定其应税所得率：

（1）能正确核算（查实）收入总额，但不能正确核算（查实）成本费用总额的；

（2）能正确核算（查实）成本费用总额，但不能正确核算（查实）收入总额的；

（3）通过合理方法，能计算和推定纳税人收入总额或成本费用总额的。

采用应税所得率方式核定征收企业所得税的，应纳税额计算公式如下：

应纳税额=应纳税所得额×适用税率

应纳税所得额=应税收入额×应税所得率

应纳税所得额=成本（费用）支出额÷（1-应税所得率）×应税所得率

实行应税所得率方式核定征收企业所得税的纳税人，经营多业的，无论其经营项目是否单独核算，均由税务机关根据其主营项目确定适用的应税所得率。不同行业的应税所得率如表 6-4 所示：

表 6-4　不同行业的应税所得率

行业	应税所得率（%）
农、林、牧、渔业	3~10
制造业	5~15
批发和零售贸易业	4~15
交通运输业	7~15
建筑业	8~20
饮食业	8~25
娱乐业	15~30
其他行业	10~30

【专栏 6-17】根据国家税务总局 2012 年第 27 号公告规定，自 2012 年 1 月 1 日起，专门从事股权（股票）投资业务的企业，不得核定征收企业所得税。对依法核定应税所得率方式核定征收企业所得税的企业，取得的转让股权（股票）收入等转让财产收入，应全额计入应税收入额，按照主营项目（业务）确定适用的应税所得率计算征税；若主营项目（业务）发生变化，应在当年汇算清缴时，按照变化后的主营项目（业务）重新确定适用的应税所得率计算征税。

纳税人不属于以上情形的，核定其应纳所得税额。

【例 6-21】居民纳税人在计算企业所得税时，应核定其应税所得率的情形是（　　）。

A. 能正确核算（查实）收入总额，但不能正确核算（查实）成本费用总额的

B. 能正确核算（查实）成本费用总额，但不能正确核算（查实）收入总额的

C. 通过合理方法，能计算和推定纳税人收入总额或成本费用总额的

D. 无法计算和推定纳税人收入总额和成本费用总额的

【答案】ABC

税务机关采用下列方法核定征收企业所得税：

（1）参照当地同类行业或者类似行业中经营规模和收入水平相近的纳税人的税负水平核定；

（2）按照应税收入额或成本费用支出额定率核定；

（3）按照耗用的原材料、燃料、动力等推算或测算核定；

（4）按照其他合理方法核定。

采用前款所列一种方法不足以正确核定应纳税所得额或应纳税额的，可以同时采用两种以上的方法核定。采用两种以上方法测算的应纳税额不一致时，可按测算的应纳税额从高核定。纳税人的生产经营范围、主营业务发生重大变化的，或者应纳税所得额或应纳税额增减变化达到20%的，应及时向税务机关申报调整已确定的应纳税额或应税所得率。

四、非居民企业应纳税额的计算

非居民企业是依照外国（地区）法律成立且实际管理机构不在中国境内，但在中国境内设立机构、场所的，或者在中国境内未设立机构、场所，但有来源于中国境内所得的企业。对于非居民企业，按照以下方法计算其应纳税所得额：

（1）股息、红利等权益性投资收益和利息、租金、特许权使用费所得，以收入全额为应纳税所得额；

（2）转让财产所得，以收入全额减除财产净值后的余额为应纳税所得额；

（3）其他所得，参照前两项规定的方法计算应纳税所得额。

非居民企业应纳税额=应纳税所得额×适用税率

第（2）项中所称的“财产净值”是指在财产的计税基础上减去已经按照规定扣除的折旧、折耗、摊销、准备金等金额后的余额。

【例 6-22】在中国境内未设立机构、场所的非居民企业从中国境内取得的下列所得，应按收入全额计算征收企业所得税的有（　　）。

A. 股息　　B. 转让财产所得

C. 租金　　D. 特许权使用费

【答案】ACD。

【例 6-23】境外某公司在中国境内未设立机构、场所，2014 年取得境内甲公司支付的贷款利息收入 200 万元，取得境内乙公司支付的财产转让收入 120 万元，该项财产净值 100 万元。2014 年度该境外公司在我国应缴纳企业所得税（　　）万元。

A. 22　　B. 24

C. 28　　D. 36

【答案】A。

【解析】应纳企业所得税=（200+120-100）×10%=22（万元）

该公司在中国境内未设立机构、场所，综合税收优惠因素，适用10%的税率计算应纳税额。

【专栏6-18】非居民企业应纳税额的具体征收管理规定

对于非居民企业应纳税额的征收管理，主要有以下核心要点：

（1）扣缴义务人应从向非居民企业支付或到期应支付所得时，扣缴企业所得税。扣缴义务人在代扣税款之日起7日内缴入国库。

（2）扣缴税额计算公式为：扣缴企业所得税应纳税额=应纳税所得额×实际征收率

（3）外币折算按照扣缴当日国家公布的人民币汇率中间价。

（4）扣缴义务人负担税款的合同，将非居民企业不含税所得换算成含税所得计税。

（5）未经批准的税收优惠问题。对于未经审批或者减免税申请未得到批准之前，扣缴义务人发生支付款项的，应按照规定代扣代缴企业所得税。

（6）未提出执行税收协定规定申请的，按国内法律法规执行。

（7）非居民企业提出享受减免税或税收协定待遇申请的，主管税务机关经审核确认应享受减免税或税收协定待遇的，对多缴的税款应依法予以退税。

（8）拒绝代扣税款的处理。对因非居民企业拒绝代扣代缴税款的，扣缴义务人应当暂停支付相当于非居民企业应纳税款的款项，并在1天内向其主管税务机关报告。

（9）扣缴义务人未依法或无法履行扣缴义务的处理。非居民企业在扣缴义务人支付或到期应支付之日起7日内，到所得发生地主管税务机关申报企业所得税。

（10）非居民企业申报纳税，但存在多处所得发生地，选定其中一地申报纳税的，应向申报纳税所在地主管税务机关如实报告有关情况。

（11）非居民企业未依照有关规定申报缴纳企业所得税，逾期仍未缴纳的，申报纳税所在地税务主管机关可以向其他支付人发出《税务事项通知书》，从其他支付人应付的款项中追缴非居民企业税额。

（12）对多次付款的合同项目，扣缴与义务人应在履行合同最后一次付款前15日内办理扣缴税款清算手续。

五、非居民企业所得税核定征收办法

（一）应纳税所得额的确定

根据《非居民企业所得税核定征收管理办法》第四条的规定，非居民企业因会计账簿不健全，资料残缺难以查账，或者其他原因不能准确计算并据实申报其应纳税所得额的，税务机关有权采取以下方法核定其应纳税所得额：

1. 按收入总额核定应纳税所得额

适用于能够正确核算收入或通过合理方法推定收入总额，但不能正确核算成本费用的非居民企业。计算公式如下：

应纳税所得额=收入总额×经税务机关核定的利润率

【例6-24】某非居民企业A公司在中国境内设有机构、场所，其在2013年所得额申报时，只能提供其已开具发票的收入金额100万元，由于各种原因该非居民企业无法提供相应的成本费用核算等资料。于是A公司向税务机关申请核定征收，税务机关经审核并确定其按40%的利润率申报缴纳2013年的企业所得税。

A公司2013年应纳所得税额=100×40%×25%=10（万元）。

2. 按成本费用核定应纳税所得额

适用于能够正确核算成本费用，但不能正确核算收入总额的非居民企业。计算公式如下：

应纳税所得额=成本费用总额÷(1-经税务机关核定的利润率)×经税务机关核定的利润率

【例6-25】某非居民企业A公司在中国境内设有机构、场所，其在2014年所得额申报时，只能提供其已耗费了的成本费用600万元，由于各种原因该非居民企业无法提供相应的收入核算等资料。于是A公司向税务机关申请核定征收，税务机关经审核并确定其按40%的利润率申报缴纳2014年的企业所得税。

A公司2014年应纳所得税额=600÷(1-40%)×40%×25%=100(万元)。

3. 按经费支出换算收入核定应纳税所得额

适用于能够正确核算经费支出总额，但不能正确核算收入总额和成本费用的非居民企业。计算公式如下：

应纳税所得额=经费支出总额÷（1-经税务机关核定的利润率-营业税税率）×经税务机关核定的利润率

【例6-26】某非居民企业因会计账簿不健全，不能正确核算收入总额和成本费用，但经费支出总额75万元核算是正确的，税务机关决定按照核定的方法征收企业所得税，税务机关核定的利润率为20%，营业税税率为5%，则该非居民企业的应纳税所得额为（ ）万元。

A. 10　　B. 15

C. 20　　D. 25

【答案】C。

【解析】应纳税所得额=经费支出总额÷（1-经税务机关核定的利润率-营业税税率）×经税务机关核定的利润率=75÷（1-20%-5%）×20%=20（万元）

（二）非居民企业利润率的确定标准

根据《非居民企业所得税核定征收管理办法》第五条的规定，税务机关可按照以下标准确定非居民企业的利润率：

（1）从事承包工程作业、设计和咨询劳务的，利润率为15%~30%；

（2）从事管理服务的，利润率为30%~50%；

（3）从事其他劳务或劳务以外经营活动的，利润率不低于15%。

税务机关有根据认为非居民企业的实际利润率明显高于上述标准的，可以按照比上述标准更高的利润率核定其应纳税所得额。

【例6-27】下列关于非居民企业核定征收企业所得税的税务处理，正确的是（ ）。

A. 应纳税所得额=成本费用总额÷（1+经税务机关核定的利润率）

B. 应纳税所得额=经费支出总额÷（1-经税务机关核定的利润率+营业税税率）

C. 非居民企业会计资料健全可以查账征收的，税务机关有权核定其应纳税所得额

D. 税务机关核定从事管理服务的非居民企业所得税，可在30%~50%间确定

利润率

【答案】D。

【专栏 6-19】非居民企业所得税核定征收的其他规定

1. 非居民企业劳务收入的确定

根据《非居民企业所得税核定征收管理办法》第六条的规定，非居民企业与中国居民企业签订机器设备或货物销售合同，同时提供设备安装、装配、技术培训、指导、监督服务等劳务，其销售货物合同中未列明提供上述劳务服务收费金额，或者计价不合理的，主管税务机关可以根据实际情况，参照相同或相近业务的计价标准核定劳务收入。无参照标准的，以不低于销售货物合同总价款的10%为原则，确定非居民企业的劳务收入。

非居民企业为中国境内客户提供劳务取得的收入，凡其提供的服务全部发生在中国境内的，应全额在中国境内申报缴纳企业所得税。凡其提供的服务同时发生在中国境内外的，应以劳务发生地为原则划分其境内外收入，并就其在中国境内取得的劳务收入申报缴纳企业所得税，非居民企业不能对其发生在境外的劳务收入提供真实有效的证明，税务机关可视同其提供的服务全部发生在中国境内，确定其劳务收入并据以征收企业所得税。

2. 适用不同核定利润率的应税所得确定

根据《非居民企业所得税核定征收管理办法》第八条的规定，采取核定征收方式征收企业所得税的非居民企业，在中国境内从事适用不同核定利润率的经营活动，并取得应税所得的，应分别核算并适用相应的利润率计算缴纳企业所得税；凡不能分别核算的，应从高适用利润率计算缴纳企业所得税。

3. 征收方式的确定

根据《非居民企业所得税核定征收管理办法》第九条的规定，拟采取核定征收方式的非居民企业应填写“非居民企业所得税征收方式鉴定表”（以下简称鉴定表），报送主管税务机关。主管税务机关应对企业报送的鉴定表的适用行业及所适用的利润率进行审核，并签注意见。

【例 6-28】以下关于非居民企业所得税核定征收办法表述错误的是（　　）。

A. 非居民企业为中国境内客户提供劳务取得的收入，凡其提供的服务全部发生在中国境内的，应全额在中国境内申报缴纳企业所得税

B. 采取核定征收方式征收企业所得税的非居民企业，在中国境内从事适用不同核定利润率的经营活动，其取得应税所得，应合并从高适用利润率计算缴纳企业所得税

C. 对经审核不符合核定征收条件的非居民企业，主管税务机关应自收到企业提交的鉴定表后15个工作日内向其下达“税务事项通知书”，将鉴定结果告知企业

D. 税务机关发现非居民企业采用核定征收方式计算申报的应纳税所得额不真实，有权予以调整

【答案】B。

【解析】采取核定征收方式征收企业所得税的非居民企业，在中国境内从事适用不同核定利润率的经营活动，并取得应税所得的，应分别核算并适用相应的利润率计算缴纳企业所得税；凡不能分别核算的，应从高适用利润率，计算缴纳企业所得税。

第五节 特别纳税调整

为了维护国家税收的权益，防止纳税人采取不正当的行为降低税费，《企业所得税法》对关联交易的税务处理及其他反避税措施作出了规定。《实施条例》增加了成本分摊、预约定价、提供资料、受控外国公司、资本弱化、一般反避税条款以及反避税罚则等内容，对纳税进行调整。

一、关联企业之间关联业务的税务处理

关联方是指与企业有下列关联关系之一的企业、其他组织或者个人：

（1）在资金、经营、购销等方面存在直接或间接的控制关系；

（2）直接或者间接地同为第三者控制；

（3）在利益上具有相关联的其他关系。

根据《企业所得税法》第四十一条规定，企业与其关联方之间的业务往来，不符合独立交易原则而减少企业或者其关联方应纳税收入或者所得额的，税务机关有权按照合理方法调整。

企业与其关联方共同开发、受让无形资产，或者共同提供、接受劳务发生的成本，在计算应纳税所得额时应当按照独立交易原则进行分摊。独立交易原则是没有关联关系的交易各方，按照公平成交价格和营业常规进行业务往来遵循的原则。

具体来讲，关联企业之间关联业务的税务处理还需注意以下几个方面：

（1）在与关联方分摊成本时，企业需按照成本与预期收益相配比的原则进行分摊；

（2）企业与其关联方分摊成本时违反上述规定的，其自行分摊的成本不得在计算应纳税所得额时扣除。

（3）企业可以向税务机关提出与其关联方之间业务往来的定价原则和计算方法，税务机关与企业协商、确认后，达成预约定价安排。预约定价安排，是指企业就其未来年度关联交易的定价原则和计算方法，向税务机关提出申请，与税务机关按照独立交易原则协商、确认后达成的协议。

（4）在向税务机关报送年度企业所得税纳税申报表时，企业应当就其与关联方之间的业务往来，附送年度关联业务往来报告表。

（5）居民企业，或者由居民企业和中国居民控制的设立在实际税负明显低于25%的税率水平的国家（地区）的企业，并非由于合理的经营需要而对利润不做分配或者减少分配的，上述利润中应归属于该居民企业的部分，应当计入该居民企业的当期收入。

（6）权益性投资是指企业接受的不需要偿还本金和支付利息，投资人对企业净资产拥有所有权的投资。企业从其关联方接受的债权性投资与权益性投资的比例超过规定标准而发生的利息支出，不得在计算应纳税所得额时扣除。

7. 母子公司间提供服务支付费用有关企业所得税处理如下：

①母子公司为其子公司提供各种服务而发生的费用，应按照独立企业之间公平交易原

则确定服务的价格，作为企业正常的劳务费用进行税务处理。母子公司未按照独立企业之间的业务往来收取价款的，税务机关有权予以调整。

②母子公司向其子公司提供各项服务，双方之间应签订服务合同或协议，凡按照上述合同或协议规定所发生的服务费，母公司应作为营业收入申报纳税；子公司作为成本费用在税前扣除。

③母公司向其多个子公司提供同类项服务，其收取的服务费可以采取分项签订合同或协议收取，也可以采取服务分摊协议的方式，即以母公司为其子公司提供服务所发生的实际费用并附加一定比例利润作为向子公司收取的总服务费，在各服务收益子公司（包括盈利企业、亏损企业和享受减免税企业）之间按《企业所得税法》第四十一条第二款规定合理分摊。

④母公司以管理费形式向子公司提取费用，子公司因此支付给母公司的管理费，不得在税前扣除。

⑤子公司申报税前扣除向母公司支付的服务费用，应向主管税务机关提供与母公司签订的服务合同或者协议等与税前扣除该项费用相关的材料。不能提供相关材料的，支付的服务费用不得税前扣除。

二、关联企业特别纳税调整方法

根据《实施条例》第一百一十一条的规定，对企业与其关联方之间的业务往来，不符合独立交易原则而减少企业或者其关联方应纳税收入或者所得额的，税务机关可采取以下方法进行调整：

（1）可比非受控价格法是指按照没有关联关系的交易各方进行相同或者类似业务往来的价格进行定价的方法。

（2）再销售价格法是指按照从关联方购进商品再销售给没有关联关系的交易方的价格，减除相同或者类似业务往来的销售毛利进行定价的方法。

（3）成本加成法是指按照成本加合理的费用和利润进行定价的方法。

（4）交易净利润法是指按照没有关联关系的交易各方进行相同或者类似业务往来取得的净利润水平确定利润的方法。

（5）利润分割法是指将企业与其关联方的合并利润或者亏损在各方之间采用合理标准进行分配的方法。

（6）其他符合独立交易原则的方法。

三、核定征收

税务机关依照《企业所得税法》第四十四条的规定核定企业的应纳税所得额时，可以采用下列方法：

（1）参照同类或者类似企业的利润水平核定。

（2）按照企业成本加合理的费用和利润的方法核定。

（3）按照关联企业集团整体利润的合理比例核定。

(4) 按照其他合理方法核定。

企业对税务机关按照前款规定的方法核定的应纳税所得额有异议的，应当提供相关证据，经税务机关认定后，调整核定的应纳税所得额。

四、加收利息

根据《企业所得税法》第四十七条的规定，企业实施其他不具有合理商业目的的安排而减少其应纳税收入或者所得额的，税务机关有权按照合理方法调整。不具有合理商业目的，是指以减少、免除或者推迟缴纳税款为主要目的。

根据《企业所得税法》第四十八条的规定，税务机关依照规定进行特别纳税调整后，除了应当补征税款外，并按照国务院规定加收利息。对补征的税款，应当自税款所属纳税年度的次年6月1日起至补缴税款之日止的期间，按日加收利息。加收的利息不得在计算应纳税所得额时扣除。本条所称的“利息”，应当按照税款所属纳税年度中国人民银行公布的与补税期间同期的人民币贷款基准利率加5个百分点计算。

企业依照《企业所得税法》规定，在报送年度企业所得税纳税申报表时，附送了年度关联业务往来报告表的，可以只按照规定的人民币贷款基准利率计算利息。企业与其关联方之间的业务往来，不符合独立交易原则，或者企业实施其他不具有合理商业目的的安排的，可以只按照规定的人民币贷款基准利率计算利息。

根据《实施条例》第一百二十三条的规定，企业与其关联方之间的业务往来，不符合独立交易原则，或者企业实施其他不具有合理商业目的安排的，税务机关有权在该业务发生的纳税年度起10年内进行纳税调整。

第六节 征收管理

企业所得税的征收管理除《企业所得税法》的相关规定外，依照《税收征收管理法》的规定执行。

根据《企业所得税法》第五十条至五十六条的相关规定以及《实施条例》等其他法规、部门规章政策的规定，企业所得税征收管理主要包括以下内容：

一、纳税地点

除税收法律、行政法规另有规定外，居民企业以企业登记注册地为纳税地点；登记注册地在境外的，以实际管理机构所在地为纳税地点。企业注册登记地是指企业依照国家有关规定登记注册的住所地。

居民企业在中国境内设立不具有法人资格的营业机构的，应当汇总计算并缴纳企业所得税。企业汇总计算并缴纳企业所得税时，应当统一核算应纳税所得额，具体办法由国务院财政、税务主管部门另行制定。

非居民企业在中国境内设定机构、场所的，应当就其所设机构、场所取得的来源于中国境内的所得以及发生在中国境外但与其所设机构、场所有实际联系的所得，以机构、场所所在地为纳税地点。非居民企业在中国境内设立两个或者两个以上机构、场所的，经税务机关审核批准，可以选择由其主要机构、场所汇总缴纳企业所得税。

非居民企业在中国境内未设立机构、场所的，或者虽设立机构、场所但取得的所得与其所设机构、场所没有实际联系的所得，以缴扣义务人所在地为税务地点。

除国务院另有规定外，企业之间不得合并缴纳企业所得税。

二、纳税申报

企业按月或按季预缴税款的，应当自月份或者季度终了之日起 15 日内向税务机关报送预缴企业所得税纳税申报表，预缴税款。

企业在报送企业所得税纳税申报表时，应当按照规定附送财务会计报告和其他有关资料。企业应当在办理注销登记前，就其清算所得向税务机关申报并依法缴纳企业所得税。依照企业所得税法缴纳的企业所得税，以人民币计算。企业所得以人民币以外的货币计算的，应当折合成人民币计算并缴纳税款。企业在纳税年度内无论盈利或者亏损，都应当依照《企业所得税法》第五十四条规定的期限，向税务机关报送预缴企业所得税纳税申报表、年度企业所得税纳税申报表、财务会计报告和税务机关规定应当报送的其他有关资料。

三、纳税年度与汇算清缴

根据《企业所得税法》第五十三条的规定，企业所得税按纳税年度计算，纳税年度自公历 1 月 1 日起至 12 月 31 日止。

企业在一个纳税年度中间开业，或者终止经营活动，使该纳税年度的实际经营期不足 12 个月的，应当以其实际经营期为一个纳税年度。企业在年度中间终止经营活动的，应当自实际经营终止之日起 60 日内向税务机关办理当期企业所得税汇算清缴。企业依法清算时，应当以清算期间作为一个纳税年度。自年度终了之日起 5 个月内向税务机关报送年度企业所得税纳税申报表，并汇算清缴，结清应缴应退税款。

四、跨地区经营汇总纳税企业所得税征收管理

为加强跨地区经营汇总纳税企业所得税的征收管理，国家税务总局制定了《跨地区经营汇总纳税企业所得税征收管理办法》，自 2013 年 1 月 1 日起施行。

（一）基本原则

居民企业在中国境内跨地区设立不具有法人资格的营业机构、场所的，该企业为汇总纳税企业。汇总纳税企业实行“统一计算、分级管理、就地预缴、汇总清算、财政调库”的企业所得税征收管理办法。

统一计算是指总机构统一计算包括汇总纳税企业所属各个不具有法人资格分支机构在内的全部应纳税所得额、应纳税额。

分级管理是指总机构、分支机构所在地的主管税务机关都有对当地机构进行企业所得税管理的责任，总机构和分支机构应分别接受机构所在地主管税务机关的管理。

就地预缴是指总机构、分支机构应按本办法的规定，分月或分季分别向所在地主管税务机关申报预缴企业所得税。

汇总清算是指在年度终了后，总机构统一计算汇总纳税企业的年度应纳税所得额、应纳所得税额，抵减总机构、分支机构当年已就地分期预缴的企业所得税款后，多退少补。

财政调库是指财政部定期将缴入中央国库的汇总纳税企业所得税待分配收入，按照核定的系数调整至地方国库。

（二）总分机构汇算缴纳

属于中央与地方共享范围的跨省市总分机构企业缴纳的企业所得税，按照统一规范、兼顾总机构和分支机构所在地利益的原则，实行"统一计算、分级管理、就地预缴、汇总清算、财政调库"的处理办法，总分机构统一计算的当期应纳税额的地方分享部分中，25%由总机构所在地分享，50%由各分支机构所在地分享，25%按一定比例在各地间进行分配。

跨省市总分机构企业是指跨省（自治区、直辖市和计划单列市，下同）设立不具有法人资格分支机构的居民企业。总机构和具有主体生产经营职能的二级分支机构就地预缴企业所得税。三级及三级以下分支机构，其营业收入、职工薪酬和资产总额等统一并入二级分支机构计算。

按照现行财政体制的规定，企业总分机构预缴的企业所得税（包括滞纳金、罚款收入）为中央收入，全额上缴中央国库，不实行《跨地区经营汇总纳税企业所得税征收管理办法》；不具有主体生产经营职能且在当地不缴纳营业税、增值税的产品售后服务、内部研发、仓储等企业内部辅助性的二级分支机构以及上年度符合条件的小型微利企业及其分支机构，不实行《跨地区经营汇总纳税企业所得税征收管理办法》。

居民企业在中国境内设立不具有法人资格分支机构的，按《跨地区经营汇总纳税企业所得税征收管理办法》计算有关分期预缴企业所得税时，其应纳税所得额、应纳所得税额及分摊因素数额，均不包括其境外分支机构。

（三）预算科目

从2013年起，在《政府收支分类科目》中增设1010449项"分支机构汇算清缴所得税"科目，其下设01目"国有企业分支机构汇算清缴所得税"、02目"股份制企业分支机构汇算清缴所得税"、03目"港澳台和外商投资企业分支机构汇算清缴所得税"、99目"其他企业分支机构汇算清缴所得税"，有关科目说明及其他修订情况详见《2013年政府收支分类科目》。

（四）总分机构分摊税款的计算

对于跨地区经营汇总纳税企业的税款预缴，采取由总机构统一计算企业应纳税所得额和应纳所得税额，并分别由总机构、分支机构按月或按季就地预缴的制度。

1. 分支机构分摊预缴税款

总机构在每月或每季终了之日起10日内，按照上年度各省市分支机构的营业收入、职工薪酬和资产总额三个因素，将统一计算的企业当期应纳税额的50%在各分支机构之间进行分摊（总机构所在省市同时设有分支机构的，同样按照三个因素分摊），各分支机构根据分摊税款就地办理缴库，所缴纳税款收入由中央与分支机构所在地按 60：40 分享。分摊时三个因素权重一次为 0.35、0.35 和 0.3。当年新设立的分支机构第 2 年起参与分摊；当年撤销的分支机构自办理注销税务登记之日起不参与分摊。

各分支机构分摊预缴额按下列公式计算：

各分支机构分摊预缴额＝所有分支机构应分摊的预缴总额×该分支机构分摊比例

所有分支机构应分摊的预缴总额＝统一计算的企业当期应纳所得税额×50%

该分支机构分摊比例＝（该分支机构营业收入/各分支机构营业收入之和）×0.35+（该分支机构职工薪酬/各分支机构职工薪酬之和）×0.35+（该分支机构资产总额/各分支机构资产总额之和）×0.30

以上公式中，分支机构仅指需要参与就地预缴的分支机构。

2. 总机构就地预缴税款

总机构应将统一计算的企业当期应纳税额的 25%就地办理缴库，所缴纳税款收入由中央与总机构所在地按 60：40 分享。

3. 总机构预缴中央国库税款

总机构应将统一计算的企业当期应纳税额的 25%就地全额缴入中央国库，所缴纳税款收入 60%为中央收入，40%由财政部按照各省市三年实际分享企业所得税占地方分享总额的比例定期向各省市分配。

（五）汇总清算

企业总机构汇总计算企业年度应纳所得税额，扣除总机构和各境内分支机构已预缴的税款，计算出应补应退税款，分别由总机构和各分支机构（不包括当年已办理注销税务登记的分支机构）就地办理税款缴库或退库。

补缴的税款按照预缴的分配比例，50%由各分支机构就地办理缴库，所缴纳税款收入由中央与分支机构所在地按 60：40 分享；25%由总机构就地办理缴库，所缴纳税款收入由中央与总机构所在地按 60：40 分享；其余 25%的部分就地全额缴入中央国库，所缴纳税款收入中 60%为中央收入，40%由财政部按照各省市三年实际分享企业所得税占地方分享总额的比例定期向各省市分配。

多缴的税款按照预缴的分配比例，50%由各分支机构就地办理退库，所退税款由中央与分支机构所在地按 60：40 分担；25%由总机构就地办理退库，所退税款由中央与总机构所在地按 60：40 分担；其余 25%的部分就地从中央国库退库，其中 60%从中央级 1010442 项“总机构汇算清缴所得税”下有关科目退付，40%从中央级 101443 项“企业所得税待分配收入”下有关科目退付。

（六）日常管理

汇总纳税企业总机构和分支机构应依法办理税务登记，接受所在地主管税务机关的监督和管理。

总机构应将其所有二级及以下分支机构信息报其所在地主管税务机关备案，分支机构应将其总机构、上级分支机构和下属分支机构信息报其所在地主管税务机关备案。备案内容包括总机构、上级机构和下属分支机构名称、层级、地址、邮编、纳税人识别号及企业所得税主管税务机关名称、地址和邮编。上述备案信息发生变化的，除另有规定外，应在内容变化后 30 日内报总机构和分支机构所在地主管税务机关备案，并办理变更税务登记。

分支机构注销税务登记后15日内，总机构应将分支机构注销情况报所在地主管税务机关备案，并办理变更税务登记。

汇总纳税企业发生的资产损失，应按以下规定申报扣除：

（1）总机构及二级分支机构发生的资产损失，除应按专项申报和清单申报的有关规定各自向所在地主管税务机关申报外，二级分支机构还应同时上报总机构；三级及以下分支机构发生的资产损失不需向所在地主管税务机关申报，应并入二级分支机构，由二级分支机构统一申报。

（2）总机构对各分支机构上报的资产损失，除税务机关另有规定外，应以清单申报的形式向所在地主管税务机关申报。

（3）总机构将分支机构所属资产捆绑打包转让所发生的资产损失，由总机构向所在地主管税务机关专项申报。二级分支机构所在地主管税务机关应对二级分支机构申报扣除的资产损失强化后续管理。

汇总纳税企业不得核定征收企业所得税。

【课后习题】

1. 某商贸企业2011年销售收入情况如下：开具增值税专用发票的收入2000万元，开具普通发票的收入936万元；企业发生管理费用110万元（其中业务招待费20万元），发生销售费用600万元（其中广告费300万元、业务宣传费180万元），发生财务费用200万元。准予在企业所得税前扣除的期间费用为多少万元？

2. 假定某企业为工业企业，2011年资产总额是2800万元，在职职工人数为80人，全年经营业务如下：

（1）取得销售收入2500万元；

（2）销售成本1343万元；

（3）发生销售费用670万元（其中广告费450万元），管理费用400万元（其中业务招待费15万元），财务费用60万元；

（4）销售税金160万元（含增值税120万元）；

（5）营业外收入70万元，营业外支出50万元（含通过公益性社会团体向贫困山区捐款10万元，支付税收滞纳金6万元）；

（6）计入成本、费用中的实发工资总额150万元，拨缴职工工会经费3万元，支出职工福利费和职工教育经费29万元，经核定职工福利费和教育经费均超过扣除限额。

按下列顺序回答问题，每问均为共计金额：

（1）企业销售费用和管理费用应调增的应纳税所得额为多少万元？

（2）企业营业外支出需要调增的所得额为多少万元？

（3）企业“三项经费”应调增所得额为多少万元？

（4）企业应纳企业所得税为多少万元？

3. 丁企业2013年度境内经营所得为200万元，其在D国的W公司投资折合人民币200万元，占股份20%，当年从W公司分回股息性所得折合人民币80万元。按照D国税法规定企业所得税的税率为15%，丁企业已经取得D国税务机关给W公司开具的完税证明，W 公司在 D 国纳税 70.59 万元。

（1）股利应纳税所得额为多少？

（2）丁企业的国内、国外所得按我国税法应纳企业所得税额为多少？

（3）丁企业从国外分回的股利在国外已纳税额为多少？

（4）丁企业分回的股利在境内应纳税额为多少？

（5）丁企业国内、国外所得抵免国外纳税后的应纳税额为多少？

【课后阅读】

源泉扣缴

一、源泉扣缴适用非居民企业

在中国境内未设立机构、场所的，或者虽设立机构、场所但取得的所得与其所设机构、场所没有实际联系的非居民企业，就其取得的来源于中国境内的所得应缴纳的所得税，实行源泉扣缴，所得则按 10%缴税。

二、支付人和扣缴义务人

对应当扣缴的所得税，扣缴义务人未依法扣缴或者无法履行扣缴义务的，由纳税人在所得发生地缴纳。

纳税人未依法缴纳的，税务机关可以从该纳税人在中国境内其他收入项目的支付人应付的款项中追缴该纳税人的应纳税款。

三、税务管理

扣缴义务人与非居民企业首次签订与有关业务合同的，扣缴义务人应当自合同签订之日起 30 日内，向其主管税务机关申报办理扣缴税款登记。

扣缴义务人每次代扣的税款，应当自代扣之日起 7 日内缴入国库，并向所在地的税务机关报送扣缴企业所得税报告表。

四、非居民企业所得税汇算清缴

企业应当自年度终了之日起 5 个月内汇算清缴，结清应缴应退税款。企业在年度中间终止经营活动的，应当自实际经营终止之日起 60 日内，向税务机关办理当期企业所得税汇算清缴。

第七章 个人所得税

个人所得税最早于1799年在英国创立，目前世界上已有140多个国家和地区开征了这个税种。个人所得税是对个人（自然人）取得的各种应税所得为征税对象所征收的一种税，属于直接税，其税负由获取所得的个人直接承担。个人所得税是世界各国普遍征收的一个税种，并且在经济发达国家是最重要的主体税种。在美国、加拿大、英国、丹麦、瑞典、澳大利亚、新西兰等国家，个人所得税占政府全部税收收入的30%~50%，而公司所得税占政府全部税收收入的比例一般不超过15%。

我国现行的个人所得税基本规范是1980年9月10日第五届全国人民代表大会第三次会议通过的《中华人民共和国个人所得税法》，该法分别在1993年、1999年、2005年、2007年的全国人民代表大会常务委员会议上进行了五次修正。2011年6月30日，第十一届全国人大常委会第二十一次会议表决通过了《关于修改〈中华人民共和国个人所得税法〉的决定》。新修订的《中华人民共和国个人所得税法》（以下简称《个人所得税法》）规定个人所得税免征额从2000元提高到3500元，同时将个人所得税9级超额累进税率修改为7级，将第一级税率由5%修改为3%，取消了15%和40%两档税率，扩大3%和10%两个低档税率的适用范围。

本章主要介绍个人所得税的立法思想和特点，个人所得税的纳税义务人、应税所得项目和税率等纳税要素以及应纳税额的计算、减免税优惠和税收征管等问题。

第一节 个人所得税概述

一、所得税立法思想

所得税立法思想也就是认定应税所得的原则，从个人所得税的发展来看，所得税的立法思想主要有以下三种：

第一，所得源泉说。这一思想认为应税所得必须具有循环出现、反复发生的源泉性质。很明显，基本上只有运用资本从事经营活动，或者提供劳务所取得的收益、利润和报酬等收入才具有这种源泉性质。

第二，净资产增加说。这一思想认为应税所得是指某人的经济力量在两个时点之间的净增加量的货币价值，即以一个时点的净资产减去前一时点的净资产后的余额视为应税所得。这一立法思想是由德国财政学家夏恩兹（G. Vonanz）首次系统提出的，美国1913年的联邦所得税制度就是以这个观点为基础设计的。

第三，消费权利净增加说。这一思想认为应税所得是指在一个时期个人消费权利净增加额的货币价值，等于在一个时期中实际消费的数额加上财富的净增加额。这就是由著名的财政学者海格（Robert Haig）和西蒙斯（Henry Simons）在净资产增加说的基础上提出的所谓“H-S”定义。

所得源泉说具有征收管理便利、税收行政管理效率较高的优点。但是转让财产所得、偶然所得等收入同样能增加纳税人的纳税能力，如果对这些收入不征税，不符合公平负担的原则，还导致个人所得税的税基变狭窄。因此，采用这种判断标准，所得源泉说不易于准确地判定所得，缺乏合理性。

净资产增加说把能够增加人们负税能力的经济收益均视为课税所得，可以提高所得税的再分配机能。但是净资产增加说在执行上没有所得源泉说便利。从定义上看，净资产增加税仍然不符合公平原则。例如，当两个纳税人在同一期间具有等量的收入但是消费支出不同时，承担的税收负担就不一样。

消费权利净增加说克服了所得源泉说和净资产增加说的不足。消费权利净增加说是建立在权责发生制的基础上的，要求在所得中包括一切来源的收入增加，符合公平原则的要求。另外，消费权利净增加说对所有形式的收入同等待遇，对个人经济行为干扰较小，具有中性的特点，符合效率原则。由于这些原因，这一所得税立法思想得到了广泛的认可。

二、个人所得税的税制模式

世界各国国实行的个人所得税制度，大体上可以分为以下三种模式：

（一）分类所得税制

分类所得税制是指对同一纳税人不同类别的所得，按不同的税率分别征税。分类所得税制的立论依据在于，工资、薪金等要付出艰辛的劳动才能获得，所以应该课以较轻的所得税。利息、租金、股息等投资所得应课以较重的税，因为这些所得依赖于财产拥有量，而财产大多数是可以通过继承或者受让而取得的。分类所得税可以按所得性质的不同采取差别税率，有利于实现特定的政策目标。但是分类所得税制不太符合支付能力原则，不能按纳税人全面的、真正的纳税能力征税。

（二）综合所得税制

综合所得税制是将纳税人在一定期间内的各种所得综合起来，减去各项法定扣除和减免项目的数额，就其余额按累进税率征收。美国等发达国家的个人所得税就属于这种类型。综合所得税制能够反映纳税人的综合负税能力，并考虑到个人经济情况和家庭负担等，给予减免照顾，对总的净所得采取累进税率，可以达到调节纳税人之间所得税负担的目的，并实现一定程度上的纵向再分配。但是综合所得税制的课征手续繁杂，征收费用较高，且容易出现偷税，要求纳税人有较高的纳税意识和较健全的财务会计制度，要求税务机关具有较先进的税收征管制度和较高素质的税务人员。

（三）分类综合所得税制

分类综合所得税制是把分类所得税与综合所得税综合起来，先按纳税人的各项来源的所得分类课征，从来源扣缴，然后再综合纳税人全年各种所得额，如达到一定数额，再课以累进税率的综合所得税。分类综合所得税制的特点是对同一所得进行两次独立的课税，瑞典、法国、日本、韩国等国家的现行个人所得税属于这种类型。这种所得税制最体现税收的公平原则，既坚持了按支付能力课税的原则，对纳税人不同来源的收入实行综合计征，又坚持了对不同性质的收入实行区别对待的原则，对所列举的特定收入项目按特定办法和税率课征。除此之外，分类综合所得税制还具有稽征方便、有利于减少偷漏税等方面的优点。因此，分类综合所得税是一种适用性较强的所得税制模式。

三、我国个人所得税的特点

我国现行个人所得税有以下四个主要特点：

（一）实行分类课征

因为我国目前纳税人的纳税意识薄弱且税务征管能力不足，所以我国目前实行的是分类所得税制，即把个人应税所得划分成 11 类，分别扣除不同的费用和适用不同的税率。这样做一方面可以通过广泛地采用源泉扣缴的方法，加强税收征管，简化纳税手续，方便征纳双方；另一方面又可以对不同的个人所得按不同征收方法计征，有利于体现国家的政策目标。

（二）采用多种税率形式

实行分类课征制一方面有利于源泉扣缴方法的运用，另一方面又体现不同的税收政策，采用不同的税率计征。我国个人所得税存在多种税率形式，有比例税率，有累进税率，还有消费税中的加成征收，形成了集多种税率形式于一体的税率结构。

（三）实行不同的费用扣除标准

同企业应税所得的确定一样，个人应税所得也需要从取得的收入中扣除相应的成本费用。然而由于个人取得收入过程中发生的费用包括计生费用、赡养费用、经营费用等多个方面，同时个人在确定结余所得时又不可能像企业一样进行规范的收入和成本费用核算，因此个人所得税在征收时按分类所得税制的要求，就不同所得类型需要确定不同的费用扣除方式。目前，我国个人所得税的费用扣除方式有定额扣除、定率扣除等多种，还有对消极所得不扣除费用的方式。

（四）源泉课征和申报课征两种征税方法并用

尽管分类课征制有利于广泛推行源泉课征制度，但是在同类所得被不同源泉课征者扣缴时，就会产生多重费用扣除和降低税率征收造成税负不公平问题。因此，按分类课征制要求，对符合源泉课征要求的所得项目必须由源泉扣缴者扣缴税款，对不能使用源泉扣缴方法、扣缴税款不彻底和未扣缴税款的所得项目，就必须要求纳税人自行申报纳税。

四、个人所得税的作用

个人所得税的作用主要有以下四个方面：

（一）为国家建设筹集建设资金

与其他税种一样，个人所得税也具有为国家财政筹集资金的作用。虽然我国目前个人所得税收入占财政收入的比重还比较低，远远达不到发达国家的水平，但随着经济的不断发展及个人所得税制的不断完善，个人所得税收入的比重将会逐年增长，其聚财功能也必将上升到重要地位。

（二）调节公民收入差距，促进社会公平分配

改革开放以来，特别是社会主义市场经济体制确立以后，我国个人之间收入差距正在不断拉大，城乡之间、地区之间、行业之间及社会不同群体、不同职业构成之间的收入分配差距越来越悬殊，而这种差距与悬殊其中有很大一部分是由经济转轨时期体制不完善而引起的。征收个人所得税，本着公平税负的原则，能够把高收入者的一部分收入转化为国家所有，这在客观上有利于缓解社会分配不公引起的矛盾。同时，由于个人所得税具有费用扣除额及累进税率方面的规定，因此对低收入者影响较小，可保证维持其基本的生活需要，而对高收入者来说也不至于因纳税而损害其生产经营和工作的积极性。

（三）有利于增强公民的纳税观念

个人所得税收入要在一国的税收总额中占有一席之地，除了要有完善的税制以外，还要对公民具备较强的纳税观念。我国的个人所得税由于起步晚且居民个人的收入一直以来比较低，再加上宣传力度不够等因素，因此与西方各国相比较，绝大多数个人的纳税观念十分淡薄。开征个人所得税，通过对税法的大力宣传，把高、中等收入者的一部分收入集中到国家手里，可使居民群众养成依法纳税的习惯，可让越来越多的人自觉成为依法纳税的纳税义务人。

（四）维护国家权益，促进对外经济交往的发展

税收是维护国家权益的重要工具。征税权是国家主权的一部分，个人所得税不仅对中国公民征税，还对在我国取得收入的外籍人员及我国在外工作人员征税，而且是对等原则在税收管辖权中的表现。这不仅可以防止我国经济收入外溢，而且还起到维护国家主权、推动对外经济技术合作与交流的作用。

第二节 纳税义务人和所得来源的确定

一、个人所得税的纳税义务人

个人所得税的纳税义务人包括中国公民、个体工商户以及在中国有所得的外籍人员（包括无国籍人员，下同）和香港、澳门、台湾同胞。个人独资企业和合作企业投资者也为个人所得税的纳税义务人。按照住所和居住时间两个标准，个人所得税的纳税人又可以划分为居民纳税人和非居民纳税人。

（一）居民纳税人

居民纳税人是指在中国境内有住所，或者无住所，而在中国境内居住满 1 年的个人，应就其来源于中国境内外的所得，依法缴纳个人所得税。

【专栏 7-1】住所的确定

住所分为永久性住所和习惯性住所。《中华人民共和国民法通则》中规定的住所，通常是指永久性的住所，具有法律意义。而经常性居住地则属于习惯性住所。习惯性住所与永久性住所有时是一致的，有时又是不一致的。根据这种情况，我国税法将在中国境内有住所的个人界定为“因户籍、家庭、经济利益关系而在中国境内习惯性居住的个人”。可见，我国目前采用的住所标准实际是习惯性住所标准。采用这一标准，就把中国籍、外籍

人员，以及把港、澳、台同胞与在境内居住的中国公民区别开来。所谓习惯性居住或住所，是在税收上判断居民和非居民的一个法律意义上的标准，不是指实际居住或在某一特定时期内的居住地。例如，个人因学习、工作、探亲、旅游等在中国境外居住的，当其在境外居住的原因消除之后，则必须回到中国境内居住。那么，即使该人并未居住在中国境内，仍应将其判定为在中国习惯性居住。因此，我国《个人所得税法》中所说的"住所"，其概念与通常所说的住所是有区别的。

【专栏 7-2】纳税时间的确定

上述的居住满 1 年是一个纳税年度（自公历 1 月 1 日起至 12 月 31 日止）内在中国境内住满 365 日，即以居住满一年为时间标准，达到这个标准的个人即为居民纳税人。如果在居住期间内临时离境的，即在一个纳税年度中一次离境不超过 30 日或者多次离境累计不超过 90 日的，不扣减日数，连续计算。此外在中国境内是指在中国内地地区，不包括中国香港、澳门、台湾地区。上述个人入境、离境、往返或多次往返境内外的当日，均按一天计算其在华实际逗留天数。对在中国境内外机构同时担任职务或仅在境外机构任职的境内无住所的个人，在计算其境内工作期间时，对其入境、离境、往返或多次往返境内外的当日，均按半天计算为在华实际工作天数。

（二）非居民纳税人

被确定为非中国居民的个人，即在中国境内无住所又不居住，或者无住所而在境内居住不满一年的个人，属于我国税法中的非居民纳税人，只就其来源于中国境内的所得需要依法缴纳个人所得税。

【例 7-1】美国商人大卫于 2004 年 1 月 2 日来华工作，2005 年 3 月 25 日返回美国，2005 年 4 月 15 日返回中国，2005 年 10 月 10 日至 2005 年 10 月 30 日期间赴欧洲洽谈业务，2005 年 11 月 1 日返回中国，后于 2006 年 1 月 1 日离开中国返回美国。该纳税人属于我国居民纳税人的年度是（　　）。

A. 2004 年度　　B. 2005 年度

C. 2004 年度和 2005 年度　　D. 这几年都不是

【答案】C。

【例 7-2】下列属于非居民纳税人的自然人是（　　）。

A. 在中国境内无住所并且不居住，但有来源于中国境内的所得

B. 在中国境内无住所

C. 在中国境内无住所，但居住时间满一年

D. 在中国境内有住所，但目前未居住

【答案】A。

二、所得来源的确定

如前所述，居民纳税人和非居民纳税人对我国政府承担着不同的纳税义务。一般说来，居民纳税人就其来源中国境内、境外的所得缴纳个人所得税；非居民纳税人承担有限纳税义务，即只需就其来源于中国境内的所得缴纳个人所得税。那么，什么是"来源于中国境内"的所得呢？

“来源于中国境内”，按照国际惯例，并不以款项的支付地为认定标准，也不以取得者是否居住在中国境内为认定标准，而是以受雇活动的所在地、提供个人劳务的所在地、财产坐落地以及资金、产权的实际运用地等标准来确定。

【专栏 7-3】境内所得的确定

下列所得，不论支付地点是否在中国境内，均为来源于中国境内的所得：

(1) 在中国境内任职、受雇而取得的工资、薪金所得。对工资、薪金所得的征税在国际上一般有两种原则：一种是劳务活动地原则，即以劳务活动所在地为工资、薪金所得的发生地，由劳务活动所在地政府对该项所得行使征税权。另一种是所得支付地原则，即以所得实际支付地为工资、薪金所得发生地，由所得实际支付地政府对其行使征税权。我国根据劳务活动地原则确定对工资、薪金所得的税收管辖权。

(2) 在中国境内从事生产、经营活动而取得的生产经营所得。

(3) 因任职、受雇、履约等而在中国境内提供各种劳务取得的劳务报酬所得。根据国际惯例，对跨国独立的个人劳务报酬所得的征税的一般性标准，即一国居民到另一国从事独立个人劳动，其在另一国有经常使用的固定基地，或虽然没有固定基地，但连续或累计停留超过一定时间，或虽然没有超过时间，但取得劳务报酬数额较大的，可以由另一国征税。

(4) 将财产出租给承租人在中国境内使用而取得的所得。

(5) 转让中国境内建筑物、土地使用权等财产以及在中国境内转让其他财产取得的所得。

(6) 提供专利权、非专利技术、商标、著作权以及其他特许权在中国境内使用的所得。

(7) 因持有中国的各种债券、股票、股权而从中国境内的公司、企业或者其他经济组织及个人取得的利息、股息、红利所得。

第三节 应税所得项目和税率

一、应税所得项目

应税所得项目体现了个人所得税的征税范围，可以使纳税人明白自己哪些收入应纳税。由于个人的收入来源多种多样，内容也非常复杂，各国个人所得税都是通过列举项目来规定其征税对象的。目前，我国现行税法中列举征税的应纳税所得共有 11 项。

（一）工资、薪金所得

工资、薪金所得即个人因任职或者受雇而取得的工资、薪金、奖金、年终加薪、劳动分红、津贴、补贴以及与任职或者受雇有关的其他所得。工资、薪金所得属于非独立个人劳动所得。所谓非独立个人劳动，是指个人从事的是由他人指定、安排并接受管理的劳动、工作或服务于公司、工厂、行政、事业单位的人员均为非独立个人劳动所得。通常情况下，把直接从事生产、经营或者服务的劳动者（工人）的收入称为工资，即所谓“蓝领阶层”所得。而将从事社会公职或管理活动的劳动者（公职人员）的收入称为薪金，即所谓“白领阶层”所得。但实际立法过程中，各国都从简易的角度考虑，将工资、薪金合并为一个项目计征个人所得税。

下列补贴、津贴不属于工资、薪金性质的所得，不予征税：

（1）独生子女补贴；

（2）执行公务员工资制度未纳入基本工资总额的补贴、津贴差额和家属成员的副食品补贴；

（3）托儿补助费；

（4）差旅费津贴、误餐补助，但是单位以误餐补助名义发给职工的补助、津贴不能包括在内。

奖金是指所有具有工资性质的奖金，免税奖金的范围在税法中另有规定。

按照国家规定，单位为个人缴付和个人缴付的基本养老保险费、基本医疗保险费、失业保险费、住房公积金，从纳税义务人的应纳税所得额中扣除。但是对单位为职工个人购买的商业性养老保险等，在办理投保手续时应作为个人所得税的工资、薪金所得项目，按税法规定缴纳个人所得税；因各种原因退保，个人未取得实际收入的，已缴纳的个人所得税应予以退回。

实行内部退养的个人在其办理内部退养手续后至法定离退休年龄之前这段时间从原单位取得的工资、薪金，不属于离退休工资，应按工资、薪金所得项目计征个人所得税。

公司职工取得的用于购买企业国有股权的劳动分红，按工资、薪金所得项目计征个人所得税。

出租汽车经营单位对出租车驾驶员采取单车承包或承租方式运营，出租车驾驶员取得的收入，按工资、薪金所得项目征税。

自 2004 年 1 月 20 日起，对商品营销活动中，企业和单位对其营销业绩突出的雇员以培训班、研讨会、工作考察等名义组织旅游活动，通过免收差旅费、旅游费对个人实行的营销业绩奖励（包括实物、有价证券等），应根据所发生费用的全额并入营销人员当期的工资薪金所得，按照工资、薪金所得项目征收个人所得税，并由提供上述费用的企业和单位代扣代缴（非雇员按劳务报酬所得征收个人所得税）。

【例 7-3】下列各项中，应当按照工资、薪金所得项目征收个人所得税的有（　　）。

A. 单位为职工个人购买的商业性补充养老保险

B. 独生子女补贴

C. 对营销业绩突出的雇员以培训班的名义组织旅游活动

D. 公司职工取得的用于购买企业国有股权的劳动分红

【答案】ACD。

（二）个体工商户的生产、经营所得

个体工商户的生产、经营所得包括：

（1）个体工商户从事工业、手工业、建筑业、交通运输业、商业、饮食业、服务业、修理业以及其他行业生产、经营所得。

（2）个人经政府有关部门批准，取得执照，从事办学、医疗、咨询以及其他有偿服务活动取得的所得。

（3）个人因从事彩票代销业务取得的所得。

（4）其他个人从事个体工商业生产、经营取得的所得。

（5）个人独资企业和合伙企业停征企业所得税，只对其投资者的经营所得按个体工商户经营所得征收个人所得税。

（6）从事个体出租车运营的出租车驾驶员取得的收入，按个体工商户的生产、经营所得项目缴纳个人所得税。

（7）出租车属于个人所有的，但挂靠出租汽车经营单位或企事业单位，驾驶员向挂靠单位缴纳管理费的，或出租汽车经营单位将出租车所有权转移给驾驶员的，出租车驾驶员从事客货运营取得的收入，比照个体工商户的生产、经营所得项目征税。

（8）个人独资企业、合伙企业的个人投资者以企业资金为本人、家庭成员及其相关人员支付与企业生产经营无关的消费性支出及购买汽车、住房等财产性支出视为企业对个人投资者利润分配，并入投资者个人的生产经营所得，依照个体工商户的生产、经营所得项目计征个人所得税。

【例 7-4】下列各项所得应按个体工商户生产经营所得税项目征税的有（　　）。

A. 个人工商户将经营所得购买家庭用住房

B. 个体工商户对外投资取得的股利

C. 拥有出租车所有权的出租车司机取得的收入

D. 私人开设诊所的所得

【答案】ACD。

（三）企事业单位的承包经营、承租经营所得

企事业单位的承包经营、承租经营所得是指个人承包经营、承租经营以及转包、转租取得的所得，还包括个人按月或者按次取得的工资、薪金性质的所得。个人承包、承租分为以下两类：

（1）承包、承租人对企业经营成果不拥有所有权，仅按合同（协议）规定取得一定所得的，应按工资、薪金所得项目征收个人所得税。

（2）承包、承租人按合同（协议）规定中只向发包方、出租人支付一定的费用，交纳承包、承租费后的企业的经营成果归承包、承租人所有的，其取得的所得，按企事业单位承包、承租经营所得项目征收个人所得税。

（四）劳务报酬所得

（1）劳务报酬所得是指个人从事设计、装潢、安装、制图、化验、测试、医疗、法律、会计、咨询、讲学、新闻、广播、翻译、审稿、书画、雕刻、影视、录音、录像、演出、表演、广告、展览、技术服务、介绍服务、经纪服务、代办服务以及其他劳务取得的所得。与工资、薪金所得相比，劳务报酬所得属于个人独立从事各种技艺、提供各种劳务获得的报酬。

【专栏 7-4】各项劳务报的具体内容

（1）设计是按照客户的要求，代为制定工程或工艺等各类设计业务。

（2）装潢是直接受委托，对物体进行装饰、修饰，使之美观或具有特定用途的作业。

（3）安装是指按照客户的要求，对各种机器设备的装配、安置以及机器设备相连的附属设施的安装和被安装机器设备的绝缘、防腐、保温和油漆等工程作业。

（4）制图是指受托按照实物或设想物体的形象，依体积、面积和距离等，用一定的比

例绘制成平面图、立方图、透视图等业务。

(5) 化验是指受托用物理或化学的方法，检验物质的成分和性质等业务。

(6) 测试是指利用仪器仪表或其他手段代客户对物品的性能和质量进行检测试验的业务。

(7) 医疗是指从事各种病情诊断治疗等医护业务。

(8) 会计是指受托从事会计核算的业务。

(9) 咨询是指对客户提出的政治、经济、科技、法律、会计和文化等方面的问题进行解答说明的业务。

(10) 法律是指受托担任辩护律师或法律顾问，撰写辩护词、起诉书等法律文书的任务。

(11) 讲学是指应邀进行讲课、作报告和介绍情况等业务。

(12) 新闻是指提供新闻信息、编写新闻消息的业务。

(13) 广播是指从事播音等劳务。

(14) 影视是指应邀或应聘在电影或电视节目中出任演员或担任导演、音响、化妆、道具、制作、摄影等与摄影、电视节目有关的业务。

(15) 录音指用录音器械代客户录制各种音响带的业务，或者应邀演讲、演唱、采访而被录音的服务。

(16) 录像指用录像器械代客户录制各种图像、节目的业务，或者应邀表演、采访、被录像的业务。

(17) 书画指按照客户的要求，或自行从事书法、绘画和题词等业务。

(18) 雕刻指代客户镌刻图章、牌匾、碑、玉器和雕塑的等业务。

(19) 审稿指对文字作品或图像作品进行审核核对的业务。

(20) 翻译指受托从事中外语言或文字的翻译（包括笔译和口译）的业务。

(21) 演出指参加戏剧、音乐、舞蹈和曲艺等文艺演出活动的业务。

(22) 表演指从事杂技、体育、武术、健美、时装、气功以及其他技巧性表演活动的业务。

(23) 广告是指利用图书、报纸、杂志、广播、电视、电影、招贴、路牌、橱窗、霓虹灯、灯箱、墙面及其他载体，为介绍商品、经营服务项目、文体节目或通告、声明等事项，所做的宣传和提供相关服务的业务。

(24) 展览是指举办或参加书画展、影展、盆景展、邮展、个人收藏品展、花鸟虫鱼展等各种展示活动的业务。

(25) 技术服务是指利用一技之长，而进行技术指导、提供技术帮助的服务。

(26) 经纪服务是指经纪人通过居间介绍促成各种交易和提供劳务等服务的业务。

(27) 介绍服务是指介绍供求双方商谈，或者介绍产品、经营服务项目等服务的业务。

(28) 代办服务是指代委托人办理受托范围内的各项事宜的业务。

(29) 其他劳务是指上述列举的28种项目之外的各种劳务。

(2) 个人由于担任董事职务所取得的董事费收入，属于劳务报酬所得性质，按照劳务报酬所得项目征收个人所得税。

（3）企业和单位对其营销业绩突出的非雇员以培训班、研讨会、工作考察等名义组织旅游活动，通过免收差旅费、旅游费对个人实行的营销业绩奖励（包括实物、有价证券等），应根据所发生费用的全额作为该营销人员当期的劳务收入，按照劳务报酬所得项目征收个人所得税，并由提供上述费用的企业和单位代扣代缴。

（4）在校学生因参与勤工俭学活动（包括参与学校组织的勤工俭学活动）而取得属于《个人所得税法》规定的应税所得项目的所得，应依法缴纳个人所得税。

（5）工资、薪金所得与劳务报酬所得有时容易发生混淆，应注意区分。工资、薪金所得是属于非独立个人劳务活动，即在机关、团体、学校、部队、企事业单位及其他组织中任职、受雇而得到的报酬；劳务报酬所得则是个人独立从事各种技艺、提供各项劳务取得的报酬。两者的主要区别在于，前者存在雇用与被雇用关系。例如，演员从剧团领取工资、教师从学校领取工资，就属于工资、薪金项目，而不属于劳务报酬范围，但如果演员自己演出或与他们组合演出取得的报酬，教师自己举办学习班、培训班取得的办班收入或课酬收入，就属于劳务报酬的范围。

（五）稿酬所得

（1）稿酬所得是指个人因其作品以图书、报刊形式出版、发表而取得所得。作品包括文学作品、书画作品、摄影作品以及其他作品。作者去世后，财产继承人取得的遗作稿酬，也应征收个人所得税。之所以将稿酬所得独立划归一个征收项目，而对不以图书、报刊形式出版、发表的翻译、审稿、书画所得归为劳务报酬所得，主要是因为出版、发表作品的特殊性。这些作品是依靠较高智力创作的精神产品，它和精神文明和物质文明密切相关，并且我国稿酬相对偏低。因此，稿酬所得征税时与一般劳务报酬相区别，并给予优惠照顾。

（2）任职、受雇于报纸、杂志等单位的记者、编辑等专业人员，因在本单位的报纸、杂志上发表作品取得的所得，属于因任职、受雇而取得的所得，应与其当月工资收入合并，按工资、薪金所得项目征收个人所得税。除上述专业人员以外，其他人员在本单位的报纸、杂志上发表作品取得的所得，应按稿酬所得项目征收个人所得税。

（3）出版社的专业作者撰写、编写或翻译的作品，由本社以图书形式出版而取得的稿费收入，应按稿酬所得项目计算缴纳个人所得税。

（六）特许权使用费所得

（1）特许权使用费所得是指个人提供专利权、商标权、著作权、非专利技术以及其他特许权取得的所得。当这四种权利及其他权利由个人提供或转让给他人使用时，会取得相应的收入。

（2）个人取得特许权的经济赔偿收入应按特许权使用费所得应税项目缴纳个人所得税，税款由支付赔款的单位或个人代扣代缴。

（3）编剧从电视剧的制作单位取得的剧本使用费，不再区分剧本的使用方是否为其任职单位，统一按特许权使用费所得项目计征个人所得税。

【例 7-5】某城市公民张先生为自由职业者，2011 年 10 月取得以下收入中，属于劳务报酬的有（ ）。

A. 为甲企业兼职促销员，因业绩突出甲企业提供免费丽江游

B. 自己开设酒吧取得的收入

C. 为出版社审稿取得的收入

D. 在杂志上发表摄影作品取得的收入

E. 为电视剧制作单位提供剧本取得的剧本使用费收入

【答案】AC。

【解析】选项A企业因营销业绩奖励非雇员免费旅游，按非雇员取得劳务报酬所得处理；选项B为个体经营所得；选项D为稿酬所得；选项E为特许权使用费所得。

（七）利息、股息、红利所得

利息、股息、红利所得是指个人拥有债权、股权而取得的利息、股息、红利所得。

利息是指个人拥有债权而取得的利息，包括存款利息、贷款利息和各种债券的利息。应税利息不包括国债和国家发行的金融债券利息。股息、红利是上市公司将税后利润的一部分分配给股东作为对股东的投资回报，即“分红”的两种基本形式。股息就是股票的利息，是指公司按照票面金额的一个固定比率向股东支付利息，通常股息专指优先股的收益。红利虽然也是公司分配给股东的回报，但它与股息的区别在于股息的比率是固定的，而红利数额通常是不固定的，红利随着公司每年可分配红利的数额多少而上下浮动，通常是指普通股的收益。

【专栏7-5】个人储蓄存款在2008年10月9日（含）后产生的利息所得，暂停征收个人所得税。涉及的2008年10月9日之前产生的利息所得，还要按照不同时间对应的税率分段征收个人所得税。

（八）财产租赁所得

财产租赁所得是指个人出租建筑物、土地使用权、机器设备、车船以及其他财产取得的所得。个人取得的财产转租收入，属于财产租赁所得的征税范围。在确认纳税义务人时，应以产权凭证为依据。对无产权凭证的，由主管税务机关根据实际情况确定。产权所有人死亡，在未办理产权继承手续期间，该财产出租而有租金收入的，以领取租金的个人为纳税义务人。

（九）财产转让所得

财产转让所得是指个人转让有价证券、股权、建筑物、土地使用权、机器设备、车船以及其他财产取得的所得。关于财产转让所得的几种特殊情况规定如下：

（1）股票转让。目前对股票转让所得暂不征收个人所得税。

（2）量化资产股份转让。集体所有制企业在改制为股份合作制企业时，对职工个人以股份形式取得的拥有所有权的企业量化资产，暂缓征收个人所得税。待个人将股份转让时，就其转让收入额，减除个人取得该股份时实际支付的费用支出和合理转让费用后的余额，按财产转让所得项目计征个人所得税。

（3）个人出售自有住房。对个人转让自用5年以上并且是家庭唯一生活用房取得的所得，免征个人所得税。

（十）偶然所得

偶然所得是指个人得奖、中奖、中彩以及其他偶然性质的所得。得奖是指参加各种有奖竞赛活动，取得名次得到的奖金；中奖、中彩是指参加各种有奖活动，如有奖销售、有奖储蓄，或者购买彩票，经过规定的程序，抽中、摇中号码而取得的奖金。个人因参加企业的有奖销售活动而取得的赠品所得，应按偶然所得项目计征个人所得税。赠品所得为实物的，应当按照取得的凭证上所注明的价格计算应纳税所得额；无凭证的实物或者凭证上所注明的价格明显偏低的，由主管税务机关参照当地的市场价格核定应纳税所得额。偶然所得应缴纳的个人所得税款，一律由发奖单位或机构代扣代缴。

（十一）经国务院财政部门确定征税的其他所得

其他所得是指除上述列举的十项个人应税所得外，今后可能出现的确有必要征税的个人所得以及个人取得的难以界定应纳税所得项目的所得。其他所得由主管税务机关确定。

二、个人所得税的税率

我国个人所得税采用的是分类所得税制，对不同的所得项目规定了不同的适用税率。可以分为两类，一类是超额累进税率，适用于工资薪金、个体工商户的生产、经营所得以及企事业单位的额承包、承租经营所得；另一类是比例税率，基本税率为 20%，适用于以上三类税目以外的其他税目。

对工资、薪金所得，适用七级超额累进税率，税率为 3%~45%，见表 7-1。

表 7-1　　工资、薪金所得适用税率表

级数	全月应纳税所得额（余额）	税率（%）	速算扣除数
1	不超过 1500 元的	3	0
2	超过 1500 元不超过 4500 元的部分	10	105
3	超过 4500 元不超过 9000 元的部分	20	555
4	超过 9000 元不超过 35 000 元的部分	25	1005
5	超过 35 000 元不超过 55 000 元的部分	30	2755
6	超过 55 000 元不超过 80 000 元的部分	35	5505
7	超过 80 000 元的部分	45	13 505

注：速算扣除数是指该级应税所得额按全额累进计算方法计算的应纳税额和按超额累进计算方法计算的应纳税额之差。速算扣除数的作用就是将超额累进税的计算简化得几乎等同于全额累进税的计算。

对个体工商户的生产经营所得和对企业事业单位的承包经营、承租经营所得，适用 5%~35%的五级超额累进税率，具体适用税率见表 7-2。

表 7-2　　生产、经营所得适用税率表

级数	全月应纳税所得额（余额）	税率（%）	速算扣除数
1	不超过 15 000 元的	5	0
2	超过 15 000 元不超过 30 000 元的部分	10	250
3	超过 30 000 元不超过 60 000 元的部分	20	3750
4	超过 60 000 元不超过 100 000 元的部分	30	9750
5	超过 100 000 元的部分	35	14 750

对其余各项应税所得一律适用 20%的比例税率。但是为了体现国家的财政经济政策，对于稿酬和劳务报酬所得，要在适用这一税率计算应纳税额的基础上，再分别减征和加

征。具体方法如下：

（1）稿酬所得适用20%的比例税率。按计算的应纳税额减征30%的税款，即只征收70%的税额，实际税率为14%。这主要是考虑作者写作或制作一件作品往往需要投入较长的时间和较多的精力，有必要给予适当的税收照顾，体现对稿酬这种知识性勤劳所得的特殊政策。

（2）劳务报酬所得适用20%的比例税率。但是若即一次劳务报酬的应税所得额超过20 000元的，实行加成征收，具体规定为应税所得额超过20 000~50 000元的部分，依照税法规定计算应纳税额后再按照该部分应纳税额加征五成；超过50 000元的部分，加征十成（见表7-3）。

表7-3 劳务报酬所得适用税率表

级数	全月应纳税所得额（余额）	税率（%）	速算扣除数
1	不超过20 000元的	20	0
2	超过20 000元不超过50 000元的部分	30	2000
3	超过50 000元的部分	40	7000

【例7-6】下列各项中，适用5%~35%的五级超额累进税率征收个人所得税的有（ ）。

A. 个体工商户的生产经营所得

B. 合伙企业的生产经营所得

C. 个人独资企业的生产经营所得

D. 对企事业单位的承包、承租经营所得

【答案】ABCD。

第四节 应纳税额的计算

一、计税依据的确定

个人所得税的征税范围为前述列举的11种所得，但其据以计算应纳税额的计税依据却不直接是个人取得的收入总额，而是纳税人的收入总额扣除各项费用或成本之后的净所得，即应纳税所得额。

应纳税所得额=各项收入-税法规定的扣除项目或扣除金额

（一）收入形式

个人取得的应纳税所得，包括现金、实物和有价证券。所得为实物的，应按凭证上注明的价格计算应纳税所得额；无凭证或者凭证上所注明的价格明显偏低的，由主管税务机关参照当地的市场价格核定应纳税所得额。

（二）费用扣除方法

费用扣除的方法主要有采取定额扣除的方法、会计核算的方法、定额和定率双重扣除办法。具体如下：

（1）对工资、薪金所得涉及的个人生计费用，采取定额扣除的办法；

（2）个体工商户的生产、经营所得和对企事业单位的承包经营、承租经营所得及财产转让所得，涉及生产、经营及有关成本或费用的支出，采取会计核算办法扣除有关成本、费用或规定的必要费用；

（3）对劳务报酬所得、稿酬所得、特许权使用费所得、财产租赁所得，因涉及既要按一定比例合理扣除费用，又要避免扩大征税范围等两个需同时兼顾的因素，故采取定额和定率两种扣除办法；

（4）利息、股息、红利所得和偶然所得，因不涉及必要费用的支付，所以规定不扣除任何费用。

二、个人所得税的计算方法

由于个人的收入来源多种多样，内容非常复杂，下面我们通过列举项目来逐一阐述11种所得项目应纳税额的计算。基本计算公式为：

应纳税额=应纳税所得额×税率

（一）工资、薪金所得的计税方法

工资、薪金所得实行按月计征，以每月收入减除生计费用3500元后的余额作为应税所得额。应税所得额计算公式为：

应税所得额=每月工资、薪金收入-3500元

对在中国境内的外商投资企业和外国企业中工作的外籍人员，应聘在中国境内的企业事业单位、社会团体、国家机关中工作的外籍专家，在中国境内有住所而在中国境外任职或受雇取得工资、薪金所得的个人以及财政部门确定的其他人员，其应税所得额还可扣除附加减除费用1300元，即可采用如下计算公式：

应税所得额=每月工资、薪金所得-3500元-1300元

对华侨和香港、澳门、台湾同胞征收个人所得税时，比照上述规定执行。

由于工资、薪金所得在计算应纳个人所得税额时，适用的是超额累进税率，因此可利用速算扣除数来简化计算过程。这时的适用税率是该应税所得额全额所对应的级数的税率，故简化计算的公式为：

应纳税额=应纳税所得额×适用税率-速算扣除数

【例7-7】中国公民王某2013年8月工资为5000元，计算王某当月应缴纳个人所得税。

【解析】

应纳税所得额=5000-3500=1500（元）

应纳税额=1500×3%-0=45（元）

【例7-8】假定某外商投资企业中工作的美国专家2013年3月获得由该企业发放的含税工资收入10 400元。请计算其应纳个人所得税税额。

【解析】

应纳税所得额=10 400-3500-1300=5600（元）

应纳税额=5600×20%-555=565（元）

（二）个体工商户、个人独资企业和合伙企业生产、经营所得的计税方法

对于实行查账征收的个体工商户，其生产、经营所得以每一纳税年度的收入总额减除成本、费用以及损失后的余额为应纳税所得额。计算公式为：

应纳税所得额=收入总额-（成本+费用+损失+准予扣除的税金）

应纳税额=应纳税所得额×适用税率-速算扣除数

（1）收入总额。个体工商户的收入总额是指个体工商户从事生产、经营以及与生产、经营有关的活动所取得的各项收入，包括商品（产品）销售收入、营运收入、劳务服务收入、工程价款收入、财产出租或转让收入、利息收入、其他收入和营业外收入。以上各项收入应当按照权责发生制原则确定。

（2）准予扣除的项目。在计算应纳税所得额时，准予从收入总额中扣除的项目包括成本、费用、损失和准予扣除的现金。

①成本、费用是指个体户从事生产、经营所发生的各项直接支出和分配计入成本的间接费用以及销售费用、管理费用、财务费用。

②损失是指个体工商户在生产、经营过程中发生的各项营业外支出，包括固定资产盈亏、报废、毁损和出售的净损失，自然灾害或意外事故损失，公益救济性捐赠、赔偿金、违约金等。

③税金是指个体工商户按规定缴纳的消费税、营业税、城市维护建设税、资源税、土地使用税、土地增值税、房产税、车船使用税、印花税、耕地占用税以及教育费附加。

【专栏7-5】对个体工商户个人所得税计算征收的相关规定

（1）自2011年9月1日起，个体工商户业主的费用扣除标准统一确定为42 000元/年，即3500元/月。

（2）个体工商户向其从业人员实际支付的合理的工资、薪金支出，允许在税前据实扣除。

（3）个体工商户每一纳税年度发生的广告费和业务宣传费用不超过当年销售收入15%的部分，可据实扣除；超过部分，准予在以后的纳税年度结转扣除。

（4）个体工商户拨付的工会经费、发生的职工福利费、职工教育经费支出分别在工资薪金总额2%、14%、2.5%的标准内据实扣除。

（5）个体工商户每一纳税年度发生的与其生产经营业务直接相关的业务招待费支出、按照发生额的60%扣除，但最高不得超过当年销售收入的5‰。

（6）个体工商户在生产、经营期间借款利息支出，凡有合法证明的，不高于按金融机构同类、同期贷款利率计算的数额的部分，准予扣除。

（7）个体工商户或个人专营种植业、养殖业、饲养业、捕捞业，应对其所免征个人所得税。

（8）个体工商户和从事生产、经营的个人，取得与生产、经营活动无关的各项应税所得，应分别适用个应税项目的规定计征个人所得税。

【专栏7-6】2015年1月1日国务院重新发布的《个体工商户个人所得税计税办法》正式开始实施，个体工商户可获得减负。新计税办法对个体工商户生产经营与家庭生活混用不能分清的费用，允许按照40%的比例视为与生产经营有关费用进行税前扣除。这种处

理方式既便于个体工商户享受扣除规定，也可避免原计税办法因个别地方不允许混用费用扣除导致纳税人税负增加。

此外，新计税办法还加大了对个体工商户研发投入的支持力度，将用于研发的单台设备一次性税前扣除的价值由5万元提高到10万元。

【例7-9】某小型服装公司系个体工商户，财务比较健全，2013年12月取得营业收入220 000元，准予扣除的当月成本、费用及相关税金共计为170 600元。1~11月累计应纳税所得额为68 400元，1~11月累进已预缴个人所得税10 200元。计算该个体工商户2013年度应补缴的个人所得税。

【解析】

全年应纳税所得额=220 000-170 600+68 400-42 000=75 800（元）

全年应缴纳个人所得税=75 800×30%-9750=12 990（元）

该个体工商户2013年度应补缴的个人所得税=12 990-10 200=2790（元）

对个人独资企业和合伙企业生产经营所得，个人所得税有两种计算方法。

第一种方法：查账征税。

（1）自2011年9月1日起，个人独资企业和合伙企业投资者的生产经营所得依法计征个人所得税，个人独资企业和合伙企业投资者本人的费用扣除标准统一确定为42 000元/年，即3500元/月。投资者的工资不得在税前扣除。

（2）投资者及其家庭发生的生活费用不允许在税前扣除。

（3）企业在生产经营投资者及其家庭生活共用的固定资产，难以划分的，由主管税务机关根据企业的生产经营类型、规模等具体情况，核定准予在税前扣除的折旧费用的数额或比例。

（4）企业计提的各种准备金不得扣除。

（5）投资者兴办两个或两个以上企业，并且企业性质全部是独资的，年度终了后，汇算清缴时，应纳税款的计算按以下方法进行：汇总其投资兴办的所有企业的经营所得作为应纳税所得额，以此确定适用税率，计算出全年经营所得的应纳税额，再根据每个企业的经营所得占所有企业经营所得的比例，分别计算出每个企业的应纳税额和应补缴税额。计算公式如下：

应纳税所得额=∑各个企业的经营所得

应纳税额=应纳税所得额×税率-速算扣除数

本企业应纳税额=应纳税额×本企业的经营所得÷∑各企业的经营所得

本企业应纳税额=本企业应纳税额-本企业预缴的税额

第二种方法：核定征税。

有下列情形之一的，主管税务机关应采取核定征收方式征收个人所得税：

（1）企业依照国家有关规定应当设置但未设置账簿的；

（2）企业虽设置账簿，但账目混乱或成本资料、收入凭证、费用凭证残缺不全，难以查账的；

（3）纳税人发生纳税义务，未按照规定的期限办理纳税申报，经税务机关责令限期申报，逾期仍不申报的。

核定征收方式包括定额征收、核定应税所得率征收以及其他合理的征收方式。计算公式如下：

应按税额=应纳税所得额×适用税率

应纳所得额=收入总额×应税所得率

应纳所得额=成本费用支出额÷（1-应税所得率）×应税所得率

【例 7-10】某个人独资企业 2013 年度发生直接成本 85 万元、其他费用 20 万元，收入总额不能准确核算。假定该个人独资企业适用的应税所得率为 15%，计算该个人独资企业 2008 年度应缴纳个人所得税。

【解析】该个人独资企业采用核定征收方式缴纳个人所得税：

应纳税所得额=（85+20）÷（1-15%）×15%=18.53（万元）

应纳的个人所得税=18.53×35%-1.475=5.0105（万元）

企业经营多业的，无论其经营项目是否单独核算，均应根据其主营项目确定其适用的应税所得率。实行核定征税的投资者，不能享受个人所得税的优惠政策。

（三）企事业单位承包经营、承租经营所得的计税方法

对企事业单位的承包经营、承租经营所得，以每一纳税年度的收入总额，减除必要费用后的余额为应纳税所得额。其收入总额是指纳税人按照承包经营、承租经营合同规定分得的经营利润和另外领取的工资、薪金所得的总和。个人的承包、承租经营所得，既有工资、薪金性质，又有生产、经营性质，但考虑到个人按承包、承租经营合同规定分到的是经营利润，涉及的生产、经营成本费用已经扣除，因此减除必要费用是指按月减除 3500 元，相当于个人的生计及其他费用。计算公式为：

应纳税所得额=个人承包、承租经营收入总额-必要费用

应纳税额=应纳税所得额×适用税率-速算扣除数

实行承包、承租经营的纳税人，应以每一纳税年度的承包、承租经营所得计算纳税。如果纳税人的承包、承租期不足 12 个月的，以其实际承包、承租经营的期限为一个纳税年度计算纳税。

【例 7-11】某人于 2006 年 3 月 1 日起承包单位的鱼塘，经营期限 10 个月。取得经营收入总额 10 万元，准许扣除的与经营收入相关的支出总额 5 万元，则该个人当年承包经营所得应缴纳的个人所得税为多少？

【解析】该个人承包经营所得应缴纳个人所得税计算如下：

应纳税所得额=100 000-50 000 -3500×10=15 000（元）

应纳税额=15 000×5%-0=750（元）

（四）劳务报酬所得的计税方法

劳务报酬所得，每次收入不超过 4000 元的，减除费用 800 元；4000 元以上的，减除 20%的费用，其余额为应纳税所得额。其应纳税额的计算公式为：

（1）每次收入不足 4000 元的，

应纳税额=（每次收入额-800）×20%

（2）每次收入在 4000 元以上的，

应纳税额=每次收入额×（1-20%）×20%

（3）每次收入的应纳税所得额超过 20 000 元的，

应纳税额=每次收入额×（1-20%）×适用税率-速算扣除数

由于劳务报酬所得以“次”划分，为避免税收上的模糊，税法对此有明确的规定：只有一次性收入的，以取得该项收入为一次。例如，从事设计、安装、装潢、制图、化验、测试等劳务，一般是接受客户的委托，按照其要求，完成一次劳务后取得收入。因此，对于属于一次性的收入，以每次提供劳务取得的收入为一次。

【例 7-12】某著名歌星一次应邀到外地演出，获得演出收入 10 万元，扣除 20%的费用后，应纳税所得额为 8 万元。请计算其应纳个人所得税税额。

【解析】

应纳税额＝每次收入额×（1-20%）×适用税率-速算扣除数

＝100 000×（1-20%）×40%-7000

＝25 000（元）

属于同一项目连续取得收入的，以一个月内取得收入为一次。例如，某音乐老师在一歌舞厅兼职，每天到该歌舞厅演奏钢琴，每天演出后获取报酬 100 元。在计算其劳务报酬所得时，应视为同一项目的连续性收入，以其在一个月内取得的收入为一次计征个人所得税。

【例 7-13】张某受私立医院临时聘请在该院门诊部坐诊，每次坐诊报酬为 1000 元，一个月坐诊 5 次。计算张某每月应缴纳的个人所得税。

【解析】

应纳税额＝5000×（1-20%）×20% ＝800（元）

此外，获得劳务报酬所得的纳税人从其收入中支付给中介人和相关人员的报酬，除另有规定外，在定率扣除 20%的费用后，一律不再扣除。对中介人和相关人员取得的报酬，应分别计征个人所得税。

（五）稿酬所得的计税方法

稿酬所得应纳税所得的确定同劳务报酬所得。稿酬所得适用 20%的比例税率，并按规定对应纳税额减征 30%。稿酬所得应纳税额的计算公式为：

（1）每次收入不足 4000 元的，

应纳税额＝（每次收入额- 800）×20%×（1-30%）

（2）每次收入在 4000 元以上的，

应纳税额＝每次收入额×（1-20%）×20%×（1-30%）

每次收入以每次出版、发表取得的收入为一次。在实际生活中，稿酬的支付或取得形式是多种多样的，对此国家税务总局有具体的规定。

【专栏 7-7】稿酬的确定

同一作品再版取得的所得，应视为另一次稿酬所得计征个人所得税；

同一作品先在报刊上连载，然后再出版，或先出版，再在报刊上连载的，应视为两次稿酬所得征税，即连载作为一次，出版作为另一次；

同一作品在报刊上连载取得收入的，以连载完成后取得的所有收入合并为一次，计征个人所得税；

同一作品在出版和发表时，以预付稿酬或分次支付稿酬等形式取得的稿酬收入，应合并计算为一次；

同一作品出版、发表后，因添加印数而追加稿酬的，应与以前出版、发表时取得的稿酬合并计算为一次，计征个人所得税。

【例 7-14】国内某著名作家的一篇小说在某杂志上连载 3 个月，每月取得稿酬为 3600 元，然后送交出版社出版，一次取得稿酬 20 000 元。该作家取得的 3 个月稿酬 10 800 元和 20 000 元分别被视为两次收入，试计算应缴纳个人所得税。

【解析】

第一次的 3 个月稿酬应纳税额 = 10 800×（1-20%）×20%×（1-30%）

= 1209. 6（元）

第二次取得的稿酬应纳税额 = 20 000×（1-20%）×20%×（1-30%）= 2240（元）

则共计应纳个人所得税 = 1209. 6+2240 = 3449. 6（元）

（六）特许权使用费所得的计税方法

特许权使用费所得以某项使用权的一次转让所取得的收入为一次。如果该次转让取得的收入是分笔支付的，则应将各笔收入相加为一次的收入，计征个人所得税。对个人从事技术转让中所支付的中介费，若能提供有效合法凭证，允许从其所得中扣除。特许权使用费的计算公式为：

（1）每次收入不足 4000 元的，

应纳税额 =（每次收入额-800）×20%

（2）每次收入在 4000 元以上的，

应纳税额 = 每次收入额×（1-20%）×20%

【例 7-15】某韩国人转让商标权给我国境内企业使用，收取使用费 60 万元，计算该韩国人应缴纳的个人所得税。

【解析】

应纳税所得额 = 60×（1-20%）= 48（万元）

应纳个人所得税款 = 48×20% = 9. 6（万元）

（七）财产租赁所得的计税方法

财产租赁所得以个人每次取得的收入，定额或定率减除规定费用后的余额为应纳税所得额。每次收入不超过 4000 元的，定额减除费用 800 元；4000 元以上的，定率减除 20% 的费用，其余额为应纳税所得额。财产租赁所得以 1 个月内取得的收入为一次。在确定财产租赁的应纳税所得时，纳税人在出租财产过程中缴纳的税金和教育费附加，可持完税（缴款）凭证从其财产租赁收入中扣除。准予扣除的项目除了规定费用和有关税费外，还准予扣除能够提供有效、准确凭证，证明由纳税人负担的该出租财产实际开支的修缮费用。允许扣除的修缮费用，以每次 800 元为限。一次扣除不完的，准予在下次继续扣除，直到扣完为止。

个人在出租财产取得的财产租赁收入，在计算缴纳个人所得税时，应依次扣除以下费用：

（1）财产租赁过程中缴纳的税费；

（2）由纳税人负担的该出租财产实际开支的修缮费用；

（3）税法规定的费用扣除标准。

财产租赁所得适用税率为 20%，但对个人按市场价格出租的居民住房取得的所得暂减按 10%征收。

【例 7-16】某业主出租一间自己的住房，月租金收入为 6000 元，假设已缴纳的税金和教育费附加合计为 1100 元，该业主支出维修费 900 元。该业主应缴纳的个人所得税为多少？

【解析】

减除规定扣除的税金和有关费用 = 6000-1100-800 = 4100（元）（扣除不完的 100 元维修费可在下月租金收入中继续扣除）

应纳税所得额 = 4100×（1-20%）= 3280（元）

应纳税款 = 3280×10% = 328（元）

【专栏 7-8】在实际征税过程中，有时会出现财产租赁所得的纳税人不明确的情况。对此，在确定财产租赁所得纳税人时，应以产权凭证为依据。无产权凭证的，由主管税务机关根据实际情况确定纳税人。如果产权所有人死亡，在未办理产权继承手续期间，该财产出租且有租金收入的，以领取租金的个人为纳税人。

（八）财产转让所得的计税方法

财产转让所得以每次转让财产的收入额减去财产原值和合理费用后的余额为应纳税所得额。每次是指以一件财产的所有权一次转让取得收入为一次。

【专栏 7-9】财产原值的确定

（1）有价证券为买入价以及买入时按照规定交纳的有关费用。一般来说，转让债权采用加权平均法确定其应予减除的财产原值和合理费用。

（2）建筑物原值为建造费或者购进价格以及其他有关费用。

（3）土地使用权原值为取得土地使用权所支付的金额，开发土地的费用以及其他有关费用。

（4）机器设备、车船原值为购进价格、运输费、安装费以及其他有关费用。

（5）其他财产原值的确定参照以上方法。

如果纳税义务人未提供完整、准确的财产原值凭证，不能正确计算财产原值的，由主管税务机关核定其财产原值。合理费用是指卖出财产时按照规定支付的有关费用。计算公式为：

应纳税额 =（收入总额-财产原值-合理税费）×20%

【例 7-17】刘某于 2000 年 2 月转让给本市某企业一台进口速印机，取得转让收入 120 000元。此台速印机购进时的原价为 100 000 元，转让时支付有关费用 1 000 元。请计算刘某应纳个人所得税为多少？

【解析】

应纳税所得额 = 120 000-100 000-1000 = 19 000（元）

应纳税额 = 19 000×20% = 3800（元）

（九）利息、股息、红利所得，偶然所得和其他所得的计税方法

利息、股息、红利所得、偶然所得和其他所得这三种所得与上述其余所得不同，属于间接性投资所得或消极所得，不涉及生产经营活动，不需要支付任何经营费用，因而我国《个人所得税法》依照国际惯例，对上述项目直接以每次收入额为应税所得额，而不扣除任何费用。利息、股息、红利所得，偶然所得和其他所得，以每次收入额为应纳税所得额。其应纳税额的计算公式为：

应纳税额=每次收入额×20%

特殊规定如下：

（1）自2008年10月9日起，对储蓄利息所得暂免征收个人所得税；

（2）对个人投资者从上市公司取得的股息、红利所得，自2005年6月13日起暂减按50%计入个人应纳税所得额。这里所称上市公司，是指在上海证券交易所、深圳证券交易所挂牌交易的上市公司。对证券投资基金从上市公司分配取得的股息、红利所得，在代扣代缴个人所得税时，也暂减按50%计入个人应纳税所得额。

（3）企业为股东购买车辆并将车辆所有权办到股东个人名下，其实质为企业对股东进行了红利性质的实物分配，应按照利息、股息、红利所得项目征税。考虑到该股东名下的车辆也同时为企业经营使用的实际情况，允许合理减除部分所得，减除的具体数额由主管税务机关根据车辆的实际使用情况合理确定。

【例7-18】张先生为自由职业者，2009年8月取得如下所得：从A上市公司取得股息所得16 000元，从B非上市公司取得股息所得7000元，兑现8月10日到期的一年期银行储蓄存款利息所得1500元。计算张先生上述所得应缴纳的个人所得税税额。

【解析】

股息所得应纳个人所得税=16 000×20%×50%+7000×20%=3000（元）

储蓄存款利息应纳个人所得税=0（元）

合计应纳个人所得税=3000+0=3000（元）

偶然所得和其他所得以每次收入额为应纳税所得额。个人取得单张有奖发票奖金不超过800元（含），免征个人所得税；超过800元的，全额按照偶然所得征收个人所得税。

【例7-19】胡某在参加超市的有奖销售活动中，中奖奖金20 000元。胡某领奖时告知超市，拿出其中4000元向某希望小学捐赠。计算按照规定超市代扣代缴个人所得税后，胡某实际可得中奖金额。

【解析】

根据税法有关规定，胡某的捐赠额可以全部从应纳税所得额中扣除（因为4000÷20 000=20%，小于捐赠扣除比例）。

应纳税所得额=偶然所得-捐赠额=20 000-4000=16 000（元）

应纳税额=应纳税所得额×适用税率=16 000×20%=3200（元）

陈某实际可得金额=20 000-4000-3200=12 800（元）

【专栏7-10】为鼓励个人向公益事业及灾区、贫困地区捐赠，以推动公益事业的发展，税法规定，在计算应税所得额时，若个人通过非营利性的社会团体和国家机关向教育事业和其他公益事业捐赠，其捐赠中未超过所申报的应税所得额30%的部分允许从应税所得额中扣除。个人通过非营利性的社会团体和国家机关向红十字事业、农村义务教育、公益性青少年活动场所（其中包括新建）的捐赠，在计算缴纳个人所得税时准予全额扣除。2005年1月1日起，个人通过中国境内非营利的社会团体、国家机关向第四届全国特殊奥林匹克运动会筹委会和第十届全国运动会筹委会的捐赠，在其申报应纳税所得额30%以内的部分准予在所得税前扣除。

第五节　几种特殊情况的处理

一、取得工资、薪金性质一次性收入

现在个人工资性收入的渠道越来越多。除了按月份发放工资外，有些单位在年终给职工发放奖金或年终加薪、劳动分红；有些单位由于改革对于下岗或退职人员给予一次性补偿或补助；还有些单位、人员实行年薪制，年终结算全年的收入等。就一次性取得工资薪金性质的收入而言，其形式较多，个人所得税的计算办法也各不相同。主要有以下几种：

（一）取得全年一次性奖金

纳税人取得全年一次性奖金，单独作为一个月工资、薪金所得计算纳税。自2005年1月1日起按以下计税办法，由扣缴义务人发放时代扣代缴：将纳税人取得全年一次性奖金，单独作为一个月工资、薪金所得计算纳税，但在计征时，应先将雇员当月内取得的全年一次性奖金除以12个月，按其商数确定适用税率和速算扣除数。

【例7-20】中国公民王某2009年1~12月份每月工资4000元，12月份除当月工资以外，还取得全年一次性奖金6000元。王某2009年应缴纳工资薪金的个人所得税为多少？

【解析】

全年工资应纳税额合计=[(4000-2000)×10%-25]×12=2100(元)

全年一次性奖金的个人所得税计算如下：

6000÷12=500（元），适用税率为5%。

全年一次性奖金应纳税额=6000×5%=300（元）

王某2009年应缴纳工资薪金的个人所得税=2100+300=2400（元）

提示：王某2009年12月应缴纳工资薪金的个人所得税=2100÷12+300=475（元）

（二）一次性取得属于数月的奖金

雇员取得除全年一次性奖金以外的其他各种名目奖金，如半年奖、季度奖、加班奖、先进奖、考勤奖等，一律与当月工资、薪金收入合并，按税法规定缴纳个人所得税。

（三）年薪制的年终一次性工薪收入

经批准实行年薪制的厂长（经理），年终一次性取得工资、薪金收入的个人所得税实行按年平均计算、分月预缴的方式计征。具体方法是先按每月实际取得的工资薪金收入额减除费用标准后，按当月应纳税所得额选择适用税率，计算预缴每月的税款，年度终了领取效益收入后，合计全年的各类工资性收入和效益收入，按12个月平均并计算应纳税款，与每月预缴的税款相抵后，多退少补。全年应纳税额的计算公式为：

应纳税额=[(全年工资性收入和效益收入额÷12-费用扣除标准)×适用税率-速算扣除数]×12

【例7-21】胡先生在一家国有企业中担任总经理，其收入实行年薪制，每月领取基本薪金5000元，年度结束，根据经营业绩考核结果，取得效益工资36 000元。计算其年终个人所得税应纳税额为多少？

【解析】

在胡先生每月领取基本工资时，其应预缴的税款＝（5000－3500）×3%－0＝45（元）

在其年终领取效益工资后，每月实际应缴纳的税额＝[（5000×12＋36000）÷12－3500]×10%－105＝345（元）

年终应补缴税款＝（345－45）×12＝3600（元）

二、特定行业职工取得工资薪金

（一）采掘业、远洋运输业、远洋捕捞业

为了照顾采掘业、远洋运输业、远洋捕捞业因季节、产量等因素的影响，职工工资、薪金收入呈现较大幅度波动的实际情况，对这三个行业的职工取得的工资、薪金所得，可按月预缴，年度终了后30日内，合计其全年的各类工资性收入，按12个月平均并计算实际应纳税款，多退少补。计算公式如下：

年应纳所得税额＝[（全年工资、薪金收入÷12－费用扣除标准）×税率－速算扣除数]×12

考虑到远洋运输业具有跨国流动的特性，对远洋运输船员每月的工资、薪金收入在统一扣除3500元费用的基础上，准予再扣除税法规定的附加减除费用标准。由于船员的伙食费统一用于集体用餐，不发给个人，所以特案允许该项补贴不计入船员个人的应纳税工资薪金收入。

（二）建筑业

凡建筑安装业各项工程作业实行承包经营，对承包人取得的所得，分两种情况处理：对经营成果归承包人个人所有的所得，或按合同（协议）规定，将一部分经营成果归承包人个人的所得，按对企事业单位的承包经营、承租经营所得项目征税；对承包人以其他方式取得的所得，按工资、薪金所得项目征税。

（三）广告业

在广告经营中提供名义、形象或在广告设计、制作、发布过程中提供劳务并取得所得的个人，是个人所得税的纳税人。直接向上述个人支付所得的广告主、广告经营者、受托从事广告制作的单位和发布者，是个人所得税的扣缴义务人。纳税人在广告设计、制作、发布过程中提供名义、形象而取得的所得，应按劳务报酬所得项目计算纳税。纳税人在广告设计、制作、发布过程中提供其他劳务取得的所得，视其情况分别按照税法规定的劳务报酬所得、稿酬所得、特许权使用费所得等应税项目计算纳税。扣缴义务人的本单位人员在广告设计、制作、发布过程中取得的由本单位支付的所得，按工资、薪金所得项目计算纳税。以上个人所得项目，除工资、薪金所得以外，均实行按次征收或按次扣缴。其中，劳务报酬所得是以纳税人每参与一项广告的设计、制作、发布所取得的所得为一次；稿酬所得以在图书、报刊上发布一项广告时使用其作品而取得的所得为一次，特许权使用费所得是以提供一项特许权在一项广告的设计、制作、发布过程中使用而取得的所得为一次。上述取得的所得采取分笔支付的，应合并为一次所得计算纳税。

（四）演出业

凡参加演出（包括舞台演出、录音、录像、拍摄影视等，下同）而取得报酬的演职员，是个人所得税的纳税义务人，其所得为个人所得税的应纳税项目。向演职员支付报酬的单位或个人，是个人所得税的扣缴义务人。演职员参加非任职单位组织的演出取得的报酬为劳务报酬所得，按次缴纳个人所得税。演职员参加任职单位组织的演出取得报酬为工资、薪金所得，按月缴纳个人所得税。

参加组台（团）演出的演职员取得的报酬，由主办单位或承办单位通过银行转账支付给演职员所在单位或发放演职员演出许可证的文化行政部门或其授权单位的，经演出所在地主管税务机关确认后，由演职员所在单位或者发放演职员许可证的文化行政部门或其授权单位，按实际支付给演职员个人的报酬代扣个人所得税，并在原单位所在地上缴。组台（团）演出不按上述方式支付演职员报酬，或者虽按上述方式支付但未经演出所在地主管税务机关确认的，由向演职员支付报酬的演出经纪机构或者主办，承办单位扣缴个人所得税，税款在演出所在地缴纳。

（五）律师业

律师不同于古代的讼师、状师，是指依法取得律师执业证书，接受委托或者指定，为当事人提供法律服务的执业人员。我国对律师行业的工资薪金征税给予了特殊的规定。

（1）律师事务所支付给雇员（包括受雇律师及行政辅助人员，但不包括律师事务所的投资者）的所得，按照工资、薪金所得应税项目计算和代扣代缴个人所得税。

（2）作为律师事务所雇员的律师与律师事务所按规定的比例进行收入分成，律师事务所不负担律师办理案件支出的费用（如交通费、资料费、通信费及聘请人员等费用），律师当月的分成收入，按省级地方税务部门确定的不高于30%比例内，扣除办理案件支出的费用后，余额与律师事务所发给的工资合并，按工资、薪金所得计算个人所得税。

（3）兼职律师从律师事务所取得工资、薪金性质的所得，律师事务所在代扣代缴其个人所得税时，不再减除个人所得税规定的费用扣除标准，以收入全额（取得分成收入的为扣除办理案件支出费用后的余额）直接确定适用税率，计算扣缴个人所得税。兼职律师是指取得律师资格和律师执业证书，不脱离本职工作从事律师工作的人员。

【例 7-22】律师胡某是某大学法律系教授，每月从校方取得工资、薪金5800元，同时在某律师事务所兼职，每月工资所得2100元。律师事务所规定，以办案提成收入方式奖励员工，办案过程中费用自理，一律不得在单位报销。2011年9月，胡某取得办案提成收入12 000元。请问该事务所如何扣缴个人所得税？胡某本月应纳个人所得税多少？

【解析】大学和律师事务所应分别代扣代缴胡某的个人所得税。

律师事务所扣缴税额＝[2100+12 000×(1−30%)]×25%−1005＝1620(元)

大学扣缴税额＝(5800−3500)×10%−105＝125(元)

因在两处取得工资所得，胡律师需要自行申报纳税。

本月工资、薪金所得＝5800+2100+12 000×(1−30%)＝16 300(元)

应纳税所得额＝16 300−3500＝12 800（元）

应纳税额＝12 800×25%−1005＝2195（元）

大学和事务所已扣缴税额＝1620+125＝1745（元）

应补税额＝2195−1745＝450（元）

三、股票期权所得

企业员工股票期权（以下简称股票期权）是指上市公司按照规定的程序授予本公司及其控股企业员工的一项权利，该权利允许被授权员工在未来时间内以某一特定价格购买本公司一定数量的股票。上述“某一特定价格”被称为“授予价”或“施权价”，即根据股票期权计划可以购买股票的价格。一般为股票期权授予日的市场价格或该价格的折扣价格，也可以是按照事先设定的计算方法约定的价格。“授予日”也称“授权日”，是指公司授予员工上述权利的日期。“行权”也称“执行”，是指员工根据股票期权计划选择购买股票的过程。员工行使上述权利的当日称为“行权日”，也称“购买日”。关于股票期权所得性质的确认及其具体征税规定如下：

(1) 员工接受实施股票期权计划企业授予的股票期权时，除另有规定外，一般不作为应税所得征税。

(2) 员工行权时，其从企业取得股票的实际收购价（施价权）低于购买日公平市场价（指该股票当日的收盘价，下同）的差额，是其员工在企业的表现和业绩情况而取得的与任职、受雇有关的所得，应按工资、薪金所得适用的规定计算缴纳个人所得税。对因特殊情况，员工在行权日之前将股票期权转让的，以股票期权的转让净收入作为工资薪金所得征收个人所得税。

(3) 员工在行权后的股票在转让时获得的高于购买日公平市场价的差额，是因个人在证券二级市场上转让股票等有价证券而获得的所得，应按照财产转让所得适用的免征规定计算缴纳个人所得税。

(4) 员工因拥有股权而参与企业税后利润分配取得的所得，应按照利息、股息、红利所得适用的规定计算缴纳个人所得税。企业高级管理人员因股票认购权取得的所得，纳税处理与上述规定类似。

四、在中国境内无住所的个人取得工资薪金所得的征税问题

对在中国境内无住所的个人在中国境内从事工作，如果时间相对较短的，对其取得的工资薪金所得给予税收优惠。

(一) 工资、薪金所得来源地的确定

根据规定，个人实际在中国境内工作期间取得的工资薪金，不论是由中国境内还是境外企业或个人雇主支付，均属来源于中国境内所得。个人实际在中国境外工作期间期间取得的工资薪金，不论是由中国境内还是境外企业或个人雇主支付，均属来源于中国境外所得。

(二) 纳税义务范围的确定

第一，在中国境内无住所而在一个纳税年度中在中国境内连续或累计工作 183 日的个人，由中国境外雇主支付并且由该雇主的中国境内机构负担的薪金，免予申报缴纳个人所得税。

第二，在中国境内无住所而在一个纳税年度中在中国境内连续或累计工作超过 90 日

或在税收协定规定的期间在中国境内连续或累计工作超过 183 日但不满一年的个人，其实际在中国境内工作期间取得的由中国境内外企业或个人雇主支付的工作薪金所得，除在中国境内企业任董事或高层管理人员，不予征收个人所得税。

第三，在中国境内无住所，但是居住 1 年以上 5 年以下的个人，其来源于中国境外的所得，经主管税务机关批准，可以只就由中国境内公司、企业以及其他经济组织或者个人支付的部分缴纳个人所得税；居住超过 5 年的个人，从第 6 年起，应当就其来源于中国境外的全部所得缴纳个人所得税。

第四，个人在华居住满 5 年后，从第 6 年起的以后年度中，凡在境内居住满 1 年的，应当就其境内外的所得申报纳税。凡在境内居住不满 1 年，仅就该年内源于境内的所得纳税。如在第 6 年起以后的某一个纳税年度内在境内居住不足 90 天，可以重新计算优惠政策。

第五，对于上述纳税人如果担任中国境内企业董事或高层管理职务的个人（指公司正、副经理或总经理、各职能总监以及其他类似公司管理层的职务），对其取得的工资、薪金则还有扩大征税范围的地方。其取得的由中国境内企业支付的董事费或工资新金，应自其担任该中国境内企业董事或高层管理职务起，至其解除上述职务止的期间，不论其是否在中国境外履行职务，均应申报缴纳个人所得税。其取得的由中国境外企业支付的工资薪金，应依照前述规定确定纳税义务。

【例 7-23】戴尔女士在中国境内无住所，自 2009 年 1 月至 10 月在中国居住，取得由中国境内企业支付的工资薪金 20 万元人民币；期间她回美国工作 20 日，取得美国公司支付的工资折合人民币 20 万元。戴尔女士应就其全部工薪（40 万元人民币）在中国缴纳个人所得税。（　）

【答案】×。

【解析】戴尔女士回美国工作 20 天取得的美国公司支付的工资薪金 20 万元，为境外所得境外支付部分，不在中国纳税。

（三）在中境内居住天数和实际工作期间的确定

对在中国境内无住所的个人，需要计算确定其在中国境内居住天数，因为依照税法和协定或安排的规定判定其在华负有何种纳税义务时，均应以该个人实际在华逗留天数计算。上述个人入境、离境、往返或多次往返境内外的当日，均按一天计算其在华实际逗留天数。

在中国境内、境外机构同时担任职务或仅在境外机构任职的境内无住所个人，在按规定计算其境内工作期间时，对其入境、离境、往返或多次往返境内外的当日，均按半天计算其在华实际天数。

（1）在中国境内无住所而在一个纳税年度中在中国境内连续或累计居住不超过 90 日或者在税收协定规定期间在中国境内连续居住或累计居住不超过 182 日的个人，其负有的纳税义务，适用下述公式计算：

应纳税额 =（当月境内外工资薪金应纳税所得额×适用税率－速算扣除数）×当月境内支付工资÷当月境内外支付工资总额×当月境内工作天数÷当月天数

【例 7-24】某外籍专家 2008 年 9 月 11 日来华对某公司进行技术指导，中方支付月薪折合人民币 30 000 元。在中国工作期间境外的母公司每月支付其薪金 10 000 美元（1 美元

=8.25 元人民币）。该专家一直工作到 2008 年 11 月 25 日离境，其 11 月份应纳个人所得税税额是多少？

【解析】该外籍专家在华无住所，在一个纳税年度中在中国境内连续居住不超过 90 日，因此其仅在由中国境内雇主支付的境内所得向中国按工资薪金缴纳个人所得税。其 11 月在华工作天数为 24.5 天。

11 月份应纳个人所得税税额=[(30 000+10 000×8.25-4800)×45%-15 375]×30 000÷(30 000+10 000×8.25)×24.5÷30=7206.27(元)

（2）在中国境内无住所而在一个纳税年度中在中国境内连续或累计居住超过 90 日或者在税收协定规定的期间在中国境内连续居住或累计居住超过 183 日的个人，负有纳税义务的，适用下述公式计算：

应纳税额=（当月境内外工资薪金应纳税所得额×适用税率-速算扣除数）×当月境内工作天数÷当月天数

【例 7-25】某外籍专家 2007 年 9 月 11 日来华对某公司进行技术指导，中方支付月薪折合人民币 30 000 元。在中国工作期间境外的母公司每月支付其薪金 10 000 美元（1 美元=7.0 元人民币）。该专家一直工作到 2008 年 5 月 25 日离境，其 5 月份应纳个人所得税税额是多少？

【解析】

5 月份应纳个人所得税税额=[(30 000+10 000×7-4800)×40%-10 375]×24.5÷31
=21 895.89(元)

（3）在中国境内无住所但在境外居住满 1 年而不超过 5 年的个人，其在中国境内工作期间取得的所得无论境内支付还是境外支付的工资都要纳税。但是临时离境工作期间的工资薪金所得仅就境内支付部分纳税，境外支付部分不纳税，适用下述公式计算：

应纳税额=（当月境内外工资薪金应纳税所得额×适用税率-速算扣除数）×（1-当月境外支付工资÷当月境内外支付工资总额×当月境外工作天数÷当月天数）

【例 7-26】某外籍专家 2006 年 9 月 11 日来华对某公司进行技术指导，中方支付月薪折合人民币 30 000 元。境外的母公司每月支付其薪金 10 000 美元（1 美元=7.0 元人民币）。该专家 2008 年 3 月 10 日离境去美国工作，3 月 1 日回国，其 3 月份应纳个人所得税税额是多少？

【解析】

3 月份应纳个人所得税税额=[(30 000+10 000×7-4800)×40%-10 375]×[1-(70 000÷100 000)×11÷31]=20 823.44(元)

五、办理补充养老保险退保和提供担保个人所得税的征税方法

单位为职工个人购买商业性补充养老保险等，在办理投保手续时，因作为个人所得税的工资薪金所得项目，按税法规定缴纳个人所得税，因各种原因退保，个人未取得实际收入的，已缴纳的个人所得税应予以退回。

关于个人提供担保取得收入征收个人所得税问题，个人为单位或他人提供担保获得报酬，应按照《个人所得税法》规定的其他所得项目缴纳个人所得税，税款由支付所得的单

位和个人代扣代缴。

【专栏 7-11】新修订的《中华人民共和国个人所得税法实施条例》第二十五条规定："按照国家规定，单位为个人缴付和个人缴付的基本养老保险费、基本医疗保险费、失业保险费、住房公积金，从纳税义务人的应税税所得额中扣除。"随着我国社会保障体系的完善，单位扣除的一般为"五险一金"，除了上述"三险一金"外，还包括工伤保险和生育保险。

六、个人兼职和退休人员再任职取得收入计算征收个人所得税问题

个人兼职取得的收入应按照劳务报酬所得应税项目缴纳个人所得税。

退休人员再任职取得的收入，在减除按《个人所得税法》规定的费用扣除标准后，按工资薪金所得应税项目缴纳个人所得税。

七、企业利用资金为股东个人购买汽车征收个人所得税问题

企业购买车辆并将车辆所有权办到股东个人名下，其实质为企业对股东进行了红利性质的实物分配，应按照利息、股息、红利所得项目征收个人所得税，但允许合理减除部分所得。

企业为个人股东购买的车辆，不属于企业的资产，不得在企业所得税前扣除折旧。

八、企业高管人员行使股票认购权所得税征税办法

企业有股票认购权的高级管理人员，在行使股票认购权时的实际购买价（行权价）低于购买日（行权日）公平市场价之间的数额，按工资薪金所得缴纳所得税。

个人在股票认购权行使前，将其股票认购权转让所取得的所得，按工资薪金所得缴纳个人所得税。

对个人在行使股票认购权后，将已认购的股票（不包括境内上市公司股票）转让所取得的所得，应按照财产转让所得项目缴纳个人所得税。

九、境内、境外分别取得工资、薪金所得的处理

境内、境外分别取得工资、薪金所得的，应分别减除费用后计算纳税。

十、个人取得公务交通、通信补贴收入的扣除标准

个人若是取得公务用车和通信补贴收入，扣除一定标准的公务费用后，按照工资、薪金所得计税。按月发放的，并入当月的工资所得计算征税；不按月发放的，分解到所属月份并入该月份的工资所得计算征税。

十一、对个人因解除劳动合同取得的经济补偿金的计税方法

企业依照国家有关法律规定宣告破产，企业职工从该破产企业取得的一次性安置费收入，免征个人所得税。

个人因与用人单位解除劳动合同关系而取得的一次性补偿收入（包括用人单位发放的经济补偿金、生活补助费和其他补助费），其收入在当地上年职工平均工资 3 倍数额以内的部分，免征个人所得税；超过 3 倍数额部分的一次性补偿收入，可视为一次取得数月的工资、薪金收入，允许在一定期限内平均计算。

其计算方法为：以超过 3 倍数额部分的一次性补偿收入，除以个人在本企业的工作年限数（超过 12 年的按 12 年计算），以其商数作为个人的月工资、薪金收入，按照税法规定计算缴纳个人所得税。个人在解除劳动合同后又任职、受雇的，已纳税的一次性补偿收入不再与再次任职、受雇的工资薪金所得合并计算缴纳个人所得税。

个人领取一次性补偿收入时按照国家和地方政府规定的比例实际缴纳的住房公积金、医疗保险金、基本养老保险费、失业保险费，可以在计征其一次性补偿收入的个人所得税时予以扣除。

十二、境外所得的税额扣除

同企业所得税制度的相关原理和规定一样，个人所得税制度中也有影响应纳税额的税收抵免（或称税额扣除）制度，即纳税人从中国境外取得的所得，准许其在应纳税额中扣除已在境外缴纳的个人所得税税额，但扣除额不得超过其境外所得依我国税法计算的应纳税额。

纳税人从中国境外取得的所得如果来源于不同国家或者地区，并有不同的应税项目，应该区别不同国家或者地区和不同应税项目，依照我国税法规定的费用减除标准和使用税率计算应纳税额，但同一国家或者地区内不同应税项目依照我国税法计算的应纳税之和为该国家或地区的扣除限额。

个人从中国境外取得的所得在境外实际缴纳的个人所得税税额，低于依照税法规定计算出的扣除限额的，应当在中国补缴差额部分的税款，超过扣除限额的，其超过部分不得作为税额扣除，但可以在以后年度扣除限额的余额内补扣，补扣期限最长不得超过 5 年。

【例 7-27】某纳税人在 2008 年度从 A、B 两国取得应税收入，其中在 A 国一公司任职，取得工资、薪金收入 69 600 元（平均每月 5800 元），因提供一项专利使用权，一次取得特许权使用费收入 30 000 元，该两项收入在 A 国缴纳个人所得税 5200 元；因在 B 国出版著作获得稿酬收入 15 000 元，并在 B 国缴纳该项收入的个人所得税 1720 元。计算其抵免限额及需要在我国补交的个人所得税。

【解析】

（1）A 国所纳个人所得税的抵免限额按照我国税法规定的费用减除标准和税率，计算该纳税义务人从 A 国取得的应税所得应纳税额，该应纳税额即为抵免限额。

①工资、薪金所得。该纳税义务人从 A 国取得的工资、薪金收入，应每月减除费用 4800 元，其余按九级超额累进税率表的适用税率计算应纳税额。

每月应纳税额=(5800-4800)×10%(税率)-25(速算扣除数)=75(元)

全年应纳税额=75×12(月份数)=900(元)

②特许权使用费所得。该纳税义务人从A国取得的特许权使用费收入，应减除20%的费用，其余按20%的比例税率计算应纳税额。

应纳税额=30 000×(1-20%)×20%(税率)=4800(元)

根据计算结果，该纳税义务人从A国取得应税所得在A国缴纳的个人所得税额的抵免限额为5700元（900+4800）。其A国实际缴纳个人所得税5200元，低于抵免限额可以全额抵扣，并需在中国补缴差额部分的税款，计500元（5700-5200）。

（2）B国所纳个人所得税的抵免限额。

按照我国税法的规定，该纳税义务人从B国取得的稿酬收入，应减除20%的费用，就其余额按20%的税率计算应纳税额并减征30%，计算结果为：

应纳税额=15 000×(1-20%)×20%(税率)×(1-30%)=1680(元)

从上述计算可以看出其抵免限额为1680元，该纳税义务人的稿酬所得在B国实际缴纳个人所得税1720元，超出抵免限额40元，不能在本年度扣减，但是可在以后5个纳税年度的该国减除限额的余额中补减。

第六节 减免税优惠和税收征管

一、减免税优惠

以下项目免征个人所得税：

《个人所得税法》及其实施条例以及财政部、国家税务总局的若干规定等，都对个人所得项目给予了减免税的优惠，主要有：

（一）免征个人所得税

以下项目免征个人所得税：

（1）省级人民政府、国务院部委和中国人民解放军军以上单位以及外国组织、国际组织颁发的科学、教育、技术、文化、卫生、体育、环境保护等方面的奖金。

（2）个人持有国家债券或国务院批准发行的金融债券的利息。

（3）按照国务院规定发给的政府特殊津贴、院士津贴、资深院士津贴和国务院规定免纳个人所得税的其他补贴、津贴。

（4）福利费、抚恤金、救济金。

（5）保险赔款。

（6）军人转业费、复员费。

（7）按照国家统一规定发给干部、职工的安家、退职、退休工资、离休工资、离休生活补助费。

（8）按照我国外交、领事特权与豁免条例规定免税的各国驻华使领馆外交代表、官员和其他人员的所得。

(9) 我国政府参加的国际公约以及签订的协议中规定免税的所得。

(10) 外籍个人取得的探亲费。

(11) 按照国家有关城镇房屋拆迁管理办法规定的标准，被拆迁人取得拆迁补偿款。

(12) 其他经国务院财政部门批准免税的所得。

(二) 暂免征收个人所得税

以下项目暂免征收个人所得税：

(1) 个人举报、协查各种违法、犯罪行为而获得的奖金。

(2) 个人办理代扣代缴税款手续，按规定取得的扣缴手续费。

(3) 个人转让自用达 5 年以上，并且是唯一的家庭生活用房取得的所得。

(4) 个人购买福利彩票、赈灾彩票、体育彩票，一次中奖收入在 1 万元以下的（含 1 万元）。

(5) 对国有企业职工因企业按照《中华人民共和国企业破产法》宣告破产，从破产企业取得的一次性安置费收入。

(6) 个人和企业按照省级以上人民政府规定的比例提取并向指定金融机构实际缴付的住房公积金、医疗保险金、基本养老保险金和失业保险基金，个人领取原提存的住房公积金、医疗保险金、基本养老保险金和失业保险基金时，免于征收个人所得税。

(7) 下岗职工从事社区居民服务业，对其取得的经营收入和劳务报酬所得，从事个体经营的自其领取税务登记证之日起、从事独立劳务服务的自其持下岗证明在当地主管税务机关备案之日起，3 年内免征个人所得税。

(8) 个人取得的教育储蓄存款利息所得和按照国家或省级地方政府规定的比例缴付的住房公积金、医疗保险金、基本养老保险金、失业保险金存入银行个人账户所取得的利息所得，免征个人所得税。

(三) 减征个人所得税

为了帮助纳税人克服困难，度过灾情造成的疾苦，确保人民的生活安定，税法规定有下列情形之一的，由主管税务机关审核，报上一级税务机关批准，可以减征个人所得税：

(1) 残疾、孤老人员和烈属的所得。

(2) 因严重自然灾害造成重大损失的。

(3) 其他经国务院财政部门批准减税的。

上述减征项目的幅度和期限由省、自治区、直辖市人民政府确定。

二、税收征管

我国个人所得税采取纳税人自行申报纳税和代扣代缴纳税两种方法，以源泉扣缴为主。纳税时间一般必须在次月 7 日以前。有关缴纳方法和纳税期限的具体规定如下：

(一) 自行申报纳税

自行申报纳税是由纳税人自行在税法规定的纳税期限内，向税务机关申报取得的应税所得项目和数额，并按照税法规定计算应纳税额，据此缴纳个人所得的一种方法。纳税义务人有下列情形之一的，应当按照规定到主管税务机关办理纳税申报：

(1) 年所得 12 万元以上的。

（2）从中国境内两处或者两处以上取得工资、薪金所得的。

（3）从中国境外取得所得的。

（4）取得应纳税所得，没有扣缴义务人的。

（5）国务院规定的其他情形。

年所得12万元以上的纳税义务人，在年度终了后3个月内到主管税务机关办理纳税申报。个人所得超过国务院规定数额的，在两处以上取得工资、薪金所得或者没有扣缴义务人的以及具有国务院规定的其他情形的，纳税义务人应当按照国家规定办理纳税申报。自行申报纳税人每月应纳的税款，应当在次月7日内缴入国库，并向税务机关报送纳税申报表自行申报纳税的地点一般应为收入来源地的主管税务机关。纳税人从两处或两处以上取得工资、薪金所得的，可选择并固定在其中一地税务机关申报纳税；从境外取得所得的，应向境内户籍所在地或经常居住地税务机关申报纳税。纳税人要求变更申报地点的，须经原主管税务机关批准。

（二）代扣代缴纳税

代扣代缴纳税又称源泉扣缴，是指各项应税所得虽然以所得人为纳税人，但以支付所得的单位或个人为扣缴义务人。凡支付个人应纳税所得的企业、事业单位、机关、社团组织、军队、驻华机构、个体户等单位或者个人，均为个人所得税的扣缴义务人。为控制税源，防止漏税和逃税，扣缴义务人在向个人支付应税款项时，必须依法履行个人所得税全员全额扣缴申报义务。全员全额扣缴申报（以下简称扣缴申报）是指扣缴义务人向个人支付应税所得时，不论其是否属于本单位人员，支付的应税所得是否达到纳税标准，扣缴义务人应当在代扣税款的次月内，向主管税务机关报送其支付应税所得个人（以下简称个人）的基本信息、支付所得项目和数额、扣缴税款数额以及其他相关涉税信息。除个体工商户生产经营所得和个人对企事业的承租、承包所得外，企业9项所得均实行全员全额扣缴申报。扣缴义务人对纳税人的应扣未扣的税款，其应纳税款仍然由纳税人缴纳，扣缴义务人应承担应扣未扣税款50%以上至3倍的罚款；纳税人、扣缴义务人逃避，拒绝或者以其他方式阻挠税务机关检查的，由税务机关责令改正，可处1万元以下的罚款，情节严重的，处1万元以上5万元以下的罚款。税务机关应根据扣缴义务人所缴的税款，付给2%的手续费，由扣缴义务人用于代扣代缴费用开支和奖励代扣代缴工作做得较好的办税人员。

【课后习题】

1. 某作家写作一本书出版，取得稿酬20 000元。计算其应纳个人所得税。

2. 王某从2009年4月1日出租用于居住的住房，每月取得出租住房的租金收入为3000元，7月份发生房屋的维修费1600元，不考虑其他税费。计算王某2009年出租房屋应纳个人所得税。

3. 2014年某大学教授董某取得如下收入：

（1）每月工资5000元。

（2）承包本单位招待所，经营利润85 000元，上交承包费20 000元。

（3）受邀去校外授课一次，取得收入30 000元。

（4）与三位教师合作出书，共获得稿费 12 000 元，每人分得 3000 元。

（5）向国家申请了一项专利技术，全年转让该技术使用权两次，每次获得收入 10 000元。

（6）1 月 1 日至 6 月 30 日将自有住房按市场价格出租，租金为每月 1500 元，不考虑其他税费。

（7）8 月 1 日将自有 3 年住房出售，售价为 20 万元，房屋原值为 120 000 元，不考虑出售过程中发生的相关税费。

（8）本年度以股东身份出任某公司顾问，年终分到股息 20 000 元。

（9）董某在某商场的有奖销售活动中，中奖 10 000 元，董某将其中的 4000 元通过教育部门捐助给某希望小学。

计算董某 2014 年全年应缴纳的个人所得税。

【课后阅读】

个税改革方案初定 申报家庭支出可税前抵扣

财税改革即将展开下一步，未来每个人的钱袋子都将与此有关。

个人所得税改革方案的基本思路已经敲定，将分四步走，包括合并部分税目、完善税前扣除、适时引入家庭支出申报制度、优化税率结构等。与此同时，相关部门还将加速构建个税改革的征管配套条件。其中，合并部分税目是将工薪所得、劳务报酬、稿酬等经常性、连续性劳动所得等，合并为“综合所得”，其他财产性所得以及临时性、偶然性所得仍作为“分类所得”。完善税前扣除则是在合理确定综合所得基本减除费用标准的基础上，适时增加赡养老人支出、子女教育支出、住房按揭贷款利息支出等专项扣除项目。适时引入家庭支出申报制度是指在保持以个人为纳税单位的基础上，进一步体现公平性，允许夫妻联合申报家庭赡养老人、子女教育、住房按揭贷款利息等相关支出，并在夫妻之间分摊扣除或由一方扣除，夫妻双方分别纳税。优化税率结构，则是以现行个人所得税法规定的税率结构为基础，适度调整边际税率，合理确定综合所得适用税率。“个人所得税改革方向一直都很清楚，建立分类和综合相结合，但具体从合并税目到费用扣除，从家庭申报再到税率调整来说，是一环扣一环、连续性的。”上海财经大学公共经济与管理学院税收系主任朱为群说。

在整个财税改革序列中，个税改革排在营改增、消费税、资源税等众多改革事项之后，相关部门对此非常谨慎，目前方案已经基本确定，预计 2015 年可能会推出。

改革方向

早在 2014 年 6 月召开的中央全面深化改革领导小组第三次会议上，上述改革序列就被敲定。会议审议了《深化财税体制改革总体方案》，其中税收改革任务的排序为增值税、消费税、资源税、环保税、房地产税、个人所得税。财政部相关人士表示，从国际上看，个人所得税按照征收方式可分为综合税制、分类税制、综合与分类相结合的税制三种类型。目前世界上纯粹采用分类税制的国家已经很少，只有中国和非洲、西亚的一些发展中国家，大多数国家都采用综合或综合与分类相结合的税制模式。

分类税制是指对于纳税人的各类所得，区分所得来源分别适用于不同的扣除标准和税率，分别计算应纳税额缴纳税收的课税模式。综合税制则是指对于纳税人的各类所得，不论其来源均视为一个所得整体，汇总计算后适用统一的宽免和扣除规定，按照适用的税率计算应纳税额的课税模式。“严格来说，个人所得税应该是对所得征收，应该算一年收入是多少，减去各种相应支出，得到总的所得收入缴税。”中税网税务师事务所总裁王冬生表示。这和上述综合税制的课税原则类似。

征管问题

由分类制向综合与分类结合演进，以此为目标的个税改革能否成功，仍取决实际征管。“中国个人所得税70%来自工资薪金所得，也就意味着个人所得税的支撑是工薪阶层，此前征管是有问题的，那么多类型的个人所得不能支撑个税。”朱为群说。即使如此，个人所得税仍是1994年税制改革以来收入增长最为强劲的税种之一，目前已成为国内税收中的第四大税种，在部分地区已跃居地方税收收入的第二位，成为地方财政收入的主要来源。统计数据显示，20世纪90年代到现在，个人所得税收入超常增长，由1994年的72.67亿元增长到了2012年的5820.24亿元，年均增长27.57%，大大超过了同期14.31%的国内生产总值年增长率。一些财税专家认为，中国个税并不能完全借鉴国外的制度，中西方文化差异很大，西方家庭概念简单，中国家庭概念复杂，比如养老、子女的问题，从征管的角度看个税当然还是以简单为好，但这并不意味着不应该实行综合所得税制。

因此，劳动所得的全面综合税制改革，需要良好的信息化基础作为保障。首先，对综合的项目而言，税务机关需要加强与民政部门、金融机构以及新闻出版部门等第三方的信息共享，以便核实夫妻双方申报的劳动所得数据的真实性和完整性。其次，就综合的层次而言，可以先实现税务机关的省级联网，然后实现全国联网。最后，在综合信息平台上，应将劳动所得税的综合改革纳入金税工程三期或者四期建设，逐步形成完整的全国个人收入信息管理系统，以保障综合个人所得税课征制度的有效实施。

资料来源：杜涛. 个税改革四步走　适时引入家庭支出申报［N］. 经济观察报，2014-12-23.

第八章 资源税和土地增值税

第一节 资源税的基础知识

一、资源税的概念

资源税是对在我国境内从事应税矿产品开采和生产盐的单位和个人课征的一种税，属于对自然资源占用课税的范畴。对资源占用行为课税不仅为当今许多国家广泛应用而且具有十分悠久的历史。我国对资源占用课税的历史至少可以追溯到周代，当时的“山泽之赋”就是对伐木、采矿、狩猎、捕鱼、煮盐等开发、利用自然资源的生产活动课征的赋税。此后，我国历代政府一直延续了对矿冶资源、盐业资源等自然资源开发利用课税的制度。

资源税法是指国家制定的用以调整资源税征收与缴纳之间权利与义务关系的法律规范。我国现行资源税法的基本规范，是 2011 年 9 月 30 日国务院公布的《中华人民共和国资源税暂行条例》（以下简称《资源税暂行条例》）及 2011 年 10 月 28 日财政部、国家税务总局公布的《中华人民共和国资源税暂行条例实施细则》（以下简称《资源税暂行条例实施细则》）。

1984 年我过开征资源税时，普遍认为资源税主要依据的是受益原则、公平原则和效率原则三个方面。从受益方面考虑，资源属国家所有，开采者因开采国有资源而得益，有责任向所有者支付其地租；从公平角度来看，条件公平是有效竞争的前提，资源级差收入的存在或偏袒竞争中的劣者，或拔高竞争中的优胜者，故级差收入以归政府支配为好；从效率角度分析，稀缺资源应由社会净效率高的企业来开采，对资源开采中出现的掠夺和浪费行为，国家有权采取经济手段促其转变。

二、资源税的发展

新中国成立后，我国颁布了《全国税政实施要则》。《全国税政实施要则》明确了对盐的生产、运销征收盐税，但是对矿产资源的开采如何课税并没有规定，因此在长达 30 多年的时间内我国实行的是资源无偿开采的制度。

1986 年 10 月 1 日，《中华人民共和国矿产资源法》实行，进一步明确国家对矿产资源实行有偿开采。开采矿产资源必须按照国家有关规定缴纳资源税和资源补偿费。税费并存的制度从此以法律的形式确立了下来。1993 年全国财税体制改革，对 1984 年第一次资源税法法律制度进行了重大修改，形成了第二代资源税制度。

1993 年 12 月国务院发布的《中华人民共和国资源税暂行条例》和《中华人民共和国资源税暂行条例实施细则》，把盐税并到资源税中，并将资源税征收范围扩大到为原油、天然气、煤炭、其他非金属矿原矿、黑色金属矿原矿、有色金属矿原矿和盐 7 种，于 1994 年 1 月 1 日起不再按超额利润征税，而是按矿产品销售量征税，按照“普通征收、级差调节”的原则，就资源赋税情况、开采条件、资源等级、地理位置等客观条件的差异规定了每一个课税矿区的适用税率。这一规定考虑了资源条件的优劣差异，对级差收益进行了有效调节。

二、开征资源税的作用

（一）有利于促进企业之间开展平等竞争

我国的资源税属于比较典型的级差资源税，即根据应税产品的品种、质量、存在形式、开采方式以及企业所处地理位置和交通运输条件等客观因素的差异确定差别税率，从而使条件优越者税负较高，反之则税负较低。这种税率设计使资源税能够比较有效地调节由于自然资源条件差异等客观因素给企业带来的级差收入，减少或排除资源条件差异对企业盈利水平的影响，为企业之间开展平等竞争创造有利的外部条件。

（二）有利于促进对自然资源的合理开发利用

通过对开发、利用应税资源的行为课征资源税，体现了国有自然资源有偿占用的原则，从而可以促使纳税人节约、合理地开发和利用自然资源，有利于我国经济的可持续发展。

（三）有利于国家筹集财政资金

随着资源税课征范围的逐渐扩展，资源税的收入规模及其在税收收入总额中所占的比重都相应增加，其财政意义也日渐明显，在为国家筹集财政资金方面发挥着不可忽视的作用。

（四）有利于促进地方经济发展，将资源优势转化为经济优势

通过资源税的合理分成，不但有利于促进地方经济发展，将资源优势转化为经济优势，增加财政收入，而且有利于调动中央和地方两方面的积极性，实现双赢的目的。

第二节 纳税义务人、税目与税率

一、纳税义务人

资源税是对在中华人民共和国领域及管辖海域从事应税矿产品开采和生产盐的单位和个人课征的一种税。资源税的纳税义务人是指在中华人民共和国领域及管辖海域开采应税资源的矿产品或者生产盐的单位和个人。

单位是指国有企业、集体企业、私营企业、股份制企业、其他企业和行政单位、事业单位、军事单位、社会团体及其他单位；个人是指个体经营者和其他个人；其他单位和其

他个人包括外商投资企业、外国企业及外籍人员。

《国务院关于修改〈中华人民共和国对外合作开采陆上石油资源条例〉的决定》规定：自2011年11月1日起，中外合作开采陆上石油资源的企业依法缴纳资源税，不再缴纳矿区使用费。《国务院关于修改〈中华人民共和国对外合作开采海洋石油资源条例〉的决定》规定：自2011年11月1日起，中外合作开采海洋石油资源的中国企业和外国企业缴纳资源税，不再缴纳矿区使用费。

《资源税暂行条例》还规定，收购未纳税矿产品的单位为资源税的扣税义务人。规定资源税的扣税义务人，主要是针对零星、分散、不定期开采的情况。为了加强管理和避免漏税，由扣税义务人在收购矿产品时代扣代缴资源税。

收购未纳税矿产品的单位是指独立矿山、联合企业和其他单位。独立矿山是指只有采矿或只有采矿和选矿，独立核算、自负盈亏的单位，其生产的原矿和精矿主要用于对外销售。联合企业是指采矿、选矿、冶炼（或加工）连续生产的企业或采矿、冶炼（或加工）连续生产的企业。其他单位一般是该企业的二级或二级以下核算单位，其他单位也包括收购未税矿产品的个体户在内。

二、税目与税率

资源税税目包括7大类，在7个税目下面又设有若干个子目。现行资源税的税目及子目主要是根据资源税应税产品和纳税人开采资源的行业特点设置的。

原油是指开采的天然原油，不包括人造石油。税额为销售额的5%~10%。

天然气是指专门开采或者与原油同时开采的天然气。税额为销售额的5%~10%。

煤炭是指原煤，不包括洗煤、选煤及其他煤炭制品。

焦炭税额为每吨8~20元，其他煤炭为每吨0.3~5元。

其他非金属矿原矿是指上列产品和井矿盐以外的非金属矿原矿，包括宝石、金刚石、玉石、膨润土、石墨、石英萤石、重晶石、毒重石、蛭石、长石、氟石、滑石、白云石、硅灰石、凹凸棒石粘土、高岭石土、耐火粘土、云母、大理石、花岗石、石灰石、菱镁矿、天然碱、石膏、硅线工业用金刚石、石棉、硫镁矿、自然硫、磷铁矿等。普通非金属矿原矿税额为每吨或者每立方米0.5~20元，贵重非金属矿原矿为每吨或者每立方米0.5~20元。

黑色金属矿原矿是指纳税人开采后自用、销售的，用于直接入炉冶炼或作为主产品先入选精矿、制造人工矿，再最终入炉冶炼的黑色金属矿石原矿，包括铁矿石、锰矿石和铬矿石。税额为每吨或每千克0.5~20元。

有色金属矿原矿包括铜矿石、铅锌矿石、铝土矿石、钨矿石、锡矿石、锑矿石、铝矿石、镍矿石、黄金矿石、钒矿石（含石煤钒）等。稀有矿税额为每吨0.4~60元，其他有色金属矿原矿为每吨0.4~30元。

盐，一是固体盐，包括海盐原盐、湖盐原盐和井矿盐；二是液体盐（卤水），即氯化钠含量达到一定浓度的溶液，是用于生产碱和其他产品的原料。固体盐税额为每吨10~60元，液体盐为每吨2~10元。

纳税人在开采主矿产品的过程中伴采的其他应税矿产品，凡未单独规定适用税额的，一律按主矿产品或视同主矿产品税目征收资源税。未列举的其他非金属矿原矿和其他有色金属矿原矿，由省、自治区、直辖市人民政府决定征收或暂缓征收资源税，并报财政部和国家税务总局备案。

资源税采取从价定率或者从量定额的办法计征，分别以应税产品销售额乘以纳税人具体适用的比例税率或者以应税产品的销售数量乘以纳税人具体适用的定额税率计算，实施级差调节的原则。级差调节是指运用资源税对因资源贮存状况、开采条件、资源优劣、地理位置等客观存在的差别而产生的资源级差收入，通过实施差别税额标准进行调节。资源条件好的，税率、税额高一些；资源条件差的，税率、税额低一些。

纳税人开采或者生产不同税目应纳税产品的，应当分别核算不同税目应税产品的销售额或者销售数量；未分别核算或者不能准确提供不同税目应税产品的销售额或者销售数量的，从高适用税率。

三、扣缴义务人

收购未税矿产品的单位为资源税的扣缴义务人，主要是为了加强资源税的征管，适应税源小、零散、不定期开采、易漏税情形。扣缴义务具体包括：

独立矿山、联合企业收购未税矿产品的单位，按照本单位应税产品税额、税率标准，依据收购的数量代扣代缴资源税。

其他收购单位收购的未税矿产品，按税务机关核定的应税产品税额、税率标准，依据收购的数量代扣代缴资源税。

四、计税依据与应纳税额的计算

（一）计税依据

1. 从价定率征收的计税依据

实行从价定率征收的以销售额作为计税依据。销售额是指为纳税人销售应税产品向购买方收取的全部价款和价外费用，但是不包括收取的增值税销项税额。

价外费用包括价外向购买方收取的手续费、补贴、基金、集资费、返还利润、奖励费、违约金、滞纳金、延期付款利息、赔偿金、代收款项、代垫付款、包装费、包装物租金、储备费、优质费、运输装卸费以及其他各种性质的价外收费。但下列项目不包括在内：

（1）同时符合以下条件的代垫运输费用：

①承运部门的运输费用发票开具给购买方的；

②纳税人将该项发票转交给购买方的。

（2）同时符合以下条件代为收取的政府性基金或者行政事业性收费：

①由国务院或者财政部批准设计的政府性基金，由国务院或者省级人民政府及其财政、价格主管部门批准设立的行政事业性收费；

②收取时开具省级以上财政部门印制的财政票据；

③所收款项全额上缴财政。

另外，纳税人未以人民币结算销售额的，应当折合成人民币计算。其销售额的人民币折合率可以选择销售额发生的当天或者上月 1 日的人民币汇率中间价。纳税人应在事先确定采用何种折合率计算方法，确定后 1 年内不得变更。

2. 从量定额征收的计税依据

实行从量定额征收的以销售数量为计税依据。销售数量的具体规定为：销售数量包括纳税人开采或者生产应税产品的实际销售数量和视同销售的自用数量。

纳税人不能准确提供应税产品销售数量的，以应税产品的产量或者主要税务机关确定的折算比换算成的数量为计征资源税的销售数量。

纳税人在资源税纳税申报时，除财政部、国家税务总局另有规定外，应当将其应税和减免税项目分别计算和报送。

对于连续加工前无法正确计算原煤移送使用量的煤炭，可按加工产品的综合回收率将加工产品实际销量和自用量折算成原煤数量，以此作为课税数量。

金属和非金属矿产品原矿，因无法准确掌握纳税人移送使用原矿数量的，可将其精矿按选矿比折算成原矿数量，以此作为课税数量。计算公式为：

选矿比=精矿数量÷耗用原矿数量

纳税人以自产的液体盐加工固体盐，按固体盐税额征税，以加工的固体盐数量为课税数量。纳税人以外购的液体盐加工成固体盐，其加工固体盐所用液体盐的已纳税额准予抵扣。

（二）应纳税额的计算

资源税的应纳税额按照从价定率或者从量定额的办法，分别以应税产品的销售额乘以纳税人具体适用的比例税率或者以应税产品的销售数量乘以纳税人具体使用的定额税率计算。

实行从价定率征收的，根据应税产品的销售额和规定的适用税率计算应纳税额，具体计算公式为：

应纳税额=销售额×适用税率

【例 8-1】某油田 2014 年 3 月销售原油 25 000 吨，开具增值税专用发票取得销售额 10 000万元、增值税额为 1 700 万元，其适用的税率为 8%。计算该油田 3 月应缴纳的资源税。

应纳税额=10 000×8%=800（万元）

实行从量定额征收的，根据应税产品的课税数量和规定的单位税额计算应纳税额，具体计算公式为：

应纳税额=课税数量×单位税额代扣代缴应纳税收购未税矿产品的数量×适用的单位税额

【例 8-2】某铜矿山 2014 年 3 月销售铜矿石原石 30 000 吨，移送入选精矿 5000 吨，选矿比为 20%，该矿山铜矿属于五等，按规定适用 12 元/吨单位税额。计算该矿山 3 月应纳资源税税额。

外销铜矿石原矿的应纳税额计算如下：

应纳税额=课税数量×单位税额=30 000×12=360 000（元）

因无法准确掌握入选精矿石的原矿数量，按选矿比计算的应纳税额计算如下：

应纳税额=入选精矿÷选矿比×单位税额=5000÷20%×12=300 000（元）

合计应纳税额计算如下：

应纳税额=原矿应纳税额+精矿应纳税额=360 000+300 000=660 000（元）

第三节 税收优惠和征收管理

一、减税、免税项目

资源税贯彻普通征收、级差调节的原则，因此规定的减免税项目较少，具体内容如下：

（1）开采原油过程中用于加热、修井的原油免税。

（2）纳税人开采或者生产应税产品过程中，因意外事故或者自然灾害等原因遭受重大损失的，由省、自治区、直辖市人民政府酌情决定减税或者免税。

（3）铁矿石资源税减按80%征收资源税。

（4）尾矿再利用的，不再征收资源税。

（5）从2007年1月1日起，对地面抽采煤层气暂不征收资源税。煤层气是指附于煤层及其围岩中与煤炭资源伴生的非常规天然气，也称煤矿瓦斯。

（6）自2010年6月1日起，纳税人在新疆开采的原油、天然气，自用于连续生产原油、天然气的，不缴纳资源税；自用于其他方面的，视同销售，依照本规定计算缴纳资源税。有下列情形之一的，免征或者减征资源税：

①油田范围内运输稠油过程中用于加热的原油、天然气免征资源税。

②稠油、高凝油和高含硫天然气资源税减征40%。稠油是指地层原油黏度大于或等于50毫帕/秒或原油密度大于或等于0.92克/立方厘米的原油。高凝油是指凝固点大于40%的原油。高含硫天然气是指硫化氢含量大于等于30克/立方米的天然气三次才采油源税减征30%。三次采油是指二次采油后继续以聚合物驱、三元复合驱、泡沫驱、二氧化碳驱、微生物驱等方式进行采油。

二、出口应税产品不退（免）资源税的规定

资源税规定仅对在中国境内开采或生产应税产品的单位和个人征收，进口的矿产品和盐不征收资源税。由于对进口应税产品不征收资源税，相应地，对出口应税产品也不免征或退还已纳资源税。

（一）纳税义务发生时间

纳税人销售应税产品，其纳税义务发生时间为纳税人采取分期收款结算方式的，其纳税义务发生时间为销售合同规定的收款日期的当天。

纳税人采取预收货款结算方式的，其纳税义务发生时间为发出应税产品的当天。

纳税人采取其他结算方式的，其纳税义务发生时间为收讫销售款或者取得索取销售款凭据的当天。

纳税人自产自用应税产品的纳税义务发生时间为移送使用应税产品的当天。

扣缴义务人代扣代缴纳税的纳税义务发生时间为支付首笔货款或首次开具支付货款凭据的当天。

（二）纳税期限

资源税的纳税期限为 1 日、3 日、5 日、10 日、15 日或者 1 个月，纳税人的纳税期限由主管税务机关根据实际情况具体核定，不能按固定期限计算纳税的，可以按次计算纳税。

纳税人以 1 个月为一期纳税的，自期满之日起 10 日内申报纳税；以 1 日、3 日、5 日、10 日或者 15 日为一期纳税的，自期满之后起 5 日内预缴税款，于次月 1 日起 10 日内申报纳税并结清上月税款。

（三）纳税地点

凡是缴纳资源税的纳税人都应当向应税产品的开采或者生产所在地主管税务机关缴纳税款。

如果纳税人在本省、自治区、直辖市范围内开采或者生产应税产品，其纳税地点需要调整的，由所在地省、自治区、直辖市税务机关决定。

如果纳税人应纳的资源税属于跨省开采，其下属生产单位与核算单位不在同一省、自治区、直辖市的，对其开采或者生产的应税产品，一律在开采地或者生产地纳税。实行从量计征的应税产品，其应纳税款一律由独立核算的单位按照每个开采地或者生产地的销售量及适用税率计算划拨；实行从价计征的应税产品，其应纳税款一律由独立核算的单位按照每个开采地或者生产地的销售量、单位销售价格及适用税率计算划拨。

扣缴义务人代扣代缴的资源税也应当向收购地主管税务机关缴纳。

第四节 城镇土地使用税

城镇土地使用税法是指国家制定的调整城镇土地使用税征收与缴纳之间权利与义务关系的法律规范。现行城镇土地使用税法的基本规范，是 2006 年 12 月 31 日国务院修改并发布的《中华人民共和国城镇土地使用税暂行条例》（以下简称《城镇土地使用税暂行条例》）

一、城镇土地使用税基本原理

（一）城镇土地使用税的概念

城镇土地使用税是以城镇土地为征税对象，对拥有土地使用权的单位和个人征收的一种税。

开征城镇土地使用税，有利于通过经济手段，加强对土地的管理，变土地的无偿使用为有偿使用，促进合理、节约使用土地，提高土地使用效益；有利于适当调节不同地区，不同地段之间的土地级差收入，促进企业加强经济核算，理顺国家与土地使用者之间的分配关系。

（二）城镇土地使用税的特点

1. 征税对象是国有土地

城镇土地的所有权归国家，单位和个人对占用的土地只有使用权而无所有权。国家既可以凭借财产权利对土地使用人获取的收益进行分配，又可以凭借政治权利对土地使用者进行征税。开征城镇土地使用税，实质上是运用国家政治权力，将纳税人获取的本应属于国家的土地收益集中到国家手中。农业土地因属于集体所有，故未纳入征税范围。

2. 征税范围

现行城镇土地使用税对在我国境内使用土地的单位和个人征收。征收范围较广的土地使用税将在筹集地方财政资金、调节土地使用和收益分配方面发挥积极作用。

3. 实行差别幅度税额

开征城镇土地使用税的目的之一，在于调节土地的级差收入，而级差收入的产生主要取决于土地的位置。占有土地位置优越的纳税人可以节约运输和流通费用，扩大销售和经营规模，取得额外经济收益。为了有利于体现国家政策，城镇土地使用税实行差别幅度税额。对不同城镇适用不同税额，对同一城镇的不同地段，根据市政建设状况和经济繁荣程度也确定不同的负担水平。

二、纳税义务人

在城市、县城、建制镇、工矿区范围内使用土地的单位和个人，为城镇土地使用税的纳税人。

所称单位，包括国有企业、集体企业、私营企业、股份制企业、外商投资企业、外国企业以及其他企业和事业单位、社会团体、国家机关、军队以及其他单位；所称个人，包括个体工商户以及其他个人。

城镇土地使用税的纳税人通常包括以下几类：

（1）拥有土地使用权的单位和个人。

（2）拥有土地使用权的单位和个人不在土地所在地的，其土地的实际使用人和代管人为纳税人。

（3）土地使用权未确定或权属纠纷未解决的，其实际使用人为纳税人。

（4）土地使用权共有的，共有各方都是纳税人，由共有各方分别纳税。

几个人或几个单位共同拥有一块土地的使用权，这块土地的城镇土地使用税的纳税人应是对这块土地拥有使用权的每一个人或每一个单位。应以其实际使用的土地面积占总面积的比例，分别计算缴纳土地使用税。例如，某城市的丙与丁共同拥有一块土地的使用权，这块土地面积为3000平方米，丙实际使用1/3，丁实际使用2/3，则丙应是其所占的土地1000平方米（3000×1/3）的城镇土地使用税的纳税人，丁是其所占的土地2000平方米（3000×2/3）的城镇土地使用税的纳税人。

三、征税范围

城镇土地使用税的征税范围包括在城市、县城、建制镇和工矿区内的国家所有和集体所有的土地。

上述城市、县城、建制镇和工矿区分别按以下标准确认：

（1）城市是指经国务院批准设立的市。

（2）县城是指县人民政府所在地。

（3）建制镇是指经省、自治区、直辖市人民政府批准设立的建制镇。

（4）自2009年1月1日起，公园、名胜古迹内的索道公司经营用地应缴纳城镇土地使用税。

（5）自2009年12月1日起，对在城镇土地使用税征税范围内单独建造的地下建筑用地征收土地使用税。其中，已经取得地下土地使用权证的，按土地使用权确认的土地面积计算应征税款；未取得地下土地使用权证或地下土地使用权证上未标明土地面积的，按地下建筑垂直投影面积计算应征税款。

四、应纳税额的计算

（一）税率

城镇土地使用税采用定额税率，即采用有幅度的差别税额，按大、中、小城市和县城、建制镇、工矿区分别规定每平方米土地使用税年应纳税额。具体标准如下：

（1）大城市1.5~30元；

（2）中等城市1.2~24元；

（3）小城市0.9~18元；

（4）县城、建制镇、工矿区0.6~12元。

大、中、小城市以公安部门登记在册的非农业正式户口人数为依据，按照国务院发布的《城市规划条例》中规定的标准划分。人口在50万以上者为大城市；人口在20万~50万之间者为中等城市；人口在20万以下者为小城市（见表8-2）。

表8-1　城镇土地使用税税率

级别	人口（人）	每平方米税额（元）
大城市	50万以上	1.5~30
中等城市	20万~50万	1.2~24
小城市	20万以下	0.9~18
县城、建制镇、工矿区		0.6~12

各省、自治区、直辖市人民政府可根据市政建设情况和经济繁荣程度在规定税额幅度内，确定所辖地区的适用税额幅度。经济落后地区，土地使用税的适用税额标准可适当降低，但是降低额不得超过上述规定最低税额的30%。经济发达地区的适用税额标准可以适当提高，但是必须报财政部批准。

土地使用税规定幅度税额主要考虑到我国各地区存在着悬殊的土地级差收益，同一地区内不同地段的市政建设情况和经济繁荣程度也有较大的差别。把土地使用税税额定为幅度税额，拉开档次，而且每个幅度税额的差距规定为20倍。这样各地政府在划分本辖区不同地段的等级，确定适用税额时，有选择余地，便于具体划分和确定。幅度税额还可以调节不同地区、不同地段之间的土地级差收益，尽可能平衡税负。

(二) 应纳税额的计算方法

城镇土地使用税的应纳税额可以通过纳税人实际占用的土地面积乘以该土地所在地段的适用税额求得。其计算公式为：

全年应纳税额=实际占用应税土地面积（平方米）×适用税额

【例 8-3】某城市的一家企业使用土地面积为 30 000 平方米，经税务机关核定，该土地为应税土地，每平方米年税额为 4 元。请计算其全年应纳的土地使用税税额。

年应纳土地使用税税额=30 000×4=120 000（元）

五、税收优惠

(一) 法定免缴城镇土地使用税的优惠

（1）国家机关、人民团体、军队自用的土地免缴城镇土地使用税。这部分土地是指这些单位本身的办公用地和公务用地，如国家机关、人民团体的办公楼用地和军队的训练场用地等。

（2）由国家财政部门拨付事业经费的单位自用的土地免缴城镇土地使用税。这部分土地是指这些单位本身的业务用地，如学校的教学楼、操场、食堂等占用的土地。

（3）宗教寺庙、公园、名胜古迹自用的土地免缴城镇土地使用税。宗教寺庙自用的土地是指举行宗教仪式等的用地和寺庙内的宗教人员生活用地。公园、名胜古迹自用的土地是指供公共参观游览的用地及其管理单位的办公用地。

以上单位的生产、经营用地和其他用地，不属于免税范围，应按规定缴纳土地使用税，如公园、名胜古迹中附设的营业单位（如影剧院、饮食部、茶社、照相馆使用的土地）。

（4）市政街道、广场、绿化地带等公共用地免缴城镇土地使用税。

（5）直接用于农、林、牧、渔业的生产用地免缴城镇土地使用税。这部分土地是指直接从事于种植养殖、饲养的专业用地，不包括农副产品加工场地和生活办公用地。

（6）经批准开山填海整治的土地和改造的废弃土地，从使用的月份起免缴城镇土地使用税 5~10 年。具体免税期限由各省、自治区、直辖市地方税务局在《城镇土地使用税暂行条例》规定的期限内自行确定。

（7）对非营利性医疗机构、疾病控制机构和妇幼保健机构等卫生机构自用的土地，免缴城镇土地使用税。对营利性医疗机构自用的土地自 2000 年起免征城镇土地使用税 3 年。

（8）企业办的学校、医院、托儿所、幼儿园，其用地能与企业其他用地明确区分的，免缴城镇土地使用税。

（9）免税单位无偿使用纳税单位的土地（如公安、海关等单位使用铁路、民航等单位的土地），免缴城镇土地使用税。纳税单位无偿使用免税单位的土地，纳税单位应照章缴纳城镇土地使用税。纳税单位与免税单位共同使用、共有使用权土地上的多层建筑，对纳税单位可按其占用的建筑面积占建筑总面积的比例计征城镇土地使用税。

（10）对行使国家行政管理职能的中国人民银行总行（含国家外汇管理局）所属分支

机构自用的土地，免缴城镇土地使用税。

（11）为了体现国家的产业政策，支持重点产业的发展，对石油、电力、煤炭等能源用地，民用港口、铁路等交通用地和水利设施用地，三线调整企业、盐业、采石场、邮电等一些特殊用地划分了征免税界限和给予政策性减免税照顾。具体规定如下：

①对企业的铁路专用线、公路等用地，在厂区以外、与社会公用地段未加隔离的，暂免征收城镇土地使用税。

②对企业厂区以外的公共绿化用地和向社会开放的公园用地，暂免征收城镇土地使用税。

③对火电厂厂区围墙外的灰场、输灰管、输油（气）管道、铁路专用线用地、水源用地以及热电厂供热管道用地免征城镇土地使用税；厂区围墙外的其他用地，应照章征税。电力项目建设期间纳税有困难的，由省、自治区、直辖市税务局核后，报国家税务总局批准减免。对供电部门的输电线路用地、变电站用地，免征城镇土地使用税。

④对水利设施及其管护用地（如水库库区、大坝、堤防、灌渠、泵站等用地），免征城镇土地使用税；其他用地，如生产、办公、生活用地，应照章征收城镇土使用税。对兼有发电的水利设施用地免征城镇土地使用税问题，比照电力行业免征城镇土地使用税的有关规定办理。

⑤对机场飞行区（包括跑道、滑行道、停机坪、安全带、夜航灯光区）用地，场内外通信导航设施用地和飞行区四周排水防洪设施用地，免征城镇土地使用税。机场道路区分为场内、场外道路，场内道路用地免征城镇土地使用税。

⑥中国石油天然气总公司所属单位下列油气生产建设用地暂免征收城镇土地使用税：石油地质勘探、钻井、井下作业、油田地面工程等施工临时用地；各种采油（气）井、注水（气）井、水源井用地；油田内办公、生活区以外的公路、铁路专用线及输油（气、水）管道用地；石油长输管线用地；通信、输变电线路用地；在城市、县城、建制镇以外工矿区内的下列油气生产、生活用地，也暂免征收城镇土地使用税，具体包括与各种采油（气）井相配套的地面设施用地（包括油气采集、计量、接转、储运、装卸、综合处理等各种场所的用地）；与注水（气）井相配套的地面设施用地，包括配水、取水、转水以及供气、配气、压气、气举等各种场所用地；供（配）电、供排水、消防、防洪排涝、防风、防沙等设施用地；职工和家属居住的简易房屋、活动板房、野营房、帐篷等用地。

⑦对煤炭企业的矸石山、排土场用地，防排水沟用地，矿区办公、生活区以外的公路、铁路专用线及轻便道和输变电线路用地，炸药库库房外安全区用地，向社会开放的公园及公共绿化带用地，暂免征收城镇土地使用税。对煤炭企业的塌陷地、荒山，在利用之前，暂缓征收城镇土地使用税。对煤炭企业的报废矿井占地，经煤炭企业申请，当地税务机关审核，可以暂免征收城镇土地使用税。

⑧对矿山的采矿场、排土场、尾矿库、炸药库的安全区、采区运矿及运岩公路、尾矿输送管道及回水系统用地，免征城镇土地使用税。对矿山企业采掘地下矿造成的塌陷地以及荒山占地，在利用之前，暂免征收城镇土地使用税。

⑨港口的码头（即泊位，包括岸边码头、伸入水中的浮码头、堤岸、堤坝栈桥等）用地，免征城镇土地使用税。对港口的露天堆货场用地，原则上应征收城镇土地使用税，企业纳税确有困难的，可由省、自治区、直辖市地方税务局根据其实际情况给予定期减征或

免征城镇土地使用税的照顾。

⑩对盐场的盐滩、盐矿的矿井用地，暂免征收城镇土地使用税。

⑪中国海洋石油总公司及其所属公司下列用地，暂免征收城镇土地使用税：导管架、平台组块等海上结构物建造用地；码头用地；输油气管线用地；通信天线用地；办公、生活区以外的公路、铁路专用线、机场用地。

⑫建材行业的石灰厂、水泥厂、大理石厂、砂石厂等企业的采石场、排土场地，炸药库的安全区用地以及采区运岩公路。

在城镇土地使用税征收范围内，利用林场土地兴建度假村等休闲娱乐场所的其经营、办公和生活用地，应按规定征收城镇土地使用税。

⑬对林业系统所属林区的育林地、运材道、防火道、防火设施用地，免征城镇土地使用税。林业系统的森林公园、自然保护区，可以比照公园免征城镇土地用税。

⑭自 2006 年 1 月 1 日起至 2008 年 12 月 31 日，对从原高校后勤管理部剥离出来成立的进行独立核算并有法人资格的高校后勤经济实体自用的土地，免征城镇土地使用税。

⑮自 2007 年 1 月 1 日起，在城镇土地使用税征收范围内经营采摘、观光业的单位和个人，其直接用于采摘、观光的种植、养殖、饲养的土地，根据《城镇土地使用税暂行条例》第六条中“直接用于农、林、牧、渔的生产用地”的规定，免征城镇土地使用税。

⑯从 2007 年 9 月 10 日起，对核电站的核岛、常规岛、辅助厂房和通信设施用地（不包括地下线路用地）以及生活、办公用地按规定征收城镇土地使用税，其他用地免征城镇土地使用税。对核电站应税土地在基建期内减半征收城镇土地使用税。

（二）省、自治区、直辖市地方税务局确定减免土地使用税的优惠

（1）个人所有的居住房屋及院落用地。

（2）房产管理部门在房租调整改革前经租的居民住房用地。

（3）免税单位职工家属的宿舍用地。

（4）民政部门举办的安置残疾人占一定比例的福利工厂用地。

（5）集体和个人办的各类学校、医院、托儿所、幼儿园用地。

（6）对基建项目在建期间使用的土地，原则上应照章征收城镇土地使用税。但是对有些基建项目，特别是国家产业政策扶持发展的大型基建项目，其占地面积大、建设周期长，在建期间又没有经营收入，为照顾其实际情况，对纳税人纳税确有困难的，可由各省、自治区、直辖市地方税务局根据具体情况予以免征或减征土地使用税。

（7）城镇内的集贸市场（农贸市场）用地，按规定应征收城镇土地使用税。为促进集贸市场的发展及照顾各地的不同情况，各省、自治区、直辖市地方税务局根据具体情况自行确定对集贸市场用地征收或者免征城镇土地使用税。

（8）房地产开发公司建造商品房的用地，原则上应按规定计征城镇土地使用税。但是在商品房出售之前纳税确有困难的，其用地是否给予缓征或减征、免征照顾，可由各省、自治区、直辖市地方税务局根据从严的原则结合具体情况确定。

（9）原房管部门代管的私房，落实政策后，有些私房产权已归还给房主，但是由于各种原因，房屋仍由原住户居住，并且住户仍是按照房管部门在房租调整改革之前确定的租金标准向房主缴纳租金。对这类房屋用地，房主缴纳土地使用税确有困难的，可由各省、自治区、直辖市地方税务局根据实际情况，给予定期减征或免征城镇土地使用税的照顾。

（10）对于各类危险品仓库、厂房所需的防火、防爆、防毒等安全防范用地，可由各省、自治区、直辖市地方税务局确定，暂免征收城镇土地使用税。

（11）企业搬迁后原场地不使用的、企业范围内荒山等尚未利用的土地，免征城镇土地使用税。免征税额由企业在申报缴纳城镇土地使用税时自行计算扣除，并在申报表附表或备注栏中作相应说明。

对搬迁后原场地不使用的和企业范围内荒山等尚未利用的土地，凡企业申报暂免征收城镇土地使用税的，应事先向土地所在地的主管税务机关报送有关部门的批准文件或认定书等相关证明材料，以备税务机关查验。具体报送材料由各省、自治区、直辖市和计划单列市地方税务局确定。

企业按上述规定暂免征收城镇土地使用税的土地开始使用时，应从使用的次月起自行计算和申报缴纳城镇土地使用税。

（12）经贸仓库、冷库均属于征税范围，因此不宜一律免征城镇土地使用税。对纳税确有困难的企业，可根据《城镇土地使用税暂行条例》第七条的规定，向发生地的地方税务机关提出减免税申请，由省、自治区、直辖市地方税务局审核报国家税务总局批准，享受减免城镇土地使用税的照顾。

注意：根据《财政部 国家税务总局关于企业范围内的荒山、林地、湖泊等占地城镇土地使用税有关政策的通知》（财税〔2014〕号文件），对已按规定免征城镇土地使用税的企业范围内荒山、林地、湖泊等占地，自 2014 年 1 月 1 日至 2015 年 12 月 31 日，按应纳税额减半征收城镇土地使用税，自 2016 年 1 月 1 日起全额征收城镇土地使用税。

六、征收管理

（一）纳税期限

城镇土地使用税实行按年计算、分期缴纳的征收方法，具体纳税期限由省、自治区、直辖市人民政府确定。

（二）纳税义务发生时间

（1）纳税人购置新建商品房，自房屋交付使用之次月起，缴纳城镇土地使用税。

（2）纳税人购置存量房，自办理房屋权属转移、变更登记手续，房地产权属登记机关签发房屋权属证书之次月起，缴纳城镇土地使用税。

（3）纳税人出租、出借房产，自交付出租、出借房产之次月起，缴纳城镇土地使用税。

（4）以出让或转让方式有偿取得土地使用权的，应由受让方从合同约定交税时间的次月起缴纳城镇土地使用税；合同未约定交付时间的，由受让方从合同签订的次月起缴纳城镇土地使用税。

（5）纳税人新征用的耕地，自批准征用之日起满 1 年时开始缴纳城镇土地使用税。

（6）纳税人新征用的非耕地，自批准征用次月起缴纳城镇土地使用税。

（7）自 2009 年 1 月 1 日起，纳税人因土地的权利发生变化而依法终止城镇土地使用税纳税义务的，其应纳税款的计算应截止到土地权利发生变化的当月末。

（三）纳税地点和征收机构

城镇土地使用税在土地所在地缴纳。

纳税人使用的土地不属于同一省、自治区、直辖市管辖的，由纳税人分别向土地所在地的税务机关缴纳城镇土地使用税；在同一省、自治区、直辖市管辖范围内，纳税人跨地区使用的土地，其纳税地点由各省、自治区、直辖市地方税务局确认。

城镇土地使用税由土地所在地的地方税务机关征收，其收入纳入地方财政预管理。城镇土地使用税征收工作涉及面广、政策性较强，在税务机关负责征收的同时，还必须注意加强同国土管理、测绘等有关部门的联系，及时取得土地的权属资料，沟通情况，共同协作把城镇土地使用税征收管理工作做好。

第五节 耕地占用税

耕地占用税法是指国家制定的调整耕地占用税征收与缴纳之间权利及义务关系的法律规范。现行耕地占用税法的基本规范是2007年12月1日，国务院公布的《中华人民共和国耕地占用税暂行条例》（以下简称《耕地占用税暂行条例》），自2008年1月1日起施行。

一、耕地占用税基本原理

（一）耕地占用税的概念

耕地占用税是对占用耕地建房或从事其他非农业建设的单位和个人，就其实际占用的耕地面积征收的一种税，属于对特定土地资源占用课税。

耕地是土地资源中最重要的组成部分，是农业生产最基本的生产资料。我国人口众多、耕地资源相对较少，要用占世界总量7%的耕地，养活了占世界总量22%的人口，人多地少的矛盾十分突出。因此，我们必须十分注意保护耕地。但是，由于过去长期实行非农业用地无偿使用制度，助长了乱占耕地的行为，浪费了大量的耕地，加剧了地少人多的矛盾。为了遏止并逐步改变这种状况，政府决定开征耕地占用税，运用税收经济杠杆与法律、行政等手段相配合，以便有效地保护耕地。通过开征耕地占用税，使那些占用耕地建房及从事其他非农业建设的单位和个人承担必要的经济责任，有利于政府运用税收经济杠杆调节他们的经济利益，引导他们节约、合理地使用耕地资源。这对于保护国土资源，促进农业可持续发展以及强化耕地管理，保护农民的切身利益等，都具有十分重要的意义。

（二）耕地占用税的特点

耕地占用税作为一个出于特定目的、对特定的土地资源课征的税种，与其他税种相比，具有比较鲜明的特点，主要表现在以下方面：

1. 兼具资源税与特定行为税的性质

耕地占用税以占用农用耕地建房或从事其他非农用建设的行为为征税对象，以约束纳税人占用耕地的行为、促进土地资源的合理运用为课征目的。耕地占用税除具有资源占用税的属性外，还具有明显的特定行为税的特点。

2. 采用地区差别税率

耕地占用税采用地区差别税率，根据不同地区的具体情况，分别制定差别税额，以适应我国地域辽阔、各地区之间耕地质量差别较大、人均占有耕地面积相差悬殊的具体情况，具有因地制宜的特点。

3. 在占用耕地环节一次性课征

耕地占用税在纳税人获准占用耕地的环节征收，除对获准占用耕地后超过两年未使用者必须加征耕地占用税外，此后不再征收耕地占用税。因此，耕地占用税具有一次性征收的特点。

4. 税收收入专用于耕地开发与改良

耕地占用税收入按规定应用于建立发展农业专项基金，主要用于开展宜耕土地开发和改良现有耕地之用。因此，耕地占用税具有取之于地、用之于地的补偿性特点。

二、纳税义务人

耕地占用税的纳税义务人是占用耕地建房或从事非农业建设的单位和个人。

所称单位，包括国有企业、集体企业、私营企业、股份制企业、外商投资企业、外国企业以及其他企业和事业单位、社会团体、国家机关、军队以及其他单位；所称个人，包括个体工商户以及其他个人。

三、征税范围

耕地占用税的征税范围包括纳税人为建房或从事其他非农业建设而占用的国家所有和集体所有的耕地。

耕地是指种植农业作物的土地，包括菜地、园地。其中，园地包括花圃、苗圃、茶园、果园、桑园和其他种植经济林木的土地。

占用鱼塘及其他农用土地建房或从事其他非农业建设，也视同占用耕地，必须依法征收耕地占用税。占用已开发从事种植、养殖的滩涂、草场、水面和林地等从事非农业建设，由省、自治区、直辖市本着有利于保护土地资源和生态平衡的原则，结合具体情况确定是否征收耕地占用税。

此外，在占用之前3年内属于上述范围的耕地或农用土地，也视为耕地。

四、应纳税额的计算

（一）计税依据

耕地占用税以纳税人占用耕地的面积为计税依据，以平方米为计量单位。

（二）税率

由于在我国的不同地区之间人口和耕地资源的分布极不均衡，有些地区人口稠密，耕地资源相对匮乏；而有些地区则人口稀少，耕地资源比较丰富。各地区之间的经济发展水平也有很大差异。考虑到不同地区之间客观条件的差别以及与此相关的税收调节力度和纳税人负担能力方面的差别，耕地占用税在税率设计上采用了地区差别定额税率。税率规定如下：

（1）人均耕地不超过1亩的地区（以县级行政区域为单位，下同），每平方米为10~50元；

（2）人均耕地超过1亩但不超过2亩的地区，每平方米为8~40元；

（3）人均耕地超过2亩但不超过3亩的地区，每平方米为6~30元；

（4）人均耕地超过3亩以上的地区，每平方米为5~25元。

经济特区、经济技术开发区和经济发达、人均耕地特别少的地区，适用税额可以适当提高，但最多不得超过上述规定税额的50%（见表8-2）。

表8-2 各省、自治区、直辖市耕地占用税平均税额

地区	每平方米平均税额（元）
上海	45
北京	40
天津	35
江苏、浙江、福建、广东	30
辽宁、湖北、湖南	25
河北、安徽、江西、山东、河南、重庆、四川	22.5
广西、海南、贵州、云南、陕西	20
山西、吉林、黑龙江	17.5
内蒙古、西藏、甘肃、青海、宁夏、新疆	12.5

（三）税额计算

耕地占用税以纳税人实际占用的耕地面积为计税依据，以每平方米土地为计税单位，按适用的定额税率计税。其计算公式为：

应纳税额＝实际占用耕地面积（平方米）×适用定额税率

【例8-4】某市一家企业新占用20 000平方米耕地用于工业用地，所占耕地适用的定额税率为20元/平方米。计算该企业应纳的耕地占用税。

应纳税额＝20 000×20＝400 000（元）

五、税收优惠

（一）免征耕地占用税

（1）军事设施占用耕地免征耕地占用税。

（2）学校、幼儿园、养老院、医院占用耕地免征耕地占用税。

（二）减征耕地占用税

（1）铁路线路、公路线路、飞机场跑道、停机坪、港口、航道占用耕地，减按每平方米2元的税额征收耕地占用税。

根据实际需要，国务院财政、税务主管部门商国务院有关部门并报国务院批准后，可以对前款规定的情形免征或者减征耕地占用税。

（2）农村居民占用耕地新建住宅，按照当地适用税额减半征收耕地占用税。

农村烈士家属、残疾军人、鳏寡孤独以及革命老根据地、少数民族聚居区和边远贫困山区生活困难的农村居民，在规定用地标准以内新建住宅缴纳耕地占用税确有困难的，经所在地乡（镇）人民政府审核，报经县级人民政府批准后，可以免征或者减征耕地占用税。

免征或者减征耕地占用税后，纳税人改变原占地用途，不再属于免征或者减征耕地占用税情形的，应当按照当地适用税额补缴耕地占用税。

六、征收管理

耕地占用税由地方税务机关负责征收。土地管理部门在通知单位或者个人办理占用耕地手续时，应当同时通知耕地所在地同级地方税务机关。获准占用耕地的单位或者个人应当在收到土地管理部门的通知之日起 30 日内缴纳耕地占用税。土地管理部门凭耕地占用税完税凭证或者免税凭证和其他有关文件发放建设用地批准书。

纳税人临时占用耕地，应当缴纳耕地占用税。纳税人在批准临时占用耕地的期限内恢复所占用耕地原状的，全额退还已经缴纳的耕地占用税。

占用林地、牧草地、农田水利用地、养殖水面以及渔业水域滩涂等其他农用地建房或者从事非农业建设的，征收耕地占用税。建设直接为农业生产服务的生产设施占用前款规定的农用地的，不征收耕地占用税。

第六节　土地增值税纳税义务人与征税范围

土地增值税是对有偿转让国有土地使用权及地上建筑物和其他附着物产权，取得增值收入的单位和个人征收的一种税。土地属于不动产，对土地课税是一种古老的税收形式，也是当代各国普遍征收的一种财产税。有些国家和地区将土地单列出来征收，如土地税、地价税、农地税、未开发土地税、荒地税、城市土地税、土地登记税、土地转让税、土地增值税、土地租金税、土地发展税等。有些国家和地区鉴于土地与地面的房屋、建筑物及其他附着物的密不可分性，对土地征税往往未予单独列名，而统称为房地产税、不动产税、财产税等。

土地增值税法是指国家制定的用以调整土地增值税征收与缴纳之间权利与义务关系的法律规范。我国现行土地增值税的基本规范，是 1993 年 12 月 13 日国务院发布的《中华人民共和国土地增值税暂行条例》（以下简称《土地增值税暂行条例》）。

1949 年中华人民共和国成立以来，我国对土地、房屋等不动产的征税制度比较薄弱，开征过的税种有契税、城市房地产税、房产税、城镇土地使用税等，但这些税种都不属于对土地增值额或土地收益额的征税。1993 年 12 月 13 日，国务院发布了《土地增值税暂行条例》，从 1994 年 1 月 1 日起开征土地增值税。

征收土地增值税的作用如下：

第一，增强国家对房地产开发和房地产交易市场的调控。改革开放后，对土地使用管理制度逐步实行了改革，打破了无偿使用，不准买卖的老规定，确定了有偿使用，允许转让使用权的政策和制度。新的土地使用政策和管理制度的实施，从根本促进了我国房地产开发和房地产交易市场的发展。这对于合理配置土地资源，提高土地适用效益，增加政府财政收入，改善城市基础设施和人民生活居住条件以及带动国民经济相关产业的发展起到了积极的作用。

第二，有利于国家抑制炒买炒卖土地获取暴利的行为。土地资源属国家所有，统一对土地增值收益征税，有利于堵住这方面的漏洞，减少国家土地资源增值收益的流失，遏制投机者牟取暴利的行为，保护房地产正当开发者的合法权益，维护国家整体利益。

第三，增加国家财政收入为经济建设积累资金。1994 年 1 月 1 日起对土地增值收益征收土地增值税，增加了国家财政收入的新财源。分税制财政体制实施后，土地增值税收入属于地方政府的财政收入，为地方政府积累经济建设资金起到了积极的作用。

一、纳税义务人

土地增值税的纳税义务人为转让国有土地使用权、地上的建筑及其附着物（以下简称转让房地产）并取得收入的单位和个人。单位包括各类企业、事业单位、国家机关和社会团体及其他组织；个人包括个体经营者。

概括起来，《土地增值税暂行条例》对纳税人的规定主要有以下四个特点：

第一，不论法人与自然人，即不论是企业、事业单位、国家机关、社会团体及其他组织，还是个人，只要有偿转让房地产，都是土地增值税的纳税人。

第二，不论经济性质，即不论是全民所有制企业、集体企业、私营企业、个体经营者，还是联营企业、合资企业、合作企业、外商独资企业等，只要有偿转让房地产，都是土地增值税的纳税人。

第三，不论内资与外资企业、中国公民与外籍个人。根据 1993 年 12 月 29 日第八届全国人大第五次常务委员会通过的《全国人大常委会关于外商投资企业和外国企业适用增值税、消费税、营业税等税收暂行条例的决定》和《国务院关于外商投资企业和外国企业适用增值税、消费税、营业税等税收暂行条例的有关问题的通知》以及《国家税务总局关于外商投资企业和外国企业及外籍个人适用税种问题的通知》等规定，土地增值税适用于涉外企业和个人。因此，不论是内资企业还是外商投资企业外国驻华机构，也不论是中国公民、港澳台同胞、海外华侨，还是外国公民，只要有偿转让房地产，都是土地增值税的纳税人。

第四，不论部门，即不论是工业、农业、商业、学校、医院、机关等，只要有偿转让房地产，都是土地增值税的纳税人。

二、征税范围

土地增值税是对转让国有土地使用权及其地上建筑物和附着物征收。

三、基本征税范围

土地增值税是对转让国有土地使用权及其地上建筑物和附着物的行为征税，不包括国有土地使用权出让所取得的收入。

国有土地使用权出让是指国家以土地所有者的身份将土地使用权在一定年限内让与土地使用者，并由土地使用者向国家支付土地使用权出让金的行为，属于土地买卖的一级市场。土地使用权出让的出让方是国家，国家凭借土地的所有权向土地使用者收取土地的租金。出让的目的是实行国有土地的有偿适用制度，合理开发、利用、经营土地，因此土地使用权的出让不属于土地增值税的征税范围。

国有土地使用权的转让是指土地使用者通过出让等形式取得土地使用权后，将土地使用权再转让的行为，包括出售、交换和赠与，属于土地买卖的二级市场。土地使用权转让，其地上的建筑物、其他附着物的所有权随之转让。土地使用权的转让，属于土地增值税的征税范围。

土地增值税的征税范围不包括未转让土地使用权、房产产权的行为，是否发生转让行为主要以房地产权属（指土地使用权和房产产权）的变更为标准。凡土地使用权、房产产权未转让的（如房地产的出租），不征收土地增值税。

土地增值税的基本范围如下：

（一）转让国有土地使用权

国有土地是指按国家法律规定属于国家所有的土地。出售国有土地使用权是指土地使用者通过出让方式，向政府缴纳了土地出让金，有偿受让土地使用权后，仅对土地进行通水、通电、通路和平整地面等土地开发，不进行房产开发，即所谓“将生地变熟地”，然后直接将空地出售出去。

（二）地上的建筑物及其附着物连同国有土地使用权一并转让

地上的建筑物是指建于土地上的一切建筑物，包括地上地下的各种附属设施。附着物是指附着于土地上的不能移动或一经移动即遭损坏的物品。纳税人取得国有土地使用权后进行房屋开发建造然后出售的，这种情况便是一般所说的房地产开发。虽然这种行为通常被称为卖房，但是按照国家有关房地产法律和法规的规定，卖房的同时土地使用权也随之发生转让。由于这种情况既发生了产权的转让又取得了收入，所以应纳入土地增值税的征税范围。

（三）存量房地产的买卖

存量房地产是指已经建成并已投入使用的房地产，其房屋所有人将房屋产权和土地使用权一并转让给其他单位和个人。这种行为按照国家有关的房地产法律和法规，应当到有关部门办理房产产权和土地使用权的转移变更手续。原土地使用权属于无偿划拨的，还应到土地管理部门补交土地出让金。

房地产买卖具体情况判定如下：

1. 房地产的继承和赠与

（1）房地产的继承是指房产的原产权所有人依照法律规定取得土地使用权的土地使用人死亡以后，由其继承人依法承受死者房产产权和土地使用权的民事法律行为。这种行为虽然发生了房地产的权属变更，但是作为房产产权、土地使用权的原所有人（即被继承人）并没有因为权属变更而取得任何收入。因此，这种房地产的继承不属于土地增值税的征税范围。

（2）房地产的赠与是指房产所有人、土地使用权所有人将自己所拥有的房地产无偿地交给其他人的民事法律行为。但是这里的赠与仅指以下情况：

①房产所有人、土地使用权所有人将房屋产权、土地使用权赠与直系亲属或承担直接赡养义务人的。

②房产所有人、土地使用权所有人通过中国境内非营利的社会团体、国家机关将房屋产权、土地使用权赠与教育、民政和其他社会福利、公益事业的。社会团体是指中国青少年发展基金会、希望工程基金会、宋庆龄基金会、减灾委员会、中国红十字会、中国残疾人联合会、全国老年基金会、老区促进会以及经民政部门批准成立的其他非营利性的公益性组织。

房地产的赠与虽然发生了房地产的权属变更，但是作为房产所有人、土地使用权的所有人并没有因为权属的转让而取得任何收入。因此，房地产的赠与不属于土地增值税的征税范围。

2. 房地产的出租

房地产的出租是指房地产的产权所有人依照法律规定取得土地使用权的土地使用人，将房产、土地使用权租赁给承租人使用，由承租人向出租人支付租金的行为。房地产的出租，出租人虽取得了收入，但没有发生房地产产权、土地使用权的转让。因此，不属于土地增值税的征税范围。

3. 房地产的抵押

房地产的抵押是指房地产的产权所有人依法取得土地使用权的土地使用人作为债务人或第三人向债权人提供不动产作为清偿债务的担保而不转移权属的法律行为。这种情况由于房产的产权、土地使用权在抵押期间产权并没有发生权属的变更，房产的产权所有人、土地使用权人仍能对房地产行使占有、使用、收益等权利，房产的产权所有人、土地使用权人虽然在抵押期间取得了一定的抵押贷款，但是实际上这些贷款在抵押期满后是要连本带利偿还给债权人的。因此，对房地产的抵押，在抵押期间不征收土地增值税。待抵押期满后，视该房地产是否转移占有而确定是否征收土地增值税。对于以房地产抵债而发生房地产权属转让的，应列入土地增值税的征税范围。

4. 房地产的交换

这种情况是指一方以房地产与另一方的房地产进行交换的行为。这种行为既发生了房产产权、土地使用权的转移，交换双方又取得了实物形态的收入，按《土地增值税暂行条例》规定，属于土地增值税的征税范围。但是对个人之间互换用于居住的自有地产，经当地税务机关核实，可以免征土地增值税。

5. 以房地产进行投资、联营

对于以房地产进行投资、联营的，投资、联营的一方以土地（房地产）作价入股进行投资或作为联营条件，将房地产转让到投资、联营的企业中时，暂免征收土地增值税。对投资、联营企业将上述房地产再转让的，应征收土地增值税。

但是投资、联营的企业属于从事房地产开发的，或者房地产开发企业以其建造的商品房进行投资和联营的，应当征收土地增值税。

6. 合作建房

对于一方出地，一方出资金，双方合作建房，建成后按比例分房自用的，暂免征收土地增值税；建成后转让的，应征收土地增值税。

7. 企业兼并转让房地产

在企业兼并中，对被兼并企业将房地产转让到兼并企业中的，暂免征收土地增值税。

8. 房地产的代建房行为

这种情况是指房地产开发公司代客户进行房地产的开发，开发完成后向客户收取代建收入的行为。对于房地产开发公司而言，虽然取得了收入，但是没有发生房地产权属的转移，其收入属于劳务收入性质，故不属于土地增值税的征税范围。

9. 房地产的重新评估

这主要是指国有企业在清产核资时对房地产进行重新评估而使其升值的情况。这种情况下，房地产虽然有增值，但是其既没有发生房地产权属的转移，房产产权、土地使用权所有人也未取得收入，因此不属于土地增值税的征税范围。

第七节 土地增值税税率、应税收入与扣除项目

一、税率

土地增值税实行以下四级超率累进税率：

增值额未超过扣除项目金额50%的部分，税率为30%。

增值额超过扣除项目金额50%、未超过扣除项目金额100%的部分，税率为40%。

增值额超过扣除项目金额100%、未超过扣除项目金额200%的部分，税率为50%。

增值额超过扣除项目金额200%的部分，税率为60%。

上述所列四级超率累进税率，每级增值额未超过扣除项目金额的比例，均包括本比例数。超率累进税率见表8-3。

表8-3 土地增值税四级超率累进税率 单位:%

级数	增值额扣除项目金额的比率	税率（%）
1	不超过50%的部分	30
2	超过50%至100%的部分	40
3	超过100%至200%的部分	50
4	超过200%的部分	60

二、应税收入的确定

根据《土地增值税暂行条例》及其实施细则的规定，纳税人转让房地产取得的应税收入，应包括转让房地产的全部价款以及有关的经济收益。从收入的形式来看，包括货币收

入、实物收入和其他收入。

（一）货币收入

货币收入是指纳税人转让房地产而取得的现金、银行存款、支票、银行本票、汇票等信用票据和国库券、金融债券、企业债券、股票等有价证券。这些类型的收入其实质都是转让方因转让土地使用权、房屋产权而向取得方收取的价款。货币收入一般容易确定。

（二）实物收入

实物收入是指纳税人转让房地产而取得的各种实物形态的收入，如钢材、水泥等建材以及房屋、土地等不动产等。实物收入的价值不太容易确定，一般要对这些实物形态的财产进行估计。

（三）其他收入

其他收入是指纳税人转让房地产而取得的无形资产收入或具有财产价值的权利，如专利权、商标权、著作权、专有技术使用权、土地使用权、商誉权等。这种类型的收入比较少见，其价值需要进行专门的评估。

三、扣除项目的确定

计算土地增值税应纳税额，并不是直接对转让房地产所取得的收入征收，而是要对收入额减除国家规定的各项扣除项目金额后的余额计算征税（这个余额就是纳税人在转让房地产中获取的增值额）。因此，要计算增值额，首先必须确定扣除项目。税法准予纳税人从转让收入额中减除的扣除项目包括如下几项：

（一）取得土地使用权所支付的金额

1. 纳税人为取得土地使用权所支付的地价款

如果是以协议、招标、拍卖等出让方式取得土地使用权的，地价款为纳税人所支付的土地出让金；如果是以行政划拨方式取得土地使用权的，地价款为按照国家有关规定补交的土地出让金；如果是以转让方式取得土地使用权的，地价款为向原土地使用权人实际支付的地价款。

2. 纳税人在取得土地使用权时，按国家统一规定缴纳的有关费用

这是指纳税人在取得土地使用权过程中为办理有关手续，按国家统一规定缴纳的有关登记、过户手续费。

（二）房地产开发成本

房地产开发成本是指纳税人房地产开发项目实际发生的成本，包括土地的征用及拆迁补偿费、前期工程费、建筑安装工程费、基础设施费、公共配套设施费、开发间接费用等。

（三）土地征用及拆迁补偿费

土地征用及拆迁补偿费包括土地征用费、耕地占用税、劳动力安置费、有关地上和地下附着物拆迁补偿的净支出、安置动迁用房支出等。

（四）前期工程费

前期工程费包括规划、设计、项目可行性研究和水文、地质、勘查、测绘、“三通一平”等支出。

（五）建筑安装工程费

建筑安装工程费是指以出包方式支付给承包单位的建筑安装工程费和以自营方式发生的建筑安装工程费。

（六）基础设施费

基础设施费包括开发小区内道路、供水、供电、供气、排污、排洪、通信、照明、环卫、绿化等工程发生的支出。

（七）公共配套设施费

公共配套设施费包括不能有偿转让的开发小区内公共配套设施发生的支出。

（八）公共配套设施费

公共配套设施费是指直接组织、管理开发项目发生的费用，包括工资、职工福利费、折旧费、修理费、办公费、水电费、劳动保护费、周转房摊销等。

（九）房地产开发费用

房地产开发费用是指与房地产开发项目有关的销售费用、管理费用和财务费用。根据现行财务会计制度的规定，这三项费用作为期间费用，直接计入当期损益，不按成本核算对象进行分摊。故作为土地增值税扣除项目的房地产开发费用，不按纳税人房地产开发项目实际发生的费用进行扣除，而按《中华人民共和国土地增值税实施细则》（以下简称《土地增值税实施细则》）的标准进行扣除。

《土地增值税实施细则》规定，财务费用中的利息支出，凡能够按转让房地产项目计算分摊并提供金融机构证明的，允许据实扣除，但最高不能超过按商业银行同类同期贷款利率计算的金额。其他房地产开发费用，按《土地增值税实施细则》第七条（一）、（二）项规定（即取得土地使用权所支付的金额和房地产开发成本，下同）计算的金额之和的5%以内计算扣除。凡不能按转让房地产项目计算分摊利息支出或不能提供金融机构证明的，房地产开发费用按《土地增值税实施细则》第七条（一）、（二）项规定计算的金额之和的10%以内计算扣除。计算扣除的具体比例由各省、自治区、直辖市人民政府规定。

上述规定的具体含义如下：

纳税人能够按转让房地产项目计算分摊利息支出，并能提供金融机构的贷款证明的，其允许扣除的房地产开发费用为利息+(取得土地使用权所支付的金额+房地产开发成本)×5%以内（注意：利息最高不能超过按商业银行同类同期贷款利率计算的金额）。

纳税人不能按转让房地产项目计算分摊利息支出或不能提供金融机构贷款证明的，其允许扣除的房地产开发费用为取得土地使用权所支付的金额和房地产开发成本之和的10%以内。

全部使用自有资金，没有利息支出的，按照以上方法扣除。上述具体适用的比例按省级人民政府此前规定的比例执行。

房地产开发企业既向金融机构借款，又有其他借款的，其房地产开发费用计算扣除时不能同时适用上述两种办法。

土地增值税清算时，已经计入房地产开发成本的利息支出，应调整至财务费用中计算扣除。

此外，财政部、国家税务总局还对扣除项目金额中利息支出的计算问题进行了两点专门规定：一是利息的上浮幅度按国家的有关规定执行，超过上浮幅度的部分不允许扣除；

二是对于超过贷款期限的利息部分和加罚的利息不允许扣除。

（十）与转让房地产有关的税金

与转让房地产有关的税金是指在转让房地产时缴纳的营业税、城市维护建设税、印花税。因转让房地产缴纳的教育费附加，也可视同税金予以扣除。

需要明确的是，房地产开发企业按照《施工、房地产开发企业财务制度》有关规定，其在转让时缴纳的印花税因列入管理费用中，故在此不允许单独再扣除。其他纳税人缴纳的印花税（按产权转移书据所载金额的0.5‰贴花）允许在此扣除。

（十一）其他扣除项目

对从事房地产开发的纳税人可按《土地增值税实施细则》第七条（一）、（二）项规定计算的金额之和，加计20%的扣除。在此，应特别指出的是，此条优惠只适用于从事房地产开发的纳税人，除此之外的其他纳税人不适用。这样的规定，目的是为了抑制房地产的投机行为，保护正常开发投资者的积极性。

（十二）旧房及建筑物的评估价格

纳税人转让旧房的，应按房屋及建筑物的评估价格、取得土地使用权所支付的地价款或出让金、按国家统一规定缴纳的有关费用和转让环节缴纳的税金作为扣除项目金额计征土地增值税。对取得土地使用权时未支付地价款或不能提供已支付的地价款凭据的，在计征土地增值税时不允许扣除。

旧房及建筑物的评估价格是指在转让已使用的房屋及建筑物时，由政府批准设计的房地产评估机构评定的重置成本价乘以成新度折扣率后的价格。评估价格须经当地税务机关确认。重置成本价的含义是对旧房及建筑物，按转让时的建材价格及人工费用计算，建造同样面积、同样层次、同样结构、同样建设标准的新房及建筑物所需花费的成本费用。成新度折扣率的含义是按旧房的新旧程度进行一定比例的折扣。例如，一栋房屋已使用近10年，建造时的造价为1000万元，按转让时的建材及人工费用计算，建同样的新房需花费5000万元，假定该房有六成新，则该房的评估价格为5000×60%＝3000(万元)。

纳税人转让旧房及建筑物，凡不能取得评估价格，但能提供购房发票的，经当地税务部门确定，根据《土地增值税暂行条例》第六条第（一）、（三）项规定的扣除项目的金额（即取得土地使用权所支付的金额，新建房及配套设施的成本、费用，或者旧房及建筑物的评估价格），可按发票所载金额并从购买年度起至转让年度止每年加计5%计算扣除。计算扣除项目时每年按购房发票所载日期起至售房发票开具之日止，每满12个月计1年；超过1年，未满12个月但超过6个月的，可以视同为1年。

对纳税人购房时缴纳的契税，凡能提供契税完税凭证的，准予作为“与转让房地产有关的税金”予以扣除，但不作为加计5%的基数。

对于转让旧房及建筑物，既没有评估价格，又不能提供购房发票的，地方税务机关可以根据《税收征收管理法》第三十五条的规定，实行核定征收。

第八节 土地增值税应纳税额的计算

一、土地增值税增值额的确定

土地增值税纳税人转让房地产所取得的收入减除规定的扣除项目金额后的余额为增值额。准确核算增值额还需要有准确的房地产转让收入额和扣除项目的金额。在实际房地产交易活动中，有些纳税人由于不能准确提供房地产转让价格或扣除项目金额，致使增值额不准确，直接影响应纳税额的计算和缴纳。因此，根据《土地增值税暂行条例》第九条的规定，纳税人有下列情形之一的，按照房地产评估价格计算征收：

（一）隐瞒、虚报房地产成交价格的

隐瞒、虚报房地产成交价格是指纳税人不报或有意低报转让土地使用权、地上建筑物及其附着物价款的行为。隐瞒、虚报房地产交易价格，应由评估机构参照同类房地产的市场交易价格进行评估。税务机关根据评估价格确定转让房地产的收入。

（二）提供扣除项目金额不实的

提供扣除项目金额不实的是指纳税人在纳税申报时不据实提供扣除项目金额的行为。提供扣除项目金额不实的，应由评估机构按照房屋重置成本价乘以成新度折扣率计算的房屋成本价和取得土地使用权时的基准地价进行评估。税务机关根据评估价格确定扣除项目金额。

（三）转让房地产的成交价格低于房地产评估价格，又无正当理由的

转让房地产的成交价格低于房地产评估价格，又无正当理由的是指纳税人申报的转让房地产的实际成交价低于房地产评估机构评定的交易价，纳税人又不能提供凭据或无正当理由的行为。转让房地产的成交价格低于房地产评估价格，又无正当理由的，由税务机关参照房地产评估价格确定转让房地产的收入。

上述所说的房地产评估价格，是指由政府批准设计的房地产评估机构根据相同地段、同类房地产进行综合评估的价格。

二、应纳税额的计算方法

土地增值税按照纳税人转让房地产取得的增值额和规定的税率计算征收。土地增值税的计算公式如下：

应纳税额＝∑（每级距的土地增值额×适用税率）

但在实际工作中，分步骤计算比较烦琐，一般可以采用速算扣除法计算，即计算土地增值税税额，可按增值额乘以适用的税率减去扣除项目金额乘以速算扣除系数的简便方法计算，具体方法如下：

增值额未超过扣除项目金额50%时，计算公式为：

土地增值税税额＝增值额×30%

增值额超过扣除项目金额50%，未超过100%时，计算公式为：

土地增值税税额=增值额×40%-扣除项目金额×5%

增值额超过扣除项目金额100%，未超过200%时，计算公式为：

土地增值税税额=增值额×50%-扣除项目金额×15%

增值额超过扣除项目金额200%时，计算公式为：

土地增值税税额=增值额×60%-扣除项目金额×35%

上述公式中的5%、15%、35%分别为2、3、4级的速算扣除系数，

【例8-5】假定某房地产开发公司转让商品房一栋，取得收入总额为1000万元，应扣除的购买土地的金额、开发成本的金额、开发费用的金额、相关税金的金额、其他扣除金额合计为400万元。请计算该房地产开发公司应缴纳的土地增值税。

【解析】先计算增值额：

增值额=1000-400=600（万元）

再计算增值额与扣除项目金额的比率：

增值额与扣除项目金额的比率=600÷400×100%=150%

根据上述计算方法，增值额超过扣除项目金额100%，未超过200%时，其适用的计算公式为：

土地增值税税额=增值额×50%-扣除项目金额×15%

计算该房地产开发公司应缴纳的土地增值税：

应缴纳土地增值税=600×50%-400×15%=240（万元）

三、房地产开发企业土地增值税清算

自2007年2月1日起，各省税务机关可按以下规定对房地产开发企业土地增值税进行清算。各省税务机关可依据以下规定并结合当地实际情况制定具体清算管理办法。

（一）土地增值税的清算单位

土地增值税以国家有关部门审批的房地产开发项目为单位进行清算，对于分期开发的项目，以分期项目为单位清算。

开发项目中同时包含普通住宅和非普通住宅的，应分别计算增值额。

（二）土地增值税的清算条件

符合下列情形之一的，纳税人应进行土地增值税的清算：

（1）房地产开发项目全部竣工、完成销售的；

（2）整体转让未竣工决算房地产开发项目的；

（3）直接转让土地使用权的。

符合下列情形之一的，主管税务机关可要求纳税人进行土地增值税清算：

（1）已竣工验收的房地产开发项目，已转让的房地产建筑面积占整个项目可销售建筑面积的比例在85%以上，或该比例虽未超过85%，但剩余的可售建筑面积已经出租或自用的；

（2）取得销售（预售）许可证满3年仍未销售完毕的；

（3）纳税人申请注销税务登记但未办理土地增值税清算手续的；

省税务机关规定的其他情况如下：

（1）非直接销售和自用房地产的收入确定。房地产开发企业将开发产品用于职工福利、奖励、对外投资、分配给股东或投资人、抵偿债务、换取其他单位和个人的非货币性资产等，发生所有权转移时应视同销售房地产，其收入按下列方法和顺序确认：

①按本企业在同一地区、同一年度销售的同类房地产的平均价格确定；

②由主管税务机关参照当地当年、同类房地产的市场价格或评估价值确定。

（2）房地产开发企业将开发的部分房地产转为企业自用或用于出租等商业用途时，如果产权未发生转移，不征收土地增值税，在税款清算时不列收入，不扣除相应的成本和费用。

（3）土地增值税清算时，已全额开具商品房销售发票的，按照发票所载金额确认收入；未开具发票或未全额开具发票的，以交易双方签订的销售合同所载的售房金额及其他收益确认收入。销售合同所载商品房面积与有关部门实际测量面积不一致，在清算前已发生补、退房款的，应在计算土地增值税时予以调整。

四、土地增值税的扣除项目

房地产开发企业办理土地增值税清算时计算与清算项目有关的扣除项目金额，应根据《土地增值税暂行条例》第六条及《土地增值税暂行条例实施细则》第七条的规定执行。除另有规定外，扣除取得土地使用权所支付的金额、房地产开发成本、费用及与转让房地产有关税金，须提供合法有效凭证；不能提供合法有效凭证的，不予扣除。

房地产开发企业办理土地增值税清算所附送的前期工程费、建筑安装工程费、基础设施费、开发间接费用的凭证或资料不符合清算要求或不实的，地方税务机关可参照当地建设工程造价管理部门公布的建筑安装造价定额资料，结合房屋结构、用途、区位等因素，核定上述四项开发成本的单位面积金额标准，并据以计算扣除。具体核定方法由省税务机关确定。

房地产开发企业开发建造的与清算项目配套的居委会和派出所用房、会所、停车场（库）、物业管理场所、变电站、热力站、水厂、文体场馆、学校、幼儿园、托儿所、医院、邮电通信等公共设施，按以下原则处理：

（1）建成后产权属于全体业主所有的，其成本、费用可以扣除；

（2）建成后无偿移交给政府、公用事业单位用于非营利性社会公共事业的，其成本费用可以扣除；

（3）建成后有偿转让的，应计算收入，并准予扣除成本、费用。

房地产开发企业销售已装修的房屋，其装修费用可以计入房地产开发成本。房地产开发企业的预提费用，除另有规定外，不得扣除。

属于多个房地产项目共同的成本费用，应按清算项目可售建筑面积占多个项目可售总建筑面积的比例或其他合理的方法，计算确定清算项目的扣除金额。

房地产开发企业在工程竣工验收后，根据合同约定，扣留建筑安装施工企业一项比例的工程款，作为开发项目的质量保证金，在计算土地增值税时，建筑安装施工企业就质量保证金对房地产开发企业开具发票的，按发票所载金额予以扣除；未开具发票的，扣留的质保金不得计算扣除。

房地产开发企业逾期开发缴纳的土地闲置费不得扣除。

房地产开发企业为取得土地使用权所支付的契税，应视同“按国家统一规定交纳的有关费用”，计入“取得土地使用权所支付的金额”中扣除。

（4）拆迁安置费的扣除，按以下规定处理：

房地产企业用建造的该项目房地产安置回迁户的，安置用房视同销售处理，按《国家税务总局关于房地产开发企业土地增值税清算管理有关问题的通知》（国税发〔2006〕187 号，以下简称《通知》）第三条第（一）款规定确认收入（即按本企业在同一地区、同一年度销售的用类房地产的平均价格确定；或由主管税务机关参照当地当年、同类房地产的市场价格或评估价格确定），同时将此确认为房地产开发项目的拆迁补偿费。房地产开发企业支付给回迁户的补差价款，计入拆迁补偿费；回迁户支付给房地产开发企业的补差价款，应抵减本项目拆迁补偿费。

开发企业采取异地安置，异地安置的房屋属于自行开发建造的，房屋价值按《通知》第三条第（一）款的规定计算，计入本项目的拆迁补偿费；异地安置的房屋属于购入的，以实际支付的购房支出计入拆迁补偿费。

货币安置拆迁的，房地产开发企业凭合法有效凭据计入拆迁补偿费。

五、土地增值税清算应报送的资料

符合《通知》第二条第（一）项规定的纳税人，须在满足清算条件之日起 90 日内到主管税务机关办理清算手续；符合《通知》第二条第（二）项规定的纳税人，须在主管税务机关限定的期限内办理清算手续。

纳税人办理土地增值税清算应报送以下资料：

（1）房地产开发企业清算土地增值税书面申请、土地增值税纳税申报表；

（2）项目竣工决算报表、取得土地使用权所支付的地价款凭证、国有土地使用权出让合同、银行贷款利息结算通知单、项目工程合同结算单、商品房购销合同统计表等与转让房地产的收入、成本和费用有关的证明资料；

（3）主管税务机关要求报送的其他与土地增值税清算有关的证明资料等。

（4）纳税人委托税务中介机构审核鉴证的清算项目，还应报送中介机构出具的土地增值税清算税款签证报告。

六、土地增值税清算项目的审核鉴证

税务中介机构受托对清算项目审核鉴证时，应按税务机关规定的格式对审核鉴证情况出具减征报告。对符合要求的减征报告，税务机关可以采信。

税务机关要对从事土地增值税清算鉴证工作的税务中介机构在准入条件、工作程序、鉴证内容、法律责任等方面提出明确要求，并做好必要的指导和管理工作。

七、土地增值税的核定征收

(一) 核定征收的情况

房地产开发企业有下列情形之一的，税务机关可以参照与其开发规模和收入水平相近的当地企业的土地增值税税负情况，按不低于预征率的征收率核定征收土地增值税：

(1) 依照法律、行政法规的规定应当设置但未设置账簿的；

(2) 擅自销毁账簿或者拒不提供纳税资料的；

(3) 虽设置账簿，但账目混乱或者成本资料、收入凭证、费用凭证残缺不全，难以确定转让收入或扣除项目金额的；

(4) 符合土地增值税清算条件，未按照规定的期限办理清算手续，经税务机关责令限期清算，逾期仍不清算的；

(5) 申报的计税依据明显偏低，又无正当理由的。

核定征收必须严格依照税收法律法规规定的条件进行，任何单位和个人不得擅自扩大核定征收范围，严禁在清算中出现“以核定为主、一核了之”、“求快图省”的做法。凡擅自将核定征收作为本地区土地增值税清算主要方式的，必须立即纠正。对确需核定征收的，要严格按照税收法律法规的要求，从严、从高确定核定征收率。为了规范核定工作，核定征收率原则上不得低于5%，各省级税务机关要结合本地实际，区分不同房地产类型制定核定征收率。

(二) 清算后再转让房地产的处理

在土地增值税清算时未转让的房地产，清算后销售或有偿转让的，纳税人应按规定进行土地增值税的纳税申报，扣除项目金额按清算时的单位建筑面积成本费用乘以销售或转让面积计算。

(三) 土地增值税清算后应补缴的土地增值税加收滞纳金

纳税人按规定预缴土地增值税后，清算补缴的土地增值税，在主管税务机关规定的期限内补缴的，不加收滞纳金。

第九节 土地增值税税收优惠和征收管理

一、建造普通标准住宅的税收优惠

纳税人建造普通标准住宅出售，增值额未超过扣除项目金额20%的，免征土地增值税。

这里所说的普通标准住宅，是指按所在地一般民用住宅标准建造的居住用住宅。高级公寓、别墅、度假村等不属于普通标准住宅。普通标准住宅与其他住宅的具体划分界限，2005年5月31日以前由各省、自治区、直辖市人民政府规定。2005年6月1日起，普通标准住宅应同时满足：住宅小区建筑容积率在1.0以上；单套建筑面积在120平方米以下；实际成交价格低于同级别土地上住房平均交易价格1.2倍以下。各省、自治区、直辖市要根据实际情况，制定本地区享受优惠政策普通住房具体标准。允许单套建筑面积和价格标准适当浮动，但向上浮动的比例不得超过上述标准的20%。纳税人建造普通标准住宅出售，增值额未超过扣除项目金额20%的，免征土地增值税；增值额超过扣除项目金额20%的，应就其全部增值额按规定计税。

对于纳税人既建造普通标准住宅，又建造其他房地产开发的，应分别核算增值额。不分别核算增值额或不能准确核算增值额的，其建造的普通标准住宅不能适用这一免税规定。

对企事业单位、社会团体以及其他组织转让旧房作为公租房房源，且增值额未超过扣除项目金额20%的，免征土地增值税。

二、国家征用收回的房地产的税收优惠

因国家建设需要依法征用、收回的房地产，免征土地增值税。

这里所说的因国家建设需要依法征用、收回的房地产，是指因城市规划、国家建设的需要而被政府批准征用的房产或收回的土地使用权。

因城市规划、国家建设的需要而搬迁，由纳税人自行转让原房地产的，免征土地增值税。

因城市规划而搬迁，是指因旧城改造或因企业污染、扰民（指生产过量废气、废水、废渣和噪音，使城市居民生活受到一定危害），而由政府或政府有关主管部门根据已审批通过的城市规划确定进行搬迁的情况。因国家建设的需要而搬迁，是指因实施国务院、省级人民政府、国务院有关部委批准的建设项目而进行搬迁的情况。

三、土地增值税征收管理工作

2002年7月10日，《国家税务总局关于认真做好土地增值税征收管理工作的通知》（国税函〔2005〕615号）指出：“土地增值税自开征以来，经各级地方税务局共同努力，在加强征收管理和组织收入方面做了大量的工作，并且取得了一定成效。但由于房地产开发与转让周期较长，造成土地增值税征管难度大，一些地区对土地增值税征收管理产生了畏难情绪，还有一些地区误信土地增值税要停征，而放松了征管工作，造成了应收税款的流失。”

为保证税收任务的完成，对认真做好土地增值税的征收管理工作规定如下：

要进一步完善土地增值税的征收管理制度和操作规程，建立健全土地增值税的纳税申报制度、房地产评估规程、委托代征办法等。

对在1994年1月1日以前已签订房地产开发合同或立项并已按规定投入资金进行开发，其首次转让房地产的，免征土地增值税的税收优惠政策已到期，应按规定恢复征税。

针对当前房地产市场逐步规范，房地产投资商的投资回报趋于正常情况，各地要进一步完善土地增值税的预征办法，预征率的确定要科学、合理。对已经实行预征办法的地区，可根据不同类型房地产的实际情况，确定适当的预征率。除保障性住房外，东部地区省份预征率不得低于2%，中部和东北地区省份不得低于1.5%，西部地区省份不得低

于1%。

要继续加强与房地产有关部门的配合，严格按照财政部、国家税务总局、国家国有资产管理局《关于转让国有房地产征收土地增值税中有关房地产价格评估问题的通知》（财税字〔1995〕61号）、国家税务总局和国家土地管理局《关于土地增值税若干征管问题的通知》（国税发〔1996〕4号）、国家税务总局和建设部《关于土地增值税征收管理有关问题的通知》（国税发〔1996〕48号）等文件的要求，加强部门之间的配合和协作，共同搞好土地增值税的征收管理工作。

四、纳税地点

土地增值税的纳税人应向房地产所在地主管税务机关办理纳税申报，并在税务机关核定的期限内缴纳土地增值税。

这里所说的房地产所在地是指房地产的坐落地。纳税人转让的房地产坐落在两个或两个以上地区的，应按房地产所在地分别申报纳税。

在实际工作中，纳税地点的确定又可分为以下两种情况：

第一，纳税人是法人的。当转让的房地产坐落地与其机构所在地或经营所在地一致时，则在办理税务登记的原管辖税务机关申报纳税即可；如果转让的房地产坐落地与其机构所在地或机构所在地不一致时，则应在房地产坐落地所管辖的税务机关申报纳税。

第二，纳税人是自然人的。当转让的房地产坐落地与其居住所在地一致时，则在住所所在地税务机关申报纳税；当转让的房地产坐落地与其居住所在地不一致时，则在办理过户手续所在地的税务机关申报纳税。

五、纳税申报

土地增值税的纳税人应在转让房地产合同签订后的7日内，到房地产所在地主管税务机关办理纳税申报，并向税务机关提交房屋及建筑物产权、土地使用权证书，土地转让、房屋买卖合同，房地产评估报告及其他与转让房地产有关的资料。

纳税人因经常发生房地产转让而难以在每次转让后申报的，经税务机关审核同意后，可以定期进行纳税申报，具体期限由税务机关根据相关规定确定。

纳税人因经常发生房地产转让而难以在每次转让后申报，是指房地产开发企业开发建造的房地产、因分次转让而频繁发生纳税义务、难以在每次转让后申报纳税的情况，土地增值税可按月或按各省、自治区、直辖市和计划单列市地方税务局规定的期限申报纳税。纳税人选择定期申报方式的，应向纳税所在地的地方税务机关备案。定期申报方式确定后，一年之内不得变更。

此外，根据《中华人民共和国土地增值税暂行条例实施细则》关于“纳税人在项目全部竣工结算前转让房地产取得的收入……可以预征土地增值税……具体办法有各省、自治区、直辖市地方税务局根据当地情况制定”的规定，对于纳税人预售房地产所取得的收入，凡当地税务机关规定预征土地增值税的，纳税人应当到主管税务机关办理纳税申报，并按规定比例预交，待办理决算后，多退少补；凡当地税务机关规定不预征土地增值税的，也应在取得收入时先到税务机关登记或备案。1995 年 5 月 17 日，国家税务总局制定并下发了《土地增值税纳税申报表》。

【课后阅读 1】

稀土将被纳入资源税改革版图 税负大增最高可达 35%

据《经济参考报》报道，国家有关部门正在酝酿将稀土资源税计征方式由原先的从量计征转变为从价计征。根据目前尚未最终确定的方案，北方轻稀土资源税税率将按照 22%计征，南方离子矿按照 35%计征，就全国而言，稀土资源税税负将大幅提高。

面对稀土世界贸易组织诉讼败局和部分稀土产品出口关税面临取消的现状，国家对稀土调控和整合力度将再次收紧，一方面加紧扶持大集团提高资源的集中度，另一方面大幅调高资源税以遏制稀土大量出口，从而实现战略资源的保护，同时有助于减少因为世界贸易组织败诉对我国稀土管理带来的负效应。从 2011 年开始，世界贸易组织裁定中国包括铝土、焦炭、萤石、镁、锰、金属硅、碳化硅、黄磷和锌九种原材料违规，随后稀土、钨、钼的出口管理措施也遭到相同的裁决，酝酿改变稀土资源税计征方式，一定程度也是为上述战略性稀有金属的资源税改革释放一个信号，这可能也是我国下一步对资源保护战略调整的重点。

一方面，稀土资源税从定量改成定价，可以起到随行就市的作用，资源税调控的敏感度相对增加。同时，一直以来资源税税率都由地方制定，特别是中重稀土为主的南方省份更为突出，以江西为例，资源税税负为每吨 3.6 万元，而广西则仅为 0.6 万元，资源税改革无疑可以让市场环境更加公平。

另一方面，对于稀土资源税调整的比例和幅度可能仍需调研和斟酌，特别是在目前国内黑稀土泛滥，缺乏公平市场环境的情况下，如果按照上述比例大幅调整稀土资源税可能会让本来已经难以监管的黑稀土链条更加疯狂和走私加剧，同时一些合法企业却陷入困境，这样一来，不仅会影响正在进行产业结构调整，同时也会让资源保护再度受到威胁。

资料来源：杨烨，任会斌. 稀土将被纳入资源税改革版图［N］. 经济参考报，2014-11-20.

【课后阅读 2】

资源税改革再启

2014 年 10 月 9 日，财政部、国家发改委宣布，自 2014 年 12 月 1 日起，在全国范围统一将煤炭、原油、天然气矿产资源补偿费费率降为零，原油、天然气矿产资源税适用税率由 5%提高至 6%，实施煤炭资源税从价计征改革。

该通知还规定了原油、天然气资源税的优惠政策：对油田范围内运输稠油过程中用于加热的原油、天然气免征资源税；对稠油、高凝油和高含硫天然气资源税减征 40%；对三次采油资源税减征 30%；对低丰度油气田资源税暂减征 20%；对深水油气田资源税减征

30%。业内呼吁了三年多的煤炭资源税改革，即清费立税、资源税从量计征转变为从价计征的改革方案终于尘埃落定。

煤炭资源税改革作为深化财税体制改革的“排头兵”。在2014年6月30日中共中央政治局召开的工作会议上，审议通过了《深化财税体制改革总体方案》，要求2016年基本完成深化财税体制改革重点工作和任务。财政部部长楼继伟解读此次改革重点锁定六大税种，其中就包括了资源税。

资源税是以各种应税自然资源为课税对象、为了调节资源级差收入并体现国有资源有偿使用而征收的一种税。一般向开采自然资源的单位或个人征收。如我国宪法规定的城市土地、矿藏、水流、森林、山岭、草原、荒地、滩涂等，根据国家的需要，对使用某种自然资源的单位和个人征税。首都经济贸易大学财政税务学院税务系主任刘颖指出，资源税改革可以看做是一种价格手段，改为从价计征后，资源税额和资源产品的价格形成了联动性，随着资源价格的变化，资源税额也会产生相应的变化，这是完善国内财税体制改革，优化资源价格形成机制，实现资源合理利用的重要举措。

资料来源：资源税改革再启［J/OL］. http://sme.ce.cn/yygl/201411/06/t20141106_2066631.shtml

第九章 城市维护建设税和教育费附加

第一节 城市维护建设税

城市维护建设税（以下简称城建税）是对从事工商经营、缴纳增值税、消费税、营业税的单位和个人征收的一种税。新中国成立以来，我国城市建设和维护在不同时期都取得了较大成绩，但是，国家在城市建设方面一直资金不足。1979 年以来，我国用于城市维护建设的资金来源由当时的工商税附加、城市公用事业附加和国家下拨城市维护费组成。1985 年 2 月 8 日，国务院正式发布了《中华人民共和国城市维护建设税暂行条例》，并于 1985 年 1 月 1 日在全国范围内施行。

城市维护建设税法是指国家制定的用以调整城市维护建设税征收与缴纳权利与义务关系的法律规范。我国现行城市维护建设税的基本规范是 1985 年 2 月 8 日国务院发布并于同年 1 月 1 日实施的《中华人民共和国城市维护建设税暂行条例》。

城市维护建设税的特点如下：

（1）税款专款专用。城市维护建设税所征税款要求保证用于城市公用事业和公共设施的维护和建设。

（2）属于一种附加税。城市维护建设税是以纳税人实际缴纳的增值税、消费税、营业税税额为计税依据，随“三税”同时征收，其本身没有特定的课税对象，其征管方法也完全比照“三税”的有关规定办理。

（3）城市维护建设税根据城镇规模设计不同的比例税率，根据纳税人所在城镇的规模及其资金需要设计税率。

城市维护建设税的作用如下：

（1）补充城市维护建设资金的不足。1985 年开征城市维护建设税之后，由于城市维护建设税以商品劳务“三税”的税额为计税依据，与“三税”同时征收，这样不但扩大了征收范围，而且还可以保证城建税收入随“三税”的增长而增长，从而使城市维护和建设有了一个比较稳定和可靠的资金来源。

（2）带动了地方政府进行城市维护和建设的积极性。城市维护建设税应当保证用于城市的公用事业和公共设施的维护建设，具体安排由地方人民政府确定。将城市维护建设税收入与当地城市建设直接挂钩，税收收入越多，城镇建设资金就越充裕，城镇建设发展就越快。这样就充分调动了地方政府的积极性，使其关心城市维护建设税收入，加强城市维护建设税的征收管理。

一、纳税义务人

城市维护建设税是对从事工商经营，缴纳增值税、消费税、营业税的单位和个人征收的一种税。

城建税的纳税义务人是指负有缴纳增值税、消费税和营业税义务的单位和个人，包括国有企业、集体企业、私营企业、股份制企业、其他企业和行政单位、事业单位、军事单位、社会团体、其他单位以及个体工商户及其他个人。

自 2010 年 12 月 1 日起，对外商投资企业、外国企业及外籍个人（以下简称“外资企业”）征收城市维护建设税。对外资企业 2010 年 12 月 1 日（含）之后发生纳税义务的增值税、消费税、营业税征收城市维护建设税；对外资企业 2010 年 12 月 1 日之前发生纳税义务的“三税”不征收城市维护建设税。

城市维护建设税的代扣代缴、代收代缴，一律比照增值税、消费税、营业税的有关规定办理。增值税、消费税、营业税的代扣代缴、代收代缴义务人同时也是城市维护建设税的代扣代缴、代收代缴义务人。

二、税率

城建税的税率是指纳税人应缴纳的城建税税额与缴纳人实际缴纳的“三税”税额之间的比率。城建税按纳税人所在地的不同，设置了以下三档地区差别比例税率：

（1）纳税人所在地为市区的，税率为 7%。

（2）纳税人所在地为县城、镇的，税率为 5%。

（3）纳税人所在地不在市区、县城或者镇的，税率为 1%；开采海洋石油资源的中外合作油（气）田所在地在海上，其城市维护建设税适用 1%的税率。

城建税的适用税率，应当按纳税人所在地的规定税率执行。但是对下列两种情况，可按缴纳“三税”所在地的规定税率就地缴纳城建税：

（1）由受托方代扣代缴、代收代缴“三税”的单位和个人，其代扣代缴、代收代缴的城建税按受托方所在地适用税率执行；

（2）流动经营等无固定纳税地点的单位和个人，在经营地缴纳“三税”的，其城建税的缴纳按经营地适用税率执行。

三、计税依据

城建税的计税依据是指纳税人实际缴纳的“三税”税额。纳税人违反“三税”有关税法而加收的滞纳金和罚款，是税务机关对纳税人违法行为的经济制裁，不作为城建税的计税依据，但纳税人在查补“三税”和被处以罚款时应同时对其偷漏的城建税进行补税、征收滞纳金和罚款。

城建税以“三税”税额为计税依据并同时征收，如果要免征或者减征“三税”，也就要同时免征或者减征城建税。

但是对出口产品退还增值税、消费税的，不退还已缴纳的城建税。

自2005年1月1日起，经国家税务局正式审核批准的当期免抵的增值税税额应纳入城市维护建设税和教育费附加的计征范围，分别按规定的税（费）率征收城市维护建设税和教育费附加。2005年1月1日前已按抵免的增值税税额征收的城市维护建设税和教育费附加不再退还，未征的不再补征。

城建税纳税人的应纳税额大小是由纳税人实际缴纳的“三税”税额决定的，其计算公式为：

应纳税额=纳税人实际缴纳的增值税、消费税、营业税×适用税率

【例9-1】某市区一家企业2014年5月实际缴纳增值税400 000元，缴纳消费税500 000元，缴纳营业税200 000元。计算该企业应纳的城建税税额。

应纳城建税税额=(实际缴纳的增值税+实际缴纳的消费税+实际缴纳的营业税)×适用税率=(400 000+500 000+200 000)×7%=1100 000×7%=77 000(元)

由于城建税实行纳税人所在地差别比例税率，所以在计算应纳税额时，应十分注意根据纳税人所在地来确定税率。

四、税收优惠

城建税原则上不单独减免，但是因城建税又具附加税性质，当主税发生减免时城建税相应发生税收减免。城建税的税收减免主要有以下几种情况：

（1）城建税按减免后实际缴纳的“三税”税额计征，即随“三税”的减免而减免。

（2）对于因减免税而需进行“三税”退库的，城建税也可同时退库。

（3）海关对进口产品代征的增值税、消费税，不征收城建税。

（4）对“三税”实行先征后返、先征后退、即征即退办法的，除另有规定外，对随“三税”附征的城市维护建设税和教育费附加，一律不退（返）还。

（5）为支持国家重大水利工程建设，对国家重大水利工程建设基金免征城市维护建设税。

五、纳税环节

城建税的纳税环节是指《中华人民共和国城市维护建设税暂行条例》规定的纳税人应当缴纳城建税的环节。城建税的纳税环节实际就是纳税人缴纳“三税”的环节。纳税人只要发生“三税”的纳税义务，就要在同样的环节，分别计算缴纳城建税。

六、纳税地点

城建税以纳税人实际交纳的增值税、消费税、营业税税额为计税依据，与“三税”同时缴纳。因此，纳税人缴纳“三税”的地点，就是该纳税人缴纳城建税的地点。但是，属于下列情况的，纳税地点要注意：

（1）代扣代缴、代收代缴“三税”的单位和个人，同时也是城市维护建设税的代扣

代缴、代收代缴义务人，其城建税的纳税地点在代扣代收地。

（2）跨省开采的油田，下属生产单位与核算单位不在一个省内的，其生产的原油，在油井所在地缴纳增值税，其应纳税款由核算单位按照各油井的产量和规定税率，计算汇拨各油井缴纳。各油井应纳的城建税，应由核算单位计算，随同增值税一并汇拨油井所在地，由油井在缴纳增值税的同时，一并缴纳城建税。

（3）对管道局输油部分的收入，由取得收入的各管道局于所在地缴纳营业税。其应纳城建税，也应由取得收入的各管道局于所在地缴纳营业税时一并缴纳。

（4）对流动经营等无固定纳税地点的单位和个人，应随同“三税”在经营地按适用税率缴纳。

七、纳税期限

由于城建税是由纳税人在缴纳“三税”时同时缴纳的，所以其纳税期限分别与“三税”的纳税期限一致。增值税、消费税的纳税期限均为1日、3日、5日、10日、15日或者1个月；营业税的纳税期限为5日、10日、15日或者1个月。增值税、消费税、营业税的纳税人的具体纳税期限由主管税务机关根据纳税人应纳税额大小分别核定；不能按照固定期限纳税的，可以按次纳税。

由于《中华人民共和国城市维护建设税暂行条例》是在1994年分税制前制定的，1994年后，增值税和消费税由国家税务局征收管理，城市维护建设税由地方税务局征收管理，因此在纳税入库的时间上不一定完全一致。

第二节 教育费附加和地方教育附加

教育费附加和地方教育附加是对缴纳增值税、消费税、营业税的单位和个人，就其实际缴纳的税额为计算依据征收的一种附加费。

教育费附加是为加快地方教育事业，扩大地方教育经费的资金而征收的一项专用基金。1984年，国务院发布了《关于筹措农村学校办学经费的通知》，开征了农村教育事业经费附加。1985年，中共中央做出了《关于教育体制改革的决定》，指出必须在国家增拨教育基本建设投资和教育经费的同时，充分调动企、事业单位和其他各种社会力量办学的积极性，开辟多种渠道筹措经费。为此，国务院于1986年4月28日颁布了《征收教育费附加的暂行规定》，决定从同年7月1日开始在全国范围内征收教育费附加。自2006年9月1日起施行的《中华人民共和国教育法》第五十七条规定：“税务机关依法足额征收教育费附加，由教育行政部门统筹管理，主要用于实施义务教育。省、自治区、直辖市人民政府根据国务院的有关规定，可以决定开征用于教育的地方附加费，专款专用。”2010年财政部下发了《关于统一地方教育附加政策有关问题的通知》对各省、市、自治区的地方教育附加进行了统一。

一、教育费附加和地方教育附加的征收范围及计征依据

教育费附加和地方教育附加对缴纳增值税、消费税、营业税的单位和个人征收，以其实际缴纳的增值税、消费税和营业税为计征依据，分别与增值税、消费税和营业税同时缴纳。自2010年12月1日起，对外商投资企业、外国企业以及外籍个人（以下简称外资企业）征收教育费附加。对外资企业2010年12月1日（含）之后发生纳税义务的增值税、消费税、营业税征收教育费附加；对外资企业2010年12月1日之前发生纳税义务的“三税”，不征收教育费附加。

二、教育费附加和地方教育附加计征比率

教育费附加计征比率曾几经变化。1986年开征时，规定为1%；1990年5月《国务院关于修改〈征收教育费附加的暂行规定〉的决定》中规定为2%；按照1994年2月7日《国务院关于教育费附加征收问题的紧急通知》的规定，现行教育费附加征收比率为3%，地方教育附加征收率统一为2%。

三、教育费附加和地方教育附加的计算

教育费附加和地方教育附加的计算公式为：

应纳教育费附加或地方教育附加=实际缴纳的增值税、消费税、营业税×征收比率（3%或2%）

【例9-2】武汉市区一家企业2014年3月实际缴纳增值税200 000元，缴纳消费税300 000元，缴纳营业税100 000元。计算该企业应缴纳的教育费附加和地方教育附加。

应纳教育费附加=（实际缴纳的增值税+实际缴纳的消费税+实际缴纳的营业税）×征收比率=（200 000 + 300 000 + 100 000）×3% =600 000 ×3%=18 000（元）

应纳地方教育费附加=（实际缴纳的增值税+实际缴纳的消费税+实际缴纳的营业税）×征收比率=（200 000+300 000+100 000）×2%=600 000×2%=12 000（元）

四、教育费附加和地方教育附加的减免规定

对海关进口的产品征收的增值税、消费税，不征收教育费附加。

对由于减免增值税、消费税和营业税而发生退税的，可同时退还已征收的教育费附加。对出口产品退还增值税、消费税的，不退还已征收的教育费附加。

对国家重大水利工程建设基金免征教育费附加。

自2015年1月1日起至2017年12月31日，小微企业免征教育费附加、地方教育附加、水利基金、文化事业建设费。“小微企业”具体包括按月纳税的月销售额或营业额不超过3万元（含3万元），以及按季纳税的季度销售额或营业额不超过9万元（含9万元）的纳税义务人。

【课后阅读】

教育费附加和地方教育附加

教育费附加和地方教育附加的征收对象不仅仅是企业，个人收入如果不是按工资薪金所得，而是按劳务报酬所得，也会被代扣教育费附加。

国务院常务会议审议通过的《国家中长期教育改革和发展规划纲要（2010—2020年）》明确提出，到2012年实现国家财政性教育经费支出占国内生产总值比例达到4%的目标。为确保按期实现这一目标，国务院日前发布《关于进一步加大财政教育投入的意见》。该意见提出，拓宽经费来源渠道，多方筹集财政性教育经费。具体要求如下：

统一内外资企业和个人教育费附加制度。国务院决定，从2010年12月1日起统一内外资企业和个人城市维护建设税和教育费附加制度，教育费附加统一按增值税、消费税、营业税实际缴纳税额的3%征收。

全面开征地方教育附加。各省（区、市）人民政府应根据《中华人民共和国教育法》的相关规定和《财政部关于统一地方教育附加政策有关问题的通知》（财综〔2010〕98号）的要求，全面开征地方教育附加。地方教育附加统一按增值税、消费税、营业税实际缴纳税额的2%征收。

从土地出让收益中按比例计提教育资金。进一步调整土地出让收益的使用方向。从2011年1月1日起，各地区要从当年以招标、拍卖、挂牌或者协议方式出让国家土地使用权取得的土地出让收入中，按照扣除征地和拆迁补偿、土地开发等支出后余额10%的比例，计提教育资金。具体办法由财政部会同有关部门制定。该意见指出，各地区要加强收入征管，依法足额征收，不得随意减免。

资料来源："教育费附加"和"地方教育费附加"[J/OL].http://www.qing5.com/2014/1124/30296.shtml

第十章 房产税、契税和印花税

第一节 房产税

房产税是以房屋为征税对象，按照房屋的计税余值或租金收入，向产权所有人征收的一种财产税。房产税在我国是一个古老的税种，新中国成立以后，中央人民政府政务院颁布的《全国税政实施要则》中，把房产税列为全国开征的一个独立税种。1973 年进行税制改革，在简化税制的原则下，把试行工商税的企业缴纳的城市房地产税并入了工商税，但保留城市房地产税这一税种，只对居民个人和房产管理部门以及外侨的房屋继续征收。1984 年进行工商税制全面改革，重新恢复对房产征税。1986 年 9 月 15 日，国务院正式发布了《中华人民共和国房产税暂行条例》，从当年 10 月 1 日开始实施。各省、自治区、直辖市人民政府根据该暂行条例的规定，先后制定了施行细则。至此，房产税又在全国范围内全面征收。

房产税法是指国家指定的调整房产税征收与缴纳之间权利及义务关系的法律规范。现行房产税法的基本规范，是 1986 年 9 月 15 日国务院颁布的《中华人民共和国房产税暂行条例》（以下简称《房产税暂行条例》）。

征收房产税的作用如下：

（1）筹集地方财政收入。房产税属于地方税，征收房产税可以为地方财政筹集一部分市政建设资金，解决地方财力不足问题。而且房产税以房屋为征收对象，税源比较稳定，随着地方经济的发展，城市基础设施改善和工商各业的兴旺，房产税收将成为地方财政收入的一个主要来源。

（2）有利于加强房产管理。一方面，对房屋拥有者征收房产税，可以调节纳税人的收入水平，有利于加强对房屋的管理，提高房屋的使用效益，控制固定资产的投资规模。另一方面，房产税规定对每个人拥有的非营业用房屋不征房产税，可以鼓励个人建房、购房和改善住房条件，配合和推动城市住房制度改革。

一、纳税义务人与征税范围

（一）纳税义务人

房产税是以房屋为征税对象，按照房屋的计税余值或租金收入，向产权所有人征收的一种财产税。房产税以在征税范围内的房屋产权所有人为纳税人。具体规定如下：

（1）产权属国家所有的，由经营管理单位纳税；产权属集体和个人所有的，由集体单位和个人纳税。所称单位，包括国有企业、集体企业、私营企业、股份制企业、外商投资企业、外国企业以及其他企业和事业单位、社会团体、国家机关、军队以及其他单位；所称个人，包括个体商户以及其他个人。

（2）产权出典的，由承典人纳税。所谓产权出典，是指产权所有人将房屋、生产资料等的产权，在一定期限内典当给他人使用，而取得资金的一种融资业务。这种业务大多发生于出典人急需用款，但是又想保留产权回赎权的情况。承典人向出典人交付一定的典价之后，在质典期内即获抵押物品的支配权，并可转典。产权的典价一般要低于卖价。出典人在规定期间内需归还典价的本金和利息，方可赎回出典房屋等的产权。由于在房屋出典期间，产权所有人已无权支配房屋，因此税法规定具有支配权的承典人为纳税人。

（3）产权所有人、承典人不在房屋所在地的，或者产权未确定及租典纠纷未解决的，由房产代管人或者使用人纳税。所谓租典纠纷，是指房屋产权所有人在房产出典和租赁关系上，与承典人、租赁人发生各种争议，特别是权利和义务的争议悬而未决的。此外还有一些产权归属不清的问题，也都属于租典纠纷。对租典纠纷尚未解决的房产，税法规定由房产代管人或者使用人为纳税人，主要目的在于加强征收管理，保证房产税及时入库。

（4）无租使用其他房产的问题。纳税单位和个人无租使用房产管理部门、免税单位及纳税单位的房产，应由使用人代为缴纳房产税。

（二）征税范围

房产税以房产为征税对象。所谓房产，是指有屋面和围护结构（有墙或两边有柱）能够遮风避雨，可供人们在其中生产、学习、工作、娱乐、居住或储藏物资的场所。房地产开发企业建造的商品房，在出售前，不征收房产税；但是对出售前房地产开发企业已使用或出租、出借的商品房应按规定征收房产税。

房产税的征收范围为城市、县城、建制镇和工矿区。具体规定如下：

（1）城市是指国务院批准设立的市。

（2）县城是指县人民政府所在地的地区。

（3）建制镇是指经省、自治区、直辖市人民政府批准设立的建制镇。

（4）工矿区是指工商业比较发达、人口比较集中、符合国务院规定的建制镇标准但未设立建制镇的大中型工矿企业所在地。开征房产税的工矿区必须经省、自治区、直辖市人民政府批准。

房产税的征税范围不包括农村，这主要是为了减轻农民的负担。因为农村的房屋，除农副业生产用房外，大部分是农民居住用房。农村房屋不纳入房产税征税范围，有利于农业发展，繁荣农村经济，促进社会稳定。

二、税率、计税依据和应纳税额的计算

（一）税率

我国现行房产税采用的是比例税率。由于房产税的计税依据分为从价计征和从租计征两种形式，所以房产税的税率也有两种：一种是按房产原值一次减除10%～30%后的余值计征的，税率为1.2%；另一种是按房产出租的租金收入计征的，税率为12%。从2001年1月1日起，对个人按市场价格出租的居民住房，用于居住的，可暂减按4%的税率征收房产税。自2008年3月1日起，对个人出租住房，不区分用途，按4%的税率征收房

产税。

（二）计税依据

房产税的计税依据是房产的计税价值或房产的租金收入。按照房产计税价值征税的，称为从价计征；按照房产租金收入计征的，称为从租计征。

1. 从价计征

根据《房产税暂行条例》的规定，房产税依照房产原值一次减除10%~30%后的余值计算缴纳。各地扣除比例由当地省、自治区、直辖市人民政府确定。

（1）房产原值是指纳税人按照会计制度规定，在会计核算账簿“固定资产”科目中记载的房屋原价。因此，凡按会计制度规定在账簿中记载有房屋原价的，应以房屋原价按规定减除一定比例后作为房产余值计征房产税；没有记载房屋原价的，按照上述原则，并参照同类房屋确定房产原值，按规定计征房产税。

值得注意的是，自2009年1月1日起，对依照房产原值计税的房产，不论是否记载在会计账簿“固定资产”科目中，均按照房屋原价计算缴纳房产税。房屋原价应根据国家有关会计制度规定进行核算。对纳税人未按国家会计制度规定核算并记载的，应按规定予以调整或重新评估。

自2010年12月21日起，对按照房产原值计税的房产无论会计上如何核算，房产原值均应包含地价，包括为取得土地使用权支付的价款、开发土地发生的成本费用等。宗地容积率低于0.5的，按房产建筑面积的2倍计算土地面积并据此确定计入房产原值的地价。

（2）房产原值应包括与房屋不可分割的各种附属设备或一般不单独计算价值的配套设施，主要有暖气、卫生、通风、照明、煤气等设备；各种管线，如蒸汽、压缩空气、石油、给水排水等管道及电力、电信、电缆导线；电梯、升降机、过道、晒台等。属于房屋附属设备的水管、下水管、暖气管、煤气管等应从最近的探视井或三通管起计算原值；电灯网、照明线从进线盒连接管起计算原值。

自2006年1月1日起，为了维持和增加房屋的使用功能或使房屋满足设计要求，凡以房屋为载体，不可随意移动的附属设备和配套设施，如给排水、采暖、消防、中央空调、电气及智能化楼宇设备等，无论在会计核算中是否单独记账与核算，都应计入房产原值，计征房产税。对于更换房屋附属设备和配套设施的，在将其价值计入房产原值时，可扣减原来相应设备和设施的价值；对附属设备和配套设施中易损坏、需要经常更换的零配件，更新后不再计入房产原值。

（3）纳税人对原有房屋进行改建、扩建的，要相应增加房屋的原值。

房产余值是房产的原值减除规定比例后的剩余价值。

此外，还应注意以下两个问题：

①对于以房产投资联营，投资者参与投资利润分红，共担风险的，按房产余值作为计税依据计征房产税；

②对以房产投资，收取固定收入，不承担联营风险的，实际是以联营名义取得房产租金，应根据《房产税暂行条例》的有关规定由出租方按租金收入计缴房产税。

对融资租赁房屋的情况，由于租赁费包括购进房屋的价款、手续费、借款利息等，与一般房屋出租的租金内涵不同，且租赁期满后，当承租方偿还最后一笔租赁费时，房屋产权要转移到承租方。这实际是一种变相的分期付款购买固定资产的形式，所以在计征房产税时应以房产余值计算征收。根据《财政部、国家税务总局关于房产税城镇土地使用税有关问题的通知》（财税〔2007〕128 号）的规定，融资租赁的房产，由承租人自融资租赁合同约定开始日的次月起依照房产余值缴纳房产税。合同未约定开始日的，由承租人自合同签订的次月起依照房产余值缴纳房产税。

（4）居民住宅区内业主共有的经营性房产缴纳房产税。从 2007 年 1 月 1 日起，对居民住宅区内业主共有的经营性房产，由实际经营（包括自营和出租）的代管人或使用人缴纳房产税。其中自营的，依照房产原值减除 10%~30%后的余值计征，没有房产原值或不能将业主共有房产与其他房产的原值准确划分开的，由房产所在地地方税务机关参照同类房产核定房产原值；出租的，依照租金收入计征。

（5）凡在房产税征收范围内的具备房屋功能的地下建筑，包括与地上房屋相连的地下建筑以及完全建在地面以下的建筑、地下人防设施等，均应当依照有关规定征收房产税。上述具备房屋功能的地下建筑是指有屋面和维护结构，能够遮风避雨，可供人们在其中生产、经营、工作、学习、娱乐、居住或储藏物资的场所。自用的地下建筑，按以下方式计税：

①工业用途房产，以房屋原价的 50%~60%作为应税房产原值。

应纳房产税的税额=应税房产原值×[1-(10%~30%)]×1.2%

②商业和其他用途房产，以房屋原价的 70%~80%作为应税房产原值。

应纳房产税的税额=应税房产原值×[1-(10%~30%)]×1.2%

房屋原价折算为应税房产原值的具体比例，由各省、自治区、直辖市和计划单列市财政和地方税务部门在上述幅度内自行确定。

对于与地上房屋相连的地下建筑，如房屋的地下室、地下停车场、商场的地下部分等，应将地下部分与地上房屋视为一个整体，按照地上房屋建筑的有关规定计算征收房产税。

2. 从租计征

根据《房产税暂行条例》的规定，房产出租的，以房产租金收入为房产税的计税依据。

所谓房产的租金收入，是房屋产权所有人出租房产使用权所得的报酬，包括货币收入和实物收入。

如果是以劳务或者其他形式为报酬抵付房租收入的，应根据当地同类房产的租金水平，确定一个标准租金额从租计征。

对出租房产，租赁双方签订的租赁合同约定有免收租金期限的，免收租金期间由产权所有人按照房产原值缴纳房产税。

出租的地下建筑，按照出租地上房屋建筑的有关规定计算征收房产税。

（三）应纳税额的计算

房产税的计税依据有两种，与之相适应的应纳税额计算也分为两种：一种是从价计征的计算；另一种是从租计征的计算。

1. 从价计征的计算

从价计征是按房产的原值减除一定比例后的余值计征，其计算公式为：

应纳税额=应税房产原值×（1-扣除比例）×1.2%

如前所述，房产原值是“固定资产”科目中记载的房屋原价；减除一定比例是省、自治区、直辖市人民政府规定的10%~30%的减除比例；计征的适用税率为1.2%。

【例10-1】某企业的经营用房原值为5000万元，按照当地规定允许减除30%后按余值计税，适用税率为1.2%。请计算其应纳房产税税额。

应纳税额=5000×（1-30%）×1.2%=42（万元）

2. 从租计征的计算

从租计征是按房产的租金收入计征，其计算公式为：

应纳税额=租金收入×12%（或4%）

【例10-2】某公司出租房屋10间，年租金收入为300 000元，适用税率为12%。请计算其应纳房产税税额。

应纳税额=300 000×12%=36 000（元）

三、税收优惠

房产税的税收优惠是根据国家政策需要和纳税人的负担能力制定的。由于房产税属地方税，因此给予地方一定的减免权限，有利于地方因地制宜地处理问题。

目前，房产税的税收优惠政策主要有：

第一，国家机关、人民团体、军队自用的房产免征房产税。但是上述免税单位的出租房产以及非自身业务使用的生产、营业用房，不属于免税范围。

上述人民团体，是指经国务院授权的政府部门批准设立或登记备案并由国家拨付行政事业费的各种社会团体。

上述自用的房产，是指这些单位本身的办公用房和公务厢房。

第二，由国家财政部门拨付事业经费的单位，如学校、医疗卫生单位、托儿所、幼儿园、敬老院、文化、体育、艺术这些实行全额或差额预算管理的事业单位所有的，本身业务范围内使用的房产免征房产税。

第三，宗教寺庙、公园、名胜古迹自用的房产免征房产税。

宗教寺庙自用的房产是指举行宗教仪式等的房屋和宗教人员使用的生活用房。

公园、名胜古迹自用的房产是指供公共参观游览的房屋及其管理单位的办公用房。

宗教寺庙、公园、名胜古迹中附设的营业单位，如影剧院、饮食部、茶社、照相馆等所使用的房产及出租的房产，不属于免税范围，应照章纳税。

第四，个人所有非营业用的房产免征房产税。

个人所有的非营业用房主要是指居民住房，不分面积多少，一律免征房产税。

对个人拥有的营业用房或者出租的房产，不属于免税房产，应照章纳税。

第五，对行使国家行政管理职能的中国人民银行总行（含国家外汇管理局）所属分支机构自用的房产，免征房产税。

第六，自2011年至2020年，为支持国家天然林资源保护二期工程的实施，对天然林二期工程实施企业和单位税收政策规定如下：

（1）对长江上游、黄河中上游地区，东北、内蒙古等国有林区天然林二期工程实施企业和单位专门用于天然林保护工程的房产、土地免征房产税。对上述企业和单位用于其他生产经营活动的房产、土地按规定征收房产税。

(2) 对由于实施天然林二期工程造成森工企业房产、土地闲置1年以上不用的，暂免征收房产税；闲置房产和土地用于出租或重新用于天然林二期工程之外其他生产经营的，按规定征收房产税。

(3) 用于天然林二期工程的免税房产、土地应单独划分，与其他应税房产、土地划分不清的，按规定征收房产税。

第七，经财政部批准免税的其他房产，主要有：

(1) 损坏不堪使用的房屋和危险房屋，经有关部鉴定，在停止使用后，可免征房产税。

(2) 纳税人因房屋大修导致连续停用半年以上的，在房屋大修期间免征房产税，免征税额由纳税人在申报缴纳房产税时自行计算扣除，并在申报表附表或备注栏中作相应说明。

纳税人房屋大修停用半年以上需要免征房产税的，应在房屋大修前向主管税务机关报送相关的证明材料，包括大修房屋的名称、坐落地点、产权证编号、房产原值、用途、房屋大修的原因、大修合同及大修的起止时间等信息和资料，以备税务机关查验。具体报送材料由各省、自治区、直辖市和计划单列市地方税务局确定。

(3) 在基建工地为基建工地服务的各种工棚、材料棚、休息棚和办公室、食堂、茶炉房、汽车房等临时性房屋，在施工期间，一律免征房产税。但是工程结束后，施工企业将这种临时性房屋交给或估价转让给基建单位的，应从基建单位接收的次月起照章纳税。

(4) 对非营利性医疗机构、疾病控制机构和妇幼保健机构等卫生机构启用的房产，免征房产税。

(5) 老年服务机构自用的房产免征房产税。老年服务机构是指专门为老年人提供生活照料、文化、护理、健身等多方面服务的福利性非营利性的机构，主要包括老年社会福利院、敬老院（养老院）、老年服务中心、老年公寓（含老年护理院、康复中心、托老所）等。

(6) 从2001年1月1日起对按政府规定价格出租的公有住房和廉租住房，包括企业和自收自支事业单位向职工出租的单位自有住房，房管部门向居民出租的公有住房，落实私房政策中带户发还产权并以政府规定租金标准向居民出租的私有住房等，暂免征收房产税。

(7) 对邮政部门坐落在城市、县城、建制镇、工矿区范围内的房产，应当依法征收房产税；对坐落在城市、县城、建制镇、工矿区范围以外的尚在县邮政局内核算的房产，在单位财务账中划分清楚的，从2001年1月1日起不再征收房产税。

除上面提到的可以免纳房产税的情况以外，如纳税人确有困难的，可由省、自治区、直辖市人民政府确定，定期减征或者免征房产税。

(8) 向居民供热并向居民收取采暖费的供热企业暂免征收房产税。

自2011年1月1日至2015年12月31日，对向居民供热而收取采暖费的企业，为居民供热所使用的厂房继续免征房产税。对既向居民供热，又向单位供热或者兼营其他生产经营活动的供热企业，按其向居民供热而收取的采暖费收入占企业总收入的比例免征房产税。供热企业是指热力产品生产企业和热力产品经营企业。热力产品生产企业包括专业供热企业、兼营供热企业和自供热单位。

(9) 自 2011 年 1 月 1 日起至 2015 年 12 月 31 日，对高校学生公寓实行免征房产税政策。

(10) 自 2011 年 1 月 1 日起至 2015 年 12 月 31 日，为支持国家商品储备业务发展，对商品储备管理公司及其直属库承担商品储备业务自用的房产，免征房产税。

其中，商品储备管理公司及其直属库是指接受中央、省、市、县四级政府有关部门委托，承担粮（含大豆）、食用油、棉、糖、肉、盐（限于中央储备）6 种商品储备任务，取得财政储备经费或补贴的商品储备企业。对中国华粮物流集团公司及其直属企业、中粮集团有限公司所属储备库接受中央储备粮管理总公司、分公司及其直属库委托，承担的粮（含大豆）、食用油商品储备业务，可享受相应税收优惠。

(11) 自 2013 年 1 月 1 日至 2015 年 12 月 31 日，对专门经营农产品的农产品的批发市场、农贸市场使用的房产，暂免征收房产税。对同时经营其他产品的农产品批发市场和农贸市场使用的房产，按其他产品与农产品交易场地面积的比例确定免征房产税。

农产品批发市场和农贸市场是指经工商登记注册，供买卖双方进行农产品及其初加工品现货批发或零售交易的场所。农产品包括粮油、肉禽蛋、蔬菜、干鲜果品、水产品、调味品、棉麻、活畜、可食用的林产品以及省、自治区、直辖市财税部门确定的其他可食用的农产品。

四、征收管理

(一) 纳税义务发生时间

(1) 纳税人将原有房产用于生产经营，从生产经营之月起缴纳房产税。

(2) 纳税人自行新建房屋用于生产经营，从建成之次月起缴纳房产税。

(3) 纳税人委托施工企业建设的房屋，从办理验收手续之次月起缴纳房产税。

(4) 纳税人购置新建商品房，自房屋交付使用之次月起缴纳房产税。

(5) 纳税人购置存量房，自办理房屋权属转移、变更登记手续，房地产权属登记机关签发房屋权属证书之次月起，缴纳房产税。

(6) 纳税人出租、出借房产，自交付出租、出借房产之次月起，缴纳房产税。

(7) 房地产开发企业自用、出租、出借本企业建造的商品房，自房屋使用或交付之次月起，缴纳房产税。

(8) 自 2009 年 1 月 1 日起，纳税人因房产的实物或权利状态发生变化而依法终止房产税纳税义务的，其应纳税款的计算应截止到房产的实物或权利状态发生变化的当月末。

(二) 纳税期限

房产税实行按年计算、分期缴纳的征收方法，具体纳税期限由省、自治区、直辖市人民政府确定。

(三) 纳税地点

房产税在房产所在地缴纳。房产不在同一地方的纳税人，应按房产的坐落地点分别向房产所在地的税务机关纳税。

第二节 契税

契税法是指国家制定的用以调整契税征收与缴纳之间权利义务关系的法律规范。我国现行契税法的基本规范，是 1997 年 7 月 7 日国务院发布并于同年 10 月 1 日开始施行的《中华人民共和国契税暂行条例》。

一、契税基础知识

（一）契税的概念

契税是以在中华人民共和国境内转移土地、房屋权属为征税对象，向产权承受人征收的一种财产税。

契税在我国有着悠久的历史。契税起源于东晋的“估税”，至今已有 1600 多年的历史。新中国成立以后，政务院于 1950 年 3 月 31 日第 26 次政务会议通过并公布了《契税暂行条例》，废除了旧的契税法制，建立了新的契税制度，取消了契税附加验税、注册等杂费，降低了税率，减轻了人民的负担。该暂行条例规定，凡土地、房屋的买卖、典当、赠与或交换，均应凭土地房屋所有证，由当事人双方订立契约，并由承受人申报缴纳契税。税率分两种：买卖、赠与税税率 6%，典当税税率 3%。对交换房屋双方价值相等的，免税；不相等的，就其超过价值部分按 6%缴纳契税。

1954 年，财政部对《契税暂行条例》进行修改。修改的主要内容是对公有制单位的买卖、典当、承受赠与和交换土地、房屋的行为，免征契税。社会主义三大改造完成后，国家禁止土地买卖和转让，征收土地契税自然停止。契税的征税范围只限于非公有制单位的房屋产权转移行为，契税收入甚微。1966—1976 年，有的地方甚至明令停止办理契税征收业务。1978 年新宪法公布后，逐步落实了房产政策。随着改革开放的不断深入，城乡房屋买卖又重新活跃起来。为此，财政部于 1981 年和 1990 年分别发出了《关于改进和加强契税征收管理工作的通知》和《关于加强契税工作的通知》，对契税政策进行了一些补充和调整，契税征收工作全面恢复。

1997 年 7 月 7 日，国务院重新发布了《中华人民共和国契税暂行条例》（以下简称《契税暂行条例》），并于 1997 年 10 月 1 日起施行。

（二）契税的特点

1. 契税属于财产转移税

契税以权属发生转移的土地和房屋为征税对象，具有对财产转移课税性质。

2. 契税由财产承受人纳税

一般税种在税制中确定纳税人，都确定销售者为纳税人，即卖方纳税。对买方征税的主要目的在于承认不动产转移生效，承受人纳税以后，便可拥有转移过来的不动产的产权或使用权，法律保护纳税人的合法权益。

（三）契税的作用

1. 广辟财源，增加地方财政收入

契税按财产转移价值征税，税源较为充足，可以弥补其他财产课税的不足，扩大其征税范围，为地方政府增加一部分财政收入。随着市场经济的发展和房地产交易的日趋活跃，契税的财政作用将日益显著。

2. 保护合法产权，避免产权纠纷

不动产所有权和使用权的转移，涉及转让者和承受者双方的利益。由于产权转移形式多种多样，如果产权的合法性得不到确认，事后必然会出现产权纠纷。契税规定对承受人征税，一方面是对承受人财富的调节，另一方面有利于通过法律形式确定产权关系，维护公民的合法利益，避免产权纠纷。

二、征税对象

契税的征税对象是境内转移的土地、房屋权属。具体包括以下五项内容：

（一）国有土地使用权出让

国有土地使用权出让是指土地使用者向国家交付土地使用权出让费用，国家将国有土地使用权在一定年限内让与土地使用者的行为。

（二）土地使用权的转让

土地使用权的转让是指土地使用者以出售、赠与、交换或者其他方式将土地使用权转移给其他单位和个人的行为。土地使用权的转让不包括农村集体土地承包经营权的转移。

（三）房屋买卖

房屋买卖，即以货币为媒介，出卖者向购买者过渡房产所有权的交易行为。

【专栏 10-1】视同买卖房屋的情形

1. 以房产抵债或实物交换房屋

经当地政府和有关部门批准，以房抵债和实物交换房屋，均视同房屋买卖，应由产权承受人，按房屋现值缴纳契税。

例如，甲某因无力偿还乙某债务，而以自有的房产折价抵偿债务。经双方同意，有关部门批准，乙某取得甲某的房屋产权，在办理产权过户手续时，按房产折价款缴纳契税。如以实物（金银首饰等等价物品）交换房屋，应视同以货币购买房屋。

2. 以房产作投资或作股权转让

这种交易业务属房屋产权转移，应根据国家房地产管理的有关规定，办理房屋产权交易和产权变更登记手续，视同房屋买卖，由产权承受方按契税税率计算缴纳契税。

例如，甲某以自有房产投资于乙某企业。其房屋产权变为乙某企业所有，故产权所有人发生变化，因此乙某企业在办理产权登记手续后，按甲某入股房产现值（国有企事业房产须经国有资产管理部门评估核价）缴纳契税。如丙某以股份方式购买乙某企业房屋产权，丙某在办理产权登记后，按取得房产买价缴纳契税。

以自有房产作股投入本人独资经营的企业，免纳契税。因为以自有的房地产投入本人独资经营的企业，产权所有人和使用权使用人未发生变化，不需办理房产变更手续，也不办理契税手续。

3. 买房拆料或翻建新房，应照章征收契税

例如，甲某购买乙某房产，不论其目的是取得该房产的建筑材料或是翻建新房，实际构成房屋买卖。甲某应首先办理房屋产权变更手续，并按买价缴纳契税。

（四）房屋赠与

房屋的赠与是指房屋产权所有人将房屋无偿转让给他人所有。其中，将自己的房屋转交给他人的法人和自然人，称为房屋赠与人；接受他人房屋的法人和自然人，称为受赠人。房屋赠与的前提必须是产权无纠纷，赠与人和受赠人双方自愿。

由于房屋是不动产，价值较大，故法律要求赠与房屋应有书面合同（契约），并到房地产管理机关或农村基层政权机关办理登记过户手续，才能生效。如果房屋赠与行为涉及涉外关系，还需公证处证明和外事部门认证，才能有效。房屋的受赠人要按规定缴纳契税。

（五）房屋交换

房屋交换是指房屋所有者之间互相交换房屋的行为。

随着经济形势的发展，有些特殊方式转移土地、房屋权属的，也将视同土地使用权转让、房屋买卖或者房屋赠与。一是以土地、房屋权属作价投资、入股；二是以土地、房屋权属抵债；三是以获奖方式承受土地、房屋权属；四是以预购方式或者预付集资建房款方式承受土地、房屋权属。

（六）承受国有土地使用权支付的土地出让金

对承受国有土地使用权所应支付的土地出让金，要计征契税。不得因减免土地出让金而减免契税。

三、纳税义务人与税率

（一）纳税义务人

契税的纳税义务人是境内转移土地、房屋权属，承受的单位和个人。境内是指中华人民共和国实际税收行政管辖范围内。土地、房屋权属是指土地使用权和房屋所有权。单位是指企业单位、事业单位、国家机关、军事单位和社会团体以及其他组织。个人是指个体经营者及其他个人，包括中国公民和外籍人员。

（二）税率

契税实行3%~5%的幅度税率。实行幅度税率是考虑到我国经济发展的不平衡，各地经济差别较大的实际情况。因此，各省、自治区、直辖市人民政府可以在3%~5%的幅度税率规定范围内，按照本地区的实际情况决定。

四、应纳税额的计算

（一）计税依据

契税的计税依据为不动产的价格。由于土地、房屋权属转移方式不同，定价方法不同，因而具体计税依据视不同情况而决定。

（1）国有土地使用权出让、土地使用权出售、房屋买卖，以成交价格为计税依据。成

交价格是指土地、房屋权属转移合同确定的价格，包括承受者应交付的货币、实物、无形资产或者其他经济利益。

（2）土地使用权赠与、房屋赠与，由征收机关参照土地使用权出售、房屋买卖的市场价格核定。

（3）土地使用权交换、房屋交换，计税依据为所交换的土地使用权、房屋的价格差额。也就是说，交换价格相等时，免征契税；交换价格不等时，由多交付的货币、实物、无形资产或者其他经济利益的一方缴纳契税。

（4）以划拨方式取得土地使用权，经批准转让房地产时，由房地产转让者补交契税。计税依据为补交的土地使用权出让费用或者土地收益。

为了避免偷、逃税款，税法规定，成交价格明显低于市场价格并且无正当理由的，或者所交换土地使用权、房屋的价格的差额明显不合理并且无正当理由的，征收机关可以参照市场价格核定计税依据。

（5）房屋附属设施征收契税的计税依据如下：

①采取分期付款方式购买房屋附属设施土地使用权、房屋所有权的，应按合同规定的总价款计征契税。

②承受的房屋附属设施权属如为单独计价的，按照当地确定的适用税率征收契税；如与房屋统一计价的，适用与房屋相同的契税税率。

（6）个人无偿赠与不动产行为（法定继承人除外），应对受赠人全额征收契税。在缴纳契税时，纳税人须提交经税务机关审核并签字盖章的“个人无偿赠与不动产登记表”，税务机关（或其他征收机关）应在纳税人的契税完税凭证上加盖“个人无偿赠与”印章，在“个人无偿赠与不动产登记表”中签字并将该表格留存。

（7）出让国有土地使用权，契税计税价格为承受人为取得该土地使用权而支付的全部经济利益。对通过“招、拍、挂”程序承受国有土地使用权的，应按照土地成交总价款计征契税，其中的土地前期开发成本不得扣除。

（二）应纳税额的计算方法

契税采用比例税率。当计税依据确定以后，应纳税额的计算比较简单。应纳税额的计算公式为：

应纳税额=计税依据×税率

五、税收优惠

（一）契税优惠的一般规定

（1）国家机关、事业单位、社会团体、军事单位承受土地、房屋用于办公、教学、医疗、科研和军事设施的，免征契税。

（2）城镇职工按规定第一次购买公有住房，免征契税。

此外，财政部、国家税务总局规定自 2000 年 11 月 29 日起，对各类公有制单位为解决职工住房而采取集资建房方式建成的普通住房，或由单位购买的普通商品住房，经当地县以上人民政府房改部门批准、按照国家房改政策出售给本单位职工的，如属职工首次购买住房，均可免征契税。

自2008年11月1日起对个人首次购买90平方米以下普通住房的，契税税率暂统一下调到1‰。

(3) 因不可抗力灭失住房而重新购买住房的，酌情减免。不可抗力是指自然灾害、战争等不能预见、不可避免，并不能克服的客观情况。

(4) 土地、房屋被县级以上人民政府征用、占用后，重新承受土地、房屋权属的，由省级人民政府确定是否减免。

(5) 承受荒山、荒沟、荒丘、荒滩土地使用权，并用于农、林、牧、渔业生产的，免征契税。

(6) 经外交部确认，依照我国有关法律规定以及我国缔结或参加的双边和多边条约或协定，应当予以免税的外国驻华使馆、领事馆、联合国驻华机构及其外交代表、领事官员和其他外交人员承受土地、房屋权属。

(二) 契税优惠的特殊规定

1. 企业公司制改造

非公司制企业按照《中华人民共和国公司法》的规定，整体改建为有限责任公司（含国有独资公司）或股份有限公司，或者有限责任公司整体改建为股份有限公司的，对改建后的公司承受原企业土地、房屋权属，免征契税。

非公司制国有独资企业或国有独资有限责任公司，以其部分资产与他人组建新公司，且该国有独资企业（公司）在新设公司中所占股份超过50%的，对新设公司承受该国有独资企业（公司）的土地、房屋权属，免征契税。

2. 企业股权重组

在股权转让中，单位、个人承受企业股权，企业土地、房屋权属不发生转移，不征收契税。

国有、集体企业实施企业股份合作制改造，由职工买断企业产权，或向其职工转让部分产权，或者通过其职工投资增资扩股，将原企业改造为股份合作制企业的，对改造后的股份合作制企业承受原企业的土地、房屋权属，免征契税。

为进一步支持国有企业改制重组，国有控股公司投资组建新公司有关契税政策规定如下：

(1) 对国有控股公司以部分资产投资组建新公司，且该国有控股公司占新公司股份85%以上的，对新公司承受该国有控股公司土地、房屋权属免征契税。上述所称国有控股公司，是指国家出资额占有限责任公司资本总额50%以上，或国有股份占股份有限公司股本总额50%以上的国有控股公司。

(2) 以出让方式承受原国有控股公司土地使用权的，不属于规定的范围。

3. 企业合并

两个或两个以上的企业，依据法律规定、合同约定，合并改建为一个企业，对其合并后的企业承受原合并各方的土地、房屋权属，免征契税。

4. 企业分立

企业依照法律规定、合同约定分设为两个或两个以上投资主体相同的企业，对派生方、新设方承受原企业土地、房屋权属，不征收契税。

5. 企业出售

国有、集体企业出售，被出售企业法人予以注销，并且按照《中华人民共和国劳动法》等国家有关法律法规政策妥善安置原企业全部职工，其中与原企业30%以上职工签订服务年限不少于3年的劳动用工合同的，对其承受所购企业的土地、房屋权属，减半征收契税；与原企业全部职工签订服务年限不少于3年的劳动用工合同的，免征契税。

6. 企业注销、破产企业

依照有关法律法规的规定实施注销、破产后，债权人（包括注销、破产企业职工）承受注销、破产企业土地、房屋权属以抵偿债务的，免征契税；对非债权人承受注销、破产企业土地、房屋权属，凡是按照《中华人民共和国劳动法》等国家有关法律法规政策妥善安置原企业全部职工，其中与原企业30%以上职工签订服务年限不少于3年的劳动用工合同的，对其承受所购企业的土地、房屋权属，减半征收契税；与原企业全部职工签订服务年限不少于3年的劳动用工合同的，免征契税。

7. 房屋的附属设施

对于承受与房屋相关的附属设施（包括停车位、汽车库、自行车库、顶层阁楼以及储藏室，下同）所有权或土地使用权的行为，按照契税法律、法规的规定征收契税；对于不涉及土地使用权和房屋所有权转移变动的，不征收契税。

8. 继承土地、房屋权属

对于《中华人民共和国继承法》规定的法定继承人（包括配偶、子女、父母、兄弟姐妹、祖父母、外祖父母）继承土地、房屋权属，不征契税。

按照《中华人民共和国继承法》的规定，非法定继承人根据遗嘱承受死者生前的土地、房屋权属，属于赠与行为，应征收契税。

9. 其他

（1）经国务院批准实施债权转股权的企业，对债权转股权后新设立的公司承受原企业的土地、房屋权属，免征契税。

（2）政府主管部门对国有资产进行行政性调整和划转过程中发生的土地、房屋权属转移，不征收契税。

（3）企业改制重组过程中，同一投资主体内部所属企业之间土地、房屋权属的无偿划转，包括母公司与其全资子公司之间，同一公司所属全资子公司之间，同一自然人与其设立的个人独资企业、一人有限公司之间土地、房屋权属的无偿划转，不征收契税。

（4）对拆迁居民因拆迁重新购置住房的，对购房成交价格中相当于拆迁补偿款的部分免征契税，成交价格超过拆迁补偿款的，对超过部分征收契税。

（5）公司制企业在重组过程中，以名下土地、房屋权属对其全资子公司进行增资，属同一投资主体内部资产划转，对全资子公司承受母公司土地、房屋权属的行为，不征收契税。

六、征收管理

（一）纳税义务发生时间

契税的纳税义务发生时间是纳税人签订土地、房屋权属转移合同的当天，或者纳税人取得其他具有土地、房屋权属转移合同性质凭证的当天。

（二）纳税期限

纳税人应当自纳税义务发生之日起 10 日内，向土地、房屋所在地的契税征收机关办理纳税申报，并在契税征收机关核定的期限内缴纳税款。

（三）纳税地点

契税在土地、房屋所在地的征收机关缴纳。

（四）征收管理

纳税人办理纳税事宜后，征收机关应向纳税人开具契税完税凭证。纳税人持契税完税凭证和其他规定的文件材料，依法向土地管理部门、房产管理部门办理有关土地、房屋的权属变更登记手续。土地管理部门和房产管理部门应向契税征收机关提供有关资料，并协助契税征收机关依法征收契税。

自 1997 年《中华人民共和国契税暂行条例》实施以来，各级征收机关在国土部门、房管部门的协作配合下，积极探索契税征收方式，不断加强征收管理，促进了契税收入的持续快速增长。契税已经成为地方税收的重要税种。多年来的征管实践证明，征收机关直接征收契税，是掌握税源情况、制定税收政策的基础，是强化税收管理、严格执行政策的抓手，也是保障契税收入持续快速增长的必要措施。征收机关直接征收契税比委托其他单位代征契税效率高。为此，国家税务总局决定，各级征收机关要在 2004 年 12 月 31 日前停止代征委托，直接征收契税。有关规定如下：

1. 要建立健全直接征收的管理制度

各地征收机关应按照方便纳税人的原则，结合本地实际设置申报窗口，根据国家税务总局有关规定，制定、完善征管工作规程，建立、健全征收岗位责任制度。

2. 要及时终止委托代征

现委托其他单位代征契税的征收机关，应根据本地实际确定停止代征的日期并通知代征单位，及时办理票款结报手续，2005 年 1 月 1 日之后，各级征收机关一律不得委托其他单位代征契税。

3. 要规范减免管理程序

征收机关应按照国家税务总局制定的《耕地占用税契税减免管理办法》（国税发〔2004〕99 号），统筹考虑征收管理和减免管理问题，规范契税减免申报程序，做好契税减免管理工作。

4. 要争取政府和相关部门的理解与支持

各级征收机关应积极向本地人民政府汇报情况，说明直接征收契税的财政意义，争取对直接征收契税的理解与支持。根据契税法规和相关政策协调与国土部门、房管部门的工作关系，确保先税后征，有效控制税源。

第三节 印花税

印花税法是指国家制定的用以调整印花税征收与缴纳之间权利与义务关系的法律规范。现行印花税法的基本规范，是 1988 年 8 月 6 日国务院发布并于同年 10 月 1 日实施的

《中华人民共和国印花税暂行条例》。

一、印花税基础知识

（一）印花税概念

印花税是以经济活动和经济交往中，书立、领受应税凭证的行为为征税对象征收的一种税。印花税因其采用在应税凭证上粘贴印花税票的方法缴纳税款而得名。

党的十一届三中全会以后，在改革开放政策的指引下，我国的商品经济得以迅速发展。为适应商品经济发展的要求，国家先后颁布了《中华人民共和国经济合同法》《中华人民共和国商标法》《中华人民共和国工商企业登记管理条例》等一系列经济法规，在经济活动中依法书立、领受各种经济凭证已成为普遍现象，重新开征印花税不仅是必要的，也具备了一定的条件。因此，国务院于 1988 年 8 月发布了《中华人民共和国印花税暂行条例》（以下简称《印花税暂行条例》），自同年 10 月 1 日起施行。随着我国经济体制由有计划的商品经济向社会主义市场经济体制转变，印花税的征收在规范书立、领受经济凭证行为方面起着更加重要的作用。

（二）印花税的特点

1. 征税范围广

印花税的征税对象是经济活动和经济交往中书立、领受应税凭证的行为，其征税范围十分广泛，主要表现在两个方面：一是涉及的应税行为广泛，包括书立和领受应税凭证的行为，这些行为在经济生活中是经常发生的；二是涉及的应税凭证范围广泛，包括各类经济合同、营业账簿、权利许可证照等，这些凭证在经济生活中被广泛地使用着。随着社会主义市场经济的发展和经济法制的日益完善，印花税的应税行为和应税凭证将会越来越普遍，征税范围也会更加广阔。

2. 税负从轻

印花税税负较轻，主要表现在其税率或税额明显低于其他税种，最低比例税率为应税凭证所载金额的万分之零点五，一般都为万分之几或千分之几；定额税率是每件应税凭证 5 元。

3. 自行贴花纳税

印花税的纳税方法完全不同于其他税种，采取纳税人自行计算应纳税额、自行购买印花税票、自行贴花、自行在每枚税票的骑缝处盖戳注销或画销的纳税方法。

4. 多缴不退不抵

《印花税暂行条例》规定，凡多贴印花税票者，不得申请退税或者抵用。这与其他税种多缴税款可以申请退税或抵缴的规定也不相同。

（三）印花税的作用

印花税之所以能在世界范围内普遍推行，是因为印花税有良好的财政经济功能与作用。在我国社会主义市场经济条件下，印花税同样具有十分重要的作用。

1. 有利于增加财政收入

印花税虽然对每个纳税人来说税负不重，但是由于其征税面广，税款积少成多，也是一笔可观的财政收入，对于增加国家财政收入，积累更多的财政资金具有积极的作用。同时，在分税制体制下，印花税（证券交易印花税除外）属于地方税，其收入归地方政府所有。证券交易印花税属于共享税，当前其收入的 94%归中央，6%归地方所有，这对于完善地方税体系和分税制财政体制也具有重要的作用。

2. 有利于配合和加强经济合同的监督管理

根据《印花税暂行条例》的规定，发放或办理各种应税凭证的单位负有监督纳税的义务，这样可以配合各种经济法规的实施，加强经济合同的监督管理。同时，各种合同贴花以后，不论是否兑现，都已负担了税款，可以促使经济往来各方信守合同，减少由于盲目签约而造成的经济损失和纠纷，提高合同的兑现率。

3. 有利于培养公民的纳税意识

印花税实行自行贴花纳税的方法，有助于培养纳税人自觉纳税的意识。同时，印花税又具有轻税重罚的特点，有利于增强纳税人的税收法制观念。

4. 有利于维护国家经济权益

随着对改革开放和对外经济交往的扩大，涉外经济活动中书立、领受应税凭证的情况也越来越多。目前世界上多数国家都开征了印花税，我国开征印花税有利于贯彻对等原则，维护国家的经济权益。

5. 有利于配合对其他应纳税种的监督管理

印花税的应税凭证反映着纳税人的生产、经营活动情况，税务机关对纳税人各种应税凭证的贴花和检查，客观上又可以及时掌握纳税人经济活动中涉及应纳其他各税的相关情况，有利于配合加强对其他应纳税种的监督管理。

二、纳税义务人

印花税的纳税义务人是在中国境内书立、使用、领受印花税法所列举的凭证并应依法履行纳税义务的单位和个人。所称单位和个人，是指国内各类企业、事业、机关、团体、部队以及中外合资企业、合作企业、外资企业、外国公司和其他经济组织及其在华机构等单位和个人。

上述单位和个人，按照书立、使用、领受应税凭证的不同，可以分别确定为立合同人、立据人、立账簿人、领受人和使用人 5 种。

（一）立合同人

立合同人是指合同的当事人。所谓当事人，是指对凭证有直接权利义务关系的单位和个人，但是不包括合同的担保人、证人、鉴定人。各类合同的纳税人是立合同人。各类合同，包括购销、加工承揽、建设工程承包、财产租赁、货物运输、仓储保管、借款、财产保险、技术合同或者具有合同性质的凭证。

所称合同，是指根据原《中华人民共和国经济合同法》《中华人民共和国涉外经济合同法》和其他有关合同法规订立的合同。所称具有合同性质的凭证，是指具有合同效力的协议、契约、合约、单据、确认书及其他各种名称的凭证。

《中华人民共和国合同法》于 1999 年 10 月 1 日起施行，《中华人民共和国经济合同法》《中华人民共和国涉外经济合同法》《中华人民共和国技术合同法》同时废止。有关合同的法律依据可参考《中华人民共和国合同法》的规定。

当事人的代理人有代理纳税的义务，与纳税人负有同等的税收法律义务和责任。

（二）立据人

产权转移书据的纳税人是立据人，是指土地、房屋权属转移过程中买卖双方的当事人。

（三）立账簿人

营业账簿的纳税人是立账簿人。所谓立账簿人，指设立并使用营业账簿的单位和个人。例如，企业单位因生产、经营需要，设立了营业账簿，该企业即为纳税人。

（四）领受人

权利、许可证照的纳税人是领受人。领受人是指领取或接受并持有该项凭证的单位和个人。例如，某人因其发明创造，经申请依法取得国家专利机关颁发的专利证书，该人即为纳税人。

（五）使用人

在国外书立、领受，但是在国内使用的应税凭证，其纳税人是使用人。

三、税目与税率

（一）税目

印花税的税目指印花税法明确规定的应当纳税的项目，具体划定了印花税的征税范围。一般来说，列入税目的就要征税，未列入税目的就不征税。印花税共有以下 13 个税目：

1. 购销合同

购销合同包括供应、预购、采购、购销结合及协作、调剂、补偿、贸易等合同。此外，还包括出版单位与发行单位之间订立的图书、报纸、期刊和音像制品的应税凭证，如订购单、订数单等。还包括发电厂与电网之间、电网与电网之间（国家电网公司系统、南方电网公司系统内部各级电网互供电量除外）签订的购售电合同。但是，电网与用户之间签订的供用电合同不属于印花税列举征税的凭证，不征收印花税。

2. 加工承揽合同

加工承揽合同包括加工、定做、修缮、修理、印刷、广告、测绘、测试等合同。

3. 建设工程勘查设计合同

建设工程勘查设计合同包括勘查、设计合同。

4. 建筑安装工程承包合同

建筑安装工程承包合同包括建筑、安装工程承包合同。承包合同包括总承包合同、分包合同和转包合同。

5. 财产租赁合同

财产租赁合同包括租赁房屋、船舶、飞机、机动车辆、机械、器具、设备等合同，还包括企业、个人出租门店、柜台等签订的合同。

6. 货物运输合同

货物运输合同包括民用航空、铁路运输、海上运输、公路运输和联运合同以及作为合同使用的单据。

7. 仓储保管合同

仓储保管合同包括仓储、保管合同以及作为合同使用的仓单、栈单等。

8. 借款合同

银行及其他金融组织与借款人（不包括银行同业拆借）所签订的合同以及只填开借据并作为合同使用、取得银行借款的借据。银行及其他金融机构经营的融资租赁业务是一种以融物方式达到融资目的的业务，实际上是分期偿还的固定资金借款，因此融资租赁合同也属于借款合同。

9. 财产保险合同

财产保险合同包括财产、责任、保证、信用保险合同以及作为合同使用的单据。财产保险合同分为企业财产保险、机动车辆保险、货物运输保险、家庭财产保险和农牧业保险五大类。家庭财产两全保险属于家庭财产保险性质，其合同在财产保险合同之列，应照章纳税。

10. 技术合同

技术合同包括技术开发、转让、咨询、服务等合同以及作为合同使用的单据。

技术转让合同包括专利申请权转让、专利实施许可和非专利技术转让。

技术咨询合同是当事人就有关项目的分析、论证、预测和调查订立的技术合同。但是一般的法律、会计、审计等方面的咨询不属于技术咨询，其所立合同不贴印花。

技术服务合同是当事人一方委托另一方就解决有关特定技术问题，如为改进产品结构、改良工艺流程、提高产品质量、降低产品成本、保护资源环境、实现安全操作、提高经济效益等提出实施方案，实施指导所订立的技术合同，包括技术服务合同、技术培训合同和技术中介合同。但是不包括以常规手段或者为生产经营目的进行一般加工、修理、修缮、广告、印刷、测绘、标准化测试以及勘查、设计等所书立的合同。

11. 产权转移书据

产权转移书据包括财产所有权和版权、商标专用权、专利权、专有技术使用权等转移书据和土地使用权出让合同、土地使用权转让合同、商品房销售合同等权力转移合同。

所称产权转移书据，是指单位和个人产权的买卖、继承、赠与、交换、分割等所立的书据。财产所有权转换书据的征税范围是指经政府管理机关登记注册的动产、不动产的所有权转移所立的书据以及企业股权转让所立的书据，并包括个人无偿赠送不动产所签订的“个人无偿赠与不动产登记表”。当纳税人完税后，税务机关（或其他征收机关）应在纳税人印花税完税凭证上加盖“个人无偿赠与”印章。

12. 营业账簿

营业账簿是指单位或者个人记载生产经营活动的财务会计核算账簿。营业账簿按其反映内容的不同，可分为记载资金的账簿和其他账簿。

记载资金的账簿是指反映生产经营单位资本金数额增减变化的账簿。其他账簿是指除上述账簿以外的有关其他生产经营活动内容的账簿，包括日记账簿和各明细分类账簿。

但是对金融系统营业账簿，要结合金融系统财务会计核算的实际情况进行具体分析。凡银行用以反映资金存贷经营活动、记载经营资金增减变化、核算经营成果的账簿，如各种日记账、明细账和总账都属于营业账簿，应按照规定缴纳印花税；银行根据业务管理需要设置的各种登记簿，如空白重要凭证登记簿、有价单证登记簿、现金收付登记簿等，其记载的内容与资金活动无关，仅用于内部备查，属于非营业账簿，均不征收印花税。

13. 权利、许可证照

权利、许可证照包括政府部门发给的房屋产权证、工商营业执照、商标注册证、专利证、土地使用证。

（二）税率

印花税的税率如表 10-1 所示：

表 10-1

税目	范围	税率	纳税人	说明
1. 购销合同	包括供应、预购、采购、购销、结合及协作、调剂、补偿、易货等合同	按购销金额 0.3‰贴花	立合同人	
2. 加工承揽合同	包括加工、定作、修缮、修理、印刷广告、测绘、测试等合同	按加工或承揽收入 0.5‰贴花	立合同人	
3. 建设工程勘查设计合同	包括勘查、设计合同	按收取费用 0.5‰贴花	立合同人	
4. 建筑安装工程承包合同	包括建筑、安装工程承包合同	按承包金额 0.3‰贴花	立合同人	
5. 财产租赁合同	包括租赁房屋、船舶、飞机、机动车辆、机械、器具、设备等合同	按租赁金额 1‰贴花。税额不足 1 元，按 1 元贴花	立合同人	
6. 货物运输合同	包括民用航空运输、铁路运输、海上运输、内河运输、公路运输和联运合同	按运输费用 0.5‰贴花	立合同人	单据作为合同使用的，按合同贴花
7. 仓储保管合同	包括仓储、保管合同	按仓储保管费用 1‰贴花	立合同人	仓单或栈单作为合同使用的，按合同贴花
8. 借款合同	银行及其他金融组织和借款人（不包括银行同业拆借）所签订的借款合同	按借款金额 0.05‰贴花	立合同人	单据作为合同使用的，按合同贴花
9. 财产保险合同	包括财产、责任、保证、信用等保险合同	按保险费收入 1‰贴花	立合同人	单据作为合同使用的，按合同贴花
10. 技术合同	包括技术开发、转让、咨询、服务等合同	按所载金额 0.3‰贴花	立合同人	

表10-1(续)

税目	范围	税率	纳税人	说明
11. 产权转移书据	包括财产所有权和版权、商标专用权、专利权、专有技术使用权等转移书据、土地使用权出让合同、土地使用权转让合同、商品房销售合同	按所载金额 0.5‰贴花	立据人	
12. 营业账簿	生产、经营用账册	记载资金的账簿，按实收资本和资本公积的合计金额0.5‰贴花，其他账簿按件贴花5元	立账簿人	
13. 权利、许可证照	包括政府部门发给的房屋产权证、工商营业执照、商标注册证、专利证、土地使用证	按件贴花5元	领受人	

四、应纳税额的计算

(一) 计税依据的一般规定

印花税的计税依据为各种应税凭证上所记载的计税金额。具体规定为:

(1) 购销合同的计税依据为合同记载的购销金额。

(2) 加工承揽合同的计税依据是加工或承揽收入的金额。具体规定:

①对于由受托方提供原材料的加工、定做合同，凡在合同中分别记载加工费金额和原材料金额的，应分别按“加工承揽合同”、“购销合同”计税，两项税额相加数，即为合同应贴印花；若合同中未分别记载，则应就全部金额依照加工承揽合同计税贴花。

②对于由委托方提供主要材料或原料，受托方只提供辅助材料的加工合同，无论加工费和辅助材料金额是否分别记载，均以辅助材料与加工费的合计数，依照加工承揽合同计税贴花。对委托方提供的主要材料或原料金额不计税贴花。

(3) 建设工程勘查设计合同的计税依据为收取的费用。

(4) 建筑安装工程承包合同的计税依据为承包金额。

(5) 财产租赁合同的计税依据为租赁金额。经计算，税额不足1元的，按1元贴花。

(6) 货物运输合同的计税依据为取得的运输费金额（即运费收入），不包括所运货物的金额、装卸费和保险费等。

(7) 仓储保管合同的计税依据为收取的仓储保管费用。

(8) 借款合同的计税依据为借款金额。针对实际借贷活动中不同的借款形式，税法规定了以下不同的计税方法:

①凡是一项信贷业务既签订借款合同，又一次或分次填开借据的，只以借款合同所载金额为计税依据计税贴花；凡是只填开借据并作为合同使用的，应以借据所载金额为计税

依据计税贴花。

②借贷双方签订的流动资金周转性借款合同，一般按年（期）签订，规定最高限额，借款人在规定的期限和最高限额内随借随还。为避免加重借贷双方的负担，对这类合同只以其规定的最高限额为计税依据，在签订时贴花一次，在限额内随借随还不签订新合同的，不再另贴印花。

③对借款方以财产作抵押，从贷款方取得一定数量抵押贷款的合同，应按借款合同贴花；在借款方因无力偿还借款而将抵押财产转移给贷款方时，应再就双方书立的产权书据，按产权转移书据的有关规定计税贴花。

④对银行及其他金融组织的融资租赁业务签订的融资租赁合同，应按合同所载租金总额，暂按借款合同计税。

⑤在贷款业务中，如果贷方系由若干银行组成的银团，银团各方均承担一定的贷款数额。借款合同由借款方与银团各方共同书立，各执一份合同正本。对这类合同借款方与贷款银团各方应分别在所执的合同正本上按各自的借款金额计税贴花。

⑥在基本建设贷款中，如果按年度用款计划分年签订借款合同，在最后一年按总概算签订借款总合同，且总合同的借款金额包括各个分合同的借款金额的，对这类基建借款合同，应按分合同分别贴花，最后签订的总合同，只就借款总额扣除分合同借款金额后的余额计税贴花。

（9）财产保险合同的计税依据为支付（收取）的保险费，不包括所保财产的金额。

（10）技术合同的计税依据为合同所载的价款、报酬或使用费。为了鼓励技术研究开发，对技术开发合同，只就合同所载的报酬金额计税，研究开发经费不作为计税依据。单对合同约定按研究开发经费一定比例作为报酬的，应按一定比例的报酬金额贴花。

（11）产权转移书据的计税依据为所载金额。

（12）营业账簿税目中记载资金的账簿的计税依据为“实收资本”与“资本公积”两项的合计金额。

实收资本包括现金、实物、无形资产和材料物资。现金按实际收到或存入纳税人开户银行的金额确定。实物指房屋、机器等，按评估确认的价值或者合同、协议约定的价格确定。无形资产和材料物资按评估确认的价值确定。

资本公积包括接受捐赠、法定财产重估增值、资本折算差额、资本溢价等。如果是实物捐赠，则按同类资产的市场价格或有关凭据确定。

其他账簿的计税依据为应税凭证件数。

（13）权利、许可证照的计税依据为应税凭证件数。

（二）计税依据的特殊规定

（1）上述凭证以“金额”、“收入”、“费用”作为计税依据的，应当全额计税，不得作任何扣除。

（2）同一凭证，载有两个或两个以上经济事项而适用不同税目税率，如分别记载金额的，应分别计算应纳税额，相加后按合计税额贴花；如未分别记载金额的，按税率高的计税贴花。

（3）按金额比例贴花的应税凭证，未标明金额的，应按照凭证所载数量及国家牌价计算金额；没有国家牌价的，按市场价格计算金额，然后按规定税率计算应纳税额。

（4）应税凭证所载金额为外国货币的，应按照凭证书立当日国家外汇管理局公布的外汇牌价折合成人民币，然后计算应纳税额。

（5）应纳税额不足 1 角的，免纳印花税；1 角以上的，其税额尾数不满 5 分的不计，满 5 分的按 1 角计算。

（6）有些合同，在签订时无法确定计税金额，如技术转让合同中的转让收入是按销售收入的一定比例收取或是按实现利润分成的；财产租赁合同只是规定了月（天）租金标准而无租赁期限的。对这类合同，可在签订时先按定额 5 元贴花，以后结算时再按实际金额计税，补贴印花。

（7）应税合同在签订时纳税义务即已产生，应计算应纳税额并贴花。因此，不论合同是否兑现或是否按期兑现，均应贴花。

对已履行并贴花的合同，所载金额与合同履行后实际结算金额不一致的，只要双方未修改合同金额，一般不再办理完税手续。

（8）对有经营收入的事业单位，凡属由国家财政拨付事业经费，实行差额预算管理的单位，其记载经营业务的账簿，按其他账簿定额贴花，不记载经营业务的账簿不贴花；凡属经费来源实行自收自支的单位，其营业账簿应对记载资金的账簿和其他账簿分别计算应纳税额。

跨地区经营的分支机构使用的营业账簿，应由各分支机构于其所在地计算贴花。对上级单位核拨资金的分支机构，其记载资金的账簿按核拨的账面资金额计税贴花，其他账簿按定额贴花；对上级单位不核拨资金的分支机构，只就其他账簿按件定额贴花。为避免对同一资金重复计税贴花，上级单位记载资金的账簿，应按扣除拨给下属机构资金数额后的其余部分计税贴花。

（9）商品购销活动中，采用以货换货方式进行商品交易签订的合同，是反映既购又销双重经济行为的合同。对此应按合同所载的购、销合计金额计税贴花。合同未列明金额的，应按合同所载购、销数量依照国家牌价或者市场价格计算应纳税额。

（10）施工单位将自己承包的建设项目，分包或者转包给其他施工单位所签订的分包合同或者转包合同，应按新的分包合同或转包合同所载金额计算应纳税额。这是因为印花税是一种具有行为税性质的凭证税，尽管总承包合同已依法计税贴花，但新的分包或转包合同是一种新的凭证，又发生了新的纳税义务。

（11）对股票交易征收印花税，始于深圳和上海两地证券交易的不断发展。现行《印花税暂行条例》规定，股份制试点企业向社会公开发行的股票，因购买、继承、赠与所书立的股权转让书据，均依书立时证券市场当日实际成交价格计算的金额，由立据双方当事人分别按 1‰的税率缴纳印花税。

（12）对国内各种形式的货物联运，凡在起运地统一结算全程运费的，应以全程运费作为计税依据，由起运地运费结算双方缴纳印花税；凡分程结算运费的，应以分程的运费作为计税依据，分别由办理运费结算的各方缴纳印花税。

对国际货运，凡由我国运输企业运输的，不论在我国境内、境外起运或中转分程运输，我国运输企业所持的一份运费结算凭证，均按本程运费计算应纳税额；托运方所持的一份运费结算凭证，按全程运费计算应纳税额。由外国运输企业运输进出口货物的，外国运输企业所持的一份运费结算凭证免纳印花税；托运方所持的一份运费结算凭证应缴纳印花税。国际货运运费结算凭证在国外办理的，应在凭证转回我国境内时按规定缴纳印花税。

必须明确的是，印花税票为有价证券，其票面金额以人民币为单位，分为1角、2角、5角、1元、2元、5元、10元、50元、100元9种。

（三）应纳税额的计算方法

纳税人的应纳税额，根据应纳税凭证的性质，分别按比例税率或者定额税率计算，其计算公式为：

应纳税额=应税凭证计税金额（或应税凭证件数）×适用税率

【例10-3】某企业某年2月开业，当年发生以下有关业务事项：领受房屋产权证、工商营业执照、土地使用证各1件；与其他企业订立转移专用技术使用权书据1份，所载金额100万元；订立产品购销合同1份，所载金额为200万元；订立借款合同1份，所载金额为400万元；企业记载资金的账簿，“实收资本”、“资本公积”为800万元；其他营业账簿10本。试计算该企业当年应缴纳的印花税税额。

（1）企业领受权利、许可证照应纳税额为：

应纳税额=3×5=15（元）

（2）企业订立产权转移书据应纳税额为：

应纳税额=1 000 000×0.5‰ =500（元）

（3）企业订立购销合同应纳税额为：

应纳税额=2 000 000×0.3‰= 600（元）

（4）企业订立借款合同应纳税额

应纳税额=4 000 000×0.05‰=200（元）

（5）企业记载资金的账簿为：

应纳税额=8 000 000×0.5‰=4 000（元）

（6）企业其他营业账簿应纳税额为：

应纳税额=10×5=50（元）

（7）当年企业应纳印花税税额为：

应纳税总额=15+500+600+200+4000+50 =5365（元）

五、税收优惠

（一）对已缴纳印花税凭证的副本或者抄本免税

凭证的正式签署本已按规定缴纳了印花税，其副本或者抄本对外不发生权利义务关系，只是留存备查。但是以副本或者抄本视同正本使用的，则应另贴印花。

（二）对财产所有人将财产赠给政府、社会福利单位、学校所立的书据免税

所谓社会福利单位，是指扶养孤老伤残的社会福利单位。

对上述书据免税，旨在鼓励财产所有人这种有利于发展文化教育事业、造福社会的捐赠行为。

（三）对国家指定的收购部门与村民委员会、农民个人书立的农副产品收购合同免税

该类合同是就具有援助性质的优惠贷款而成立的政府间协议，对其免税有利于引进和

利用外资，以推动我国经济与社会的快速发展。

（四）对房地产管理部门与个人签订的用于生活居住的租赁合同免税

（五）对农牧业保险合同免税

对该类合同免税是为了支持农村保险事业的发展，减轻农牧业生产的负担。

（六）对特殊货运凭证免税

这类凭证如下：

（1）军事物资运输凭证，即附有军事运输命令或使用专用的军事物资运费结算凭证。

（2）抢险救灾物资运输凭证，即附有县级以上（含县级）人民政府抢险救灾物资运输证明文件的运费结算凭证。

（3）新建铁路的工程临管线运输凭证，即为新建铁路运输施工所需物料，使用工程临管线专用的运费结算凭证。

（七）企业改制过程中有关印花税征免规定

1. 资金账簿的印花税

（1）实行公司制改造的企业在改制过程中成立的新企业（重新办理法人登记的），其新启用的资金账簿记载的资金或因企业建立资本纽带关系而增加的资金，凡原已贴花的部分可不再贴花，未贴花的部分和以后新增加的资金按规定贴花。

公司制改造包括国有企业依《中华人民共和国公司法》的规定整体改造成国有独资有限责任公司；企业通过增资扩股或者转让部分产权，实现他人对企业的参股，将企业改造成有限责任公司或股份有限公司；企业以其部分财产和相应债务与他人组建新公司；企业将债务留在原企业，而以其优质财产与他人组建的新公司。

（2）以合并或分立方式成立的新企业，其新启用的资金账簿记载的资金，凡原已贴花的部分可不再贴花，未贴花的部分和以后新增加的资金按规定贴花。

合并包括吸收合并和新设合并。分立包括存续分立和新设分立。

（3）企业债权转股权新增加的资金按规定贴花。

（4）企业改制中经评估增加的资金按规定贴花。

（5）企业其他会计科目记载的资金转为“实收资本”或“资本公积”的资金按规定贴花。

2. 各类应税合同的印花税

企业改制前签订但尚未履行完的各类应税合同，改制后需要变更执行主体的，对仅改变执行主体、其余条款未作变动且改制前已贴花的，不再贴花。

3. 产权转移书据的印花税

企业因改制签订的产权转移书据免予贴花。

4. 股权分置试点改革转让的印花税

股权分置改革过程中因非流通股股东向流通股股东支付对价而发生的股权转让，暂免征收印花税。

自2006年1月1日起至2008年12月31日，对与高校学生签订的学生公寓租赁合同，免征印花税。

六、征收管理

（一）纳税方法

印花税的纳税办法根据税额大小、贴花次数以及税收征收管理的需要，分别采用以下三种纳税办法：

1. 自行贴花办法

这种办法一般适用于应税凭证较少或者贴花次数较少的纳税人。纳税人书立、领受或者使用印花税法列举的应税凭证的同时，纳税义务即已产生，应当根据应纳税凭证的性质和适用的税目税率，自行计算应纳税额，自行购买印花税票，自行一次贴足印花税票并加以注销或划销，纳税义务才算全部履行完毕。值得注意的是，纳税人购买了印花税票，支付了税款，国家就取得了财政收入。但就印花税来说，纳税人支付了税款并不等于已履行了纳税义务。纳税人必须自行贴花并注销或划销，这样才算完整地完成了纳税义务。这也就是通常所说的“三自”纳税办法。

对已贴花的凭证，修改后所载金额增加的，其增加部分应当补贴印花税票。凡多贴印花税票者，不得申请退税或者抵用。

2. 汇贴或汇缴办法

这种办法一般适用于应纳税额较大或者贴花次数频繁的纳税人。

一份凭证应纳税额超过500元的，应向当地税务机关申请填写缴款书或者完税凭证，将其中一联粘贴在凭证上或者由税务机关在凭证上加注完税标记代替贴花。这就是通常所说的汇贴办法。

同一种类应纳税凭证，需频繁贴花的，纳税人可以根据实际情况自行决定是否采用按期汇总缴纳印花税的方式，汇总缴纳的期限为1个月。采用按期汇总缴纳方式的纳税人应事先告知主管税务机关。缴纳方式一经选定，1年内不得改变。主管税务机关接到纳税人要求按期汇总缴纳印花税的告知后，应及时登记，制定相应的管理办法，防止出现管理漏洞。对采用按期汇总缴纳方式缴纳印花税的纳税人，应加强日常监督、检查。

实行印花税按期汇总缴纳的单位，对征税凭证和免税凭证汇总时，凡分别汇总的，按本期征税凭证的汇总金额计算缴纳印花税；凡确属不能分别汇总的，应按本期全部凭证的实际汇总金额计算缴纳印花税。

凡汇总缴纳印花税的凭证，应加注税务机关指定的汇缴戳记、编号并装订成册后，将已贴印花或者缴款书的一联粘附册后，盖章注销，保存备查。

经税务机关核准，持有代售许可证的代售户，代售印花税票取得的税款须专户存储，并按照规定的期限，向当地税务机关结报，或者填开专用缴款书直接向银行缴纳，不得逾期不缴或者挪作他用。代售户领存的印花税票及所售印花税票的税款，如有损失，应负责赔偿。

3. 委托代征办法

这一办法主要是通过税务机关的委托，经由发放或者办理应纳税凭证的单位代为征收印花税税款。税务机关应与代征单位签订代征委托书。所谓发放或者办理应纳税凭证的单位，是指发放权利、许可证照的单位和办理凭证的鉴证、公证及其他有关事项的单位。如按照《印花税暂行条例》规定，工商行政管理机关核发各类营业执照和商标注册证的同时，负责代售印花税票，征收印花税税款，并监督领受单位或个人负责贴花。税务机关委托工商行政管理机关代售印花税票，按代售金额5%的比例支付代售手续费。

按照《印花税暂行条例》规定，发放或者办理应纳税凭证的单位，负有监督纳税人依法纳税的义务，具体是指对以下纳税事项监督：

（1）应纳税凭证是否已粘贴印花；

（2）粘贴的印花是否足额；

（3）粘贴的印花是否按规定注销。

对未完成以上纳税手续的，应督促纳税人当场完成。

（二）纳税环节

印花税应当在书立或领受时贴花。具体是指在合同签订时、账簿启用时和证照领受时贴花。如果合同是在国外签订，并且不便在国外贴花的，应在将合同带入境时办理贴花纳税手续。

（三）纳税地点

印花税一般实行就地纳税。对于全国性商品物资订货会（包括展销会、交易会等）上所签订合同应纳的印花税，由纳税人回其所在地后及时办理贴花完税手续；对地方主办、不涉及省际关系的订货会、展销会上所签合同的印花税，其纳税地点由各省、自治区、直辖市人民政府自行确定。

（四）纳税申报

印花税的纳税人应按照《印花税暂行条例》的有关规定及时办理纳税申报，并如实填写“印花税纳税申报表”。

（五）管理与处罚

《印花税暂行条例》自1988年实施以来，各级地方税务机关不断强化征收管理，因地制宜地制定了有效的征管办法，保证了印花税收入的持续稳步增长。但是随着我国市场经济的建立和发展以及新的《税收征收管理法》的颁布实施，印花税的一些征管规定已不适应实际征管需要，与《税收征收管理法》难以衔接等矛盾也日益突出。为加强印花税的征收管理，堵塞印花税征管漏洞，方便纳税人，保障印花税收入持续、稳定增长，加强印花税的征收管理非常重要。

1. 对印花税应税凭证的管理

各级地方税务机关应加强对印花税应税凭证的管理，要求纳税人统一设置印花税应税凭证登记簿，保证各类应税凭证及时、准确、完整地进行登记；应税凭证数量多或内部多个部门对外签订应税凭证的单位，要求其制定符合本单位实际的应税凭证登记管理办法。有条件的纳税人应指定专门部门、专人负责应税凭证的管理。印花税应税凭证应按照《中华人民共和国税收征收管理法实施细则》的规定保存10年。

2. 完善按期汇总缴纳办法

各级地方税务机关应加强对按期汇总缴纳印花税单位的纳税管理，对核准实行汇总缴纳的单位，应发给汇缴许可证，核定汇总缴纳的限期；同时应要求纳税人定期报送汇总缴纳印花税情况报告，并定期对纳税人汇总缴纳印花税情况进行检查。

3. 加强对印花税代售人的管理

各级税务机关应加强对印花税代售人代售税款的管理，根据本地代售情况进行一次清理检查，对代售人违反代售规定的，可视其情节轻重，取消代售资格，发现代售人各种影响印花税票销售的行为要及时纠正。

税务机关要根据本地情况，选择制度比较健全、管理比较规范、信誉比较可靠的单位或个人委托代售印花税票，并应对代售人经常进行业务指导、检查和监督。

4. 核定征收印花税

根据《税收征收管理法》第三十五条的规定和印花税的税源特征，为加强印花税征收管理，纳税人有下列情形的，地方税务机关可以核定纳税人印花税计税依据：

（1）未按规定建立印花税应税凭证登记簿，或未如实登记和完整保存应税凭证的；

（2）拒不提供应税凭证，或不如实提供应税凭证致使计税依据明显偏低的；

（3）采用按期汇总缴纳办法的，未按地方税务机关规定的期限报送汇总缴纳印花税情况报告，经地方税务机关责令限期报告，逾期仍不报告的或者地方税务机关在检查中发现纳税人有未按规定汇总缴纳印花税情况的。

地方税务机关核定征收印花税，应向纳税人发放核定征收印花税通知书，注明核定征收的计税依据和规定的税款缴纳期限。

地方税务机关核定征收印花税，应根据纳税人的实际生产经营收入，参考纳税人各期印花税纳税情况及同行业合同签订情况，确定科学合理的数额或比例作为纳税人印花税计税依据。

各级地方税务机关应逐步建立印花税基础资料库，包括分行业印花税纳税情况、分户纳税资料等，确定科学、合理的评估模型，保证核定征收的及时、准确、公平、合理。

5. 违章处罚

印花税纳税人有下列行为之一的，由税务机关根据情节轻重予以处罚：

（1）在应纳税凭证上未贴或者少贴印花税票的或者已粘贴在应税凭证上的印花税票未注销或者未划销的，由税务机关追缴其不缴或者少缴的税款、滞纳金，并处不缴或者少缴的税款50%以上5倍以下的罚款。

（2）已贴用的印花税票揭下重用造成未缴或少缴印花税的，由税务机关追缴其不缴或者少缴的税款、滞纳金，并处不缴或者少缴的税款50%以上5倍以下的罚款；构成犯罪的，依法追究刑事责任。

（3）伪造印花税票的，由税务机关责令改正，处以2000元以上1万元以下的罚款；情节严重的，处以1万元以上5万元以下的罚款；构成犯罪的，依法追究刑事责任。

（4）按期汇总缴纳印花税的纳税人，超过税务机关核定的纳税期限，未缴或少缴印花税款的，由税务机关追缴其不缴或者少缴的税款、滞纳金，并处不缴或者少缴的税款50%以上5倍以下的罚款；情节严重的，同时撤销其汇缴许可证；构成犯罪的，依法追究刑事责任。

（5）纳税人违反以下规定的，由税务机关责令限期改正，可处以2000元以下的罚款；情节严重的，处以2000元以上1万元以下的罚款。

①凡汇总缴纳印花税的凭证，应加注税务机关指定的汇缴戳记，编号并装订成册后，将已贴印花或者缴款书的一联粘附册后，盖章注销，保存备查。

②纳税人对纳税凭证应妥善保存。凭证的保存期限，凡国家已有明确规定的，按规定办；没有明确规定的其余凭证均应在履行完毕后保存1年。

【课后阅读】

外国房产税

美国房产税

美国房产税是地方政府的一项传统税收。地方政府根据各自实际情况确定税率并依法征收，而税收主要用于民众所在区域的教育及公共服务支出。美国房产税的税率由州和地方议会根据本地财政需要制定，因此各地税率高低不等，而且随着时间推移还可能会有小幅调整。

日本房产税

针对房产的保有环节，日本并未设立专门的房产税，而是将房产作为固定资产的一种，统一列入“固定资产税”的对象加以征收。自1950年起，日本在地方税制中增加了“固定资产税”。根据日本《地方税法》，固定资产税的征收对象不仅包括土地和房屋，也包括如机械设备、汽车等折旧资产。固定资产税是市町村（相当于我国的市级以下区域）级税，由地税机关征收管理。《地方税法》规定，固定资产税的标准税率是1.4%，但这并非是强制标准。除固定资产税之外，日本部分地区还对市区房产征收税率约为0.3%的“城市规划税”（各地税率略有不同）。

俄罗斯房产税

俄罗斯于1991年12月通过《自然人房产税法》，在全国范围内对自然人按照差别税率征收房产税。长期以来，俄罗斯存在房产估价过低导致应缴税额太少等问题，俄罗斯政府正计划对房产税计税方式进行改革。俄罗斯房产税实行差别税率，房产评估价格越贵，税率也就越高。如果一名自然人拥有多套房产，则以所有房产评估价格之和作为税基来计算房产税。换言之，拥有多套房产的纳税人将按较高的税率纳税。俄罗斯房产税税率由中央和地方政府共同确定，国家规定税率范围，地方政府则在国家规定的税率范围内自行制定本地区的房产税税率。

俄罗斯规定的税率范围为：清查价为30万卢布以下，税率不超过0.1%；清查价为30万~50万卢布，税率为0.1%~0.3%；清查价为50万卢布以上，税率为0.3%~2.0%。俄罗斯特殊群体享受房产税减免优惠，如苏联和俄罗斯英雄、卫国战争老战士、一级二级伤残人士、现役及退役军人、烈属、退休人员等。

墨西哥房产税

房地产税在墨西哥有着较长的历史并经过数次变革，目前已形成一套较完善的征缴体系。墨西哥房地产税税率较低，政府希望利用低税率刺激房地产市场投资，改变房地产市场增速缓慢的现状。

房地产税在墨西哥拥有较长的历史，早在西班牙殖民时期，当地居民就要为自己所拥有的不动产缴纳费用。1917年，房地产税正式写入墨西哥法律。1983年，墨西哥议会通过了宪法第115修正案，规定各州政府向市政府授权，由市一级政府决定当年的房地产税税率和所需征收的总税额，并代表州政府行使收缴税款的权力。1999年，墨西哥宪法第115条款经过修改后，规定各级政府在制定房产税税率时，要综合考虑建筑物所处地段等多方面因素。

资料来源：房地产税［J/OL］. http：//baike. haosou. com/doc/4970216. html

第十一章 车辆购置税和车船税

第一节 车辆购置税

车辆购置税是以在中国境内购置规定车辆为课税对象、在特定的环节向车辆购置者征收的一种税。就车辆购置税的性质而言，属于直接税的范畴。车辆购置税是2001年1月1日在我国开征的新税种，是在原交通部门收取的车辆购置附加费的基础上，通过“费改税”方式改革而来的。

车辆购置税法是指国家制定的用以调整车辆购置税征收与缴纳权利及义务关系的法律规范。现行车辆购置税法的基本规范，是2000年10月22日国务院令第294号颁布并于2001年1月1日起施行的《中华人民共和国车辆购置税暂行条例》(以下简称《车辆购置税暂行条例》)。

征收车辆购置税的作用在于:

(1) 有利于合理筹集建设资金。国家通过开征车辆购置税参与国民收入的再分配，可以更好地将一部分消费资金转化为财政资金，为国家筹集更多的资金，以满足国家行使职能的需要。

(2) 有利于规范政府行为。开征车辆购置税，有利于理顺税费关系进一步完善财税制度，实现税制结构的不断优化。“费改税”改革，不但能规范政府行为，遏制乱收费，同时对正确处理税费关系、深化和完善财税体制改革能起到积极作用。

(3) 有利于调节收入差距。车辆购置税在消费环节对消费应税车辆的使用者征收，可以对过高的消费支出进行调节，即高收入者多负税，低收入者少负税。

(4) 有利于配合打击走私和维护国家利益。车辆购置税在车辆上牌使用时征收，具有源泉控制的特点，可以配合有关部门在打击走私、惩治犯罪等方面起到积极的作用。

一、纳税义务人与征收范围

(一) 纳税义务人

车辆购置税的纳税人是指在我国境内购置应税车辆的单位和个人。其中，购置是指购买使用行为、进口使用行为、自产自用行为、获奖使用行为以及其他使用行为，这些行为都属于车辆购置税的应税行为。

所称单位，包括国有企业、集体企业、私营企业、股份制企业、外商投资企业以及其他企业、事业单位、社会团体、国家机关、部队以及其他单位。

所称个人，包括个体工商户及其他个人，既包括中国公民又包括外国公民。

（二）征收范围

车辆购置税以列举的车辆作为征税对象，未列举的车辆不纳税。其征税范围包括汽车、摩托车、电车、挂车、农用运输车。具体规定如下：

1. 汽车

汽车包括各类汽车。

2. 摩托车

（1）轻便摩托车：最高设计时速不大于50千米/小时，发动机汽缸总排量不大于50立方厘米的两个或三个车轮的机动车。

（2）二轮摩托车：最高设计车速大于50千米/小时，发动机气缸总排量大于50立方厘米的两个车轮的机动车。

（3）三轮摩托车：最高设计车速大于50千米/小时，发动机气缸总排量大于50立方厘米，空车质量不大于400千克的三个车轮的机动车。

3. 电车

（1）无轨电车：以电能为动力，由专用输电电缆供电的轮式公共车辆。

（2）有轨电车：以电能为动力，在轨道上行驶的公共车辆。

4. 挂车

（1）全挂车：无动力设备，独力承载，由牵引车辆行驶的车辆。

（2）半挂车：无动力设备，与牵引车辆共同承载，由牵引车辆牵引行驶的车辆

5. 农用运输车

（1）三轮农用运输车：柴油发动机，功率不大于7.4千瓦，载重量不大于500千克，最高车速不大于40千米/小时的三个轮的机动车。

（2）四轮农用运输车：柴油发动机，功率不大于28千瓦，载重量不大于1500千克，最高车速不大于50千米/小时的四个轮的机动车。

为了体现税法的统一性、固定性、强制性和法律的严肃性特征，车辆购置税征收范围的调整，由国务院决定，其他任何部门、单位、个人无权擅自扩大或缩小车辆购置税的征税范围。

二、税率与计税依据

（一）税率

车辆购置税实行统一比例税率，税率为10%。

（二）计税依据

车辆购置税以应税车辆为课税对象，考虑到我国车辆市场供求的矛盾、价格差异变化、计量单位不规范以及征收车辆购置附加费的做法，实行从价定率、价外征收的方法计算应纳税额。应税车辆的价格，即计税价就成为车辆购置税的计税依据。但是由于应税车辆购置的来源不同，应税行为的发生不同，计税价格的组成也就不一样。车辆购置的计税依据有以下几种情况：

1. 购买自用应税车辆计税依据的确定

纳税人购买自用的应税车辆的计税依据为纳税人购买应税车辆而支付给销售方的全部

价款和价外费用（不含增值税）。

购买的应税自用车辆包括购买自用的国产应税车辆和购买自用的进口应税车辆，如从国内汽车市场、汽车贸易公司购买自用的进口应税车辆。

价外费用是指销售方价外向购买方收取的手续费、基金、违约金、包装费、运输费、保管费、代垫款项、代收款项和其他各种性质的价外收费，但不包括增值税税款。

2. 进口自用应税车辆计税依据的确定

纳税人进口自用的应税车辆以组成计税价格为计税依据，组成计税价格的计算公式为：

组成计税价格=关税完税价格+关税+消费税

进口自用的应税车辆是指纳税人直接从境外进口或委托代理进口自用的应税车辆，即非贸易方式进口自用的应税车辆。进口自用的应税车辆的计税依据应根据纳税人提供的、经海关审查确认的有关完税证明资料确定。

3. 其他自用应税车辆计税依据的确定

纳税人自产、受赠、获奖和以其他方式取得并自用的应税车辆的计税依据，凡不能或不能准确提供车辆价格的，由主管税务机关依国家税务总局核定相应类型的应税车辆的最低计税价格确定。因此，纳税人自产自用、受赠使用或将使用和以其他方式取得并自用的应税车辆一般以国家税务总局核定的最低计税价格为计税依据。

4. 最低计税价格作为计税依据

纳税人购买自用或者进口自用应税车辆，申报的计税价格低于同类型应税车辆的最低计税价格，又无正当理由的，按照最低计税价格征收车辆购置税。也就是说，纳税人购买和自用的应税车辆，首先应分别按前述计税价格、组成计税价格来确定计税依据。当申报的计税价格偏低，又无正当理由的，应以最低计税价格作为计税依据。实际工作中，通常是当纳税人申报的计税价格等于或高于最低计税价格时，按申报的价格计税；当纳税人申报的计税价格低于最低计税价格时，按最低计税价格计税。

最低计税价格由国家税务总局依据全国市场的平均销售价格制定。根据纳税人购置应税车辆的不同情况，国家税务总局对以下几种特殊情形应税车辆的最低计税价格规定如下：

（1）对已缴纳并办理了登记注册手续的车辆，其底盘发生更换，其最低计税价格按同类型新车最低计税价格的70%计算。

（2）免税、减税条件消失的车辆，其最低计税价格的确定方法为：

最低计税价格=同类型新车最低计税价格×[1-(已使用年限÷规定使用年限)]×100%

其中，规定使用年限为国产车辆按10年计算；进口车辆按15年计算。超过使用年限的车辆，不再征收车辆购置税。

（3）非贸易渠道进口车辆的最低计税价格，为同类型新车最低计税价格。

车辆购置税的计税依据和应纳税额应使用统一货币单位计算。纳税人以外汇结算应税车辆价款的，按照申报纳税之日中国人民银行公布的人民币基准汇价，折合人民币计算应纳税额。

根据国家税务总局《关于机动车电子信息采集和最低计税价格核定有关事项的公告》的规定，为加快核定车辆购置税最低计税价格（增值税含税价格）信息，按照车辆购置税最低计税价格核定的规定，实时核定每台应税车辆最低计税价格并下发各地执行。

三、应纳税额的计算

车辆购置税实行从价定率的方法计算应纳税额，计算公式为：

应纳税额=计税依据×税率

由于应税车辆的来源、应税行为的发生以及计税依据组成的不同，所以车辆购置税应纳税额的计算方法也有区别。

（一）购买自用应税车辆应纳税额的计算

在应纳税额的计算当中，应注意以下费用的计税规定：

（1）购买者随购买车辆支付的工具件和零部件价款应作为购车价款的一部分，并入计税依据中征收车辆购置税。

（2）支付的车辆装饰费应作为价外费用并入计税依据中计税。

（3）代收款项应区别征税。凡使用代收单位（受托方）票据收取的款项，应视作代收单位价外收费。购买者支付的价款应并入计税依据中一并征税。凡使用委托方票据收取，受托方只履行代收义务和收取代收手续费的款项，应按其他税收政策规定征税。

（4）销售单位开给购买者的各种发票金额中包含增值税税款，因此计算车辆购置税时应换算为不含增值税的计税价格。

（5）购买者支付的控购费是政府部门的行政性收费，不属于销售者的价外费用范围，不应并入计税价格计税。

（6）销售单位开展优质销售活动所开票收取的有关费用，应属于经营性收入。企业在代理过程中按规定支付给有关部门的费用，企业已作经营性支出列支核算，其收取的各项费用并在一张发票上难以划分的，应作为价外收入计算征税。

【例 11 -1】宋某于 2013 年 12 月份从某汽车有限公司购买一辆小汽车供自己使用，支付了含增值税税款在内的款项 234 000 元。另支付代收临时牌照费 550 元、代收保险费 1000 元，支付购买工具件和零配件价款 3000 元，车辆装饰费 1300 元。支付的款项均由该汽车有限公司开具机动车销售统一发票和有关票据。请计算宋某应纳车辆购置税。

计税依据=（234 000+550+1000+3000+1300）÷（1+17%）=205 000（元）

应纳税额=205 000×10%=20 500（元）

（二）进口自用应税车辆应纳税额的计算

纳税人进口自用的应税车辆应纳税额的计算公式为：

应纳税额=（关税完税价格+关税+消费税）×税率

【例 11-2】某外贸进出口公司 2011 年 12 月份从国外进口 10 辆宝马公司生产的某型号小轿车。该公司报关进口这批小轿车时，经报关地海关对有关报关资料的审查，确定关税完税价格为每辆 185 000 元人民币，海关按关税政策规定每辆征收了关税 203 500 元，并按消费税、增值税有关规定分别代征了每辆小轿车的进口消费税 11 655 元和增值税 66 045元。由于联系业务需要，该公司将一辆小轿车留在本单位使用。根据以上资料，计算应纳车辆购置税。

计税依据=185 000+203 500+11 655=400 155（元）

应纳税额=400 155×10%=40 015.5（元）

（三）其他自用应税车辆应纳税额的计算

纳税人自产自用、受赠使用、获奖使用和以其他方式取得并自用应税车辆的，凡不能取得该车辆的购置价格，或者低于最低计税价格的，以国家税务总局核定的最低计税价格作为计税依据计算征收车辆购置税。计算公式如下：

应纳税额=最低计税价格×税率

【例 11-3】某客车制造厂将自产的一辆某型号的客车用于本厂后勤服务，该厂在办理车辆上牌落籍前，出具该车的发票，注明金额 65 000 元，并按此金额向主管税务机关申报纳税。经审核，国家税务总局对该车同类型车辆核定的最低计税价格为 80 000 元。计算该车应纳车辆购置税。

应纳税额=80 000×10%=8000（元）

【专栏 11-1】特殊情形下自用应税车辆应纳税额的计算

1. 减税、免税条件消失车辆应纳税额的计算

对减税、免税条件消失的车辆，纳税人应按现行规定，在办理车辆过户手续前或者办理变更车辆登记注册手续前向税务机关缴纳车辆购置税。

应纳税额=同类型新车最低计税价格×［1-（已使用年限÷规定使用年限）］×100%×税率

2. 未按规定纳税车辆应补税额的计算

纳税人未按规定纳税的，应按现行政策规定的计税价格，区分情况分别确定征税。不能提供购车发票和有关购车证明资料的，检查地税务机关应按同类型应税车辆的最低计税价格征税；如果纳税人回落籍地后提供的购车发票金额与支付的价外费用之和高于核定的最低计税价格的，落籍地主管税务机关还应对其差额计算补税。

四、税收优惠

（一）车辆购置税减免税规定

我国车辆购置税实行法定减免，减免税范围的具体规定如下：

（1）外国驻华使馆、领事馆和国际组织驻华机构及其外交人员自用车辆免税；

（2）中国人民解放军和中国人民武装警察部队列入军队武器装备订货计划的车辆免税；

（3）设有固定装置的非运输车辆免税；

（4）有国务院规定予以免税或者减税的其他情形的，按照规定免税或减税。根据现行政策规定，上述其他情形的车辆，目前主要有以下几种：

①防汛部门和森林消防部门用于指挥、检查、调度、报汛（警）、联络的设有固定装置的指定型号的车辆。

②回国服务的留学人员用现汇购买 1 辆自用国产小汽车。

③长期来华定居专家进口 1 辆自用小汽车。

（5）城市公交企业自 2012 年 1 月 1 日起至 2015 年 12 月 31 日止，购置的公共汽电车辆免征车辆购置税。

（6）自 2004 年 10 月 1 日起，对农用三轮运输车免征车辆购置税。

（二）车辆购置税的退税

纳税人已经缴纳车辆购置税但是在办理车辆登记手续前，因下列原因需要办理退还车辆购置税的，由纳税人申请，征收机构审查后办理退还车辆购置税手续。

（1）公安机关车辆管理机构不予办理车辆登记注册手续的，凭公安机关车辆管理机构出具的证明办理退税手续。

（2）因质量等原因发生退回所购车辆的，凭经销商的退货证明办理退税手续。

五、征收管理

根据 2006 年 1 月 1 日开始试行的《车辆购置税征收管理办法》，车辆购置税的征收规定如下：

（一）纳税申报

车辆购置税实行一车一申报制度。纳税人在办理纳税申报时应如实填写“车辆购置税纳税申报表”，同时提供车主身份证明、车辆价格证明、车辆合格证明及税务机关要求提供的其他资料的原件和复印件。主管税务机关应对纳税申报资料进行审核，确定计税依据，征收税款，核发完税证明。征税车辆在完税证明征税栏加盖车辆购置税征税专用章，免税车辆在完税证明免税栏加盖车辆购置税征税专用章。完税后，由税务机关保存有关复印件，并对已经办理纳税申报的车辆建立车辆购置税征收管理档案。

主管税务机关在为纳税人办理纳税申报手续时，对设有固定装置的非运输车辆应当实地验车。

（二）纳税环节

车辆购置税的征税环节为使用环节，即最终消费环节。具体而言，纳税人应当在向公安机关等车辆管理机构办理车辆登记注册手续前，缴纳车辆购置税。

购买二手车时，购买者应当向原车主索要“车辆购置税完税证明”。购买已经办理车辆购置税免税手续的二手车，购买者应当到税务机关重新办理申报缴税或免税手续。未按规定办理的，按《税收征收管理法》的规定处理。

（三）纳税地点

纳税人购置应税车辆，应当向车辆登记注册地的主管税务机关申报纳税；购置不需办理车辆登记注册手续的应税车辆，应当向纳税人所在地主管税务机关申报纳税。车辆登记注册地是指车辆的上牌落籍地或落户地。

（四）纳税期限

纳税人购买自用的应税车辆，应当自购买之日起 60 日内申报纳税；进口自用的应税车辆，应当自进口之日起 60 日内申报纳税；自产、受赠、获奖和以其他方式取得并自用的应税车辆，应当自取得之日起 60 日内申报纳税。

上述的购买之日是指纳税人购车发票上注明的销售日期；进口之日是指纳税人报关进口的当天。

（五）车辆购置税的缴税管理

1. 车辆购置税的缴税方法

车辆购置税税款缴纳方法主要有以下几种：

（1）自报核缴，即由纳税人自行计算应纳税额、自行填报纳税申报表有关资料，向主管税务机关申报，经税务机关审核后开具完税证明，由纳税人持完税凭证向当地金库或金库经收处缴纳税款。

（2）集中征收缴纳包括两种情况：一是由纳税人集中向税务机关统一申报纳税。它适用于实行集中购置应税车辆的单位缴纳和经批准实行代理制经销商的缴纳。二是由税务机关集中报缴税款，即在纳税人向实行集中征收的主管税务机关申报缴纳税款，税务机关开具完税凭证后由税务机关填写汇总缴款书，将税款集中缴入当地金库或金库经收处。它适用于税源分散、税额较少、税务部门实行集中征收管理的地区。

（3）代征、代扣、代收，即扣缴义务人按税法规定代扣代缴、代收代缴税款，税务机关委托征收单位代征税款的征收方式。它适用于税务机关委托征收或纳税人依法受托征收税款。

2. 车辆购置税的缴税管理。

（1）税款缴纳方式。纳税人在申报纳税时，税款的缴纳方式主要有现金支付、支票、信用卡和电子结算及委托银行代收、银行划转等方式。

（2）完税凭证及使用要求。税务机关在征收车辆购置税时，应根据纳税人税款缴纳方式的不同，分别使用税收通用完税凭证、税收转账专用完税凭证和税收通用缴款书三种税票。纳税人以现金方式向税务机关缴纳车辆购置税的，由主管税务机关开具“税收通用完税凭证”；纳税人以支票、信用卡和电子结算方式缴纳及税务机关委托银行代收税款的，由主管税务机关开具“税收转账专用完税证”；纳税人从其银行存款户直接划转税款的，由主管税务机关开具“税收通用缴款书”。

（六）车辆购置税的退税制度

（1）已经缴纳车辆购置税的车辆，发生下列情形之一的，纳税人应申请退税：

①因质量原因，车辆被退回生产企业或者经销商的；

②应当办理车辆登记注册的车辆，公安机关车辆管理机构不予办理车辆登记注册的。

（2）纳税人在申请办理退税手续时，应如实填写“车辆购置税退税申请表”，并提供生产企业或经销商开具的退车证明和退车的发票以及完税证明的正本和副本、公安机关车辆管理机构出具的注销车辆号牌证明。

（3）退税款的计算。因质量原因，车辆被退回生产企业或者经销商的，自纳税人办理纳税申报之日起，按已缴税款每满 1 年扣减 10%计算退税额，未满 1 年的按已缴纳税款额退税；对公安机关车辆管理机构不予办理车辆登记注册手续的车辆，退还全部已缴纳税款。

第二节　车船税

车船税是以车船为征税对象，向拥有车船的单位和个人征收的一种税。

车船税法是指国家制定的用以调整车船税征收与缴纳权利与义务关系的法律规范。现行车船税法的基本规范是 2011 年 2 月 25 日由中华人民共和国第十一届全国人民代表大会常务委员会第十九次会议通过的《中华人民共和国车船税法》（以下简称《车船税法》），自2012年1月1日起施行。

我国对车船课税历史悠久。早在公元前129年（汉武帝元光六年）我国就开征了“初算商车”。

1945年6月，国民政府公布了《使用牌照税法》，在全国统一开征车船使用牌照税。新中国成立后，政务院于1951年9月颁布了《车船使用牌照税暂行条例》，在全国部分地区开征。1973年简化税制、合并税种时，把对国营企业和集体企业征收的车船使用牌照税并入工商税。从那时起，车船使用牌照税只对不缴纳工商税的单位、个人及外侨征收，征税范围大大缩小。1984年10月国务院决定恢复对车船征税，因原税名“车船使用牌照税”不太确定，实际工作中往往误认为是对牌照征税，因此改名为“车船使用税”。1986年9月15日，国务院发布了《中华人民共和国车船使用税暂行条例》，决定从1986年10月1日起在全国施行。各省、自治区、直辖市人民政府根据《车船使用税暂行条例》规定，先后制定了施行细则。2006年12月29日，国务院颁布了《中华人民共和国车船税暂行条例》，并于2007年1月1日起实施。《中华人民共和国车船税法》于2011年11月23日经国务院常务会议审议通过，自2012年1月1日起施行。

征收车船税的作用如下：

（1）为地方政府筹集财政资金。开征车船税，能够将分散在车船人手中的部分资金集中起来，增加地方财源，增加地方政府的财政收入。

（2）有利于车船的管理与合理配置。购置、使用车船越多，应缴纳的车船税越多，促使纳税人加强对自己拥有的车船管理和核算，改善资源配置，合理使用车船。

（3）有利于调节财富差异。车船税是对拥有的财产或财富（如轿车、游艇等）进行调节，缓解财富分配不公。随着我国经济增长，部分先富起来的个人拥有私人轿车、游艇及其他车船的情况将会日益增加，我国征收车船税的财富再分配作用亦会更加重要。

一、纳税义务人与征税范围

（一）纳税义务人

所谓车船税，是指在中华人民共和国境内的车辆、船舶的所有人或者管理人按照《车船税法》应缴纳的一种税。

车船税的纳税义务人是指在中华人民共和国境内，车辆、船舶（以下简称车船）的所有人或者管理人。

（二）征税范围

车船税的征税范围是指在中华人民共和国境内属于《车船税法》所附“车船税税目税额表”规定的车辆、船舶。车辆、船舶是指：

（1）依法应当在车船管理部门登记的机动车辆和船舶；

（2）依法不需要在车船管理部门登记、在单位内部场所行驶或者作业的机动车辆和船舶。

前款所称车船管理部门是指公安、交通运输、农业渔业、军队、武装警察部队等依法具有车船登记管理职能的部门；单位是指依照法律、行政法规规定，在中国境内成立的行政机关、企业、事业单位、社会团体以及其他组织。

二、税目与税率

车船税实行定额税率。定额税率，也称固定税额，是税率的一种特殊形式。定额税率计算简便，适用于从量计征的税种。车船税的适用税额，依照《车船税法》所附的“车船税税目税额表”执行。

车辆的具体适用税额由省、自治区、直辖市人民政府依照《车船税法》所附“车船税税目税额表”规定的税额幅度和国务院的规定确定。

船舶的具体适用税额由国务院在车船税法所附“车船税税目税额表”规定的税额幅度内确定。

车船税采用定额税率，即对征税的车船规定单位固定税额。车船税确定税额总的原则是非机动车船的税负轻于机动车船；人力车的税负轻于畜力车；小吨位船舶的税负轻于大船舶。由于车辆与船舶的行驶情况不同，车船税的税额也有所不同（见表 11-1）。

表 11-1　　车船税税目税额表

目录		计税单位	年基准税额（元）	备注
乘用车按发动机气缸容量（排气量分档）	1.0 升（含）以下的	每辆	60~360	核定载客人数9人（含）以下
	1.0 升以上至 1.6 升（含）的		300~540	
	1.6 升以上至 2.0 升（含）的		360~660	
	2.0 升以上至 2.5 升（含）的		660~1200	
	2.5 升以上至 3.0 升（含）的		1200~2400	
	3.0 升以上至 4.0 升（含）的		2400~3600	
	4.0 升以上的		3600~5400	
商用车	客车	每辆	480~1440	核定载客人数 9 人（包括电车）以下
	货车	整备质量每吨	16~120	包括半挂牵引车、挂车、客货两用车汽车、三轮汽车和低速载货汽车等 挂车按照货车税额的 50%计算
其他车辆	专用作业车	整备质量每吨	16~120	不包含拖拉机
	轮式专用机械车	整备质量每吨	16~120	
摩托车		每辆	36~180	
船舶	机动船舶	净吨位每吨	3~6	拖船、非机动驳船分别按照机动船舶税额的 50%计算；游艇的税额另行规定
	游艇	艇身长度每米	600~2000	

（1）机动船舶具体使用税额如下：

①净吨位小于或者等于 20 吨的，每吨 3 元；

②净吨位 201~2000 吨的，每吨 4 元；

③净吨位 2001~10 000 吨的，每吨 5 元；

④净吨位 10 001 吨及以上的，每吨 6 元。

拖船按照发动机功率每 1 千瓦折合净吨位 0. 67 吨计算征收车船税。

（2）游艇具体适用税额如下：

①艇身长度不超过 10 米的游艇，每米 600 元；

②艇身长度超过 10 米但不超过 18 米的游艇，每米 900 元；

③艇身长度超过 18 米但不超过 30 米的游艇，每米 1300 元；

④艇身长度超过 30 米的游艇，每米 2000 元；

⑤辅助动力帆艇，每米 600 元。

游艇艇身长度是指游艇的总长。

（3）《车船税法》及其实施条例涉及的整备质量、净吨位、艇身长度等计税单位，有尾数的一律按照含尾数的计税单位据实计算车船税应纳税额。计算得出的应纳税额小数点后超过两位的可四舍五入保留两位小数。

（4）乘用车以车辆登记管理部门核发的机动车登记证书或者行驶证书所载的排气量毫升数确定税额区间。

（5）《车船税法》和实施条例所涉及的排气量、整备质量、核定载客人数、净吨位、功率（千瓦或马力）、艇身长度，以车船登记管理部门核发的车船登记证书或者行驶证相应项目所载数据为准。

依法不需要办理登记、依法应当登记而未办理登记或者不能提供车船登记证书，行驶证的，以车船出厂合格证明或者进口凭证相应项目标注的技术参数和所载数据为准；不能提供车船出厂合格证明或者进口凭证的，由主管税务机关参照国家相关标准核定，没有国家相关标准的参照同类车船核定。

三、应纳税额的计算与代收代缴

纳税人按照纳税地点所在的省、自治区、直辖市人民政府确定的具体适用税额缴纳车船税，车船税由地方税务机关负责征收。

（1）购置的新车船，购置当年的应纳税额自纳税义务发生的当月起按月计算。计算公式为：

应纳税额＝(年应纳税额÷12)×应纳税月份数

（2）在一个纳税年度内，已完税的车船被盗抢、报废、灭失的，纳税人可以凭有关管理机关出具的证明和完税证明，向纳税所在地的主管税务机关申请退还自被盗抢、报废、灭失月份至该纳税年度终了期间的税款。

（3）已办理退税的被盗抢车船，失而复得的，纳税人应当从公安机关出具相关证明的当月起计算缴纳车船税。

（4）在一个纳税年度内，纳税人在非车辆登记地由保险机构代收代缴机动车车船税，且能够提供合法有效完税证明的，纳税人不再向车辆登记地的地方税务机关缴纳车辆车船税。

（5）已缴纳车船税的车船在同一纳税年度内办理转让过户的，不另纳税，也不退税。

【例 11-4】某运输公司拥有载货汽车 15 辆（货车整备质量全部为 10 吨），乘人大客车 20 辆，小客车 10 辆。计算该公司应纳车船税。

（注：载货汽车每吨年税额 80 元，乘人大客车每辆年税额 800 元，小客车每辆年税额 700 元。）

载货汽车应纳税额＝15×10×80＝12 000（元）

乘人汽车应纳税额＝20×800+10×700＝23 000（元）

全年应纳车船税额＝12 000+23 000＝35 000（元）

四、税收优惠

（一）法定减免

（1）捕捞、养殖渔船是指在渔业船舶登记管理部门登记为捕捞船或者养殖船的船舶。

（2）军队、武装警察部队专用的车船是指按照规定在军队、武装警察部队车船管理部门登记，并领取军队、武警牌照的车船。

（3）警用车船是指公安机关、国家安全机关、监狱、劳动教养管理机关和人民法院、人民检察院领取警用牌照的车辆和执行警务的车用船舶。

（4）依照法律规定应当予以免税的外国驻华使领馆、国际组织驻华代表机构及其有关人员的车船。

（5）对节约能源、使用新能源的车船可以减征或者免征车船税；对受严重自然灾害影响纳税困难以及有其他特殊原因确需减税、免税的，可以减征或者免征车船税。节约能源、使用新能源的车辆包括纯电动汽车、燃料电池汽车和混合动力汽车。纯电动汽车、燃料电池汽车和插电式混合动力汽车免征车船税，其他混合动力汽车按照同类车辆适用税额减半征税。

（6）省、自治区、直辖市人民政府根据当地实际情况，可以对公共交通车船以及农村居民拥有并主要在农村地区使用的摩托车、三轮汽车和低速载货汽车定期减征或者免征车船税。

（二）特定减免

（1）经批准临时入境的外国车船和香港特别行政区、澳门特别行政区、台湾地区的车船，不征收车船税。

（2）按照规定缴纳船舶吨税的机动船舶，自《车船税法》实施之日起 5 年内免征车船税。

（3）依法不需要在车船登记管理部门登记的机场、港口、铁路站场内部行驶或作业的车船，自《车船税法》实施之日起 5 年内免征车船税。

五、征收管理

（一）纳税期限

车船税纳税义务发生时间为取得车船所有权或者管理权的当月，以购买车船的发票或其他证明文件所载日期的当月为准。

（二）纳税地点

车船税的纳税地点为车船的登记地或者车船税扣缴义务人所在地。依法不需要办理登记的车船，车船税的纳税地点为车船的所有人或者管理人所在地。

扣缴义务人代收代缴车船税的，纳税地点为扣缴义务人所在地。

纳税人自行申报缴纳车船税的，纳税地点为车船登记地的主管税务机关所在地。

依法不需要办理登记的车船，纳税地点为车船所有人或者管理人主管税务机关所在地。

（三）纳税申报

车船税按年申报，分月计算，一次性缴纳。纳税年度为公历 1 月 1 日至 12 月 31 日。具体申报纳税期限由省、自治区、直辖市人民政府规定。

（1）税务机关可以在车船管理部门、车船检验机构的办公场所集中办理车船税征收事宜。

（2）公安机关交通管理部门在办理车辆相关登记和定期检验手续时，对未提交自上次检验后各年度依法纳税或者免税证明的，不予登记，不予发放检验合格标志。

（3）海事部门、船舶检验机构在办理船舶登记和定期检验手续时，对未提交依法纳税或者免税证明，且拒绝扣缴义务人代收代缴车船税的纳税人，不予登记，不予发放检验合格标志。

（4）对于依法不需要购买机动车交通事故责任强制保险的车辆，纳税人应当向主管税务机关申报缴纳车船税。

（5）纳税人在首次购买机动车交通事故责任强制保险时缴纳车船税或者自行申报缴纳车船税的应当提供购车发票及反映排气量、整备质量、核定载客人数等与纳税相关的信息及其相应凭证。

（6）从事机动车第三者责任强制保险业务的保险机构为机动车车船税的扣缴义务人，应当在收取保险费时依法代收车船税，并出具代收税款凭证。

（四）其他管理规定

（1）各级车船管理部门应当在提供车船管理信息等方面，协助地方税务机关加强对车船税的征收管理。纳税人应当向主管地方税务机关和扣缴义务人提供车船的相关信息。拒绝提供的，按照《税收征收管理法》的有关规定处理。

（2）车船税的征收管理，依照《税收征收管理法》与《车辆税法》的规定执行。

在一个纳税年度内，已完税的车船被盗抢、报废、灭失的，纳税人可以凭有关管理机关出具的证明和完税证明，向纳税所在地的主管地方税务机关申请退还自被盗抢、报废、灭失月份起至该纳税年度终了期间的税款。

已办理退税的被盗抢车船，失而复得的，纳税人应当从公安机关出具相关证明的当月起计算缴纳车船税。

（3）纳税人在购买交强险时，由扣缴义务人代收代缴车船税的，凭注明已收税款信息的交强险保险单，车辆登记地的主管税务机关不再征收该纳税年度的车船税。再次征收的，车辆登记地主管税务机关应予退还。

（4）已经缴纳车船税的船舶在同一纳税年度内办理转让过户的，在原登记地不予退税，在新登记地凭完税凭证不再纳税，新登记地海事管理机构应记录上述船舶的完税凭证号和出具该凭证的税务机关或海事管理机构名称，并将完税凭证的复印件存档备查。

（5）车船税的纳税人应按照《车船税法》的有关规定及时办理纳税申报，并如实填写"车船税纳税申报表"。

第三节　船舶吨税

现行船舶吨税的规范是2011年11月23日，国务院第182次常务会议通过并公布的《中华人民共和国船舶吨税暂行条例》，自2012年1月1日起施行。1952年9月16日经政务院财政经济委员会批准，于1952年9月29日海关总署发布的《中华人民共和国海关船舶吨税暂行办法》同时废止。

一、征税范围与税率

（一）征税范围

自中华人民共和国境外港口进入境内港口的船舶（以下简称应税船舶）应当缴纳船舶吨税（以下简称吨税）。吨税的税目、税率依照"吨税税目、税率表"执行。

（二）税率

吨税设置优惠税率和普通税率。中华人民共和国国籍的应税船舶，船籍国（地区）与中华人民共和国签订含有相互给予船舶税费最惠国待遇条款的条约或者协定的应税船舶，适用优惠税率。其他应税船舶适用普通税率。"吨税税目、税率表"（见表11-2）的调整由国务院决定。

表11-2　　吨税税目、税率表

税目（按船舶净吨位划分）	税率（元/净吨）						备注
	普通税率（按执照期限划分）			优惠税率（按执照期限划分）			
	1年	90日	30日	1年	90日	30日	
不超过2000净吨	12.6	4.2	2.1	9.0	3.0	1.5	拖船和非机动驳船分别按相同净吨位船舶税率的50%计征税款
超过2000净吨，但不超过10 000净吨	24.0	8.0	4.0	17.4	5.8	2.9	
超过10 000净吨，但不超过50 000净吨	27.6	9.2	4.6	19.8	6.6	3.3	
超过50 000净吨	31.8	10.6	5.3	22.8	7.0	3.8	

注：拖船是指专门用于拖（推）动运输船舶的专业作业船舶，拖船按照发动机功率每1千瓦折合净吨位0.67吨；非机动驳船是指在船舶管理部门登记为驳船的非机动船舶。

二、应纳税额的计算

吨税按照船舶净吨位和吨税执照期限征收，应纳税额按照船舶净吨位乘以适用税率计算。

净吨位是指由船籍国（地区）政府授权签发的船舶吨位证明书上标明的净吨位。计算公式为：

应纳税额=船舶净吨位×定额税率

应税船舶在进入港口办理入境手续时，应当向海关申报纳税领取吨税执照，或者交验吨税执照。应税船舶负责人在每次申报纳税时，可以按照“吨税税目、税率表”选择申领一种期限的吨税执照。应税船舶负责人缴纳吨税或者提供担保后，海关按照其申领的执照期限填发吨税执照。

应税船舶负责人申领吨税执照时，应当向海关提供下列文件：

（1）船舶国籍证书或者海事部门签发的船舶国籍证书收存证明；

（2）船舶吨位证明。

应税船舶在吨税执照期限内，因税目、税率调整或者船籍改变而导致适用税率变化的，吨税执照继续有效。应税船舶在离开港口办理出境手续时，应当交验吨税执照。

【例 11-5】2014 年 6 月 20 日，B 国某运输公司一艘货轮驶入我国某港口。该货轮净吨位为 30 000 吨，货轮负责人已向我国该海关领取了吨税执照，在港口停留期限为 30 天。B 国已与我国签订有相互给予船舶税费最惠国待遇条款。请计算该货轮负责人应向我国海关缴纳的船舶吨税。

根据船舶吨税的相关规定，该货轮应享受优惠税率，每净吨吨位税为 3.3 元。

应缴纳船舶吨税=30 000×3.3=99 000（元）

三、税收优惠

（一）直接优惠

下列船舶免征吨税：

（1）应纳税额在人民币 50 元以下的船舶。

（2）自境外以购买、受赠、继承等方式取得船舶所有权的初次进口到港的空载船舶。

（3）吨税执照期满后 24 小时内不上下客货的船舶。

（4）非机动船舶（不包括非机动驳船）是指自身没有动力装置，依靠外力驱动的船舶。

（5）捕捞、养殖渔船是指在中华人民共和国渔业船舶管理部部门登记为捕捞船或者养殖船的船舶。

（6）避难、防疫隔离、修理、终止运营或者拆解，并不上下客货的船舶。

（7）军队、武装警察部队专用或者征用的船舶。

（8）依照法律规定应当予以免税的外国驻华使领馆、国际组织驻华代表机构及其有关人员的船舶。

（9）国务院规定的其他船舶。

上述（5）~（8）项优惠，应当提供海事部门、渔业船舶管理部门或者卫生检疫部门等部门、机构出具的具有法律效力的证明文件或使用关系证明文件，申明免税理由。

（二）延期优惠

在吨税执照期限内，应税船舶发生下列情形之一的，海关按照实际发生的天数批注延长吨税执照期限：

（1）避难、防疫隔离、修理，并不上下客货。

（2）军队、武装警察部队征用。

（3）应税船舶因不可抗力在未设立海关地点停泊的，船舶负责人应当立即向附近海关报告并在不可抗力原因消除后，向海关申报纳税。

上述船舶应当提供海事部门、渔业船舶管理部门或者卫生检疫部门等部门、机构出具的具有法律效力的证明文件或使用关系证明文件，申明延长吨税执照期限的依据和理由。

四、征收管理

吨税由海关负责征收。海关征收吨税应当制发缴款凭证。

吨税纳税义务发生时间为应税船舶进入港口的当日。

应税船舶在吨税执照期满后尚未离开港口的，应当申领新的吨税执照，自上一次执照期满的次日起续缴吨税。

应税船舶负责人应当自海关填发吨税缴款凭证之日起 15 日内向指定银行缴清税款。未按期缴清税款的，自滞纳税款之日起，按日加收滞纳税款 5‰的滞纳金。

应税船舶到达港口前，经海关核准先行申报并办结出入境手续的，应税船舶负责人应当向海关提供与其依法履行吨税缴纳义务相适应的担保；应税船舶到达港口后，向海关申报纳税。

下列财产、权利可以用于担保：

（1）人民币、可自由兑换货币；

（2）汇票、本票、支票、债券、存单；

（3）银行、非银行金融机构的保函；

（4）海关依法认可的其他财产、权利。

应税船舶在吨税执照期限内，因修理导致净吨位变化的，吨税执照继续有效。应税船舶办理出入境手续时，应当提供船舶经过修理的证明文件。

因船籍改变而导致适用税率变化的，应税船舶在办理出入境手续时，应当提供船籍改变的证明文件。

吨税执照在期满前毁损或者遗失的，应当向原发照海关书面申请核发吨税执照副本，不再补税。

海关发现少征或漏征税款的，应当自应税船舶应当缴纳税款之日起 1 年内补征税款。但是因应税船舶违反规定造成少征或者漏征税款的，海关可以自应当缴纳税教之日起 3 年内追征税款，并自应当缴纳税款之日起按日加征少征或者漏征税款 0.5‰的滞纳金。

海关发现多征税款的，应当立即通知应税船舶办理退还手续，并加算银行同期活期存款利息。

应税船舶发现多缴税款的，可以自缴纳税款之日起 1 年内以书面形式要求海关退还多缴的税款并加算银行同期活期存款利息；海关应当受理退税申请之日起 30 日内查实并通知应税船舶办理退还手续。

应税船舶应当自收到退税通知之日起 3 个月内办理有关退还手续。

应税船舶有下列行为之一的，由海关责令限期改正，处以 2000 元以上 3 万元以下罚款；不缴或者少缴应纳税款的，处不缴或者少缴税款 50%以上 5 倍以下的罚款，但是罚款不得低于2000元：

（1）未按照规定申报纳税、领取吨税执照的；

（2）未按照规定交验吨税执照及其他证明文件的。

吨税税款、滞纳金、罚款以人民币计算。

【课后阅读1】

三类新能源汽车免征车辆购置税

国务院总理李克强2014年7月9日主持召开国务院常务会议，部署加快发展现代保险服务业，决定免征新能源汽车车辆购置税，围绕推进简政放权，通过相关法律修正案草案和行政法规修改决定。

会议强调，发展新能源汽车是我国交通能源战略转型、推进生态文明建设的重要举措。支持新能源汽车这一战略性新兴产业发展，对于实施创新驱动，促进节能减排和污染防治，拉动国内市场需求、培育新的增长点，实现产业发展和环境保护双赢具有重要意义。会议决定，自2014年9月1日至2017年年底，对获得许可在中国境内销售（包括进口）的纯电动以及符合条件的插电式（含增程式）混合动力、燃料电池三类新能源汽车，免征车辆购置税。有关部门要抓紧制定公布车型目录。让更多人选择绿色出行，为可持续发展增添能量。

资料来源：免征新能源汽车车辆购置税［J/OL］. http://baike.haosou.com/doc/7795917.html

【课后阅读2】

购车1年内退车 车辆购置税全退

2014年7月3日上午，国务院法制办就《车辆购置税征收管理办法》征求意见。

征求意见稿称，车辆购置税实行一车一申报制度。纳税人购买自用应税车辆的，应自购买之日起60个工作日内申报纳税；进口自用应税车辆的，应自进口之日起60个工作日内申报纳税；自产、受赠、获奖或者以其他方式取得并自用应税车辆的，应自取得之日起60个工作日内申报纳税。

关于计税价格，征求意见稿称，纳税人购买自用的应税车辆，应计税价格为纳税人购买应税车辆而支付给销售者的全部价款和价外费用，不包含增值税税款。

根据征求意见稿的要求，纳税人进口自用的应税车辆的计税价格=关税完税价格+关税+消费税。

关于退税额，征求意见稿称，车辆退回生产企业或者经销商的，纳税人申请退税时，主管税务机关依据自纳税人办理纳税申报之日起，按已缴纳税款每满1年扣减10%计算退税额；未满1年的，按已缴纳税款全额退税。其他退税情形，纳税人申请退税时，主管税务机关依据有关规定计算退税额。

第十二章 税收征收管理制度

税收征收管理是指国家征税机关（税务机关和海关等）依据国家税收法律、行政法规的规定，按照统一的标准，通过一定的程序对纳税人应纳税额组织入库的一种行政活动，是国家将税收政策贯彻实施到每个纳税人，有效地组织税收收入及时、足额入库的一系列活动的统称。税收征收管理主要包括税务管理、税款征收、税务检查、税收评估及税收法律责任的追究等方面的内容。

税收征收管理法是有关税收管理法律规范的总称，包括税收征收管理法以及税收征收管理的有关法律、法规和规章，是国家税收法律体系的重要组成部分。我国现行的税收征收管理的基本规范是2001年5月1日起实施的《中华人民共和国税收征收管理法》（以下简称《税收征收管理法》）以及《中华人民共和国税收征收管理法实施细则》（以下简称《实施细则》）。

税务管理是指税收征收管理机关为了贯彻执行国家税收征收管理制度，加强税收工作，协调征收关系而开展的一项有目的的活动。税务管理是税收征收管理的重要内容，是税款征收的前提和基础性工作。税务管理主要包括税务登记管理、账簿和凭证管理、纳税申报管理等方面的管理。

第一节 税务登记管理

税务登记又称纳税登记，是税务机关对纳税人的生产、经营活动进行登记并据此对纳税人实施税务管理的一种法定制度。税务登记是整个税收征管工作的首要环节，是征纳双方法律关系成立的依据和证明，也是纳税人必须履行的义务。

税务登记分开业税务登记、变更税务登记、注销税务登记和停业、复业登记四种。

一、税务登记范围和主管机关

（一）税务登记范围

企业以及企业在外地设立的分支机构和从事生产、经营的场所，个体工商户和从事生产、经营的事业单位，均应当按照《税收征收管理法》以及《实施细则》的规定办理税务登记。

前款规定以外的纳税人，除国家机关、个人和无固定生产、经营场所的流动性农村小商贩外，也应当按照《税收征收管理法》和《税务登记管理办法》的规定办理税务登记。

根据税收法律、行政法规的规定负有扣缴税款义务的扣缴义务人（国家机关除外），应当办理扣缴税款登记。

（二）税务登记主管机关

县以上（含本级，下同）国家税务局（分局）、地方税务局（分局）是税务登记的主管税务机关，负责税务登记的设立登记、变更登记、注销登记和税务登记证验证、换证以及非正常户处理、报验登记等有关事项。

国家税务局（分局）、地方税务局（分局）按照国务院规定的税收管理范围，实施属地管理，采取联合登记或分别登记的方式办理税务登记。有条件的城市，国家税务局（分局）、地方税务局（分局）可以按照“各区分散受理、全市集中处理”的原则办理税务登记。国家税务局（分局）、地方税务局（分局）联合办理税务登记的，应当对同一纳税人核发同一份加盖国家税务局（分局）、地方税务局（分局）印章的税务登记证。

国家税务局（分局）、地方税务局（分局）之间对纳税人税务登记的主管税务机关发生争议的，由其上一级国家税务局、地方税务局共同协商解决。

国家税务局（分局）、地方税务局（分局）执行统一税务登记代码。税务登记代码由省级国家税务局，地方税务局联合编制，统一下发各地执行。

国家税务局（分局）、地方税务局（分局）应定期相互通报登记情况，相互及时提供纳税人的登记信息，加强税务登记管理。

二、开业税务登记

开业税务登记是指纳税人经由工商登记而设立或者依照法律、行政法规的规定成为法定纳税人之时，依法向税务机关办理的税务登记，也称设立税务登记。

（一）开业税务登记的对象

根据有关规定，开业税务登记的纳税人分为以下两类：

（1）领取营业执照从事生产、经营的纳税人，其中包括企业在外地设立的分支机构和从事生产、经营的场所。

从事生产、经营的纳税人具体包括企业、企业在外地设立的分支机构和从事生产、经营的场所以及个体工商户和从事生产、经营的事业单位。

（2）其他纳税人。根据有关法规规定，不从事生产、经营，但依照法律的规定负有纳税义务的单位和个人，除临时取得应税收入或发生应税行为以及只缴纳个人所得税、车船税的外，都应按规定向税务机关办理税务登记。

（二）开业税务登记的时间和地点

（1）从事生产、经营的纳税人领取工商营业执照（含临时工商营业执照）的，应当自领取工商营业执照之日起30日内申报办理税务登记，税务机关核发税务登记证及副本。纳税人领取临时工商营业执照的，税务机关核发临时税务登记证及副本。

（2）未办理工商营业执照但经有关部门批准设立的，应当自有关部门批准设立之日起30日内申报办理税务登记，税务机关核发税务登记证及副本。

（3）未办理工商营业执照也未经有关部门批准设立的，应当自纳税义务发生之日起30日内申报办理税务登记，税务机关核发税务登记证及副本。

以下几种情况应比照开业登记办理：

（1）扣缴义务人应当在发生扣缴义务时，向所在地税务机关申报办理扣缴税款登记，并领取代扣代缴、代收代缴税款凭证。

（2）跨地区的非独立核算分支机构应当自设立之日起 30 日内，向所在地税务机关办理注册税务登记。

（3）有独立的生产经营权、在财务上独立核算并定期向发包人或者出租人上缴承包费或租金的承包承租人，应到自承包承租合同签订之日起 30 日内，向其承包承租业务发生地税务机构申报办理税务登记，税务机关核发临时税务登记证及副本。

（4）从事生产、经营的纳税人外出经营，在同一连续 12 个月内累计超过 180 天的，应当自期满之日起 30 日内，向生产、经营所在地税务机关申报办理税务登记，税务机关核发临时税务登记证及副本。

（5）境外企业在中国境内承包建筑、安装、勘探工程和提供劳务的，应当自项目合同或协议签订之日起 30 日内，向项目所在地税务机关申报办理税务登记，税务机关核发临时税务登记证及副本。

上述规定以外的其他纳税人，除国家机关、个人或无固定生产、经营场所的流动性农村小商贩外，均应当自纳税义务发生之日起 30 日内，向纳税义务发生地税务机关申报办理税务登记，税务机关核发税务登记证及副本。

（三）开业税务登记的程序

开业税务登记程序及其内容具体要求如下：

1. 填写税务登记表

从事生产、经营的纳税人应当在规定的时间内办理税务登记的书面报告，如实填写税务登记表。向纳税机关提出申请办纳税登记表的主要内容包括如下内容：

（1）单位名称、法定代表人或者业主姓名及其居民身份证、护照或者其他合法证件的号码；

（2）住所、经营地点；

（3）经济性质；

（4）企业形式、核算方式；

（5）生产经营范围、经营方式；

（6）注册资金（资本）、投资总额、开户银行及账号；

（7）生产经营期限、从业人数、营业执照号码；

（8）财务负责人、办税人员；

（9）其他有关事项。

除填写税务登记表外，税务机关还要求纳税人填写税种登记表，符合增值税一般纳税人的条件的纳税人，还应填写增值税一般纳税人申请认定表。

此外，企业在外地设立的分支机构或者从事生产、经营的场所，应登记总机构名称、地址、法定代表人、主要业务范围、财务负责人。

2. 提供有关证件、资料

纳税人向税务机关填报税务登记表的同时，应当根据不同情况相应提供下列有关证件、资料：

（1）工商营业执照或者其他核准执业证件；

（2）有关合同、章程、协议书；

（3）组织机构统一代码书；

（4）法定代表人或者负责人或业主的居民身份证、护照或者其他合法证件以及税务机关要求提供的其他有关证件、资料。

3. 审核发证

对纳税人填报的税务登记表以及提供的有关证件或资料，税务机关应当自收到之日起30日内审核完毕。符合规定的，予以登记，并发给税务登记证件；对不符合规定的，也应给予答复。

税务登记证件的主要内容包括纳税人名称、税务登记代码、法定代表人或者负责人、生产经营地址、登记类型、核算方式、生产经营范围（主营、兼营）、发证日期、证件有效期等。

4. 建立纳税人登记资料档案

所有的登记工作完毕后，税务登记部分应将纳税人填报的各种表格以及提供的有关资料及证件复印件建成纳税人登记资料档案，并制成纳税人分户电子档案，为以后的税收征管提供可靠的信息来源。

三、变更税务登记

变更税务登记是指纳税人办理税务登记后，需要对原登记内容进行更改，而向税务机关申报办理的税务登记。

（一）适用范围

纳税人办理税务登记后，如发生下列情形之一，应当办理变更税务登记：发生改变名称、改变法定代表人、改变经济性质或经济类型、增设或撤销分支机构、改变住所或经营地点（不涉及主管税务机关变动的）、改变生产经营或经营方式增减注册资金（资本）、改变隶属关系、改变生产经营期限、改变或增减银行账号、改变生产经营权属以及改变其他税务登记内容的。

（二）管理规章

纳税人税务登记的内容发生变化的，应向原税务登记机关申请变更税务登记。

纳税人已在工商行政管理机关办理变更登记的，应当自工商行政管理机关变更登记之日起30日内向原税务机关如实提供下列证件、资料，申报办理变更税务登记：

（1）工商登记变更表及工商营业执照；

（2）纳税人变更登记内容的有关证明文件；

（3）纳税机关发放的原税务登记证件（登记证正副本和登记表等）；

（4）其他有关资料。

【专栏12-1】纳税人按照规定不需要在工商行政管理机关办理变更登记，或者变更登记的内容与工商登记的内容无关，应当自税务登记内容实际发生变化之日起30日内，或者自有关机关批准或者宣布变更之日30日内，持下列证件到原税务登记机关申报办理变更税务登记：

（1）纳税人变更登记内容的有关证明文件；

（2）税务机关发放的原税务证件（登记证正、副本和税务登记表等）；

（3）其他相关资料。

纳税人提交的有关变更登记的证件、资料齐全的，应如实填写税务登记表变更表，经税务机关审核，符合规定的，税务机关应予以受理；不符合规定的，税务机关应通知其补充修正。

税务机关应当自受理之日起 30 日内，审核办理变更税务登记。纳税人税务登记表和税务登记证中的内容都发生变更的，税务机关按变更后的内容重新审核税务登记证件，纳税人税务登记表的内容发生变更而税务登记证中的内容未发生变更的，税务机关不重新核发税务登记证件。

四、注销税务登记

注销税务登记是指纳税人发生解散、破产、撤销以及其他形式，引起纳税人在税收征管中主体地位变化而依法应终止纳税义务时，向税务机关申请办理的税务登记。

（一）适用范围

注销税务登记税务范围包括纳税人因经营期限届满而自动解散；企业由于改组、分立、合并等原因而被撤销；企业资不抵债而破产；纳税人住所、经营地址迁移而涉及改变原主管税务机关的；纳税人被工商行政管理部门吊销营业执照以及纳税人依法终止履行纳税义务的其他形式。

（二）管理规章

纳税人发生解散、破产撤销以及其他形式依法终止纳税义务的，应当在向工商行政管理机关或者其他机关办理注销登记前，持有关证件和资料向原税务登记机关申报办理注销税务登记。按规定不需要在工商行政管理机关或者其他机关办理注册登记的，应当自有机关批准或者宣告终止之日起 15 日内，持有关证件和资料向原税务登记机关申报办理注销税务登记。

纳税人被工商行政管理机关吊销营业执照或者被其他机关予以撤销登记的，应当自营业执照被吊销或者被撤销登记之日起 15 日内向原税务登记机关申报办理注销税务登记。

税务人员住所、经营地点变动，涉及改变税务登记机关的，应当在向工商行政管理机关或者其他机关申报办理变更、注销登记前，或者住所、经营地点变更之前，持有关证件和资料向原税务登记机关申报办理注销税务登记，并自注销税务登记之日起 30 日内向迁达地税务机关申报办理税务登记。

境外企业在中国境内承包建筑、安装、装配、勘查工程和提供劳务等应当在项目完工离开中国前 15 日内持有关证件和资料向原税务登记机关申报办理注销税务登记。

纳税人办理注销税务登记前，应当向税务机关提交相关证明文件和资料，结清应纳税款、多退（免）税款、滞纳金和罚款，缴销发票、税务登记证件和其他税务证件，经税务机关审核后，办理注销税务登记手续。

五、外出经营报验登记

外出经营报验登记是指从事生产、经营的纳税人到外县（市）临时从事生产、经营活动时，需向经营地税务机关申报办理的一种法定登记手续。实行报验登记制度的目的是为了加强对外出经营活动的纳税人的税务管理，以保证税款征收。

纳税人到外县（市）临时从事生产、经营活动的，应当在外出生产经营以前，持税务登记证向主管税务机关申请开具“外出经营活动税收管理证明”（以下简称“外管证”）。

税务机关按照一地一证的原则，核发“外管证”。“外管证”的有效期限一般为30天，最长不得超过180天，从事生产、经营的纳税人外出经营，在同一地累计超过180天的，应当在营业地办理税务登记手续。

纳税人应当在“外管证”注明地进行生产经营前向当地税务机关报验登记，并提交税务登记证件副本和“外管证”。纳税人在“外管证”注明地销售货物的，除提交以上证件、资料外，应如实填写“外出经营货物报验单”，申报查验货物。纳税人外出经营活动结束，应当向经营地税务机关填报“外出经营活动情况申报表”，并结清税款，缴销发票。

纳税人应当在“外管证”有效期届满后10日内，持“外管证”回原税务登记地税务机关办理“外管证”缴销手续。

六、停业、复业登记

停业、复业登记是指实行定期定额征收方式的纳税人，在营业执照核准的经营期限内需要停业或复业时，依法向主管税务机关申请办理的一项登记手续。

实行定期定额征收方式的个体工商户需要停业的，应当在停业前向税务机关申报办理停业登记。纳税人的停业期限不得超过一年。

纳税人在申报办理停业登记时，应如实填写“停业申请登记表”，说明停业理由、停业期限、停业前的纳税情况和发票的领、用、存情况，并结清应纳税款、滞纳金、罚款。

纳税人在停业期间发生纳税义务的，应当按照税收法律、行政法规的规定申报缴纳税款。

纳税人应当在恢复生产经营之前向税务机关申报办理复业登记，如实填写“停、复业报告书”，领回并启用税务登记证件、发票领购簿及其停业前领购的发票。

纳税人停业期满不能及时恢复生产经营的，应当在停业期满前向税务机关提出延长停业登记申请，并如实填写“停、复业报告书”，经核实后方可延期。对不申请延长停业的，税务机关将视其为已经恢复营业，实施正常的税收征收管理。

七、税务登记的作用和管理

（一）税务登记的作用

税务登记证件是纳税人依法履行税务登记手续后由税务机关核发的书面证明，是纳税人履行纳税义务的法定证明。税务登记证件包括税务登记证及其副本、临时税务登记证及其副本。扣缴税款登记证件包括扣缴税款登记证及其副本。

纳税人应当将税务登记证件正本在其生产、经营场所或办公场所公开悬挂，亮证经营，接受税务机关的检查。外出经营的纳税人应当携带税务登记证或注册税务登记证的副本。除按规定不需要发给税务登记证件的外，纳税人办理下列事项时，必须持税务登记证件：

（1）开例银行账户；

（2）申请减税、免税、退税；

（3）申请办理延期申报延期缴纳税款；

（4）领购发票；

（5）申请开具外出经营活动税收管理证明；

（6）办理停业歇业；

（7）其他有关税务事项。

纳税人遗失税务登记证件的，应当在15日内书面报告主管税务机关，并登报声明作废。

（二）税务登记的管理

1. 证照管理

税务机关应当加强税务登记证件的管理，采取实地调查、上门验证等方法，或者结合税务部门和工商部门之间以及国家税务局（分局）地方税务局（分局）之间的信息交换比对进行税务登记证件的管理。

税务登记证式样改变，需统一换发税务登记证的，由国家税务总局确定。

纳税人、扣缴义务人遗失税务登记证件的，应当自遗失税务登记证件之日起15日内，书面报告主管税务机关，如实填写《税务登记证件遗失报告表》，并将纳税人的名称、税务登记证件名称、税务登记证件号码、税务登记证有效期、发证机关名称在税务机关认可的报刊上做遗失声明，凭报刊上刊登的遗失声明向主管税务机关申请补办税务登记证件。

2. 非正常户处理

已办理税务登记的纳税人会按照规定的期限申报纳税，在税务机关责令其限期改正后，逾期不改正的，税务机关应当派员实地检查，查无下落并且无法强制其履行纳税义务的，由检查人员制作非止常户认定书，存入纳税人档案，税务机关暂停其税务登记证件、发票领购薄和发票的使用。

纳税人被列入非正常户超过3个月的，税务机关可以宣布其税务登记证件失效，其应纳税款的追踪仍按《税收征收管理法》及其《实施细则》的规定执行。

第二节　账簿和凭证管理

账簿是指纳税人、扣缴义务人连续地记录其各种经济业务的账册或簿籍。凭证是指纳税人用来记录经济业务、明确经济责任的书面证明。账簿和凭证不仅是纳税人记录生产经营活动，进行经济合作的重要工具，也是税务机关确定应纳税额，进行财务监督和税务管理和检查的主要依据。

一、账簿和凭证管理

（一）关于对账簿凭证设置的管理

1. 账簿设置的范围

从事生产经营的纳税人应当自领取营业执照或者发生纳税义务之日起15日内按照国家有关规定设置账簿。扣缴义务人应当自税收法律、行政法规规定的扣缴义务发生之日起10日内，按照所代扣、代收的税种，分别设置代扣代缴、代收代缴税款账簿。账簿设置总账、明细账、日记账以及其他辅助性账簿。总账、日记账应当采用订本式账簿。

生产、经营规模小又确无建账能力的纳税人，可以聘请经批准从事会计代理记账业务的专业机构或者经税务机关认可的财会人员代为建账和办理账务；聘请上述机构或者人员有实际困难的，经县以上税务机关批准，可以按照税务机关的规定，建立收支凭证粘贴簿、销货登记簿或者使用税控装置。

2. 对会计核算的要求

纳税人、扣缴义务人应依法设置账簿，根据合法、有效凭证记账，进行核算。

纳税人使用计算机记账的，应当在使用前将会计电算化系统的会计核算软件、使用说明书及有关资料报送主管税务机关备案。纳税人建立的会计电算化系统应当符合国家有关规定，并能正确、完整核算收入或者所得。

纳税人、扣缴义务人会计制度健全，能够通过计算机正确、完整计算收入和所得或者代扣代缴、代收代缴税款情况的，其计算机输出的完整的书面会计记录，可视同会计账簿。纳税人、扣缴义务人会计制度不健全，不能通过电子计算机正确、完整计算收入和所得或者代扣代缴、代收代缴税款情况的，应当建立总账和与纳税情况或者代扣代缴、代收代缴税款有关的其他账簿。

账簿、会计凭证和报表应当使用中文。民族自治地方可以同时使用当地通用的一种民族文字。外商投资企业和外国企业可以同时使用一种外国文字。

（二）有关财务会计制度以及处理办法的管理

1. 备案制度

凡从事生产经营的纳税人必须将所采用的财务、会计制度和具体的财务、会计处理办法，按税务机关的规定，自领取税务登记证件之日起 15 日内及时报送主管税务机关备案。纳税人使用计算机记账的，应当在使用前将会计电算化系统的会计核算软件、使用说明书及有关资料报送主管税务机关备案。纳税人建立的会计电算化系统应当符合国家有关规定，并能正确、完整核算其收入或者所得。

2. 会计制度办法和税收规定相抵触的处理办法

纳税人扣缴义务人的财务会计制度或者财务会计处理办法与国务院或者国务院财政、税务主管部门有关税收规定相抵触的，依照国务院或者国务院财政、税务主管部门有关税收规定计算纳税。

（三）账簿、凭证的保管

《税收征收管理法》规定，从事生产、经营的纳税人、扣缴义务人必须按照国务院财政、税务主管部门规定的保管期限保管账簿、记账凭证、完税凭证及其他有关资料。账簿、记账凭证、完税凭证及其他有关资料不得伪造、变造或者擅自损毁。

账簿、记账凭证、报表、完税凭证、发票、出口凭证以及其他有关涉税资料应当合法、真实、完整，保存期为 10 年，法律、行政法规另有规定的除外。

二、发票管理

发票是指在购销商品、提供或者接受服务以及从事其他经营活动中，开具、收取的收付款凭证。发票作为经济业务活动过程中记载相关主体经济往来并凭以收付款项的商事凭证，不仅是会计核算的原始凭证，还是税务稽征的重要依据。

（一）发票管理体制

《税收征收管理法》明确规定，税务机关是发票的管理机关，负责发票的印制、领购、开具、取得、保管、缴销的管理和监督。《发票管理办法》在其附则中则明确规定，对国有金融、邮电、铁路、民用航空、公路和水上运输等单位的专业发票，经国家税务总局或者国务税务总局省、自治区、直辖市分局批准，可以由国务院有关主管部门或省、自治区、直辖市人民政府有关主管部门自行管理。但是上述单位承包、租赁给非国有单位和个人经营或采取国有民营形式所有所用的专业发票，以及上述单位的其他发票，均应套印全国统一发票的监制章，由税务机关统一管理。

（二）发票印制管理

发票由省、自治区、直辖市税务机关指定的企业印制，增值税专用发票由国家税务总局统一印制。禁止私自印制、伪造、变造发票，发票防伪专用品由国家税务总局指定的企业生产，禁止非法制造发票防伪专用品。省、自治区、直辖市税务机关对发票印制施行统一管理原则，严格审查印制发票企业的资格，对指定为印制发票的企业发给发票准印证。

发票应当套印全国统一发票监制章，全国统一发票监制章的样式和发票版面印刷的要求由国家税务总局规定，发票监制由省、自治区、直辖市税务机关制作。禁止伪造发票监制章。发票实行不定期换版制度。

（三）发票领购管理

1. 一般领购程序

对于依法办理税务登记的单位和个人，在领取税务登记证件后向主管税务机关申请领购发票，购票人应提出购票申请，同时提供经办人身份证明、税务登记证件或者其他有关证明以及财务印章或者发票专用章的印模。主管税务机关在对领购发票申请及有关证明材料审核后，发给发票购领簿。购票人凭发票购领簿核准的种类、数量及购票方式向主管税务机关购领发票。税务机关在发售发票时，应按核准的收费标准收取工本管理费，并向购票单位和个人开具收据。依法不需要办理税务登记的单位和个人需要发票时向主管税务机关申请领购发票。

2. 临时使用发票的领购

需要临时使用发票的单位和个人，可以直接向税务机关申请办理。临时到本省、自治区、直辖市从事经营活动的单位或者个人，应当凭所在地税务机关的证明向经营地税务机关申请领购经营地的发票。临时在本省、自治区、直辖市以内跨市、县从事经营活动领购发票的办法，由省、自治区、直辖市税务机关规定。

3. 增值税专用发票的领购

增值税专用发票只限于增值税一般纳税人领购使用，非增值税纳税人和根据增值税有关规定认购的小规模纳税人不得领购。申请领购增值税专用发票的单位和个人，提供《发票管理办法》规定的证明时，应当提供加盖有“增值税一般纳税人”确认专章的税务登记证（副本）。

（四）发票的开具和保管

对填方开票的单位和个人的要求如下：

（1）在销售商品、提供服务以及从事其他经营活动对外收取款项时付款方开具发票。

特殊情况下，由付款方向收款方开具发票。

（2）填开发票的单位和个人必须在发生经营业务确认经营收入时开具发票，未发生经营业务一律不准开具发票。

（3）开具发票应当按照规定的时限、顺序、逐栏全部联次一次性如实开具，并在发票联和抵扣联上加盖单位财务印章或者发票专用章。

（4）使用电子计算机开具发票，须经税务机关批准，并使用税务机关统一监制的发票，开具后的存根联应当按顺序号装订成册。

（5）开具发票后，如发生销货退回需开红字发票的，必须收回原发票并注明“作废”字样或取得对方有效证明；发生销售折让的，在收回原发票并注明“作废”字样后，重新开具销售发票。

（6）任何单位和个人不得转让、转借、代开发票；未经税务机关批准，不得拆本使用发票；不得自行扩大专业发票使用范围。

（7）发票限于领购单位和个人在其所在的省、自治区、直辖市内开具；超出此范围经营的应当开具经营地的发票。省、自治区、直辖市税务机关，可以规定跨市、县开具发票的办法。

（8）开具发票的单位和个人应当建立发票使用登记制度，设置发票登记簿，并定期向主管税务机关报告发票使用情况。发票登记簿是使用发票的单位和个人设置的登记发票领购、开具和结存情况的账簿。发票登记簿的样式和使用办法以及发票使用情况报告的形式和期限由省级税务机关确定。

（9）开具发票的单位和个人应当在办理变更或者注销税务登记的同时，办理发票和发票领购簿的变更缴销手续。

（10）开具发票的单位和个人应当按照税务机关的规定存放和保管发票，不得擅自销毁。已开具的发票存根联和发票登记簿应当保存5年。保存期满，报经税务机关查验后销毁。

对取得发票的单位和个人的要求如下：

（1）所有单位和从事生产、经营活动的个人，在购买商品、接受服务以及从事其他经营活动支付款项时，均应当向收款方取得发票，但不得要求变更品名和金额。

（2）对于不符合规定的发票，不得作为财务报销凭证，任何单位和个人均有权拒收。不符合规定的发票是指开具或取得的发票是未经税务机关监制，或填写内容不齐全、内容不真实、字迹不清楚、没有加盖财务印章或发票专用章、伪造作废以及其他不符合税务机关规定的发票。

（3）禁止任何单位和个人倒买倒卖发票、发票监制章和发票防伪专用品，未经批准不得跨规定使用区域携带、邮寄、运输空白发票；禁止携带、邮寄、运输空白发票出入境。

（五）发票的检查

税务机关在发票管理中有权进行下列检查：

（1）检查印制、领购、开具、取得和保管发票的情况；

（2）调出发票查验；

（3）查阅、复制与发票有关的凭证、资料；

（4）向当事各方询问与发票有关的问题和情况；

（5）在查处发票案件时，对于案件有关的情况和资料，可以记录、录音录像、照相和复制。

税务机关需要将已开具的发票调出查验时，被调出查验发票的单位和个人不得拒绝接受。

三、税控管理

纳税人要按照国家的规定，安装并使用税控装置，不能擅自损毁或擅自改变税控装置。

《税收征收管理法》规定，不能按照规定安装、使用税控装置，损坏或者擅自改动税控装置的，由税务机关责令限期改正，可以处以2000元以下的罚款；情节严重的处以2000元以上1万元以下的罚款。

第三节 税务申报管理

税务申报是指纳税人按照税法规定，定期就计算缴纳税款的有关事项向税务机关提交书面报告的一种法定手续。纳税申报是纳税人履行纳税义务，界定纳税人法律责任的主要依据。

一、纳税申报主体

根据《税收征收管理法》第二十五条的规定，我国纳税申报的主体有两类：一类是纳税人；另一类是扣缴义务人。

纳税人必须依照法律、行政法规规定或者税务机关依照法律、行政法规的规定确定的申报期限申报内容如实办理纳税申报，报送纳税申报表、财务会计报表以及税务机关根据实际需要要求纳税人报送的其他纳税资料，纳税人在纳税期内没有应纳税款的，也应当按照规定办理纳税申报。纳税人享受减税、免税待遇的，在减税、免税期间应当按照规定办理纳税申报。

扣缴义务人必须依照法律、行政法规规定或者税务机关依照法律、行政法规的规定确定的申报期限、申报内容如实报送代扣代缴、代收代缴税款报告表以及税务机关根据实际需求要求扣缴义务人报送的其他有关资料。

二、纳税申报方式

纳税人、扣缴义务人可以直接到税务机关办理纳税申报或者报送代扣代缴、代收代缴税款报告表，也可以按照规定采取邮寄、数据电文或者其他方式办理纳税申报。

（一）直接申报

直接申报也称上门申报，是指纳税人、扣缴义务人在规定的申报期限内，直接到主管税务机关报送纳税申报，代扣代缴、代收代缴税款报告表以及有关资料的方式。

（二）邮寄申报

邮寄申报是指纳税人、扣缴义务人在规定的申报期限内，通过邮政部门向主管税务机关邮寄报送纳税申报表资料或者代扣代缴、代收代缴税款报告表以及有关资料的方式。

纳税人采取邮寄方式办理纳税申报的，应当使用统一的纳税申报专用信封，并以邮政部门收据作为申报凭据，邮寄申报以寄出的邮戳日期为实际申报日期。

（三）数据电文申报

数据电文申报是指税务机关确定的电话语音、电子数据交换和网络传输等电子申报方式。纳税人、扣缴义务人在规定的申报期限内，通过与税务机关接受办理纳税申报、代扣代缴、代收代缴税款申报的电子系统联网的电脑终端，输入申报内容，已完成纳税申报或者代扣代缴、代收代缴税款申报。纳税人采取电子方式办理纳税申报的，应当按照税务机关规定的期限和要求保存有关资料，并定期书面报送主管税务机关。

实行定期定额缴纳税款的纳税人，可以实行简易申报、简并征期等申报纳税方式。

三、纳税申报内容

纳税人、扣缴义务人的纳税申报或者代扣代缴、代收代缴税款报告表的主要内容包括税种、税目、应纳税项目或者因代扣代缴、代收代缴税款项目、计税依据、扣除项目及标准、适用税率或者单位税额、因退税项目及税额、应减免税项目及税额、应纳税额或者因代购代缴、代收代缴税额、税款所属期限、延期缴纳税款、欠税、滞纳金等。

纳税人办理纳税申报时，应当如实填写纳税申报表，并根据不同的情况相应报送下列有关证件、资料：财务快报、季报表及其说明材料；与纳税有关的合同、协议书及凭证；境内或者境外公证机构出具的有关证明文件；税务机关规定应当报送的其他有关证件资料。

扣缴义务人办理代扣代缴、代收代缴税款报告时，应当如实填写代扣代缴、代收代缴税款报告表，并报送代扣代缴、代收代缴税款的合同凭证以及税务机关规定的其他有关证件、资料。

四、纳税申报期限

根据我国现行税法的规定，纳税年度为每年的 1 月 1 日至 12 月 31 日，即采用公历年度。纳税申报的具体期限由各税种法规定。纳税申报期限是纳税人、扣缴义务人申报纳税或代扣代缴税款的法定期间。在此期间，无论有无应税收入、所得和其他应税项目或者代扣代缴、代收代缴税款项目，纳税人扣缴义务人均应到主管税务机关办理申报事宜。逾期申报，则要承担不利的法律后果。

五、延期申报管理

纳税人、扣缴义务人按照规定的期限办理纳税申报或者报送代扣代缴、代收代缴税款报告表确有困难，需要延期的，应当在规定的期限内向税务机关提出书面延期申请，经税务机关核准在核准的期限内办理。

纳税人、扣缴义务人因不可抗力，不能按期办理纳税申报或者报送代扣代缴、代收代缴税款报告表的可以延期办理。但是应当在不可抗力情形消除后立即向税务机关报告。税务机关应当查明事实，予以核准。

经核准延期办理申报、报送事项的应当在纳税期内按照上期实际缴纳的税额或者税务机构核定的税额预缴税款，并在核准的期限内办理税款结算。

思考题：

1. 税务机关有权核定税额的情形有哪些？
2. 我国税收优先权行使的条件是什么？
3. 税收代位权、税收撤销权行使的条件有哪些？

【课后阅读】

成品油税与公路收费属重复征收吗？

当我们在国内加油时，油价中除了包含成品油本身的价格外，还包括诸多税费，而具体缴纳了多少税费，许多人是不知道的。为什么不能清晰地向消费者列明价、税？甚至有人提出，我国消费税应该采用价外税的形式。

财政部财政科学研究所副所长刘尚希表示，我国现行的流转税中，除增值税是价外税，其他包括消费税在内的流转税都是价内税。价内税和价外税没有优劣之分，世界上实行增值税和消费税制度的国家，一般都是将增值税设定为价外税、消费税设定为价内税的形式。

此前我国首次上调成品油消费税后，有人提出质疑：当前多条高速公路仍然收费，是否与成品油消费税形成重复征税。

就此，刘尚希表示，2009 年成品油税费改革实施后，财政部下发《关于公布取消公路养路费等涉及交通和车辆收费项目的通知》，从 2009 年 1 月 1 日起，在全国范围内统一取消了公路养路费、航道养护费、公路运输管理费、公路客货运附加费、水路运输管理费、水运客货运附加费六项收费。同时，逐步有序取消政府还贷二级公路收费。刘尚希解释说，成品油税费改革，以税替代的是政府还贷二级公路收费，高速公路收费等其他道路交通收费不属于取消范围，因此与成品油消费税不存在重复征税的问题。

资料来源：成品油税与公路收费属重复征收吗？[N]. 羊城晚报，2014-12-13.

参考文献

1. 林瑞斌，吴俊龙. 中国税制［M］. 上海：上海人民出版社，2009.

2. 王韬. 税收理论与实物［M］. 北京：科学出版社，2007.

3. 张彤，何小王. 个人所得税业务实训［M］. 北京：北京大学出版社，2012.

4. 杨则文. 国家税收［M］. 北京：中国财政经济出版社，2002.

5. 咸春龙. 中国个人所得税流失及其成因研究［M］. 北京：中国经济出版社，2012.

6. 中国注册会计师协会. 税法［M］. 北京：经济科学出版社，2013.

7. 中华会计网校. 税法（II）应试指南［M］. 北京：人民出版社，2013.

8. 刘玉章. 企业所得税法解读与应用实务［M］. 北京：机械工业出版社，2009.

9. 张兵，易坤山. 最新企业所得税政策解读及疑难问题案例精解［M］. 2 版. 北京：中国市场出版社，2013.

10. 凌辉贤. 企业纳税明明白白——新企业所得税法解读［M］. 北京：清华大学出版社，2008.

11. 宋凤轩. 税收理论与实务. 税法［M］. 北京：经济管理出版社，2007.

12. 伍中信. 税法学［M］. 成都：西南财经大学出版社，2009.

13. 张亮. 税法［M］. 北京：北京理工大学出版社，2007.